Gothild und Kristina Thomas

Reisegast in Japan

Gothild und Kristina Thomas

Reisegast
in
Japan

Herausgeber der Reihe *Reisegast:*
Claudia Magiera + Gerd Simon

Reisebuchverlag Iwanowski

© 1997 Verlagsbüro Gerd Simon & Claudia Magiera, München

Konzept, Redaktion, Lektorat, Bildredaktion, DTP:
Verlagsbüro Simon & Magiera, München

Illustrationen: Dr. Volkmar Janicke (Umschlagseite 1); Brosi Ambros (Seiten 313–322); Gothild und Kristina Thomas (Seiten 37, 41, 73, 75, 79, 85, 91, 119, 185, 187, 199, 221, 227, 249, 255, 263, 273, 287, 303, 305, 311); Japanisches Fremdenverkehrsamt Frankfurt am Main (Seiten 11, 13, 17, 19, 21, 23, 25, 27, 29, 31, 35, 39, 43, 44, 47, 49, 55, 63, 65, 69, 81, 87, 89, 95, 97, 99, 103, 105, 107, 109, 113, 115, 117, 121, 123, 127, 129, 131, 133, 137, 141, 143, 145, 149, 151, 153, 155, 159, 163, 165, 167, 169, 171, 175, 177, 181, 183, 191, 193, 195, 201, 205, 207, 209, 213, 217, 219, 225, 229, 231, 233, 235, 237, 239, 241, 243, 251, 257, 259, 261, 265, 267, 271, 279, 281, 283, 285, 289, 291, 293, 295, 297, 299, 307, 312); Bildarchiv Verlagsbüro Simon & Magiera (Seiten 51, 57, 59).

Gesamtherstellung: F.X. Stückle, Druckerei, 77955 Ettenheim

ISBN 3-923975-82-1

INHALT

Vorwort 9

Japan – Einzelkind der Natur 15

Inselreich 17
Landwirtschaft 19
»Götterwinde« 20
Besteigung
des Berges Fuji 21
Tips für Fuji-Besteigung 26
Wenn die Erde bebt 27
Erlebnisbericht: Ein
mittelschweres Erdbeben 30
Wenn der Taifun
kommt 33
Tips: Verhalten beim
Taifun 36
Jahreszeiten 37
Frühling und Kirschblüte 39
Sommer und Regenzeit 40
Herbst und Laub 43
Winter und Schnee 44
Jahreszeitliche Tips 45

**Japaner
und »die anderen«** 46

Tips: Erste Brückenschläge
zu Japanern 50
Die Zeit
der Abschließung 50
Die Barbaren
aus dem Süden 57
Gaijin und *amerikajin* 60
Japaner, *nisei* und *hafu* 64
Japaner im Ausland 67
Fremdwörter
im Japanischen 71
Kleines japanisch-deutsches
Wörterrätsel 77

Hinweise: West-östliche
Sprachbrücken 78
Japanische Wörter bei
uns 78

**Götter, Buddha,
Christus** 84

Der Weg der Götter:
Shintô 88
Buddhismus 93
Das Leben des Buddha 93
Von der Buddha-Natur 94
Aufnahme des Buddhismus
in Japan 95
Buddhas & Bodhisattwas 96
Tips zum Erkennen der
Buddhas & Bodhisattwas 98
Buddhistische
»Serviceleistungen« 101
Zen im Leben der
Japaner 101
Die Teezeremonie 102
Einfluß des Zen auf die
japanische Kultur 104
Samurai und
Zen-Meditation 104
Zen-Buddhismus heute 105
Daruma, Sambasô und
die sieben Glücksgötter ... 106
Daruma 106
Sambasô 107
Glücksgötter 108
Kurzvorstellung: Die sieben
Glücksgötter 108
Schreine und Tempel 111
Tips: Merkmale von
Kultstätten des Shintô und
Buddhismus 111
Tun und Lassen 116
Christliches Denken 118
Neue Religionen und
Sekten 121

5

INHALT

Das Selbstverständnis der Japaner 125

Tips: Tun und Lassen 128
Yamamoto und Suzuki:
Japanische Namen 129
Personennamen 129
Tips: Japanische Namen und
Anreden 132
Ortsnamen und Adressen 132
Tips für das Auffinden von
Adressen 134
Die japanische Sprache ... 134
Tips: Aussprache der lateini-
schen Umschrift 137
Hinweise: Grammatik und
Denken 138
Die japanische Schrift 139
Die chinesischen
Schriftzeichen 141
Absolute und relative
Selbstdefinition 144
Höflichkeit 147
Tips: Höflichkeit (Grußformen,
Bitten & Danken, »Mahlzeit«,
Abschied & Ankunft, Entschul-
digung, »Prost!«, Versagen &
Verzagen, Verspätung & Bitte
um Geduld, Gratulation & Mit-
gefühl, Telefon-Etikette) 148
Tips: Die Verbeugung 152
Der schöne Schein 154

Im Zeichen des »guten kimochi«: Wesenszüge japanischen Verhaltens 157

Tips für Geschäftsleute 158
Wo sitzt die Seele? –
Hara und *kokoro*: Bauch
und »Herz« 160

Kleines Bedeutungslexikon des
Wortes *hara* = »Bauch« 160
Kleines Bedeutungslexikon
des Wortes *kokoro* =
»Herz« 161
Streben
nach Harmonie 161
»Humor ist, wenn man
trotzdem lacht«: Humor,
Lächeln und Lachen in
Japan 164
Die Kunst
des Ignorierens 168
Freundschaften 170
Tun & Lassen 172
Ja und nein 173
Mimik und Gestik 175
Mimik 175
Gestik 176
Schenken auf
Gegenseitigkeit 178
Sprichwörtlich Japani-
sches 178

Familie 182

Glückliche Kinderzeit 184
Die Examenshölle 186
Erlebnisbericht: Kinder und
Leistungsdruck 189
Kyôiku-Mama oder
Mamagon (»Drachen-
mutter«) 190
Die Rolle des Vaters 192
Alter 194
Erlebnisbericht: Alte Men-
schen – alte Sitten 196
Tod und Ahnenkult 197
Erlebnisbericht: Leben mit
den Toten 200
Soziale Wurzeln in ländli-
chem Boden 200

INHALT

Mann und Frau 202

Heiratsvermittlung heute
und gestern 203
  Erlebnisbericht: Er liebt mich,
  er liebt mich nicht 206
Rollenspiele gestern und
heute 207
Erotik und Sex 210
Love Hotels 214
Geisha und Samurai 215
Okusan:
Die Frau im Haus 218
Chakopi
und Büroblume 220
Die emanzipierte Frau 222

Arbeitswelt 224

Der *sarariman* 226
Economic Animal und
Workoholic 227
Gruppe
und Individuum 229
Kopieren und
Kreativität 230
Menschen & Roboter 233
Miniatur
und Gigantomanie 235
Fachbegriffe des
Geschäftslebens 236
Arbeitszeit & Freizeit 238
  Tips: Ausgehen in Japan 242
Vom Zwang zur
Zwanglosigkeit 243

**Individuelle Rechte,
Recht & Gerechtigkei**t .. 246

Schuld und Scham 246
Schuldprinzip kontra
Schadensbegrenzung 247

  Tip: Rechtstreitigkeiten 249
Vom Umgang mit der
Obrigkeit 249
  Tips für den Umgang mit
  Behörden 252
Im Land
des Entschuldigens 252
Polizisten sind keine
»Bullen« 253
Politische
Stehaufmännchen 255

Wohnen und leben 257

Traditionelle
Architektur 258
  Tips: Verhalten in traditio-
  nellen Wohnräumen 262
Moderne Wohnungen 262
Genkan: Schranke und
Brücke zwischen innen
und außen 264
  Tips 266
Das Bad 266
  Badetips 269
Futon und Betten 270
Klimaanlage contra
»Heiztisch« 272
  Warnung vor Klimaan-
  lagen 273
Nachbarn 274
  Tips für Nachbarkontakte 275
Haustiere 276

Vom Essen & Trinken ... 277

Kulinarische Vielfalt 278
Unbekannte Genüsse:
Roher Fisch & Seetang 280
Die täglichen Mahl-
zeiten 282
Eßstäbchen & Besteck 284

7

INHALT

Essen im Restaurant 286
Tips: Restaurantbesuche 290
Das *o-bentô* 291
Grüner Tee und *sake* 292

Feste und Feiern 296

Der japanische
Festkalender 298
Gesetzliche Feiertage und
überregionale Volksfeste 298
Sehenswerte lokale Volks-
feste 299
Tip: Auskünfte über lokale
Volksfeste 301
Regionale Volksfeste 301

Kristina erzählt:
Nebuta in Aomori 304
Tips: Teilnahme an Volks-
festen 306
Das Fest der Feste:
Neujahr 307
Glückwunschkarten 308
»Valentine«
und »Xmas« 309
Straßenfeste und
Trödelmärkte 311

Kulturspiel 313

Stichwortverzeichnis 323

Vorwort

Vor über vierzig Jahren begann ich mich für Japan zu interessieren. Seitdem spielen das Land und seine Menschen eine bedeutende Rolle in meinem Leben. Reise ich heute nach Japan, so fühle ich mich schon nach wenigen Stunden dort ebenso zu Hause wie in meiner deutschen Heimat.

Anfangs fesselten mich viele ferne Länder und Kulturen. Bald kristallierte sich meine Neugierde auf Japan. Nicht die fremdartige Kultur war es, die mich so faszinierte. Vielmehr war es der damals aufbrechende **Kontrast zwischen der traditionellen Kultur und dem westlichen Einfluß**, der nach dem II. Weltkrieg mit Macht nach Japan drang. Mich interessierten die Fragen: Welche Bereiche der »alten« Kultur würden den »modernen« Einwirkungen weichen? Welche ihnen standhalten? Welche Eigenschaften befähigen eine traditionelle Kultur, sich gegen die »Verwestlichung« zu behaupten?

Die Auseinandersetzung um Tradition und »Moderne« zeigte sich nach dem II. Weltkrieg besonders deutlich an vier Brennpunkten der Welt: in Lateinamerika, Indien, China und Japan.

In Lateinamerika traf der »moderne« Einfluß auf eine vom spanischen und portugiesischen Kolonialismus gezeichnete Kultur. Bereits der Name »Latein«-Amerika zeigt an, wie wenig Mittel- und Südamerika noch von den indianischen Hochkulturen bestimmt war. Die damals noch wenig erforschten Indio-Kulturen fielen unter den Oberbegriff Völkerkunde. Sie boten wenig Gelegenheit, die kulturelle Auseinandersetzung mit der westlichen Moderne zu beobachten.

In Indien wiederum fehlte eine einheitliche »indische« Kultur. Der indische Subkontinent glich einem Puzzle von Regionen mit teils überlappenden, teils sehr verschiedenen, oberflächlich durch den britischen Kolonialismus verbundenen Kulturen. Diese diffuse Situation schien mir schwer durchschaubar.

So kam es, daß ich mich den beiden großen alten Kulturen Ostasiens zuwendete. China interessierte mich zunächst ebenso wie Japan. Aber ich wollte nicht aus einem Elfenbeinturm heraus eine »Kultur studieren«, ich wollte sie auch **aus eigener Anschauung** erleben. Und da China damals, in den späten 1950er Jahren, unzugänglich und überdies seine Konfrontation mit der »modernen« Kultur auf die Sowjetunion beschränkt war, entschied ich mich für Japan.

Ich begann Japanisch zu lernen. Von Anbeginn meines Studiums der Japanologie und Religionswissenschaft entschlossen, Japan und seine Menschen kennenzulernen, erhielt ich 1964 ein Stipendium der Stiftung Volkswagenwerk.

Vorwort

Und so betrat ich vor über dreißig Jahren erstmals japanischen Boden. Ich hatte einen Studienplatz an der von Jesuiten gegründeten und betriebenen Sophia-Universität. Dort galten meine Studien dem Theater, und dort lernte ich Professor Sugino kennen, mit dem ich viele Jahre befreundet blieb. Professor Sugino machte mich mit den Volksfesten und vor allem den ländlichen Theatertraditionen bekannt. Mit ihm erlebte ich die ersten Volksfeste, und mit ihm fuhr ich von Dorf zu Dorf, um Bauern zu besuchen und über ihre Theatertraditionen zu befragen.

Später reiste ich auch allein zu jedem Volksfest, zu jeder ländlichen Theateraufführung, die ich erreichen konnte. So lernte ich das ländliche Japan von Nord bis Süd kennen, sprach auf der Insel Sado und hoch im Norden mit Bauern und Priestern über ihre Traditionen. Ich stieß auf schier unglaubliche Kontraste zwischen den äußerlich modernen **Städten**, in denen viele Traditionen ausgestorben schienen, und den **Dörfern**, die am Brauchtum weit länger festhielten und sich dem westlichen Einfluß nur sehr zögernd öffneten. Ich lebte in Japan »japanisch«, d.h. ich verzichtete auf den vertrauten westlichen Komfort und Lebensstil. Ich suchte den Kontakt zu Japanern, zu Kommilitonen ebenso wie zu Menschen bäuerlicher Prägung. Von meinen Landsleuten hingegen, die oft in ghetto-ähnlichen Situationen lebten und sich gegen alles Japanische abschotteten, hielt ich mich eher fern.

Zeitweise wohnte ich in einer japanisch-koreanischen Familie. Dort erfuhr ich von den Ressentiments der Japaner gegenüber den Koreanern. Ich erlebte, wie die vier Töchter nach traditionellen Regeln verheiratet wurden und wie unterschiedlich sie auf den westlichen Einfluß reagierten.

Später lebte ich bei einem alten, sehr traditionsbewußten Ehepaar, das mir manch konventionelle Denkweisen und Wertemuster zugänglich machte. Daneben lernte ich unter den Studenten diverser Universitäten viele junge Menschen mit einer völlig anderen, mir bis dahin neuen Einstellung zu Tradition und Moderne kennen. Mit einigen von ihnen verbindet mich bis heute eine Freundschaft.

Im Verlauf meines dreijährigen Aufenthalts verbesserte ich mein Japanisch so weit, daß japanische Telefongesprächspartner mich oft nicht als Ausländerin erkannten. Ich konnte Vorlesungen in japanischer Sprache halten.

Diese **Sprachkenntnisse** erleichterten Kontakte zu Menschen aller Bevölkerungsschichten – mochten sie auch oftmals zunächst blankes Erstaunen oder, weitaus seltener, schroffe Reaktionen auslösen. Als Beispiel mögen zwei Situationen dienen, die mir in Erinnerung geblieben sind:

Einmal bestieg ich – bei Dunkelheit und also »inkognito« – mit einer Gruppe ausländischer Geschäftsleute ein Taxi. Der japanische Geschäftsmann, der das Taxi bestellt hatte, nannte dem Fahrer unser Ziel. Auf der langen Fahrt plauderten wir in verschiedenen europäischen Sprachen. Als ich unterwegs ein neues Gebäude erblickte, erkundigte ich mich beim Fahrer danach. Mein Japanisch versetzte ihm einen regelrechten Schock. Kaum

10

Vorwort

Motiv des Japaninteresses:
Harmonie der Widersprüche von Tradition und Moderne.

hatte er sich gefaßt, entschuldigte er sich wortreich für sein bisheriges Schweigen. Er wäre nicht so unhöflich gewesen, sagte er, hätte er gewußt, daß eine Japanerin im Wagen sei ... Nachdem ich den Irrtum aufgeklärt hatte, redete er fast ununterbrochen und erklärte mir sämtliche Neubauten, die wir passierten.
In der anderen Situation wirkten sich meine Sprachkenntnisse unerfreulich aus. Ich stieg in Begleitung einer größeren Gruppe in einen Linienbus ein. Da ich mich in der Stadt nicht auskannte, bat ich den Busfahrer, mir bei der richtigen Haltestelle Bescheid zu geben. Und weil mir auch das automatische Kassensystem unbekannt war, schob ich den Geldschein verkehrt herum in den Automaten – woraufhin mich der Fahrer anschnauzte: Wer so gut Japanisch spricht, sollte gefälligst einen Fahrscheinautomaten zu bedienen wissen ...

Japaner zeigen nach außen stets ein möglichst schönes Gesicht. Allerdings ist diese Schokoladenseite oft nur Fassade und selten zu hinterblicken. Japaner unterscheiden sehr deutlich zwischen »wir« und »ihr«, den **Zugehörigen** und **Außenstehenden**.
In vielen Fällen ist es mir gelungen, als »dazugehörig« betrachtet, in den Kreis des »Wir« aufgenommen zu werden. Ich habe, ein für Ausländer seltenes Glück, japanisches Familienleben kennenlernen können und wurde oft ins Vertrauen gezogen in Situationen, die vor der eigenen Gruppe eher vorsichtig behandelt wurden.

11

Vorwort

1967 kehrte ich nach Deutschland zurück. Diese »Heim«-kehr löste einen ebenso heftigen **Kulturschock** aus wie die Anpassung in Japan. Ich hatte die deutsche Umgebung in anderer Erinnerung und Mühe, mich im deutschen Wertesystem wieder zurechtzufinden. Ich fühlte mich eingeengt und unverstanden; niemanden interessierte, was für mich in Japan »Alltag« gewesen war.

Mir wurde schmerzlich bewußt, daß ich in Japan eine Art **Narrenfreiheit** genossen hatte. Dort war ich eine Ausländerin, der man so manche Eigenheit nachsah nach dem Motto: Ausländer sind nun einmal anders, und da kann man nicht erwarten, daß sie sich verhalten wie »wir Japaner«. Wenn Japaner mein Interesse für ihre Kultur bemerkten, sparten sie nicht mit Bewunderung und Lob. So genoß ich beides: die Freiheit der Ausländerin und durch meine Kenntnisse die Achtung der Einheimischen.

Ganz anders in Deutschland: Ich fühlte mich in ein Korsett geschnürt. Jeder Anflug von Andersartigkeit stieß auf Kopfschütteln. Mein Interesse an fremden Kulturen und Japan im besonderen wurde als spinnerte Extravaganz angesehen und von wenigen geteilt. Dagegen erwartete man, daß ich kochen und bügeln könne …

Damals galt die Japanologie als Orchideenfach, als »brotlose Kunst«. Die Professoren waren zwar zumeist in der klassischen japanischen Literatur bewandert, sprachen aber nur selten flüssig Japanisch. Die Realität des modernen Japan war ihnen nicht nur unbekannt, sondern oft auch unerwünscht. Sie klagten, Japan sei »gar nicht mehr japanisch«. Erst viel später wurden Studiengänge geschaffen, die politische, wirtschaftliche und kulturelle Aspekte Japans verbinden.

Etwa im Abstand von drei Jahren besuchte ich Japan immer wieder. Jeder Aufenthalt bedeutete erneut eine andere Erfahrung, die ich mit meinem Japanbild vereinbaren mußte, geleitet von der Frage: Was hat sich in der Zwischenzeit verändert? Nicht mehr der Kontrast zwischen »der japanischen« und »der »westlichen« Kultur, sondern jener zwischen dem Japan der 1960er Jahre und dem von heute stand im Mittelpunkt meiner Aufmerksamkeit.

Die japanische Kultur wurde mir so vertraut, daß ich sie nicht mehr als Gegensatz, sondern Teil »meiner« Kultur und meines Ich empfand: Wie selbstverständlich wechselte ich zwischen den Kulturen.

Im Lauf der Jahre steckte mein Japaninteresse meine Familienmitglieder an. Unsere Kinder wuchsen damit auf. Sie reisten schon sehr früh mit mir nach Japan. Durch unsere japanischen Au-pair-Mädchen, unsere japanischen Freunde in der Düsseldorfer Umgebung und die rege Korrespondenz mit Japan war Japan auch zu Hause allzeit lebendig. So wundert es nicht, daß auch meine Kinder sich viel mit Japan beschäftigten. Als sie die Schule abgeschlossen hatten, reisten wir gemeinsam kreuz und quer durch Japan. Dabei erkannte ich mit ihren Augen mir neue Aspekte des Landes bzw. sah vertraute in anderem Licht.

Vorwort

Ein seltenes Glück: als Ausländer japanisches Familienleben kennenlernen.

Das Ostasieninteresse meiner Kinder hat sich erhalten. Kristina, die älteste Tochter, lernte neben dem Studium der Elektrotechnik Japanisch und absolvierte zwei Praktika in Japan. Barbara hat sich in ihrem Studium Japan zugewandt. Mein Sohn, der 1985 längere Zeit mit mir in China verbracht hat, lernt neben dem Studium Chinesisch und hat ein Praktikum in China abgeschlossen.

Kristina hat entscheidend zum Konzept dieses Buches beigetragen. Ihr Blickwinkel hat manche Aspekte eingefangen, die ich weniger beachtet hätte. Beispielsweise sind mir Bereiche der Jugendsprache und des Geschäftslebens in Japan nicht so vertraut wie ihr.

Ihre Freunde schickten Kristina eine Sammlung von Bonmots, die unter der Devise stehen: »*You know you've been in Japan too long when ...*« Darunter finden sich Aussagen wie: »Du merkst, daß du schon zu lange in Japan bist, wenn du anfängst, dich am Telefon zu verbeugen.« Leider ließ sich nicht zurückverfolgen, wer diese Aussprüche verfaßt hat. Entdeckt wurden sie im Internet, wo sie anonym und ohne Angabe eines Copyrights abgelegt waren. Uns erschienen sie so treffend, daß wir einige in diesem Buch verwendet haben, um gelegentlich eine besondere Eigenheit der Japaner oder einen Kontrast zwischen westlicher und japanischer Denkweise auf den Punkt zu bringen. Wenn Sie also im Text auf eine Feststellung stoßen, die mit den Worten beginnt: »**Du merkst, daß du schon viel zu lange in Japan bist, wenn ...**«, dann handelt es sich um einen dieser anonymen Internet-Sprüche.

Vorwort

Reisegast in Japan sein ist ein sehr lohnendes Erlebnis. Zusätzlichen Gewinn bringt der Aufenthalt, wenn man die kulturellen Hintergründe versteht. Dieses Buch soll dazu beitragen, daß Ihnen der Zugang zu den Menschen leichter gelingt.

Gothild Thomas

Japan – Einzelkind der Natur

Für uns sind die Grenzen zu unseren Nachbarn eine vertraute Einrichtung. Wie oft reisen wir ins Ausland, ohne uns darüber den Kopf zu zerbrechen, daß wir dabei eine Grenze überschreiten. Wer im Grenzgebiet wohnt, fährt vielleicht täglich hin und her, zum Einkauf oder zur Arbeit, und so mancher wohnt in einem Land und studiert im anderen.

Grenzen trennen nicht nur, sie verbinden auch. Durch unsere gemeinsamen Grenzen mit den Nachbarländern haben wir zwangsläufig eine gemeinsame Geschichte. Selbst der Eiserne Vorhang und die Berliner Mauer beeinflußten, so undurchlässig sie gewesen sein mögen, von hüben und drüben ein gemeinsames Schicksal.

Nicht für alle Menschen ist das Vorhandensein von Grenzen so selbstverständlich wie für uns. Da Japan rundum vom Meer umgeben ist, besitzt es **keine gemeinsame Landgrenze mit anderen Staaten.** Seine Staatsgrenzen sind naturgegeben; nie hat Japan sich mit anderen Ländern um Teile seines Territoriums streiten müssen. Grenzkonflikte sind da überflüssig, wo natürliche Gegebenheiten ein abgeschlossenes Staatsterritorium schaffen.

Wir kennen die Besonderheiten im britischen Selbstverständnis. Das Verhältnis der Engländer zu den Nachbarvölkern in Europa ist distanzierter als jenes zwischen Deutschen und Franzosen, Schweizern und Italienern, obwohl die natürliche Grenze, der Ärmelkanal, nur wenige Kilometer breit ist. In Japan sind es (sieht man von den dünnbesiedelten Kurileninseln im Norden ab) etwa 400 Kilometer, die das Land von seinem nächsten Nachbarn Korea trennen.

Um von Japan nach Korea zu gelangen oder vice versa, brauchte man früher seetüchtige Schiffe. Es war nicht leicht, eine solche Reise unbemerkt vorzubereiten und durchzuführen. Wer Japan erreichen oder verlassen wollte, konnte nicht unbemerkt über die »grüne Grenze« wechseln.

Japaner verhalten sich zuweilen, als sei ihr Heimatland ein bevorzugtes **Einzelkind der Natur.** Oft scheint es, als könnten sie sich nur schwer in die internationale Staatengemeinschaft einordnen. Dabei unterhielt Japan schon früh Kontakte zu anderen Ländern, vor allem zu seinen westlichen Nachbarn Korea und China. Auch mit den südlichen Nachbarn, Indonesien und den Philippinen, gab es Berührungspunkte. Allerdings besaß Japan stets die Gewißheit, sich auf seine Inseln zurückziehen zu können. Dies hat ein besonderes Selbstverständnis genährt und verhindert, daß sich Japan Seite an Seite neben anderen Völkern sah.

Japan hat viele kulturelle Einflüsse von seinen westlichen Nachbarn aufgenommen und seiner eigenen Kultur angepaßt. Zugleich hat es stets gewußt,

15

Japan – Einzelkind der Natur

wann es des Fremden zuviel wurde, und sich gegen unerwünschte Fremdeinwirkungen zu wehren gewußt. Das eklatanteste Beispiel für diese Rück-
besinnung auf sich selbst war **Japans freiwillige Abschließung von etwa
1600 bis 1850**, in der es Einflüsse von außen scharf kontrollierte und auf ein
Minimum beschränkte.

Jene zweieinhalb Jahrhunderte während Selbstisolation war die Reaktion
auf eine Phase starker kultureller und religiöser Einflüsse aus dem Abendland. Missionare aus Portugal hatten Japan Mitte des 16. Jh. erreicht und dort
binnen kurzem eine stattliche Herde christlicher Schäflein herangezogen.
Sendboten anderer westlicher Nationen folgten, an Bord Knowhow, allem
voran in der Waffentechnik und den Naturwissenschaften. Japan sog begie-
rig die westlichen Kenntnisse auf und begann, sie zu verarbeiten und sich
anzuverwandeln.

Japans Offenheit gegenüber dem Westen endete, als dessen Abgesandte einander auf japanischem Boden bekämpften und keineswegs so friedferig
waren, wie ihre Religion es vorgaukelte. Der Shôgun, der militärische Zen-
tralherrscher Japans, witterte bald Gefahr und ließ die Fremden kurzerhand
des Landes verweisen. Mit ihnen wurde ihre Religion verboten, und Japan
zog sich zurück.

Dies fiel Japan nicht schwer. Es mußte keine Landesgrenzen bewachen und
konnte sich so gänzlich auf die Kontrolle seiner Häfen konzentrieren. Die
Mittel der Navigation des 17. und 18. Jh., ihre spärlichen Kenntnisse der
japanischen Sprache und natürlich ihre äußere Erscheinung – Körpergröße,
lange Nase und runde Augen – machten den »fremden Teufeln«, wie man
die westlichen Ausländer damals nannte, ein unbemerktes Eindringen so gut
wie unmöglich.

Seine freiwillige Abriegelung schloß Japan zwar von modernen Erkenntnissen in Wissenschaft und Technik weitgehend aus, förderte andererseits aber
eine friedliche Entwicklung im Innern. Diese untermauerte ein ausgepräg-
tes, bis heute anhaltendes **Gefühl des Zusammenhalts**.

Bis in die späten 1970er Jahre waren die Japaner überzeugt, von den Maßstäben aller anderen Länder ausgenommen zu sein – ein Bewußtsein, in dem
sie sich oft unverstanden fühlten. Genährt wurde dieses Gefühl des Anders-
seins durch die konventionell interpretierte altjapanische Religion, den
Shintô-Glauben. Dieser bezieht alle Japaner als Abkömmlinge der Götter
in eine Gemeinschaft ein, deren Teilhabe sich weder ablehnen oder beenden
noch auf irgendeine Weise erwerben läßt. Im Sinne des Shintô heißt Japaner
sein von den Göttern abstammen – und diese gemeinsame Herkunft wurde
nicht angezweifelt.

Seine nach dem II. Weltkrieg zunehmend engen Auslandskontakte zwangen
Japan, sich mit der internationalen Völkergemeinschaft auseinanderzusetzen und seine Außenseiterrolle zu überdenken. Es erkannte, daß das Ausland
seine Sicht der Welt weder teilte noch verstand. Nach massivem Druck von
außen bezog es einen Platz auf der Welttribüne, der sich nicht individuali-

―――――― *Japan – Einzelkind der Natur* ――――――

Japan wird vom Meer umsäumt. Seine Grenzen sind naturgegeben. Dies hat – wie in Großbritannien – ein insulares Selbstverständnis gefördert.

stisch abrückte und somit von den anderen Staaten und Völkern akzeptiert wurde.
Wenn uns die Japaner heute noch manchmal als Außenseiter erscheinen, sollten wir nicht vergessen, daß diese selbstgewählte und selbstverschuldete Rolle zumindest teilweise auf die **Insellage** zurückzuführen ist. Schließlich gestehen wir selbst den scheinbar so nahen Briten einen gewissen insular bedingten Eigensinn zu. Wieviel stärker muß ein solcher »Spleen« dann im japanischen Denken ausgeprägt sein ...

Inselreich

Eine Insellage hat nicht nur Vorteile. Bewohner von Inseln können vor jähen Gewaltausbrüchen der Natur nicht fliehen. Lebensraum läßt sich nicht erweitern, wenn Bevölkerungswachstum ihn verknappt.
Die japanischen Inseln sind eine geologisch interessante Formation. Beim Blick auf die Landkarte erkennt man sie als dem asiatischen Festland vorgelagerte Gebirgskette mit steilen Hängen. Japans Inselwelt bildet die »Nahtstelle« zwischen der größten Landmasse der Erde, dem asiatischen Kontinent, und dem weitesten Ozean des Globus, dem Pazifik. Diese Nahtstelle wird in kurzen Abständen von Naturgewalten heimgesucht: **Erdbeben**, **Taifunen** und **Vulkaneruptionen**.

Japan – Einzelkind der Natur

Betrachtet man Japans gebirgige Gestalt, dann scheint die Theorie plausibel, nach der die Inselkette ursprünglich ein hohes Gebirge war, das vor Jahrmillionen mitsamt dem Sockel, auf dem es sitzt, ins Meer absank. Von diesem Gebirgszug ragen nur mehr die höchsten Erhebungen aus dem Wasser. Vergleicht man den Bogen des Himalaya mit jenem der japanischen Inseln, zeigt sich wahrhaftig eine verblüffende Ähnlichkeit. Auch die Tatsache, daß Japan so gut wie keine Ebenen aufweist, stützt diese Theorie. **Durch die Unwegsamkeit weiter Bereiche ist der menschliche Lebensraum äußerst knapp und kostbar.** Ein Blick auf die Landkarte zeigt, daß die großen Ballungsräume die spärlichen Ebenen bedecken: In Japans ausgedehntestem Flachland, der Kantô-Ebene, drängen sich auf engstem Raum Städte wie Tokyo, Kawasaki, Yokohama und Chiba, in der Kansai-Ebene Ôsaka und Kôbe, während in der Ebene auf Hokkaidô die Millionenstadt Sapporo entstanden ist. Städte wie Hiroshima, Kyôto und Nagasaki ziehen sich von kleinsten ebenen Flächen die umgebenden Berghänge hinauf.

Selbst modernste Technik ist heute noch oft genug machtlos gegenüber der Unwirtlichkeit des Geländes. Als Anfang der 1990er Jahre in Mitteljapan ein Flugzeug abstürzte, vergingen bis zur Bergung der Toten und Verletzten mehrere Tage. Zwar hatte man das Wrack im Nu geortet, konnte jedoch nur mit Mühe die schwer zugängliche Unglücksstelle erreichen.

Auffallend ist Japans große, auch kulturell widergespiegelte Nord-Süd-Ausdehnung. Verschöbe man den Inselbogen auf dem Globus entlang dem Äquator, würde man sehen, daß er sich von Malmö bis Palermo erstreckt. In der Tat besitzt Südjapan subtropisches, Nordjapan gemäßigtes bis subpolares **Klima**.

Deutlicher noch als das **Klimagefälle zwischen Nord und Süd** machen sich die **Unterschiede zwischen Ost und West** bemerkbar – und dies, obgleich Japans Nord-Süd-Ausdehnung etwa das Zehnfache seiner Ost-West-Ausmaße beträgt. Kaum mehr als 200 km trennen *omote-nihon*, Vorderjapan, von *ura-nihon*, Hinterjapan. Dennoch drängt sich der Eindruck unwiderstehlich auf, daß der Kontrast zwischen den östlichen und westlichen Städten größer ist als jener zwischen den nördlichen und südlichen.

Im **Osten** ist Japan dem Pazifischen Ozean zugewandt. Dort bringen die Monsunwinde im Frühsommer eine Regenzeit mit viel Feuchtigkeit, im September und Oktober Taifune. Der Winter dagegen zeigt sich mild und trocken. Der **Westen** öffnet sich zur Japansee. Dort treffen die sibirischen Winde auf die hohen Gebirgszüge und schlägt sich die Feuchtigkeit in großen Schneemengen nieder. Der Beiname von Japans **Nordwesten**, *yukiguni* (»Schneeland«), ist wörtlich zu nehmen. In den langen Wintermonaten liegt dort der Schnee meterhoch, und die abgelegenen Bergdörfer sind oft von der Außenwelt abgeschnitten.

Die bis zu 3000 m hohe Gebirgskette, die die Hauptinsel Honshû parallel zur Längsküste durchzieht, verstärkt den Kontrast zwischen Vorder- und Hinterjapan. Bis in das 20. Jh. hinein war das Durchqueren Japans in Ost-West-

Japan – Einzelkind der Natur

*Die gebirgige Landschaft Japans begrenzt den menschlichen Lebensraum.
Ergiebige landwirtschaftliche Flächen sind knapp
(hier: Reisbauerndorf in Nagano).*

Richtung ein abenteuerliches, je nach Jahreszeit äußerst gefahrvolles Unterfangen.
So gut die Nord-Süd-Verkehrsverbindungen, so spärlich sind heute noch die Schienen- und Straßenwege zwischen Ost und West. Zwar versucht die Regierung immer wieder, die Ansiedlung von Industrie auch an der Westküste zu fördern, bislang aber ohne großen Erfolg.
Schon Japans mittelalterliche Hauptverkehrsader, die *tokaidô*, wählte den Weg entlang der Ostküste zwischen dem heutigen Ôsaka und der kleinen Ansiedlung Edo. 1878, mit Beginn der Meiji-Zeit, wurde Edo in Tokyo (»östliche Hauptstadt«) umbenannt. Dieser Namenswahl standen Chinas Kaiserstädte Beijing bzw. Peking (»nördliche Hauptstadt«) und Nanjing bzw. Nangking (»südliche Hauptstadt«) Pate.

Landwirtschaft

Japans wichtigste Nutzpflanze, der **Reis**, war bereits ein Thema der altjapanischen Mythologie: Als der ungebärdige Windgott Susanô seine Schwester Amaterasu, die Sonnengöttin, im Himmel besuchte und dort mutwillig ihre Reisfelder zerstörte, zog Amaterasu sich erzürnt in eine Felsenhöhle zurück und verursachte so eine Sonnenfinsternis. In Japan baut man den Reis in Naßreiskultur an: Die Pflänzchen werden vorgekeimt und dann in über-

19

schwemmte Felder versetzt, aus denen man kurz vor der Ernte das Wasser abläßt, damit die Körner ausreifen können.

Weil kultivierbares Land so kostbar ist, sind die Felder oft terrassenartig an Berghängen angelegt und von kleinen Dämmen eingefaßt, durch die sich im Frühjahr Wasser einleiten läßt. Diese kleinräumige Landwirtschaft ist sehr mühsam und widersetzt sich modernen Anbaumethoden. Andererseits fördert sie den Zusammenhalt der Dorfgemeinschaften, da jeder Reisbauer auf den anderen angewiesen ist.

Das Klima läßt in Südjapan zwei Reisernten pro Jahr zu. Im Norden dagegen ist ein Fruchtwechsel zwischen Getreide und Hackfrüchten die Regel. **Weideland** findet sich vor allem auf der nördlichsten der vier Hauptinseln, auf Hokkaidô. Allerdings bestand bis zum Eindringen des europäischen Einflusses kaum Bedarf an Weideflächen. Die Menschen im alten Japan kamen ohne Schlachtvieh aus: Sie ernährten sich vorwiegend von den Früchten – Tieren wie Pflanzen – des Meeres. Bis heute wird in Japan mehr **Fisch** als Fleisch gegessen.

Bis heute sind *kombu*, eine Art Seetang, und *nori*, Meeresalgen, vitaminreiche Grundbestandteile des japanischen Speisezettels. Sie werden in Suppen gekocht, geröstet, gedünstet oder zu dünnen Blättern gepreßt um Reisbällchen gewickelt.

»Götterwinde«

Aus dem Japanischen haben wir das Wort **kamikaze** übernommen. Es kam zu uns als Bezeichnung für jene Kampfpiloten des II. Weltkriegs, die sich unter Selbstaufopferung mit ihren bombenbeladenen Flugzeugen auf feindliche Ziele stürzten. Wir verwenden es heute in leicht verändertem Sinn, zum Beispiel indem wir einen besonders riskanten oder leichtsinnigen Autofahrer, der sein eigenes Leben aufs Spiel setzt, einen *Kamikaze*-Fahrer nennen.

Das japanische Wort *kamikaze* setzt sich zusammen aus *kami* (»höheres Wesen«) und *kaze* (»Wind«). Es wurde im 13. Jh. geprägt, als die Mongolen nach ihrem Vordringen in Asien auch die japanischen Inseln zu erobern versuchten. Damals war die japanische Regierung durch Bürgerkriege geschwächt und besaß keine seetüchtige Flotte, auch nicht das Krieger- und Waffenaufgebot der Mongolen. Die Rettung kam unverhofft in Form eines heftigen Taifuns: Er vernichtete die angelandete Flotte der Mongolen, ehe ihre Besatzung ausschwärmen konnte. Da die Japaner diesen **Taifun** als höhere Fügung deuteten, nannten sie ihn *kamikaze*, den »Götterwind«.

Ob von den Göttern bestimmt oder nicht: beim Mongolenansturm erwies sich die Tatsache, daß Japan ringsum von Wasser umgeben ist, als einzigartiger Vorteil. Schließlich hatten alle anderen Regionen Asiens den mongolischen Invasoren keinen Widerstand entgegensetzen können. Japan ist dank

―――――――――― *Japan – Einzelkind der Natur* ――――――――――

Spielerischer Umgang mit der Vergangenheit (hier: im Hakone-Nationalpark, 100 km von Tokyo): Bis zur Ankunft der seefahrenden europäischen Kolonialmächte war Japan das einzige Land Asiens, das nie von fremden Mächten auf seinem eigenen Territorium angegriffen wurde.

seiner Insellage das einzige Land Asiens, das bis zum Eindringen der Europäer im 19. Jh. nie von fremden Mächten auf seinem eigenen Territorium angegriffen wurde.

Besteigung des Berges Fuji

Der schönste und bekannteste aller Berge Ostasiens ist für die Japaner – und vielleicht auch für Sie – der Fuji. Er gilt als ein **Wahrzeichen Japans**. Er wurde und wird in Gedichten besungen, von Künstlern tausendfach abgebildet und von Fotografen und Knipsern myriadenhaft abgelichtet. Der Farbholzschnittkünstler **Hokusai** widmete im 19. Jh. zwei Werkzyklen diesem Berg: die *36 Ansichten des Fuji* und *Hundert Ansichten des Fuji*. Piloten, die von Westen her Tokyo anfliegen, weichen bei schönem Wetter gelegentlich von der Route ab, um ihren Passagieren einen Blick auf den Fuji aus der Vogelperspektive zu ermöglichen.

Der Berg liegt im **Fuji-Hakone-Nationalpark**, kaum 100 km von Tokyo entfernt. Er erhebt sich zwischen den malerischen **fünf Fuji-Seen**, die als Ausflugsorte sehr bekannt, aber auch überlaufen und sehr teuer sind. Von Tokyo aus erreichen Sie mit dem Bus in etwa vier Stunden das günstigste »Basislager« für den Aufstieg.

Japan – Einzelkind der Natur

In der deutschen Sprache hat sich die Bezeichnung »Fujiyama« festgesetzt. *Yama* bedeutet im Japanischen »Berg«, muß aber in der Kombination mit dem Namen Fuji *san* ausgesprochen werden: Deshalb sagen die Japaner *Fuji-san* oder *Fuji-no-yama*. Wer vom »Fujiyama« spricht, bekundet seine Unkenntnis über Japan und insbesondere den Berg Fuji.

Japaner meinen, jeder Mensch sollte einmal im Leben den Fuji besteigen. Gemeint ist natürlich vorrangig jeder Japaner. Den Berg zweimal besteigen sei allerdings wenig sinnvoll ...

Der Gipfelsturm erfordert zudem überraschend wenig Mühe. Sie brauchen dafür weder Himalaya-Erfahrung noch die Lunge eines Reinhold Messner – **nur etwas Ausdauer und Kondition**. Es ist auch **keine besondere Ausrüstung** notwendig: Feste Schuhe, dicke Socken, eine warme (möglichst atmungsaktive) Jacke und Hose sowie Handschuhe genügen. Viele Japaner neigen allerdings dazu, die Expedition als ernste *Equipment*-Herausforderung zu begreifen: Sie stiefeln in einer Mischung aus *Survival*-Outfit und Bogner-Design die Flanken des Fuji hinauf. Da fehlt nur noch der Eispickel auf dem *Outdoor*-Marken-Rucksack.

Der Berg wird etwa neun Monate des Jahres von Schnee bedeckt, was ihn aus der Ferne so malerisch erscheinen läßt. Während dieser Zeit ist der Aufstieg nicht nur gefährlich, sondern auch offiziell verboten. Dennoch fordert der Berg immer wieder Opfer, weil Heißsporne eine Besteigung in Eis und Schnee aus Nervenkitzel wagen. **Sobald der Schnee geschmolzen ist, wird offiziell die Saison eröffnet – meist ab Mitte Juni.** Es gab schon Jahre, in denen der Aufstieg erst ab Anfang August erlaubt war. Ende August ist die Aufstiegszeit meist bereits wieder vorbei.

Die kurze Bergsaison und der moralische Imperativ, jeder Japaner müsse einmal im Leben den Fuji erklommen haben, bewirken bei schönem Wetter und vor allem an Wochenenden, daß wahre Heerscharen von Gipfelstürmern und -kriechern die Wege verstopfen. Es gibt mehrere Routen zum Gipfel. Die Tour dauert etwa sechs bis acht Stunden. **Abseits der Wege ist der Aufstieg wegen gefährlicher Geröllawinen nicht erlaubt.** Beim Aufbruch und unterwegs immer wieder in Abständen werden die Wanderer mit Handzetteln und über Lautsprecher deutlich ermahnt, sich strikt an die Wege zu halten, keine Kletterpartien abseits zu wagen und keinerlei Abfälle zu hinterlassen.

Nach einhelliger japanischer Überzeugung muß man den **Sonnenaufgang auf dem Gipfel** erleben, um in den Genuß des vollkommenen Fuji-Feelings zu gelangen. Daher steigen die meisten gegen 11 Uhr morgens auf. Bis Anbruch der Dunkelheit haben sie die größte Wegstrecke zurückgelegt. An der achten Station bietet das »Fuji-Hotel« (über das ich später berichten werde) ein Lager für die Nacht.

Ich habe den Fuji mit Kind und Kegel in einem Jahr bestiegen, in dem die Bergsaison erst Anfang August eröffnet wurde. Wir fuhren früh um 7 Uhr von Tokyos Shinjuku-Bahnhof mit dem Bus zur fünften Station auf 2500 m

―――――― *Japan – Einzelkind der Natur* ――――――

Von Dichtern besungen und von Künstlern tausendfach abgebildet: das ästhetisch vollkommene, reale Natursymbol Fuji-san.

Höhe. Der Weg auf den Fuji ist in insgesamt **neun Stationen** unterteilt; die meisten Wanderer steigen ab einer mittleren Station auf.
Der **touristische Rummel** – dargestellt in Hotels, Gasthäusern, Souvenir- und Ausrüstungsläden – an dieser fünften Station stieß uns dermaßen ab, daß wir unverzüglich das Weite bzw. die Höhe suchten. Vom Angebot, für die ersten Wegkilometer einen **Maulesel** zu mieten, machen viele Japaner Gebrauch. Diese Etappe verläuft nicht steil und wird noch von spärlicher, allmählich versiegender Vegetation wie Krüppelkiefern und Gräsern begleitet.
Bei den kleinen Ständen am Wegrand kaufen viele japanische Bergwanderer sechskantige **Gehstöcke**, von deren oberem Ende goldfarbene Schellen baumeln. So hört man auf der gesamten Strecke ein Glockenspiel und entdeckt immer wieder verlorene Schellen.
Heute noch gilt der Weg auf den Fuji zahlreichen Japanern als **Pilgerroute**. Unterwegs treffen Sie Gruppen von Wallfahrern, gekleidet in schlichte, weiße Gewänder oder die malerischen Kutten der Yamabushi-Bergmönche. Auf der Strecke passieren Sie etliche *torii*, durch ihre rote Farbe unverkennbare Shintô-Torbögen. Auf dem Gipfel steht ein **Shintô-Schrein**.
Wir gerieten zu Beginn in einen heftigen Gewitterregen. Danach war der Weg zunächst fast menschenleer. Erst nach und nach holten uns junge Leute ein und hasteten an uns vorbei. Jüngere Japaner treibt oft der Ehrgeiz, den Aufstieg in Rekordzeit zu bewältigen – häufig sieht man sie dann an der nächsten Wegbiegung keuchend um Atem ringen.

Japan – Einzelkind der Natur

An den Stationen finden Sie kleine Imbißbuden, manchmal auch Restaurants. Daneben werden Filme und Kamerazubehör angeboten, gelegentlich auch Taschenlampen, Bergstöcke, Trinkflaschen und Handschuhe.
Der Fuji ist ein ebenmäßig geformter Vulkankegel. »Schön« im herkömmlichen Sinn zeigt er sich aus nächster Nähe nicht: Die Wege führen überwiegend durch Gelände, auf dem weder Baum noch Strauch wächst. Der Boden besteht vornehmlich aus grauer Vulkanasche und Geröll. An wenigen Stellen ist der Untergrund felsig. Dort fordert das Klettern etwas Geschick und Mühe, ist aber kein schwerwiegendes Hindernis.
Die Wege sind ausgetreten und markiert und somit nicht zu verfehlen. Außerdem sind in der Bergsaison ohnehin meist so viele Wanderer unterwegs, daß man bis weit oben eine Menschenschlange gipfelwärts kriechen sieht. Bergab kommt die Schlange schneller und grüppchenweise voran.
Die **Grußetikette** wird Ihnen unweigerlich auffallen: Wer vom Gipfel absteigt, grüßt Aufsteiger freundlich mit *»gambatte kudasai«* (»Halten Sie durch!«) oder bündigem *»gambare«* (»Halte durch!«). Sie können knapp mit *»hai«* (»Ja!«) oder mit *»gambarimasu«* (»Ich halte durch!«) antworten.
Daß das Durchhalten manchen schwerfällt, dafür werden Sie am Wegrand Indizien entdecken. Wir wunderten uns anfänglich über die Spraydosen, die unterwegs wiederholt angeboten wurden und oft an den Müllsammelstellen zu sehen waren. Endlich ging uns das Licht auf: Die Dosen enthielten Sauerstoff. Viele ambitionierte Fuji-Stürmer hielten sich, sobald sie außer Atem waren, eine Spraydose vor Mund und Nase und inhalierten Sauerstoff. Da in den Fuji-Höhen zusätzliche Sauerstoffzufuhr eigentlich völlig unnötig ist, konnten wir uns ein Schmunzeln nicht verkneifen.

Wir erreichten die achte Station am späten Nachmittag. Kurz vor uns war eine Gruppe von welschen Schweizern eingetroffen. Da sie kein Japanisch verstanden, baten sie uns, bei der Unterhaltung mit dem Hüttenwirt zu übersetzen. Sie gehörten zum fliegenden Personal einer Airline und nutzten ihre zwei Tage Japanaufenthalt zum Ausflug auf den Fuji. Leider waren sie weder über den Berg – geschweige denn über Japan – informiert, noch brachten sie Verständnis für die Japaner und insbesondere die Probleme des Hüttenwirts auf. Dieser bedauerte die späte Schneeschmelze und daß die Träger der Hütte diesmal verspätet Nachschub lieferten. Die Airline-Gruppe mäkelte unverdrossen über den mangelnden Komfort, die Ungenießbarkeit des Essens und darüber, daß der Fuji, verglichen mit dem Montblanc, doch recht langweilig sei …
Das **»Fuji-Hotel«** ist eine schlichte Herberge mit einem großen Matratzenlager, auf dem die Gäste sich in der Reihenfolge ihrer Ankunft nebeneinander in die Decken wickeln. Sie werden aber nach dem Aufstieg so müde sein, daß der Komfortmangel Sie nicht stört. Bei Interesse können Sie dort nette, interessante Menschen kennenlernen und mit ihnen den restlichen Weg zum Gipfel zurücklegen.

Japan – Einzelkind der Natur

Fuji-Besteiger, einige mit den sechskantigen Pilgerstöcken.

Die Betreiber des »Fuji-Hotels« sind junge Burschen, meist Studenten, die sich nur in der kurzen Saison dort aufhalten. Sie waren uns gegenüber sehr freundlich und hilfsbereit, liehen uns sogar ihre warmen, wattierten Jacken. Vielleicht hängen die Fotos von Kristina und ihrer Schwester noch an der Pinnwand im Vorraum der Gaststube.
Es lohnt, vor dem Einschlafen einen Blick »in die Runde« zu werfen – vorausgesetzt, die Luft ist klar und läßt die Panoramasicht zu. Bei gutem Wetter erkennen Sie deutlich die Lichter von Tokyo und Yokohama, so wie man dort an sehr klaren Tagen den großartigen Anblick des Fuji genießen kann. Das »Hotel« weckt seine Gäste gegen 2 Uhr morgens. Der Hüttenwirt geht selbstredend davon aus, daß alle diesem Appell gehorchen, um sich den grandiosen Sonnenaufgang nicht entgehen zu lassen. **Es ist in dieser Höhe auch im August bitterkalt.** Wir machten uns nach einem Schluck heißen Tee auf den Weg zum Gipfel. Der letzte Abschnitt ist leicht zu bewältigen. Während die ersten Sonnenstrahlen über den Horizont krochen und die Sonne allmählich aus dem Dunst auftauchte, stiegen wir bergauf und erreichten gegen 8 Uhr den Gipfel.
Der Gipfel des Fuji ist sein **Kraterrand**, ein schmaler Streifen zwischen dem Absturz des Bergmantels auf der äußeren und des Kraters auf der inneren Seite. Dort stehen einige Herbergen und Restaurants sowie ein Schrein. Sie können den Krater zu Fuß umrunden. Der Pfad ist ausgetreten und leicht begehbar. Er vermittelt das abgehobene Gefühl, auf der Spitze der Welt zu balancieren. Man sieht die Niederungen des Daseins schier unendlich weit

Japan – Einzelkind der Natur

unter sich liegen. Wenn nur die höchsten Berggipfel aus den Wolken ragen, scheint man über einem Wolkenmeer zu schweben.

Beim **Abstieg** kommt man zwar schneller, aber über weite Strecken nicht leichtfüßiger voran als beim Aufstieg. Man muß fortlaufend aufsteigenden Gruppen ausweichen. Uns begegneten kurz unterhalb des Gipfels zwei Sportler im Vereinsdreß, die in fast unglaublichem Tempo aufwärts rannten. Danach zogen weitere Grüppchen desselben Vereins an uns vorbei. Wir erfuhren, daß sie Marathonläufer waren, die den »Run« auf den Fuji im Rahmen eines Fitneß- und Ausdauertrainings absolvierten. Wir stiegen immer noch ab, als uns die ersten Marathonläufer einholten, in der Hand eine Urkunde, die sie auf dem Gipfel erhalten hatten. In der Firma in Kôbe, in der Kristina als Praktikantin arbeitete, traf sie einen dieser Marathonläufer wieder. Er betreibt diesen Sport begeistert als Hobby.

Tips für die Fuji-Besteigung

• Wenn Sie den Fuji an einem Tag besteigen wollen, sollten Sie bereits **am Vortag anreisen.**

• Der Aufstieg dauert **sechs bis acht Stunden.** (Geübte Langstreckenläufer schaffen es in knapp drei Stunden.)

• Außerhalb der offiziellen **Bergsaison** ist der Aufstieg meist gefährlich und deshalb untersagt. Halten Sie sich im eigenen Interesse an das Verbot. Hotels und Medien informieren über die Termine.

• Beachten Sie unbedingt die **Anweisungen.** Abweichen von den Wegen ist nicht erlaubt.

• Alpine **Ausrüstung** ist nicht erforderlich. Sie sollten selbstverständlich feste Schuhe tragen, es müssen jedoch keine Bergstiefel sein. Da es in nahezu 4000 m Höhe empfindlich **kalt** werden kann, sollten Sie auch Handschuhe nicht vergessen.

• Die unterwegs abgebotene **Verpflegung** entspricht nicht jedermanns bzw. jederfraus Geschmack. Packen Sie deshalb eine kleine Notration in den Rucksack.

• Die **sanitären Verhältnisse** sind in manchen Berghütten sehr primitiv. Nehmen Sie Feuchttücher mit.

• Bergauf steigende Bergwanderer genießen »**Vorfahrt**«: Wer bergab geht, weicht aus.

• Wenn Ihnen der unablässige und stereotype **Gruß** *»gambatte kudasai«* oder *»gambare«* auf die Nerven geht, beantworten Sie ihn einfach durch freundliches Lächeln.

• **Setzen Sie nicht den Fuji herab**, indem Sie ständig die Reize europäischer Berge betonen. Den Schönheitspreis für die Ansicht aus der Ferne gewinnt der Fuji allemal.

Der Fuji als Kitschkulisse à la Louis II de la Bavière.

Wenn die Erde bebt

Während meiner drei Jahre in Japan erlebte ich mehrere kleine **Erdbeben**. Keines davon machte mir wirklich angst. Bei »meinem« ersten Beben war ich in einer japanisch-koreanischen Familie zu Gast. Wir saßen gerade beim Essen am Tisch, als plötzlich eine der Töchter des Hauses ihre Eßstäbchen fallenließ, mit dem Ruf »*jishin!*« (»Erdbeben!«) aufsprang, in die Küche stürzte und den Gashahn abdrehte. Die übrigen Familienmitglieder verharrten sekundenlang bewegungslos – mir schien, als hörten sie schlagartig auf zu kauen. Als sie sich sicher waren, daß es sich nur um einen kleinen Erdstoß handelte, wurde das Gas wieder eingeschaltet und nahm das Mahl seinen Fortgang, als wäre nichts geschehen.

Einige Male bemerkte ich nicht einmal, daß die Erde zitterte – und hörte erstaunt, wenn mir anderntags jemand erzählte, es hätte stark gebebt. Hält man sich während schwacher Erdstöße in einer Bahn oder auf einer stark befahrenen Straße auf, nimmt man sie nicht wahr, da man sie nicht von den »normalen« Vibrationen unterscheiden kann. In ruhiger Umgebung hingegen spürt man die Erschütterung deutlich. **Etwa zwei- bis dreimal im Monat zittert in Japan wahrnehmbar die Erde.** Japaner empfinden diese kleinen Erdbeben als so alltäglich, daß sie kaum ein Wort darüber verlieren. Daran gewöhnen können sie sich allerdings nie.

Japan – Einzelkind der Natur

Das schwerste Erdbeben der Neuzeit suchte Japan 1923 heim. Es verwüstete vor allem die Kantô-Ebene, d.h. Tokyo und Umgebung, und kostete über 140.000 Menschen das Leben. Die meisten Opfer kamen in den anschließenden **Feuersbrünsten** um. Diese griffen in den dichtbesiedelten, damals auch in Tokyo noch vorwiegend mit traditionellen Holzhäusern bebauten Stadtvierteln zügellos um sich. Bis heute sind die Gassen in den Wohnvierteln oft so schmal, daß ein Feuerwehrwagen kaum durchkommt – der bei Erdbeben zusätzlich durch herabstürzende Ziegel und Mauern behindert wird.

Fast überall in Japan wird man Sie ermahnen, den Gashahn nach Gebrauch stets abzudrehen. Wer Haus oder Wohnung verläßt, prüft unwillkürlich noch einmal den Gashahn. Undichte oder beschädigte Gasleitungen haben immer wieder verheerende Brände ausgelöst.

Auch beim großen Kantô-Beben 1923 entfachten zerstörte Gasleitungen die Flammen, die sich nach den Erdstößen mit ungeheurer Geschwindigkeit ausbreiteten. In Kôbe stifteten defekte Gasleitungen in den engen alten Stadtvierteln etliche Brände. Gerissene elektrische Leitungen – sie sind in Japan bis heute zum großen Teil überirdisch verlegt – liefern die Zündfunken für das ausströmende Gas.

Bis zum Kantô-Beben war die Höhe von Häusern zumeist auf zwei Stockwerke begrenzt, um die Gefahren für ihre Bewohner gering zu halten. Da aber einige neue Betonbauten durchaus standhielten, lockerte man nach dem II. Weltkrieg die Baubeschränkungen. Die ersten **Hochhäuser** entstanden.

In den frühen 1960er Jahren ereignete sich in Niigata an der Westküste Japans ein mittelschweres Erdbeben. Ein neues, sechsstöckiges Wohnhaus trotzte den Erschütterungen, neigte sich jedoch, da es auf unsicherem Fundament stand, so stark zur Seite, daß es unbewohnbar und später gesprengt wurde. Daraus zog man die Lehre, daß die Verankerung von Hochhäusern ein wesentlicher Sicherheitsfaktor ist. Seitdem müssen Hochhäuser **sehr tiefe Fundamente** besitzen – die man übrigens für vielerlei Zwecke nutzt: Ladenstraßen und Restaurants auf mehreren unterirdischen Ebenen sind inzwischen eine üblich Einrichtung. Unter diesen schließen sich weitere Geschosse mit Lagerräumen und Tiefgaragen an.

In den später 1980er Jahren erschütterte eine Folge von Erdstößen die Izu-Halbinsel. Es war ein farbenfroher Anblick, die Kinder mit bunten Schutzhelmen zur Schule gehen zu sehen. Sie trugen ihre Helme mit einer Mischung aus Selbstverständlichkeit und Stolz.

Als Kristina ihr Praktikum in Kôbe antrat, erklärte man ihr, bei Erdbeben einen Helm aufsetzen und das Gebäude unverzüglich zu verlassen oder unter einen Tisch zu flüchten. Gleich darauf versicherte man, Kôbe werde nicht von Erdbeben, sondern nur von Taifunen heimgesucht; und da diese erst im August aufzögen, habe sie nichts zu befürchten. Damals ahnte noch niemand, welch schweres Erdbeben anno 1995 in **Kôbe** ausbrechen sollte ...

Womöglich wiegten sich die Japaner zu sehr in Sicherheit, nachdem in den

Japan – Einzelkind der Natur

Erinnerung an die ständige Gefahr: Vulkangestein (hier: Niigata, Kyûshu).

1980er Jahren das erwartete (erfahrungsgemäß in Abständen von sechzig Jahren auftretende) große Erdbeben ausgeblieben war. Zudem hatten Wissenschaftler die Öffentlichkeit beschwichtigt, Erdbeben mit großer Wahrscheinlichkeit rechtzeitig voraussagen und die Bevölkerung warnen zu können. Das Erdbeben von Kôbe hat jedoch auf bittere Weise gezeigt, daß dies ein Irrtum war.

Hierzulande konnten wir in Zeitungen und Fernsehen Bilder von den Verwüstungen dieses Erdbebens sehen, nicht aber die vielen Gebäude, die das Beben unbeschadet überstanden. Die Tatsache, daß vor allem Kôbes ältere Viertel zerstört wurden, ist ein Indiz dafür, daß die **moderne Bautechnik** im Hinblick auf die vielbeschworene »Erdbebensicherheit« einen – unumstritten weiterhin verbesserungsbedürftigen – Fortschritt bedeutet.

Auch beim Antritt ihrer zweiten Praktikantenstelle in Yokohama erhielt Kristina einen Helm, der für die Dauer ihres Aufenthalts griffbereit unter ihrem Tisch zu liegen hatte. Alle Mitarbeiter besaßen Helme, die zumeist den Namen ihres Besitzers trugen.

Weder Kristina noch ich haben einer **Erdbebenübung** beigewohnt. Allerdings führen häufige Fernsehspots das richtige Verhalten bei Erdbeben vor. Kaufhäusern bieten »Survival-kits« an, kleine Rucksäcke mit Trinkwasser, Taschenlampe, Erste-Hilfe-Pack etc., die man am Wohnungseingang deponiert, um im Ernstfall das Nötigste griffbereit zu haben.

29

Japan – Einzelkind der Natur

Erlebnisbericht: Ein mittelschweres Erdbeben

Zur Zeit des Kôbe-Bebens war niemand meiner Familie in Japan. 1974 jedoch erlebte ich zusammen mit meinen Kindern ein mittelschweres Erdbeben. Anders als die Kinder, die damals zwei, drei und fünf Jahre alt waren, erinnere ich mich lebhaft daran.

Ich verbrachte die Ferien mit den Kindern in einem kleinen Fischerdorf auf der Halbinsel Izu, kaum 100 km südlich von Tokyo. Diese Gegend wird immer wieder von Erdbeben heimgesucht, da sich an der Küste der Halbinsel ein Tiefseegraben entlangzieht und der Untergrund starke vulkanische Tätigkeit aufweist. Ende der 1980er Jahre beobachtete man dort das Entstehen eines neuen unterirdischen Vulkans.

Wir hatten uns bei einer alten Dame, einer Arztwitwe, eingemietet. Sie selbst bewohnte ein recht geräumiges Haus mit einem stabilen Dach aus grauen Ziegeln. Wir bezogen ein Nebengebäude mit Wellblech. Da die Feriensaison noch nicht begonnen hatte, waren wir die einzigen Urlaubsgäste.

Eines Morgens standen wir erst spät auf. Das Wetter war trüb, aber ich wollte zumindest einen kleinen Spaziergang unternehmen. Ich ging vor die Tür, um nachzusehen, ob ich den Kindern Mäntel anziehen müsse. Als ich aus dem Haus trat, fielen die ersten Regentropfen auf den gepflasterten Weg vor dem Haus.

Plötzlich vernahm ich ein seltsames Geräusch. Es schien aus östlicher Richtung heranzubrausen. Dann begannen die Bäume zu rauschen, das Geräusch erreichte unser Haus und das Hauptgebäude, und im selben Augenblick verlor ich das Gleichgewicht: Die Erde bebte. Den Höllenlärm erzeugten, wie ich später erfuhr, die Steine und Dachziegel, die aufeinander tanzten und klapperten.

Ich eilte sogleich zurück ins Haus zu den Kindern. Der Untergrund zitterte so stark, daß ich nicht aufrecht gehen konnte. Ich hangelte mich an den Balken im Flur entlang. Als ich die Zimmertür erreichte, ließ sich die Schiebetür nicht öffnen. Die Erschütterungen hatten ihren Rahmen trapezförmig verbogen. Nur die mittlere Schiebetür gab nach.

Verblüfft betrachtete ich meine drei Kinder. Ich hatte erwartet, sie verängstigt zu sehen – doch keine Spur davon: Sie kugelten auf dem Bettzeug herum und lachten und lachten. Später erzählte mir Kristina, daß die Kleinen geglaubt hatten, jemand rüttele aus Scherz am Haus. Und da sie die Geschwister lachen sah, kam auch bei ihr keine Angst auf.

Ich brachte die Kinder in den Eingangsbereich, den genkan, *um, sollte ein Teil des Hauses einstürzen, sogleich ins Freie fliehen zu können. Ich legte meine Tasche mit Geld und Papieren zurecht, zog den Kindern hastig Schuhe und Mäntel an, und dann warteten wir im* genkan. *Inzwischen war das Zittern etwas abgeklungen.*

30

Japan – Einzelkind der Natur

Hochhäuser müssen wegen der Erdbebengefahr besonders tief verankert werden (hier: Verwaltungsgebäude der Metropolis Neu-Tokyo).

Wir konnten den Eingang des Haupthauses gut einsehen. Vom Dach fielen immer wieder Ziegel und zerbarsten mit lautem Krachen auf dem Hofpflaster. Im Innern des *genkan* sahen wir die Hausbesitzerin. Kaum war eine etwas längere Pause zwischen den Erschütterungen eingetreten, ergriff sie ein Kissen, legte es sich zum Schutz gegen die herabfallenden Ziegel auf den Kopf und lief über den Hof zu uns. Da unser Haus mit Wellblech gedeckt war, fielen hier keine Ziegel herab.
Die Wirtin fragte als erstes, ob das Gas abgestellt sei. Weil ich soeben kein Gas verwendet hatte, war der Hahn in der Küche vermutlich zugedreht. Wo sich aber der Haupthahn befand, das wußte ich nicht. Also machte sie sich, das Kissen auf dem Kopf, auf den Weg zum Haupthahn an der Hauswand.
Nach der Rückkehr ermahnte sie uns, auf vor einer möglichen Flutwelle warnende Glockenschläge zu achten. **Flutwellen**, tsunami, können auftreten, wenn das Zentrum eines Bebens unter dem Meeresgrund liegt, und bis zu 30 m Höhe erreichen. Diese Meereswogen sind sehr unberechenbar und richten noch in weiter Ferne vom Bebenherd große Schäden an der Küste an, die oft auch viele Menschenleben kosten.
Die Wirtin wies uns an, bei Gefahr einer Flutwelle in Windeseile auf den Berg hinter dem Haus zu klettern. Da das Gelände sehr unwegsam war und es überdies nun ziemlich stark regnete, empfahl sie, im Haus zu warten. Sollten die Glocken läuten, wollte sie unsere Dreijährige auf den Rücken nehmen und sich einen Weg auf den Berg bahnen. Ich sollte ihr, den Kleinen huckepack und die Fünfjährige an der Hand, folgen.

31

Japan – Einzelkind der Natur

Inzwischen war es ungefähr 9 Uhr und eine halbe Stunde seit den ersten Erschütterungen vergangen. Die Erdstöße traten in größeren Abständen auf, und unsere Anspannung ließ ein wenig nach.

Auf der Straße fuhren Lautsprecherwagen vorbei, die die jungen Männer des Ortes aufriefen, sich an Sammelpunkten einzufinden. Das Beben hatte mehrere Erdrutsche ausgelöst, die einige Häuser unter sich begruben. Jede Hand wurde zum Ausgraben der Verschütteten gebraucht. Auch zwei Söhne unserer Nachbarn schlossen sich mit Spaten und Schaufeln der Kolonne an. Nun meldete auch der Rundfunk die Erdstöße, konnte aber noch keine genauen Informationen liefern. Da eine Flutwelle kaum mehr zu befürchten war, kehrte unsere Wirtin ins Haupthaus zurück, um die Schäden zu begutachten. Außer den zerbrochenen Dachziegeln und deutlich sichtbaren Rissen in der Giebelwand waren auch innen Verwüstungen festzustellen. Das Geschirr – darunter wertvolles Porzellan, das ihr verstorbener Mann von seinem Medizinstudium in Europa mitgebracht hatte – war zum großen Teil aus den Schränken gefallen und zerbrochen. Nach Aussage der weit über 60jährigen Wirtin war dies das schwerste Erdbeben, das sie je erlebt hatte.

Die Telefonverbindung war unterbrochen. Die Wasserversorgung fiel aus, da die unterirdisch verlegten Wasserleitungen zerstört waren. Gegen Mittag brachten uns Tankwagen Trinkwasser. Einige Straßen des Dorfes waren unpassierbar. Begrenzungsmauern waren auf die Straße gestürzt und hatten die Nachbargebäude beschädigt. In dem Fußweg, den wir täglich zum Strand zurückgelegt hatten, klaffte ein breiter Spalt.

Unsere Nachbarn besaßen einen Brunnen, dessen Wasser sie zwar nicht tranken, aber zum Baden und Waschen benutzten. Dieser Brunnen spendete nach dem Erdbeben nur noch Salzwasser; vermutlich war Meerwasser in den Schacht gedrungen.

Unsere Wirtin beseitigte die gröbsten Trümmer im Haus und half uns beim Aufräumen. Danach suchte sie den Schrein in ihrem Garten auf. Der Schrein bestand aus einem Holzhäuschen, in dem sie den Göttern Opfergaben aufstellte. Unter ihm hauste eine grünliche Schlange, die unserer Wirtin als Glücksbringerin galt. Am Abend vor dem Erdbeben hatte die alte Dame beobachtet, wie die Schlange ihren Schlupfwinkel unter dem Schrein verließ und sich hinauf in die Berge schlängelte. Sie war überzeugt, daß die Schlange das Beben gewittert und sich in Sicherheit gebracht hatte. Nun hoffte sie inständig, daß die Schlange, die in ihren Augen eine Gottheit verkörperte, nach überstandener Gefahr in den Garten zurückkehrte. Ehe sie einen Handwerker mit der Reparatur ihres Wohnhauses beauftragte, suchte sie daher nach einem Schreiner für den Wiederaufbau ihres Schreins.

*In besonders unangenehmer Erinnerung ist mir weniger das Hauptbeben und der damit verbundene Schrecken geblieben, auch nicht die Angst vor einer Flutwelle, die wir kaum lebend überstanden hätten, als vielmehr die schier endlose Folge der **Nachbeben**. Am ersten Tag konnten wir gegen Mittag aufatmen. Die Pausen dauerten bereits länger als die immer wieder auf-*

lebenden Erschütterungen. Aber in der Nacht fanden wir kaum Ruhe. In unregelmäßigen Abständen wurde alles durchgerüttelt; kaum eingeschlafen, wurde ich wieder aufgeschreckt. Noch eine Woche später rissen mich allnächtlich sechs bis acht starke Nachbeben aus dem Schlaf. Ich empfand diese Phase als außerordentlich zermürbend.

Bei mir stellten sich Langzeitfolgen ein. Noch Jahre später litt ich unter Gleichgewichtsstörungen. Fuhr beispielsweise ein Lastwagen an unserem Haus vorbei oder überquerte ich eine Brücke, die auf normalen Straßenverkehr mit leichten Schwingungen reagierte, verlor ich das Gleichgewicht und mir wurde übel. »Erdbebengefühle« nannte meine Familie diese Beschwerden – die bei den Kindern übrigens nicht auftraten.

Wenn der Taifun kommt

Während die **tropischen Wirbelstürme** im Raum der Karibik, Westindischen Inseln und des Golfs von Mexiko Hurrikans heißen, nennt man jene in den Gewässern Chinas und Japans **Taifune**. Sie bilden in ihrer Mitte eine Art Luftschacht, um den sich die Sturmwinde in ungeheurer Geschwindigkeit drehen. Die Winde um diesen stillen Mittelpunkt, auch **»Auge«** genannt, können Geschwindigkeiten von über 350 km/h errreichen. Solche Wirbelstürme bewegen sich samt dem zentralen stillen »Auge« unterschiedlich schnell voran, oft eine Schneise verheerender Zerstörungen hinterlassend.

Taifune entstehen über dem Meer. Dies hängt mit den **Monsunwinden** zusammen, die zu bestimmten Jahreszeiten ihre Richtung ändern. Ehe sie dies tun, verhalten sie sich eine Weile scheinbar orientierungslos. In dieser Unentschlossenheit schlagen sie Purzelbäume, ein Übermut der Natur, der die Menschen in Angst und Schrecken versetzt.

Die **japanische Mythologie** macht den Gott Susanô für die Wirbelstürme verantwortlich. Susanô entsprang der Nase seines Vaters, des Urgottes Izanagi, als dieser sich im Grenzfluß zur Unterwelt von den Verunreinigungen des Jenseits reinigte. Er ist der Bruder der Sonnengöttin Amaterasu, die zusammen mit dem Mondgott aus Izanagis Augen entstand. Susanô besaß ein lärmendes, ungebärdiges Temperament, das man auf die Sehnsucht nach seiner Mutter zurückführt, die bei der Geburt des Feuergottes starb. Susanôs Ungestüm war so unerträglich, daß ihn sein Vater in ein fernes Land verbannte. Beim Abschied von seiner Schwester Amaterasu stiftete Susanô im Himmel ein heilloses Durcheinander, bei dem die Weberinnen in ihrem Palast zu Tode kamen. Als er auch die himmlischen Reisfelder mutwillig zerstörte, verbarg Amaterasu sich zornig in einer Felsenhöhle und beschwor so eine Sonnenfinsternis herauf.

Japan – Einzelkind der Natur

Taifune ziehen in Japan regelmäßig zu **bestimmten Jahreszeiten** auf. Dies weiß man und ist darauf vorbereitet. Es gibt offizielle Landkarten, auf denen die Bahnen der Taifune verzeichnet sind, und man kann mit ziemlicher Genauigkeit voraussagen, welche Richtung ein Taifun zu welcher Zeit einschlägt. Die Taifune im August wählen andere Wege als jene im September und Oktober. Anhand von Verlaufskurven und Geschwindigkeitsberechnungen lassen sich Prognosen stellen, wann ein Taifun welche Landesteile erreicht.

Taifunwarnungen werden mit ziemlicher Voraussagegenauigkeit gegeben. Mögen sie auch – wie unsere Wettervorhersage – nicht absolut verläßlich sein, so haben sie doch schon manches Unheil verhindert. Sie unterscheiden verschiedene Gefahrenstufen, über die sämtliche Medien informieren.

Bei einer Taifunwarnung gilt als **oberste Regel**, alle beweglichen Gegenstände wie Mülltonnen, Fahrräder oder Gartenmöbel ins Haus zu holen oder draußen sicher zu befestigen, damit sie nicht vom Orkan ungestüm durch die Luft gewirbelt werden und dadurch schweren Schaden anrichten.

Immer wieder wird davor gewarnt, beim unvermittelten Nachlassen des Sturms ins Freie zu gehen in der Annahme, die Gefahr sei gebannt. Denn womöglich befindet man sich lediglich im stillen »Auge« des Taifuns. Dieses kann 30 bis 40 km durchmessen und den trügerischen Eindruck aufkommen lassen, der Sturm habe sich gelegt. Und kaum wähnt man sich in Sicherheit, setzen die Winde schlagartig mit unvorstellbarer Gewalt erneut ein und zerstören alles, was ihnen irgendeine Angriffsfläche bietet.

Im übrigen gilt die Regel, daß man sich ab einer bestimmten Windstärke nicht mehr im Freien aufhalten darf. Selbst wenn es gelingt, sich gegen den Wind zu stemmen und in der gewünschten Richtung voranzukommen, läuft man ständig Gefahr, von herumwirbelnden Brettern, Dachziegeln oder Straßenschildern getroffen zu werden.

Falls Sie sich während eines Taifuns in einer Gefahrenzone aufhalten, sollten Sie unbedingt die Anordnungen beachten. **Lassen Sie mögliche private oder geschäftliche Termine getrost ausfallen:** Ihre japanischen Gastgeber und Geschäftspartner werden es stets verstehen, daß Sie sich nicht unnötig in Gefahr begeben. Ohnehin wird bei Ankündigung heftiger Taifune in der betroffenen Region oft der gesamte Bahnverkehr für Stunden eingestellt.

Für jeden Wohnbezirk in den taifungefährdeten Gebieten bestehen **Evakuierungspläne**. Bei Taifunwarnungen werden Familien, die sich in ihren Häusern nicht sicher fühlen, vorübergehend in Schulen und anderen öffentlichen Gebäuden untergebracht. Moderne Wohnhäuser aus Stahlbeton sind im allgemeinen weniger taifungefährdet als die traditionellen Holzbauten. Manche traditionelle Häuser sind so leicht gebaut, daß sie den Stürmen nicht standhalten. Die Schiebetüren, die man leicht herausnehmen kann, um im heißen Sommer ein kühles Lüftchen ins Haus zu lassen, sind weder wind- noch wasserfest. Deshalb sind die von außen vorlegbaren hölzernen **Regentüren**, *amado*, so unverzichtbar. Bei Regen und Wind, im Winter

―――――――――― *Japan – Einzelkind der Natur* ――――――――――

Die traditionelle leichte Holzbauweise verringert zwar die Einsturzkatastrophen, bietet aber den Taifunen wenig Widerstand (hier: Gasthof in Taikanso, Atami).

meist auch nachts, werden die *amado* aus ihren Holzkästen an der Hauswand gezogen und von außen vor die Schiebetüren gelegt. Sie laufen in einfachen Schienen, die in Fußboden und Decke eingelassen sind. *Amado* bestehen aus massivem Holz und lassen kein Licht ein. Ein Haus mit geschlossenen *amado* gleicht einer rundum geschlossenen Holzkiste. Innen ist es zwar völlig dunkel, dafür aber verhältnismäßig sicher.
Yasunari Kawabata schildert in seinem Buch *Ein Kirschbaum im Winter*, wie es sich in einem Haus mit geschlossenen Regentüren lebt. Der Großvater einer Familie wird am Neujahrsmorgen durch das Hin- und Herlaufen seines Enkelkindes geweckt. Da sein Schwiegersohn in einem kleinen, ärmlichen Haus ohne Regentüren wohnt, ist dem Kind diese Dunkelheit fremd, und es läuft angstvoll im finsteren Gang des großväterlichen Hauses auf und ab.
Eine unserer deutschen Bekannten verbrachte einmal ihre Ferien im Sommerhaus japanischer Freunde. Beim Einzug – es herrschte herrliches Sommerwetter – versäumte sie es, sich zeigen zu lassen, wie man die schweren, massiven Regentüren aus ihren Halterungen in den Holzkästen an der Hauswand zieht und vor die Fenstertüren schiebt. Als der Taifun kam, war es zu spät: Sie konnte nur noch zusehen, wie sich die Glasscheiben bei jedem Windstoß stärker wölbten, schließlich nachgaben und vor ihren Augen mit lautem Getöse zersprangen.
Ein heftiger Taifun hinterläßt mit bloßem Auge erkennbare Schäden: Dächer sind abgedeckt, Wellblechhütten und Bretterbuden zerfetzt und ihre

Japan – Einzelkind der Natur

Teile verstreut, einfache Glasscheiben aus den Rahmen gerissen oder eingedrückt. Gewöhnlich sind die Taifune begleitet von **heftigen Regenfällen**, die im vorwiegend gebirgigen Japan ebenso zerstörend wirken können wie die Sturmwinde: Oft stürzen dann die Wassermassen über die steilen Abhänge und lösen verheerende **Erdrutsche** aus, die zuweilen ganze Dörfer mitreißen oder unter sich begraben.

Japans knappes und daher kostbares ebenes Gelände wird nicht für den Hausbau verschwendet. Um möglichst viel kultivierbare Fläche landwirtschaftlich, etwa für den Reisanbau, nutzen zu können, setzt man die Wohnhäuser oft an den Hang. Diese sind daher besonders gefährdet, wenn sich Regenfluten in reißende Flüsse verwandeln. Dann gehen selbst stabile Betonbauten samt Fundament »den Bach hinunter«.

Taifune sind eine Naturgewalt, mit der die Japaner zu leben gelernt haben. Wie Erdbeben und Vulkanausbrüche gehören sie zu den ständigen Bedrohungen, die den Japanern unablässig vor Augen halten, wie vergänglich das Leben ist.

Jishin, kaminari, kaji, oyaji – dieses Sprichwort faßt jene vier Gewalten zusammen, vor denen sich die Japaner am meisten fürchten: Erdbeben, Gewitter, Feuersbrunst – und der eigene Vater.

Tips: Verhalten beim Taifun

• **Beherzigen Sie bei Taifunwarnungen die Sicherheitsvorschriften**, auf die Ihr Hotel, Ihre Geschäftspartner, Freunde und die Medien Sie aufmerksam machen werden. Sich allein auf seinen Schutzengel zu verlassen wäre sträflicher Leichtsinn.

• **Begeben Sie sich erst nach offizieller Entwarnung wieder ins Freie** und nicht nach eigenem Gutdünken. Befindet man sich im stillen »Auge« des Taifuns, läßt der Orkan kurzfristig nach, um urplötzlich aufzuleben.

• **Belächeln Sie nicht Japaner, die bei Taifunwarnungen furchtsam das Haus hüten.** Zwar zeigt nicht jeder Taifun seine volle Gewalt, doch ist damit durchaus zu rechnen.

• **Persönliche Sicherheit ist wichtiger als das Einhalten von Terminen:** Bei Taifunwarnungen können Termine durch Fahrplanänderungen und das Bestreben, noch rechtzeitig vor dem Sturm nach Hause zu gelangen, platzen. Angesichts der langen Anfahrwege in den Ballungsräumen hat jeder dafür Verständnis, daß man lieber Termine verschiebt, als sich Gefahren auszusetzen.

• Falls Sie die alleinige oder Mitverantwortung für ein Anwesen tragen: **Bringen Sie alle beweglichen Gegenstände ins Haus bzw. machen Sie sie draußen sicher fest.**

• Falls Sie in einem traditionellen japanischen Haus wohnen: **Lassen Sie sich zeigen, wie man die Regentüren vorschiebt.**

―― *Japan – Einzelkind der Natur* ――

*Abgeklungener Taifun auf der kleinen Insel Miyajima
(Inlandsee bei Hiroshima).*

Jahreszeiten

Japan liegt in der gemäßigten Zone der Nordhalbkugel unserer Erde. Es kennt vier Jahreszeiten, die im wesentlichen den unseren entsprechen. Der Begriff **shiki** (»vier Jahreszeiten«) fällt sehr häufig, vor allem in der Poesie: In fast allen *haiku*, den dreizeiligen Kurzgedichten, findet sich ein Hinweis auf die Jahreszeit. Dieser mag in einer Anspielung auf ein Fest im Jahreskreislauf – etwa das Neujahrs- oder Puppenfest am dritten März – oder der Erwähnung eines saisontypischen Gewächses oder Tieres bestehen.
Jeder Brief von Japanern leitet mit dem Thema Jahreszeit ein, beispielsweise: »Nun hat der Herbst begonnen, und wir hatten eine Reihe von schönen Tagen.« Diese Angabe der Jahreszeit ist für die japanische **Höflichkeit** ebenso unerläßlich wie bei uns die Formel »mit freundlichen Grüßen«.
Für jede Jahreszeit steht ein pflanzliches Symbol: für den Frühling die Kirschblüte, für den Sommer der Bambus, für den Herbst die Blätter des Bergahorns oder die Chrysantheme, für den Winter die Pflaumenblüte oder ein Kiefernzweig.
Die Jahreszeiten gehen in Japan weniger gleitend ineinander über als bei uns. Vielmehr sind die Übergangszeiten sehr kurz. Oft stellt man von einem Tag auf den anderen fest, daß der Winter vorüber oder der Herbst eingezogen ist.

Japan – Einzelkind der Natur

Für Japaner sind die Jahreszeiten absolut bindend: Am Tag des Frühlingsanfangs wird die Wintergarderobe unbarmherzig verstaut und ab sofort ausschließlich kurzärmlige Kleidung getragen. Die Kinder ziehen, obwohl es noch sehr kalte Tage geben kann, ab diesem Datum kurze Hosen an; dies gilt auch für die Schuluniformen, selbst wenn die Ärmsten abends blaugefroren aus der Schule heimkehren.

Ein Internet-Spruch bemerkt treffend:

»Du erkennst, daß du schon viel zu lange in Japan bist, wenn du auf den ersten Frühlingstag wartest, um dann sofort ein kurzärmliges Hemd zu tragen.«

Ausländer irritieren außer der strikten Verbindlichkeit dieser Daten die Reaktionen der Japaner und insbesondere Japanerinnen auf **»unkonventionelles Saisonverhalten«**: Wer nach Frühlingsanfang noch in Winterkleidung erscheint, gilt entweder als verrückt oder als unglaublich zerstreut. Solch unglückselige Individuen hören von allen Seiten, daß die Sommersaison doch schon begonnen habe und ob sie dies vielleicht vollkommen vergessen hätten…

Daß solche Bemerkungen keine Floskeln, sondern sehr, sehr ernst gemeint sind, belegt folgender Internet-Spruch:

»Du erkennst, daß du schon viel zu lange in Japan bist, wenn dir deine Hauswirtin leid tut, weil sie eine verrückte Tochter hat, die eine Frühlingsbluse zu einem Winterrock trägt, und du mit ihr zusammen überlegst, wie man dieses wilde und ungebärdige Kind zur Vernunft bringen kann.«

Während Japanerinnen das jahreszeitliche **Kleidungsdiktat** nahezu pingelig einhalten, scheinen die Männer sich weniger darum zu scheren. Jedenfalls deuten die Nadelstreifenanzüge kaum einen Unterschied zwischen Sommer und Winter an. Allerdings sieht man an heißen Sommertagen oft, daß Angestellte das Jackett ablegen und sogar auf der Straße in Hemdsärmeln gehen.

Nicht nur die Kleidung wird zu Beginn jeder Jahreszeit gewechselt. Auch der **Speisezettel** ändert sich. Jede Sasion kennt besondere kulinarische Highlights. Eine beliebte Sommerdelikatesse sind zum Beispiel kalte dünne Buchweizennudeln in eisgekühltem Essigwasser. Auf Tradition bedachte Hausfrauen belassen es nicht nur bei solch – köstlichen! – Spezialitäten, sondern kreieren zum Jahreszeitenwechsel auch anmutige Garnierungen: eine Kirschblüte aus Puderzucker, ein Bambusblatt mit Grashalm, ein in dünnem Teig ausgebackenes Chrysanthemenblatt mit einer aus frischem Rettich geschnittenen Blüte, einige herbstlich rote Ahornblätter aus Karotten oder täuschend echt und liebevoll gestaltete Kiefernnadeln mit kleinem Zapfen, alles raffiniert anzusehen und eßbar.

Außerdem wechselt man zu Beginn jeder Jahreszeit das Rollbild in der *tokonoma*, der Schmucknische. Hängt dort im Frühling noch ein Winterbild, etwa ein schneebedeckter Kiefernzweig, ist dies ein Zeichen hausfraulicher Liederlichkeit.

38

Japan – Einzelkind der Natur

Volksfestliche Stimmung während der Kirschblüte (im Ueno-Park, Tokyo).

Frühling und Kirschblüte

Herausragendes Ereignis des milden, angenehmen japanischen Frühjahrs ist die **Kirschblütenschau**, *hanami*. Ein Frühling ohne Kirschblüten ist für Japaner kein richtiger Frühling.

Kirschbäume zieht man in Japan nicht wegen der Obsternte. Zwar pflanzt man seit Eindringen westlicher Einflüsse auch fruchttragende Sorten an, doch überwiegen nach wie vor bei weitem die Ziergewächse. Diese können einfache, schlicht weiße oder gefüllte, rosa schimmernde Blüten tragen, setzen aber keine Früchte an.

In den Großstädten sind weite Parkanlagen dicht mit Kirschbäumen bepflanzt. Tokyos Ueno-Park zum Beispiel steht voll davon. Im Sommer spenden die Bäume Schatten, im Winter sind sie kahl und struppig, im Frühling aber wölben sie über die Spaziergänger ein dichtes schneeweißes Blütendach.

Zu Frühlingsbeginn berichten alle Zeitungen des Landes über die Entwicklung der Kirschblüte und verkünden, wann sich wo die Knospen öffnen werden. Aufgrund der großen Nord-Süd-Ausdehnung der japanischen Inseln »wandert« die Kirschblüte von Süd nach Nord: Im Norden blühen die Kirschen etwa drei Wochen später als auf Kyûshu. **Wer möchte, kann mit der Hochblüte der Kirschbäume von Süd nach Nord reisen.**

Die Kirschblütenschau wird **volksfestähnlich** begangen. Man flaniert mit der Familie, mit Freunden oder Kollegen in den Parks und läßt sich unter den blühenden Bäumen zu einem Picknick nieder. Meist wird dabei kräftig gebechert. Tanizaki Junichirô bezeichnet in seinem Buch *Die Schwestern Makioka* einen Frühling ohne Kirschblütenschau als ein trauriges Jahr und schildert, wie eine Familie nach solch einem Jahr wieder gemeinsam die Kirschblütenschau genießt.

Große Firmen »reservieren« schon Monate vor der Kirschblüte Parkbereiche. In den Grenzen dieser abgesteckten Quadrate lagern dann unter den blühenden Bäumen auf Decken dicht an dicht die Mitarbeiter, um ausgelassen zu schlemmen und zu zechen. Kristina hat an solchen Betriebsausflügen teilgenommen. Nach ihrem Erleben begrenzte sich die Rolle der Kirschblüten darauf, daß sie lediglich Anlaß für ein **geselliges Beisammensein** lieferten.

Ich selbst war einmal im Frühling mit dem Zug nach Shimoda unterwegs. Kurz hinter Atami hielt der Zug auf offener Strecke. Aus dem Lautsprecher ertönte die Erklärung:»Wir halten hier einige Minuten, um unseren Fahrgästen Gelegenheit zu geben, die herrlichen Kirschblüten linker Hand in Muße zu bewundern. Wir werden uns bemühen, die Verspätung aufzuholen.«

Kirschblüten bedeuten jedoch mehr als nur ein unbeschwertes Frühlingssymbol. Da ihre Blätter abfallen, sobald sie ihre volle Schönheit entfaltet haben, verkörpern sie auch den **frühen Tod.** Ein Samurai, der todesmutig in den Kampf zog, begriff die Kirschblüte als Sinnbild für den in der Blüte seines Lebens drohenden Tod. In diesem Sinn urteilt ein Sprichwort: *Hana wa sakura, ningen wa bushi.* (»Die schönste unter den Blumen ist die Kirschblüte, der beste unter den Menschen der Samurai.«)

Sommer und Regenzeit

Der japanische unterscheidet sich vom mitteleuropäischen Sommer dadurch, daß er mit einer Regenzeit einsetzt. Dann, etwa Mitte Juni, kann es tagelang regnen. Alles ist feuchtwarm und klamm, der Himmel grau und verhangen, die Stimmung meist gedrückt.

Der japanische Sommer ist insgesamt **schwülheiß** bei teilweise sehr hoher Luftfeuchtigkeit. Dieses Klima belastet Organismus und Gemüt und macht das Reisen wenig erfreulich. **Wer sich den Reisetermin aussuchen kann, sollte den Sommer ab Mitte Juni meiden.**

Das **traditionelle japanische Haus** ist aus leichten Materialien wie Holz, Bambus und Papier errichtet. Seine Bauweise schenkt bei Erdbeben eine gewisse Sicherheit, zielt aber vor allem darauf ab, die – weit mehr als Kälte – gefürchtete Sommerschwüle zu lindern. Es sind nur wenige massive Wände, die der Konstruktion Stabilität verleihen. Die übrigen »Wände« werden aus Schiebetüren gebildet, die sich bei Bedarf aus ihren Schienen heben lassen. Setzt die feuchte Sommerhitze ein, öffnet man die Schiebetüren und freut sich über jeden Luftzug, der durch das Haus streicht. Aus diesem

Japan – Einzelkind der Natur

**Der Sommer ist in Japan nicht nur Bade- und Urlaubszeit,
sondern auch Regenzeit (hier: Küstenlandschaft bei Shimoda).**

Grund sind traditionelle japanische Häuser nicht unmittelbar auf den Boden gesetzt (und daher auch kellerlos), sondern stehen etwa einen halben Meter erhöht auf einer Plattform. So kann im Sommer Luft das Haus von unten kühlen – nicht zuletzt weil die *tatami*, die Bodenmatten aus gepreßtem Stroh, besonders in der Regenzeit zum Schutz vor Fäulnis frische Luft benötigen.

Im Winter hingegen wirkt sich die herkömmliche Bauweise sehr nachteilig aus. Allerorten zieht es, da die Schiebetüren nicht dicht schließen; früher dienten Wandschirme auch dem sehr praktischen Zweck, Zugluft abzuhalten.

Angesichts dessen, daß die Wintertemperaturen in Japan vielfach um oder gar unter dem Gefrierpunkt liegen, verblüfft, daß – anders als etwa in Korea – traditionelle **Raumheizungen** fehlen. Sollten Sie Ihre Verwunderung zum Ausdruck bringen, werden Ihnen Japaner entgegenhalten, daß man sich gegen Kälte leichter schützen kann als gegen Sommerhitze. Das Argument, daß man nach dem Zwiebelschalensystem mehr Kleidungsschichten über- als abstreifen kann, mag durchaus erwärmen. Anders steht es – jedenfalls für heizungsverwöhnte Europäer unserer Breiten – mit den glühenden Holzkohlebecken, um die sich bei Kälte die Hausbewohner versammelten: Diese erheizten nicht einmal den Raum, in dem sie standen. An ihnen konnte man allenfalls Finger und Zehen wärmen – ein Umstand, der den Begriff *matahibachi* geprägt hat, der soviel bedeutet wie »das Holzkohlebecken mit den Schenkeln umklammern«.

41

Japan – Einzelkind der Natur

Gegen die Sommerhitze haben die Japaner moderne, sehr leistungsfähige **Klimaanlagen** entwickelt. Manche lassen sich im Winter auf Wärme umstellen. Die meisten aber dienen der Kühlung im Sommer – derart effektiv, daß man sich in eisigen Hotels, Restaurants, Banken und Kaufhäusern nur allzuleicht eine **Erkältung** einfängt. Winterheizungen sind so gut wie unbekannt.

Auch bei Autos zählen Klimaanlagen heute zur Standardausstattung. Fast jeder Mittelklassewagen ist klimatisiert. Machen Sie sich beim Einsteigen in ein Taxi auf einen Kälteschock gefaßt – der Ihnen beim Entrinnen in die feuchte Hitze erst recht den Schweiß aus den Poren treibt.

Unter der Schwüle leidet außer den Menschen alles, was aus Pflanzenfasern oder Leder hergestellt ist. Japaner pflegen daher Bettdecken bei jedem Sonnenstrahl zum Trocknen herauszuhängen. Ungelüftete Schuhe, Handtaschen und Textilien beginnen zu schimmeln und sind bereits nach einer Saison verdorben.

Die **Regenzeit** fällt nicht immer gleichermaßen lang und heftig aus. In manchen Jahren bemerkt man sie kaum, in anderen scheint sie nicht enden zu wollen. Auf alle Fälle empfiehlt es sich, in diesen Wochen mit Regenschirm auszugehen. Überall in Japan erhalten Sie billige, meist durchsichtige Regenschirme, deren Verlust kein Besitzer nachweint. Im Internet fand sich dazu die weise Bemerkung:

»Du merkst, daß du schon viel zu lange in Japan bist, wenn in deinem gen-kan (Hauseingang) nur noch 73 durchsichtige Plastikschirme stehen, weil du bereits 27 der nationalen Eisenbahngesellschaft und diversen Taxiunternehmen gestiftet hast.«

In der Bahn, in Warteräumen, auch im Theater während der Pausen werden Sie oft Japaner sehen, die mit **Fächern** die Sommerhitze mildern. Das Fächeln verschafft angenehme Linderung, vor allem wenn kein Lüftchen geht und man schier zu ersticken meint. In Japan sehen Sie die zierlichen Fächer nicht nur in Händen von Frauen, sondern gelegentlich auch von Männern.

Es gibt zwei Arten von Fächern: den Blattfächer, den man an einem Stiel anfaßt und gern als Werbegeschenk mit Firmenaufdruck verteilt, und den in nahezu allen Größen vertretenen, oft kunstvoll bemalten Klappfächer, den herausragende Meister Japans als Bilduntergrund zu schätzen wußten und wissen.

Auch **Geräusche** können typisch für den japanischen Sommer sein. Von den Dachtraufen vieler Tempel baumeln im Sommer kleine Windspiele, die durch ihr Klingen den geringsten Lufthauch und die Freude darüber anzeigen.

Völlig verrückt erschien mir folgender »Tip«, den mir Japaner zum Thema Sommerhitze gaben: Ich solle mir einen beinharten Kriminal- oder Horrorfilm ansehen. Der kalte Schauer, der einem dabei über den Rücken läuft, ließe sich nur auskosten, wenn es unerträglich heiß ist.

Japan – Einzelkind der Natur

*Herbst – die letzten Blätter fallen und die wigwamartigen Stangengebilde
(links hinten) zum Schutz der Stauden und Bäume vor der Schneelast
sind bereits errichtet (hier: Park Kenrokuen, Kanazawa).*

Herbst und Laub

Der Herbst zeigt sich **warm** und **sonnig**. Leider muß man im späten August und im September vor allem im Süden mit **Taifunen** rechnen, die einige Tage anhalten können und in manchen Jahren arge Zerstörungen anrichten. Im Oktober und November ist es meist noch sehr warm und angenehm.

So wie zum Frühling traditionell die Kirschblütenschau, so gehört zum Herbst das **Bewundern des Herbstlaubs**, *momiji*. In der Gegend von Nikkô, auf der Insel Miyajima und in der Präfektur Nagano stehen herrliche Bergahornwälder, die sich ab Anfang Oktober leuchtend gelb und rot färben. Ein berühmtes Drama des *Kabuki*-Theaters mit dem Titel *Momiji-gari* erzählt von einem Fürsten, der in die Wälder reist, um das Herbstlaub zu betrachten. Unterwegs schließt sich ihm ein wunderschönes Mädchen an, das ihm bekannt vorkommt. Nach einem ausgiebigen, von reichlich Alkohol begleiteten Mahl fällt er in einen unruhigen Schlaf. Im Traum verwandelt sich das Mädchen in einen Dämon, der ihn angreift. Der Fürst erwacht, wehrt sich und erfährt, daß der Dämon eine vor Jahren verstoßene Geliebte rächen will. Das Stück endet mit seinem Sieg über den Dämon. Es bietet herrliche Gelegenheit, *Kabuki*-Theater vor hinreißenden herbstlichen Bühnenbildern zu erleben.

Winterlicher Hafen Utoro auf der Hokkaidô-Halbinsel Shiretoko.

Winter und Schnee

Der Winter fällt je nach Region sehr unterschiedlich aus. In der **Umgebung von Tokyo und an der gesamten Ostküste** ist es gewöhnlich trocken und die Luft klar; oft kann man dann von Tokyo oder Yokohama aus den Fuji sehen. Die Temperaturen sinken selten unter den Gefrierpunkt. Aufgrund der Trockenheit fällt in den meisten Jahren kein Schnee – doch wenn es schneit, dann bricht ein unbeschreibliches Chaos aus: Ab 10 cm Schneedecke wagt sich niemand mehr ans Lenkrad. Oder man kauft Schneeketten, möglichst in einer auffälligen Farbe wie Pink oder Türkis, um damit stolz über die – abgetauten! – Stadtautobahnen zu kutschieren. Ein Kollege von Kristina klopfte mit Hammer und Meißel das Eis von der Garageneinfahrt seines Hauses. Schnee in Tokyo ist eine solch seltene Sensation, daß er das Fehlen am Arbeitsplatz ausreichend entschuldigt.

Ganz anders dagegen in **Westjapan**, dem »Schneeland«: Dort gilt zwei Meter hoher Schnee durchaus als Regel. Die Hausdächer sind verstärkt und außerdem so konstruiert, daß die Schneelast von ihnen abrutschen kann.

Etsuko Inagaki Sugimoto schildert in ihrem Buch *Tochter der Samurai* ihre Kindheit zu Beginn des 20. Jahrhunderts. Sie wuchs in der Provinz Echigo, dem sogenannten Schneeland, auf. Da sich die Schneemassen nicht abräumen ließen, bahnte man Tunnel, durch die sie mit ihren Geschwistern zur Schule ging. Ihre Stiefel und Umhänge waren aus Stroh geflochten. Heute ist

Japan – Einzelkind der Natur

das »Schneeland« auf Schienen und Straßen gut erreichbar, gilt aber nach wie vor als das abgelegene »Hinterjapan«.

Der **Wintersport** hat sich in Japan seit dem II. Weltkrieg schnell entwickelt. Skiurlaubsorte gibt es vor allem in den »**Japanischen Alpen«**, der Gebirgskette, die in Nord-Süd-Richtung die Hauptinsel Honshû durchzieht. Ganz Japan ist gebirgig und so kein Mangel an geeigneten Abfahrten.

Auch auf der Nordinsel **Hokkaidô** betreibt man ausgiebig Wintersport. Dort wurde 1972 in **Sapporo** die Winterolympiade ausgetragen. Sapporo ist Schauplatz eines weltberühmten Winterspektakels. Um Neujahr erstehen in seinen Straßen riesenhafte Eisskulpturen. Die Besucher spazieren auf und ab, um die Künstler bei der Arbeit und ihre Werke zu bestaunen: Nachbildungen japanischer und westlicher Burgen und Schlösser, Götter aus der japanischen Mythologie, Helden aus japanischen Volkssagen, Märchenfiguren und vieles mehr.

Als ästhetisches Phänomen hat der Schnee japanische Künstler seit jeher fasziniert. Rollbilder zeigen oft einen bereiften oder verschneiten Zweig mit einer frühen Blüte oder einem Vogel. Lieblingsmotiv der Malerei ist der drei Viertel des Jahres schneebedeckte Fuji, dem nicht zuletzt Holzschnittmeister wie Hokusai oder Hiroshige zu seinem Ruhm verhalfen.

Jahreszeitliche Tips

• **Beziehen Sie in Ihre Japanreise jahreszeitliche Besonderheiten ein:** Genießen Sie die Kirschblüte, indem Sie einmal unter Blütendächern durch einen Park spazieren, oder suchen Sie die Gegend um Nagano auf, um das Herbstlaub zu bewundern. Es lohnt sich, und Sie werden bei solchen Gelegenheiten die Japaner besser kennenlernen.

• **Falls Sie mit Kindern reisen:** Lassen Sie sich nicht davon abbringen, sie an kalten Herbst- oder Frühlingstagen warm anzuziehen, auch wenn japanische Kinder zähneklappernd kurze Hosen tragen.

• Auch wenn Japaner nicht erwarten, daß Ausländer ihre jahreszeitlichen Bräuche einhalten: Ein wenig **Verständnis** für diese Sitten kann Sie den Menschen nur näherbringen.

Japaner und »die anderen«

In der japanischen Familie, in der ich mit meinen Kindern einen Sommer auf dem Land verbrachte, lebte ein Großvater. Obwohl Sommer war, saß der Großvater meist am *kotatsu*, dem kleinen heizbaren Tisch, die Füße unter der Steppdecke. Dabei beobachtete er interessiert, was um ihn herum vor sich ging. Nur selten beteiligte er sich am Gespräch. Ergriff er aber einmal das Wort, hörten ihm alle still zu.

Als ich mich mit meiner Familie an den Tisch setzte, schaute er mich aufmerksam an. Dann fragte er: »Sind Ausländer auch Menschen?«

Ich glaube, er wußte die Antwort auf diese Frage sehr wohl. Gewiß waren wir nicht die ersten Ausländer, die ihm zu Gesicht kamen. Vermutlich wollte er mit seiner Frage ausdrücken, daß ihm die Ausländer sehr viel anders erschienen als die vertrauten Menschen seiner Heimat.

Heutzutage sind **Ausländer in Japan** eine solch selbstverständliche Erscheinung, daß sich – zumindest in den **Großstädten** – kaum jemand nach ihnen umdreht. Auf dem **Land** dagegen werden Ausländer oft angestarrt. Auch kommt vor, daß jemand schnell verstohlen den Fotoapparat auf den Exoten richtet. Als meine Kinder noch klein waren, sprachen Japanerinnen mich mitunter auf der Straße an und baten, die Haare der Kinder berühren zu dürfen.

Während ihrer Praktikantinnenzeit in Kôbe widerfuhr Kristina folgendes: Sie hatte in einer ziemlich vollen U-Bahn Platz genommen. Bei einer Station stieg eine Mutter zu, ein Kind auf dem Arm, einen kleinen Jungen an der Hand. Sie fand einen einzelnen freien Sitz und schickte den Jungen zum unbesetzten Platz neben Kristina. Er folgte brav, doch als er das Gesicht der *gaijin* erblickte, rannte er schreiend zu seiner Mutter zurück. Die Szene erheiterte das Abteil. Die Mutter und eine ältere Dame ließen es sich nicht nehmen, sich bei Kristina für den Vorfall zu entschuldigen.

Gelegentlich mokiert man sich über unsere großen Nasen und »gelben« oder »goldenen« Haare. Andererseits gelten blonde Haare im modernen Japan auch als ein **Schönheitsideal**. Die Werbung setzt weit häufiger blonde, hellhäutige Models ein als Japanerinnen. Junge Frauen mit gefärbten und gelockten Haaren sind heutzutage keine Seltenheit. Viele Japanerinnen lassen sich auch von Schönheitschirurgen die Augen nach europäischem Vorbild vergrößern.

Nach wie vor gehen Japaner in der Regel davon aus, daß Ausländer sich seltsam oder zumindest anders als von Japanern erwartet benehmen.

46

Japaner und die »anderen«

Auf dem Land werden ausländische Exoten häufig unverblümt angestarrt.

Dies bringt Ihnen als Reisegast im Gegenzug den besonderen Vorteil, sich sehr frei und ohne allzu starke Anpassungszwänge bewegen und verhalten zu können.

Die **Behandlung eines Ausländers** hängt jeweils von der Rolle ab, die sein japanisches Gegenüber ihm und sich selbst zuschreibt. Dies habe ich oft an eigener Haut erfahren, unter anderem bei folgender Begebenheit:
Ich besuchte – nicht zum ersten Mal – Hiroshima. Diesmal allein unterwegs, wanderte ich durch den Friedenspark und suchte mir schließlich einen Platz zum Ausruhen. In einer Reihe von Steinbänken war eine noch unbesetzt. Ich ließ mich dort nieder und sah nach einer Weile eine Gruppe von Japanern näherkommen. Die Frauen zögerten offensichtlich, sich neben die Ausländerin zu setzen. Ein robust wirkender Mann aber ging um die Bank herum, um sich »hinterrücks« darauf setzen zu können. Dabei nahm er nicht etwa neben, sondern genau hinter mir Platz in der unmißverständlichen Absicht, mich zu verdrängen. Dies tat er derart grob, daß er mich mit seiner Kehrseite nachgerade herunterschubste.
Nachdem ich derart »beseitigt« war, atmeten die bislang schüchternen Frauen auf und bezogen die »geräumte« Bank.
Aber so leicht wollte ich es ihnen nicht machen: Ich wandte mich an die Gruppe, die soeben ihre Lunchpakete öffnete, und fragte, ob sie einem Gast Japans gegenüber immer so unhöflich seien. Als sie erfaßten, daß ich Japanisch sprach (Japaner brauchen stets eine Weile, bis ihnen bewußt wird, daß ein ausländischer Mund Japanisch hervorbringt), überschlugen sie sich geradezu, um den Gesichtsverlust wettzumachen: Die Frauen entschuldigten

47

Japaner und die »anderen«

sich wortreich für das rüde Benehmen ihres Begleiters und drängten ihn dabei zur Seite.

Zu dieser – typischen – Situation kam es aus mehreren Gründen. Wir sind gewohnt, uns als Individuum zu sehen. **Japaner begreifen sich als Teil einer sozialen Einheit.** Treten sie als Mitglied einer Gruppe auf, stellen sie das Gruppen- stets vor Gemeinwohl – zum Beispiel indem sie der Gruppe auf Kosten anderer Platz verschaffen.

Im geschilderten Fall handelten meine »Kontrahenten« aus einer doppelten sozialen Verknotung heraus: Zum einen waren sie Teilnehmer einer kleinen Reisegruppe. Um in diesem Kreis angenehm rasten zu können, schien es ihnen recht und billig, ein außenstehendes Individuum (dieses hätte ebensogut japanischen Geblüts sein können) zu vertreiben. Zum anderen traten sie hier als Gruppe von Japanern gegenüber einer ausländischen Einzelperson auf. Das Geschlecht spielte keine Rolle, vielmehr die Tatsache, daß zwischen ihnen und mir keinerlei Gemeinsamkeit erkenntlich war. **Fremden gegenüber muß man in Japan weder höflich noch rücksichtsvoll sein.**

In dem Augenblick aber, als ich sie ansprach, war diese Verbindung hergestellt. Damit war ich keine anonyme Ausländerin gegenüber irgendeiner Gruppe von Japanern mehr, sondern hatte mich als **Gast** Japans bekannt. Und ein Gast ist in Japan hochgeachtet. Er ist nicht nur rücksichtsvoll, sondern auch mit höchstmöglicher Zuvorkommenheit zu behandeln.

Dieses Erlebnis illustriert, daß Japaner eine grundlegend andere Vorstellung von Höflichkeit hegen als wir. **Höflichkeit** ist nur erforderlich gegenüber Menschen, zu denen erkennbare Verbindungen bestehen. In diesem Sinne (also nicht unbedingt ausländischen) Fremden gegenüber ist man in Japan gleichgültig bis rücksichtslos.

Viele Ausländer, die leidlich gut Japanisch sprechen, klagen darüber, daß Japaner sie nicht verstehen oder – oft noch unangenehmer – durchaus verstehen, aber auf Englisch antworten. Über solche Konversationsversuche kursiert eine Vielzahl gar nicht so witziger Witze wie:

Ausländer fragt auf Japanisch: »Können Sie mir sagen, wo die nächste Apotheke ist?« Darauf Japaner prompt in schwerverständlich artikuliertem Englisch: »I am sorry, but I don't know where to find a pharmacy.«

Dem japanischen Gesprächspartner ist nicht bewußt, daß er, um seine englische Antwort zu liefern, die japanische Frage des Ausländers gehört und verstanden hat. Er sieht das ausländische Gesicht und »schaltet um« auf Englisch – in den allermeisten Fällen unabhängig davon, ob das Konterfei zu einem Russen, Franzosen oder Italiener gehört. Ausländer = englisch, funkt ihm sein Hirn.

Bekannter noch scheint die Formel: Ausländer = unverständlich. Sie ist der Grund dafür, daß auf der Straße manche Menschen einen weiten Bogen um Ausländer schlagen in der Furcht, nach dem Weg gefragt zu werden. Gerät ein derart scheuer Japaner dennoch in die Fänge eines Fremden, scheint er oft unter Schock zu stehen. Er ahnt, daß er englische oder noch exotischere

48

―――――――――― *Japaner und die »anderen«* ――――――――――

Tapsige Tanzbären in der kultivierten japanischen Porzellanwelt (Tanzübung mit maiko *in Kyôto).*

Laute vernehmen und bei Nichtverstehen Gesicht verlieren wird. Ich habe mir daher angewöhnt, solch überfallartige Ansprachen mit einem kurzem Wort wie *sumimasen* (»Entschuldigung«) einzuleiten und dann eine längere Pause einzulegen. In dieser Pause sickert in das Bewußtsein des japanischen Gegenübers, daß an seine Ohren japanische Laute gedrungen sind und das fremde Gesicht freundlich wirkt. Ausnahmen bestätigen allerdings auch hier die Regel. Nach dieser psychologischen Vorbereitung haben manche Japaner mir nichtsdestotrotz auf die Frage nach dem Weg geantwortet: »I don't speak English« – und schleunigst das Weite gesucht.

Japaner empfinden die Unterschiede zwischen ihren »Mit«-Menschen, den Japanern, und den Ausländern sehr deutlich. Diese Unterschiede sind nicht allein von der Physiognomie bestimmt: Die äußerlich verwandten Koreaner und Chinesen zählen ebensowenig zur Gruppe der Japaner. Auch Sprachkenntnisse sind kein entscheidendes Kriterium: Ausländer steigen nicht dadurch, daß sie das Japanische beherrschen, in den Kreis der Japaner auf.

Das in unserer modernen Gesellschaft kultivierte Prinzip der **Anonymität** wirkt im Umgang mit Japanern meist negativ. Gewiß trägt es dazu bei, daß man Sie – mehr als gegenüber Ausländern ohnehin üblich – »in Ruhe läßt«. Andererseits aber setzt es Sie noch weiter ins Abseits in einem Land, dessen Bewohner eigene Interessen Außenstehenden gegenüber gegebenenfalls auch rücksichtslos durchsetzen.

49

Japaner und die »anderen«

Tips: Erste Brückenschläge zu Japanern

- **Falls Sie sich allein einer Gruppe von Japanern »ausgeliefert« sehen:** Versuchen Sie, mit einem Mitglied Kontakt zu knüpfen, um die Gruppenstruktur aufzubrechen und zwischen Ihnen und den »anderen« eine Verbindung zu schaffen. Fragen Sie zum Beispiel, getrost auf Englisch, nach dem Weg oder der Uhrzeit. Man wird Ihnen nötigenfalls gemeinsam zu helfen versuchen.
- **Lassen Sie sich nicht entmutigen, wenn man Sie einmal rücksichtslos behandelt.** Meist reduziert sich die Ursache auf den für Japaner verbindlichen Gruppenzwang und/oder Unsicherheit Fremden gegenüber.
- **Falls Sie um Auskunft oder Hilfe ersuchen:** Sprechen Sie vorzugsweise junge Japanerinnen oder alte Japaner an. Junge Frauen sind mutiger als ihre männlichen Altersgenossen, und alte Männer fürchten mögliche Gesichtsverluste nicht mehr.

Die Zeit der Abschließung

In der Ära des **Tokugawa-** bzw. **Edo-Shôgunats** pflegte Japan beinahe 250 Jahre lang, ungefähr von 1600 bis 1850, so gut wie keine Kontakte zur übrigen Welt. *Sakoku*, so nennt man diese Zeit der freiwilligen Abschließung. Japans Häfen waren bis auf eine Ausnahme geschlossen. Fremde durften nicht ins Land, Japaner nicht hinaus.

Einen Grund für diese Isolation lieferten die Ausländer selbst. Christliche Missionare hatten ab Mitte des 16. Jh. über einen Zeitraum von etwa 50 Jahren beachtliche Erfolge verzeichnen können. Der erste von ihnen, der portugiesische Jesuit Francisco Xavier (der hl. Franz Xaver), landete 1549 in Japan. Binnen kurzem legte er den Grundstein für eine längerfristige Anwesenheit christlicher Missionare in Japan. Danach verließ er das Land, um in anderen Gegenden Ostasiens neue Missionsstationen zu gründen und bestehende zu besuchen.

Lange zuvor hatte Marco Polos Beschreibung des Landes Zipangu Hoffnungen geschürt, daß in Japan Gold zu finden sei. Daher waren die Portugiesen nicht die einzigen Europäer, die sich für das »Goldland« im Fernen Osten interessierten. Zwar gab es genügend andere »heidnische« Völker, die zu bekehren das christliche Abendland sich aufgerufen fühlte, aber ein Land, das wie Japan auch Mammon verhieß, nahm flugs eine Sonderstellung ein.

Als die christlichen Missionare in Japan landeten, hatten sie nicht nur ihre Religion, sondern auch Waffen an Bord. Ihre Kanonen und Musketen interessierten Japans Militärherrscher. Der mit eiserner Hand regierende Shôgun erhielt bald Kenntnis von der unglaublichen Durchschlagkraft der Waffen aus der christlichen Welt. So gelangten parallel zwei westliche Kulturgüter

Auch in Japan waren die Missionare als scheinbar altruistische Heilsbringer die ersten Sendboten des europäischen Kolonialismus.

nach Japan: **christliche Religion** und fortgeschrittene, gefährliche **Waffentechnik**.

Der Shôgun befahl die Christen an seinen Hof und gab ihnen damit Gelegenheit, auch ihm ihren Glauben zu erläutern. Er selbst wurde kein Anhänger der neuen Lehre, stand ihr aber wohlwollend gegenüber. Anfangs tolerierte er die Missionierung des Volkes, selbst die Taufe unmittelbarer Untergebener. Erhöhte Aufmerksamkeit widmete er den **wissenschaftlichen Erkenntnissen der westlichen Welt**. Mit großem Eifer wurden moderne technische Entwicklungen aufgenommen und kopiert. Uhren und Kompasse zählten zu den Innovationen, die man damals in Japan nach westlichen Vorbildern fertigte.

Japaner und die »anderen«

Das japanische Militär wurde mit nachgebauten Musketen ausgerüstet. Der berühmte **Toyotomi Hideyoshi** einte mit Hilfe solch moderner Waffentechnik nach langen Bürgerkriegen wieder das Land. Sein Nachfolger, der Shôgun **Tokugawa Ieyasu**, verlegte den Regierungssitz nach Edo (Tokyo) und festigte seine Macht. Dies geschah um die Wende vom 16. zum 17. Jh.

Gleichzeitig aber vollzog sich ein Umschwung: Japans Herrscher, die seit Anbeginn unterschwellig mögliche politische Ansprüche der Fremden argwöhnten, erkannten, daß die Christen keineswegs so friedlich waren, wie ihre Religion vorgab. Christliche Orden bekämpften einander auf japanischem Boden, europäische Nationen rivalisierten um Abschlüsse von Handelsverträgen. Sicher ließ auch die Gier nach Gold Mißtrauen gegenüber den Christen aufkeimen. Ein erstes **Verbot des Christentums** wurde bereits Ende des 16. Jh. erlassen. In Nagasaki erinnert ein 1962 errichtetes Denkmal an 20 japanische und sechs europäische Christen, die 1597 dort gekreuzigt wurden.

Das Verbot des Christentums wurde zunächst nicht konsequent gehandhabt. Immer wieder wurde es gelockert, erneuert und erneut verschärft, bis der endgültige Bann und eine gewaltsame Unterdrückung erfolgten. Christen mußten abschwören und dabei das Bildnis der Jesusmutter Maria mit Füßen treten.

Nichtsdestotrotz hielten einige Christen heimlich an ihrem Glauben fest. Sie versahen die Rückseite buddhistischer Darstellungen mit christlichen Symbolen wie Heiligenbildern, um die Verehrung auf diese Weise verstohlen fortzusetzen. Als das Christentum 250 Jahre später wieder in Japan missionieren durfte, gaben sich einige seiner Anhänger zu erkennen. Aber es dauerte geraume Zeit, bis die Missionare den in ihrer langen Abwesenheit deformierten Glauben der japanischen *kirishitan* – so das unverkennbar dem Westen entlehnte japanische Wort für »Christen« – anerkannten.

Gewiß war die Religion nur ein Stein des Anstoßes, als Japans Militärherrscher ihr Reich gegen westliche Einflüsse verriegelten. Wirtschaftliche und vor allem politische Gründe trugen entscheidend zu diesem Entschluß bei. Ein abgeschottetes Land ließ sich leichter kontrollieren und regieren. Da man aber nicht ganz und gar auf die Zufuhr moderner Errungenschaften verzichten wollte, wurde im Hafen der Stadt **Nagasaki** auf Kyûshu die kleine, künstlich aufgeschüttete Halbinsel **Dejima** als Ausländer-»Ghetto« ausgewiesen. Dort errichtete man Lagerhäuser und Wohngebäude für die Niederländer, die als einzige Europäer Handel mit Japan treiben durften. **Die Kontakte dieser Botschafter des Westens zu Japanern wurden außerordentlich streng kontrolliert.**

Ausschlaggebend dafür, daß Japan ausgerechnet den Niederländern dieses Privileg erteilte, war wohl die Tatsache, daß diese kein missionarischer Eifer trieb. Vielmehr verfolgten sie mit ihrer tüchtigen Handelsflotte rein kommerzielle Ziele. Ihre Einstellung zum Papst – einer den Japanern suspekten »grauen Eminenz« – war eher kritisch und distanziert.

Japaner und die »anderen«

Die Niederländer versorgten Japan nicht nur mit westlichen Handelsgütern und technischen Gerätschaften, sondern auch und vor allem mit Knowhow auf den Gebieten der Medizin, Chemie und Astronomie. *Rangaku*, abgeleitet vom Wort *oranda* (»Holland«), nannte man diese **ausländischen Wissenschaften**. *Rangaku* zu studieren war einigen wenigen, vom Shôgun als regierungstreu eingestuften Wissenschaftlern vorbehalten. Sie bildeten eine besondere Elite.

Die strikte Abriegelung betraf nicht nur die zugelassenen Europäer und mit ihnen kontaktierenden Japaner. Sie galt ebenso für Japaner, die – aus welchen Gründen auch immer – das Land verließen. Es wird von japanischen Schiffbrüchigen berichtet, die von Ausländern geborgen und nach Betreten heimatlichen Bodens hingerichtet wurden.

Die Kontrolle der Fremdeinflüsse bewirkte, daß Japan vom westlichen materiellen und ideellen Fortschritt weitgehend ausgeschlossen blieb. Sie brachte dem Land zwar eine lange Periode innerer Stabilität, doch nach der erzwungenen Öffnung die schmerzhafte Erkenntnis, daß es technologisch weit hinter dem Westen, teils auf dem Stand von 1600, stehengeblieben war.

Während Japans Abschließung hielten die Shôgune rigide die innere Ordnung aufrecht. Alle Mitglieder der japanischen Gesellschaft, niederste wie oberste, waren Vorschriften unterworfen, die ihr Sozialverhalten bis ins Detail regelten.

Um die Aktivitäten der feudalen Territorialherren, der *daimyô*, zu kontrollieren, ließen die Shôgune diese alle zwei Jahre nach Edo anreisen. Da für die Besuche ein angemessenes Gepränge Pflicht war, schwächten sie finanziell erheblich die *daimyô* – die das notwendige Budget nur aufbringen konnten, indem sie von den Bauern hohe Steuern schröpften. Jeder *daimyô* hatte nahe Verwandte in Edo zu »stationieren«. Wurde er verdächtigt, ein Komplott gegen den Shôgun zu schmieden, mußte er seine gesamte Familie als Geiseln in der Hauptstadt zurücklassen. Der Erhalt der inneren Sicherheit kostete Japan nicht nur viel Geld, sondern auch einen hohen **Verlust an persönlicher Freiheit jedes einzelnen**.

Die lachenden Dritten jener Zeit waren ausgerechnet die Angehörigen des untersten Standes, die Kaufleute. Obwohl verachtet und oft gedemütigt, gewannen sie die finanziellen Mittel, die ihnen ein gewisses Maß an Macht über die oberen Stände eintrugen.

Die Bevölkerung war hierarchisch in **vier Stände** gegliedert. An oberster Stelle standen die Samurai, gefolgt von den Bauern, den Handwerkern und den Kaufleuten. Noch tiefer standen verschiedene, keinem der vier Stände angehörige Gruppen von **Kastenlosen**. Zu diesen zählten die *eta*, die eine eigene Volksgruppe bildeten und bis heute – ähnlich den Sinti und Roma in Europa – Diskriminierungen ausgesetzt sind, sowie bestimmte Berufsgruppen wie die Schauspieler. Über den Samurai gab es nur den **Hofadel**, der sich aus der weitverzweigten Familie Fujiwara rekrutierte und aus dem die kaiserlichen Gemahlinnen ausgewählt wurden.

Japaner und die »anderen«

Der in sich wiederum hierarchisierte Stand der **Samurai** machte zeitweise etwa zehn Prozent der Bevölkerung aus. Die Samurai waren insofern privilegiert, als sie hohe Achtung und Respekt genossen. Sie wurden von Kindheit an für den Kampf ausgebildet. Im Westen hat man den Ehrenkodex der Samurai, auch *bushidô* (»Weg des Kriegers«) genannt, oft mit jenem der mittelalterlichen Ritter verglichen.

Die höherrangigen Samurai konnten ein eigenes Lehen erhalten und in ihrer Domäne Steuern von den Bauern erheben. Mit diesen Einnahmen finanzierten sie ihre Streitmacht aus niederen Samurai, die sie im Kriegsfall durch Bauernsöhne ergänzten.

Ein Samurai war darauf angewiesen, einen Herrn zu haben, für den er in den Kampf ziehen konnte und der für den Unterhalt seiner Familie sorgte. Die Samurai durften weder körperlich arbeiten noch Geldgeschäfte ausführen; in der Regel ließen sie ihre Schulden von Untergebenen begleichen.

Verlor ein Samurai aus irgendeinem Grund seinen Herrn, so verlor er damit auch seine materielle Lebensgrundlage. Starb ein Herr im Kampf, ohne einen Nachfolger zu hinterlassen, oder fiel er bei Hof in Ungnade und wurde zum Tode verurteilt, verlor die gesamte Gefolgschar seiner Samurai ihre materielle und soziale Stellung. *Rônin* nannte man die **herrenlosen Samurai**. Akira Kurosawas Film *Die sieben Samurai* erzählt vom Schicksal solcher *rônin*. Er beleuchtet das Thema Recht und Unrecht: Die Räuber, die immer wieder die Bauern eines Dorfes um die Ernte bringen, sind ebenso ehemalige Samurai wie die sieben *rônin*, die die Bauern schließlich bewegen, die Überfälle mit Waffengewalt abzuwehren.

Die den Samurai nachgeordneten **Bauern** stellten mit etwa 80 Prozent den zahlenmäßig stärksten Bevölkerungsanteil. Sie mußten die gesamte Steuerlast tragen und im Kriegsfall überdies ihre Söhne in den Kampf ziehen lassen. Sie lebten oft in bitterer Armut. Die relativ hohe Achtung ihres Standes konnte nicht darüber hinwegtäuschen, daß sie von der Staatsmacht ausgepreßt wurden.

Die **Handwerker** hatten gewöhnlich ihr Auskommen, waren weniger abhängig und von Hungersnöten betroffen als die Bauern. Zu ihrem Stand zählten Zimmerleute, Weber, Töpfer und Bootsbauer.

Der kleine, sozial niedere Stand der **Kaufleute** siedelte sich vornehmlich in urbaner Umgebung an. Mit dem Aufschwung der Städte während der *Sakoku*-Periode erblühten der Handel und die Geldwirtschaft. Die Kaufleute erlangten zunehmenden Wohlstand. Während die Bauern in Hungersnotzeiten mehr denn je leiden mußten, konnten sie aus solchen Krisen Vorteil ziehen. Auch profitierten sie von den strengen Pflichten und Einschränkungen, die der Staat den *daimyô* und Samurai auferlegte: Diese verschuldeten sich oftmals bei den Kaufleuten, zum Beispiel um den Aufwand für die vorgeschriebenen Reisen nach Edo betreiben zu können.

So stieg der Kaufmannsstand zu einer Finanz- und Wirtschaftsmacht auf. Seines Reichtums konnte er sich allerdings zur *Sakoku*-Zeit nur einge-

Japaner und die »anderen«

Die Shôgune und die untergeordneten Territorialherren **daimyô** *kontrollierten von ihren Herrensitzen aus rigide die innere ständische Ordnung (hier: Himeji-Schloß, Präfektur Hyôgo).*

schränkt erfreuen, da starre Gesetze das **Standesverhalten** bis ins einzelne regulierten. Unter anderem war den Angehörigen unterer Klassen untersagt, seidene Gewänder zu tragen. So manche Kaufmannsfamilie hätte sich diesen Luxus ohne weiteres leisten können, wohingegen den Samurai oft die Mittel fehlten.

Derlei Einschränkungen bewirkten, daß die Kaufleute auf andere Weise versuchten, Prestige und Lebensstil zu heben. Sie waren es, die in den Freudenvierteln Geisha unterhielten und als Mäzene der bedeutendsten Künstler ihrer Zeit auftraten. Das *kabuki* und das Puppentheater *bunraku* gediehen nahezu ausschließlich im kaufmännisch geprägten urbanen Milieu.

Gegen Ende des 19. Jh. hatten der wirtschaftliche Strukturwandel und die lange Epoche inneren Friedens die materiellen und ideellen Fundamente des antiquierten Shôgunats untergraben. Europäer versuchten seit längerem, Japans verschlossene Tore aufzustoßen. Nachdem Engländer und Franzosen Mitte des 19. Jh. China die ersten »Ungleichen Verträge« aufgezwungen hatten, waren sie bestrebt, ihre Einflußsphäre auf Japan auszudehnen. 1853 liefen amerikanische Kriegsschiffe in der Tokyo-Bucht ein. Ihr Kommandant, **Commodore Perry**, stellte Japan ein Ultimatum. Der Shôgun erkannte, daß Japans veraltete Flotte und Waffen den »Schwarzen Schiffen« (so genannt wegen ihrer rauchenden Schornsteine) und der Rüstung der Fremden nicht gewachsen waren. Bald darauf öffnete Japan gezwungenermaßen Zug um Zug seine Häfen.

Japaner und die »anderen«

Damit war die Zeit der Abschließung endgültig vorbei. Allerdings dauerte es einige Jahre, bis Japan seinen Weg in die neue Zeit fand. Der geschwächte Shôgun konnte sich nicht zu einer entschlossenen Haltung gegenüber den Ausländern durchringen. Es folgte eine Phase politischer Unruhen, in der einige *daimyô* und ihre Samurai für einen neuen Shôgun Stellung bezogen, andere versuchten, die seit Jahrhunderten degradierte politische Macht des Kaisers wiederherzustellen. 1868 kam es zur sogenannten **Meiji-Restauration,** einem grundlegenden Machtwechsel, der das Ende des Shôgunats bedeutete: Kaiser Meiji, kaum 17 Jahre jung, entschloß sich, die Herausforderung anzunehmen und als Staatsoberhaupt Japan den Weg in die Zukunft zu weisen. Er verlegte die kaiserliche Hauptstadt von Kyôto, das seit dem 12. Jh. Sitz des Kaiserhofes war, nach Edo, das er in Tokyo (»östliche Hauptstadt«) umbenannte, und leitete die Modernisierung des Landes ein.

Die lange Zeit der Abschließung hat Selbstverständnis und Weltsicht der Japaner nachhaltig geprägt. Sie hat das Bewußtsein genährt, auf Außenkontakte nicht angewiesen zu sein – ein Bewußtsein, das die **Distanz zwischen Japanern und Ausländern** eher erhält denn überbrückt. Die Erinnerung an jene Zeit ist nicht frei von nostalgischer Verklärung und der Sehnsucht, wieder unter sich zu sein.

Nach dem Eindringen der Fremden hat Japan Veränderungen erfahren, die es teils positiv, teils aber auch negativ bewertet. Die negative Beurteilung einzelner Einflüsse führt jedoch nicht zu einer fremdenfeindlichen Haltung der Japaner gegenüber dem einzelnen Ausländer. Im allgemeinen bringen Japaner Ausländern höfliches, wenngleich zuweilen leicht oberflächliches Interesse entgegen. **Im persönlichen Kontakt habe ich selten fremdenfeindliche Züge festgestellt.**

Anders mag es Afrikanern oder Pakistani ergehen, und vor allem Koreaner haben gegen sehr massive **Fremdenfeindlichkeit** anzukämpfen. Die Diskriminierung von Koreanern und Filipinos wurzelt nicht in der *Sakoku*-Ära, sondern in Japans völkerverächtlicher Eroberungspolitik des späten 19. Jh. und der ersten Hälfte des 20. Jh.

Japan hat seine **Kriegsschuld** immer noch nicht aufgearbeitet und bewältigt. Nach dem II. Weltkrieg kehrte es die Vergangenheit unter den Teppich, um nach der Schmach der bedingungslosen Kapitulation und anschließenden amerikanischen Besatzung sein Selbstbewußtsein wiederaufzubauen. Erst neuerdings sind japanische Politiker in der Lage, Japans Kriegsschuld einzugestehen und sich für Kriegsverbrechen zu entschuldigen. Doch die politische Front derer, die eine solche »Erniedrigung Japans« vor seinen Opfern vehement verweigern, ist heute noch einflußreich.

Bis in die 1960er Jahre schien es Japan wenig zu kümmern, wie die Welt Japan und die Japaner sah. Gemeinhin meinte man, Fremde könnten Japaner nicht verstehen. Diese nahezu **autistische Haltung** änderte sich in den 1970er und 1980er Jahren. Eine Welle von Schriften über Japan und die

―――― *Japaner und die »anderen«* ――――

1853 liefen die »Schwarzen Schiffe« der amerikanischen Kriegsmarine unter Commodore Perry in die Tokyo-Bucht ein. Dieser Akt kolonialer »Kanonenbootpolitik« beendete Japans »splendid isolation«.

Japaner überschwemmte den Markt. Zahlreiche Publizisten und Philosophen begannen über das Bild Japans und der Japaner in Europa und den USA nachzudenken.

Die Barbaren aus dem Süden

Die ersten **Europäer** landeten im 16. Jh. mit dem Schiff des portugiesischen Missionars Francisco Xavier in Japan. Da Schiffe aus Europa damals über die Südroute Fernost ansegelten, glaubten die Japaner, die Fremdlinge kämen aus dem Süden. Daher nannten sie die Europäer *nambanjin*, »Barbaren aus dem Süden«. Daß Portugal keineswegs südlicher liegt als Japan, fiel dabei unter den Tisch.

Diese »Barbaren« müssen auf die Japaner ungeheuer skurril gewirkt haben. Zeitgenössische Abbildungen lassen erkennen, wie sehr sie die Japaner verblüfften. Das Auffälligste an ihnen waren die – im Vergleich zum flachen Profil der Asiaten tatsächlich – übergroßen Nasen. Auch solch runde Augen hatte man noch an keinem Menschen gesehen. Und eine echte Sensation waren die Haare: In einem Land, in dem jede Schattierung von Schwarz als Unterscheidungsmerkmal wahrgenommen wird, liefern die Haarfarben der Europäer immer wieder Grund zum Staunen.

Japaner und die »anderen«

Sicher trug die imposante Körpergröße dazu bei, daß man den *nambanjin* besondere Kräfte zuschrieb und sich vor ihnen auch fürchtete. Schließlich waren und sind die Japaner (obwohl die junge Generation ihre Eltern beträchtlich überragt) selbst nach asiatischen Maßstäben von recht kleiner Statur.

Ganz und gar ungewöhnlich war außerdem die Kleidung der Fremden. Sie trugen keine Kimonos, vielmehr steckte jedes Bein in einer Röhre. Auch die Arme staken in solch engen Röhren. Um den Hals kräuselten sich breite weiße Kragen. Und überall hatten sie Knöpfe und Schnallen, mit denen sich die Kleidung schließen und öffnen ließ.

Frisuren besaßen sie keine, dafür seltsame Hüte in ungewöhnlichen Farben. Das Absonderlichste aber war ihre Fußbekleidung: Statt Holzsandalen trugen sie Ledersäcke, die sie mit einer darauf befestigten Schnalle auf- und zuschlossen. Sowas hatte die Welt noch nicht gesehen! Diese »Ledersäcke« gaben zu allerhand Spekulationen Anlaß. Manche Japaner sollen geglaubt haben, die *nambanjin* versteckten darin ihre Pferdefüße …

In der Zeit der ersten Kontakte zu Europäern kam auch das in Japan weitverbreitete **Klischee** auf, die *nambanjin* röchen wie Tiere. Man schrieb dies der Tatsache zu, daß sie das Fleisch von Tieren verspeisten. Die meisten Japaner hatten bis dahin noch nie Fleisch verzehrt. Sie aßen Fisch und andere proteinreiche Früchte des Meeres. Außer Hühnern hielt man in Japan keine Haustiere, die als Nahrungsquelle dienten.

Vermutlich aber war es die – in Japan gänzlich unbekannte – Kleidung aus Schafswolle, die den Japanern »tierisch« in die Nase stieg. Japaner kleideten sich in Baumwolle oder Seide. Die damalige Verarbeitung der Schafswolle legt nahe, daß die Kleidungsstücke, vor allem bei Feuchtigkeit, einen markanten, an Schafe erinnernden Geruch verströmten. Überdies waren die Kleider der Europäer nach der monatelangen Seereise gewiß nicht mehr »taufrisch«. So kommt es, daß wir Europäer immer noch im Ruf stehen, anders zu riechen als Japaner.

Etsuko Inagaki Sugimoto lebte in den 1920er Jahren in den USA. Sie schildert in ihrem Buch *Tochter der Samurai* ihre Kindheit in der Provinz Echigo im »Schneeland« von Japan. Sie erinnert sich darin mit feinem Humor an die bizarren Vorstellungen, die sich ihre Landsleute von den westlichen Ausländern machten – und das etwa 300 Jahre nach deren erstem Aufscheinen in Japan. Schon als junges Mädchen schmökerte sie gern in Büchern, die über den Westen berichteten, so auch in einem Band über herausragende Persönlichkeiten der westlichen Welt. Er enthielt Illustrationen japanischer Künstler, die japanische und westliche Elemente eigentümlich vermengten. Insbesondere beeindruckte sie eine Darstellung, die Christopher Kolumbus auf dem Boden kniend beim Essen an einem niedrigen Tisch zeigte. Daß der japanische Künstler Kolumbus nicht Messer und Gabel oder Löffel, sondern Eßstäbchen in die Hand gelegt hatte, dies wurde ihr erst später bewußt. Auch erzählt sie, daß ihre Großmütter abergläubisch den großen Spiegel im

58

Japaner und die »anderen«

Wohnzimmer verhängte, als ihr Vater beschloß, erstmals im eigenen Haus Fleisch zubereiten zu lassen.

In den USA traf Etsuko Sugimoto auf Menschen, die ähnlich abwegig über die Japaner dachten: Ihre amerikanische Babysitterin prüfte verstohlen, ob

Wechselseitige Projektionen und Klischeebilder:
ein amerikanischer Kaufmann mit Tochter in der Darstellung
eines japanischen Farbholzschnitts (2. Hälfte des 19. Jahrhunderts).

das japanische Kind fünf Zehen besaß – sie hatte geargwöhnt, Japaner könnten Zweizeher sein, da sie auf Bildern stets Socken mit abgeteilter großer Zehe trugen. Damit, so Etsuko Sugimoto, hatte sie sämtliche falsche Klischees aufgewogen, die in Japan seit Jahrhunderten über die Fremden herumgeisterten. (Die Pferdefüße fehlen allerdings auf ihrer Waage.)

Heute sind Kontakte zwischen Japanern und Ausländern selbstverständlich und wächst stetig das Wissen voneinander. Daher werden heute auf beiden Seiten hanebüchene Theorien wie die herausgepickten »Kostproben« weder aufgewärmt noch frisch gebraut. Zuweilen kramen unverbesserliche Köche – vorzugsweise zum Zweck politischer Meinungsmache – dieses ausgediente Rezept heraus: Im Zusammenhang mit der Lockerung der Einfuhr von ausländischem Reis Mitte der 1990er Jahre verbreiteten japanische Medien die Behauptung, Japaner würden aufgrund ihrer andersartigen Verdauungsorgane nur einheimischen Reis vertragen, von kalifornischem oder thailändischem Reis dagegen krank. Zum Glück sind solche Aussetzer die Ausnahme von der Regel und diejenigen, die sich nicht beirren lassen, in der Mehrheit.

Mit verlegenem Lächeln gestand mir ein japanischer Freund, als Kind geglaubt zu haben, westliche Ausländer könnten die Welt nur in blassen Farben sehen. Ihre wäßrigen Augen, so hatte er gefolgert, könnten satte Farben nicht erkennen, während die dunklen Augen es den Japanern erlaubten, sämtliche Farbschattierungen wahrzunehmen.

Über diese kindlich phantasievolle Erklärung haben wir beide herzlich gelacht.

Gaijin und *amerikajin*

Wenn Sie in Japan durch die Straßen gehen, werden Sie immer wieder den Ausdruck *gaijin* hören – geflüstert oder aus Verblüffung laut ausgerufen. Vor allem in entlegenen Gegenden, in denen der Anblick von Ausländern noch nicht so alltäglich ist wie in den Großstädten, wird man Sie mit diesem Begriff belegen.

Jeder Ausländer ist ein *gaijin*. *Gaijin* heißt wörtlich »Außen-Mensch«. Entsprechend bedeutet *nihonjin* »Japan-Mensch« bzw. Japaner, während *doitsujin* die Deutschen, *furansujin* die Franzosen, *amerikajin* die Amerikaner meint. Im Falle der Engländer ist es schwieriger, der Entstehung des Wortes *igirisu* auf die Schliche zu kommen: Es geht zurück auf die Zeit der portugiesischen Missionare in Japan und die portugiesische Bezeichnung für Engländer, nämlich *ingles*.

Ärgern Sie sich nicht, wenn man Ihnen ungeniert »gaijin« nachruft. Insbesondere junge Menschen kennen dabei oft keine Scham. Bedenken Sie, daß die meisten Japaner felsenfest meinen, Ausländer verstünden kein Japanisch.

Da für Japaner ein westlicher Ausländer wie der andere aussieht, fallen Differenzierungen ihnen schwer. Dies gilt auch für die **Postzustellung:** Luftpostbriefe mit Adressen in lateinischen Lettern liefert man grundsätzlich bei dem Ausländer ab, der am längsten im Zustellungsbezirk wohnt. Von ihm erwartet man, daß er die »Feinsortierung« vornimmt. In unserer Internet-Sammlung heißt es dazu:

»Du merkst, daß du schon viel zu lange in Japan bist, wenn in deiner Nachbarschaft ein Ausländer zuzieht und die Post für ihn bei dir landet.«

Japaner und die »anderen«

Der Begriff *gaijin* ist Aufhänger etlicher Internet-Sprüche. Hier nur ein Beispiel:
»Du merkst, daß du schon viel zu lange in Japan bist, wenn du in der U-Bahn aufstehst und den Platz wechselst, sobald sich ein gaijin *neben dich setzt. Du hast zwar keine Vorurteile gegen Ausländer, aber man weiß ja nie!«*
Hören Deutsche, Österreicher oder Schweizer hinter sich den Ausruf *»gaijin«*, so ist das mitunter lästig, aber immerhin sachlich korrekt. Schnappen sie aber, ob gemurmelt oder laut, das Wort ***amerikajin*** auf, ärgern sich manche erst recht und würden am liebsten sofort protestieren. Sehen bzw. hören Sie darüber hinweg: **Viele Japaner setzen nun einmal spontan westliche Ausländer mit Amerikanern gleich.** Dies wurzelt in der Zeit der amerikanischen Besatzung nach dem II. Weltkrieg; damals waren Amerikaner allzeit präsent, andere Westler hingegen selten. So ist es nur allzu verständlich, daß sich der Ausdruck *amerikajin* zum Oberbegriff für Fremde aus dem Westen entwickelte.

Wer sich als **deutscher Reisegast** zu erkennen gibt oder erkannt wird, stößt in Japan anders als in vielen Ländern nicht auf Ressentiments. *Doitsujin* werden mit Beethoven und Goethe assoziiert und trotz Konjunkturrückgang und Arbeitslosigkeit mit wirtschaftlicher Macht. *Doitsujin wa jobu* (»die Deutschen sind stark«), so heißt es oft.

Als ich mich in den 1960er Jahren erstmals in Japan aufhielt, fand ich mich sehr oft anderen, bedrückenden Assoziationen ausgesetzt. Damals war die Erinnerung an den II. Weltkrieg und die Deutschen als Bündnispartner noch unbewältigt und lebendig. Häufig schilderte man mir »Heldentaten« der japanischen Armee in China und Korea und forderte mich auf, im Gegenzug von der deutschen »Kriegsfront« zu berichten. Während Bürger der USA und vieler Staaten Europas damals sehr antideutsch eingestellt waren, fragten Japaner mich nie nach der Kriegsschuld der Deutschen – ein Beleg dafür, wie sehr sie selbst dieses Thema verdrängten. Kristina wurde noch in den 1990er Jahren mehrfach auf die **gemeinsame Kriegsvergangenheit von Deutschland und Japan** angesprochen.

Doch vor allem junge Leute verbinden heute Deutschland nicht mehr mit Krieg und vermeintlichem Heldentum. Während Amerikaner in Japan sich eher dagegen wehren müssen, als Nobody, x-beliebiger Ausländer, zu gelten, können deutsche Besucher im allgemeinen von einem sehr **positiven Ansehen** profitieren. Jedes Kind in Japan kennt die Werke von Beethoven und Mozart: Die Schulen unterrichten westliche, nicht traditionelle japanische Musik. Deutsche Schriftsteller wie Goethe und Heinrich Heine sind fast vollständig ins Japanische übersetzt und weithin bekannt.

Die **Wertschätzung deutschsprachiger Literatur in Japan** verdankt sich großteils dem deutschen Literaturprofessor Karl Florenz, der um die Wende vom 19. zum 20. Jh. lange Jahre an der kaiserlichen Universität in Tokyo unterrichtete. Mit derselben Energie, die er für sein Lehrfach, die deutsche Literatur, aufbrachte, widmete er sich der Übersetzung japanischer Werke

Japaner und die »anderen«

ins Deutsche. Von Deutschland ist in Japan vieles mehr bekannt: Grimms Märchen, die Loreley, Neuschwanstein, Heidelberg … Wer sich von vornherein an diesen **klischeehaften Vorstellungen** stört, bringt sich um die Erfahrung, das positive Image zu genießen, das die Japaner ihm als Repräsentanten seines Landes zuschreiben – und die Ausgangsbasis, derlei Bilder zurechtzurücken.

Während in Japan nach dem II. Weltkrieg keine Deutschfeindlichkeit um sich griff, kam es mehrfach zu manchmal gewalttätigen **Protesten gegen die Militärmacht der US-Besatzer.** Die Amerikaner waren die ersten Ausländer, die Japan auf eigenem Boden besiegt hatten. Die totale, durch den Abwurf der Atombomben auf Nagasaki und Hiroshima herbeigezwungene Niederlage im II. Weltkrieg bedeutete für die Japaner eine tiefe Demütigung. In den 1990er Jahren, nach langen Jahren der friedlichen Duldung amerikanischer Präsenz, flackerten antiamerikanische Demonstrationen erneut auf, weil zwei US-Soldaten auf Okinawa ein japanisches Schulmädchen vergewaltigt hatten.

Ein weiteres düsteres Kapitel der jüngeren Geschichte Japans sei hier nicht verschwiegen. Ab dem Ende des Vietnamkriegs flohen zahllose Vietnamesen auf Booten, die oft kaum mehr als Nußschalen waren, aus ihrer Heimat. Diese sogenannten *Boat People* riskierten ihr Leben in der verzweifelten Hoffnung, ein Schiff werde sie im Pazifik auffinden und bergen. **Japan hat es stets verstanden, sich um die Aufnahme von Flüchtlingen zu drücken** mit der Begründung, das Land sei bereits überbevölkert und daher nicht in der Lage, weitere Menschen auf Dauer aufzunehmen. Japanische Schiffe mieden die Gewässer, in denen Begegnungen mit *Boat People* wahrscheinlich waren. Sie bargen *Boat People* allenfalls, wenn sie im Blickpunkt der Weltöffentlichkeit standen – und dies auch nur unter der Bedingung, daß die Flüchtlinge das Land so rasch wie möglich wieder verließen. Japan ließ sich von anderen Nationen die Aufnahme der *Boat People* zusichern, ehe es sie vorübergehend einließ und unter wenig menschenwürdigen Umständen in Lagern unterbrachte.

Aufgrund seiner rigiden Einwanderungspolitik zählt Japan so gut wie keine ausländischen Staatsbürger. Ausländer leben in Japan grundsätzlich auf Zeit. Es ist extrem schwierig, die **japanische Staatsbürgerschaft** zu erlangen. Nur sehr wenigen Ausländern ist dies gelungen. Der bekannteste von ihnen war der Schriftsteller und Journalist Lafcadio Hearn (1850–1904). Er heiratete eine Japanerin. Indem sein Schwiegervater ihn adoptierte, erhielt Hearn einen japanischen Namen und die Zugehörigkeit zu einer japanischen Familie – eine Voraussetzung dafür, daß Japaner ihn als »einen von uns« ansehen konnten. Denn **ein einzelner Mensch gilt in Japan wenig.** Man muß ihn auch über seine Familie als Mitglied der Gesellschaft identifizieren können.

Im II. Weltkrieg mußten viele **Koreaner** in Japan Zwangsarbeit verrichten. Sie und die Koreanerinnen, die dem japanischen Militär als Prostituierte zu

Japaner und die »anderen«

Diese Touristin in einem japanischen Gasthof genießt als **doitsujin**, *Deutsche, eine relativ hohe Wertschätzung – wegen der gemeinsamen Kriegsgeschichte und parallelen Nachkriegsentwicklung beider Länder.*

dienen hatten, wurden nach dem Krieg »japanisiert«, indem man ihnen japanische Namen verlieh. Diese ließen jedoch (ähnlich wie bei uns viele eingedeutschte jüdische Namen) durchscheinen, daß es sich bei ihren Trägern um eingebürgerte Koreaner handelte. Um die Einbürgerung der Koreaner, an denen es sich so schwer vergangen hatte, kam Japan nicht umhin. Zugleich erleichterte die oberflächliche Gleichstellung durch Anpassung an die japanische Namensgebung es den Japanern, das Problem der Kriegsschuld zu verdrängen.

Der Begriff *gaijin* umfaßt auch farbige Ausländer. Schließlich fallen Weiße in Japan ebenso auf wie sie. **In der Wertschätzung von Ausländern aber ziehen Japaner Unterschiede:** Weiße genießen eine höhere Achtung als Farbige und andere Asiaten wie Chinesen oder Thai.

Japan hat sich lange Zeit gerühmt, kein **»Ausländerproblem«** zu haben. Inzwischen äußert es nicht mehr so laut seinen »Stolz« darüber, weitgehend frei von Ausländern zu sein. Denn Japan hat, auch wenn es dies ungern öffentlich eingesteht, ein »Ausländerproblem«. Es gibt zum Beispiel eine recht große Zahl von pakistanischen Gastarbeitern und filipina Prostituierten. Die Dunkelziffer von Ausländern, die in Japan leben und arbeiten, schätzt man sehr hoch ein.

Wenn deutschsprachige und andere europäische Reisegäste sich in Japan wohl und gerngesehen fühlen, sollten sie darüber nicht vergessen, daß es nicht allen Ausländern in Japan ähnlich gut ergeht.

Japaner, *nisei* und *hafu*

Ein »richtiger« Japaner bleibt im Land, verbringt vielleicht ein paar Flittertage (für Wochen reicht die Zeit meist nicht!) auf Hawaii und fährt womöglich einmal im Leben mit einer Reisegruppe im Eiltempo durch Europa oder Amerika. Ganz Verwegene, und zwar junge Frauen ebenso wie Männer, reisen zwischen Studium und Antritt der ersten Arbeitsstelle einige Wochen mit dem Rucksack die Romantische Straße entlang oder nach Paris. Wohlhabende Hausfrauen und Yuppies fahren zuweilen zum Shopping in die westlichen Hauptstädte.

Von der Firma ins Ausland entsandt zu werden, dies nehmen viele als unabwendbares Schicksal hin nach dem Motto: Dagegen kann man nichts machen. Ehefrauen weigern sich selten, ihren Männern ins Ausland zu folgen. Der Platz einer japanischen Ehefrau ist nun einmal an der Seite ihres Mannes. Und da die meisten Japanerinnen mit der Heirat oder ersten Schwangerschaft ihren Beruf aufgeben, begleiten sie in der Regel widerspruchslos ihre Gatten ins Ausland. Der einzig triftige Grund, den Ehemann allein in die Fremde ziehen zu lassen, ist die Schulausbildung der Kinder. Diese besitzt oft Vorrang vor anderen ehelichen Pflichten.

So leben viele Japaner mit ihren Familien in London, Paris, Brüssel, Düsseldorf, Frankfurt, Zürich oder Wien. Dort bilden sie wie viele andere ausländische Volksgruppen eine enge Gemeinschaft. Sie bewegen sich vorzugsweise zwischen dem japanischen Klub, den japanischen Lebensmittelläden und Restaurants. Wo japanische Schulen eingerichtet sind, machen diese einen sozialen Mittelpunkt aus.

Japaner neigen dazu, Auslandsaufenthalte als befristetes Exil zu betrachten. Daher versuchen sie, ihren gewohnten Lebensstil nach Kräften beizubehalten und die fremde Umgebung nicht allzu nahe an sich heranlassen: Man kocht weitgehend japanisch, streift bei Betreten der Wohnung die Schuhe ab, hält unbeirrt an jahreszeitlichen Gewohnheiten fest, mag auch der April in europäischen Landen völlig andere Witterungsverhältnisse bringen als in Japan.

Dies heißt allerdings nicht, Japaner und Japanerinnen wünschten keine Kontakte zu den Menschen des Gastlands – im Gegenteil. Viele bemühen sich um Freundschaften, lernen Deutsch, besuchen Veranstaltungen des japanischen Klubs, zu denen Einheimische eingeladen werden, Konzerte und Sportereignisse. Und dennoch: oft will es nicht so recht klappen mit den europäisch-japanischen Freundschaften. Liegt es daran, daß beide Seiten unter Freundschaft etwas anderes verstehen?

Düsseldorf zum Beispiel besitzt seit fast 30 Jahren eine große japanische Gemeinde. Einige ihrer Mitglieder leben schon lange, teils seit 20 bis 25 Jahren, in der Stadt. Diese Familien haben sich angepaßt. Ihre Kinder besuchen

Japaner und die »anderen«

Diese junge Japanerin ist eine **hafu** *– ein Elternteil ist europäisch. Damit sind ihrer Anerkennung als »Abkömmling der Götter« Grenzen gesetzt.*

deutsche Schulen und meist nachmittags die japanische Schule, um die japanische Sprache und vor allem Schrift zu erlernen – nicht immer mit dem Ergebnis, daß sie beide Sprachen gleichermaßen beherrschen: Manche sprechen besser Deutsch als Japanisch.
Diese im Ausland aufgewachsenen Kinder werden in Japan kaum noch als Japaner akzeptiert. Sie gelten dort als Fremde. Sie sehen anders aus, benehmen sich anders, sprechen anders, kurz: sind keine »echten« Japaner. Zurück in Japan, werden sie im allgemeinen erst nach Besuch einer Vorbereitungsschule von japanischen Regelschulen aufgenommen. Vor allem eines müssen sie sich abgewöhnen: das Fragen. Lernen in Japan besteht heute noch, von der Vorschule bis zur Universität, vorrangig im Auswendiglernen. Ein guter Schüler merkt sich jedes Wort des Lehrers, ohne die Aussage – und damit Autorität des Lehrers – anzuzweifeln.
Nisei, so nennt man diese im Ausland aufgewachsenen Japaner. *Nisei* heißt wörtlich »zweite Generation«, meint also in der zweiten Generation im Ausland lebende Japaner. An sich ist weder dieser Umstand negativ, noch der Begriff ein Schimpfwort – und dennoch: Nennen Japaner jemanden einen *nisei*, dann oft leicht diskret, als wollten sie ihm bedeuten: Du kannst schließlich nichts dafür.
An der Sophia-Universität in Tokyo unterrichtete einige Jahre eine in den USA aufgewachsene japanische Professorin. Äußerlich unterschied sie sich kaum von anderen Japanerinnen: Ihr Haar war ebenso schwarz, ihre Figur genauso zierlich, lediglich ihre Kleidung etwas weniger elegant. Aber: sie

---*Japaner und die »anderen«*---

sprach kaum Japanisch und verstand sich überdies als Amerikanerin. Die Japaner titulierten sie mit leisem Spott *sansei-sensei*. *Sansei* bedeutet eine Steigerung von *nisei*, nämlich »dritte Generation«, *sensei* »Lehrer/in«. Diese »Professorin der dritten Generation« hatte es in Japan wahrlich nicht leicht.

Nach dem II. Weltkrieg wurden *nisei* sehr abschätzig behandelt. Sie waren weit schlechter angesehen als Ausländer. Sie wurden nicht nur belächelt, sondern regelrecht verachtet. Man nahm übel, daß sie ihrem Land den Rücken gekehrt hatten und im Ausland lebten: **Japaner gehören nun mal nach Japan und nicht in fremde Länder.**

Wer für seine Firma ins Ausland geht, wird von seinen Landsleuten gehörig bedauert. Wer aber aus freien Stücken nicht heimkehrt oder gar – wie manche Japaner vor dem II. Weltkrieg in die USA oder nach Südamerika – auswandert, verwirkt seinen Anspruch auf Mitgefühl.

Nisei und *sansei*, in zweiter oder dritter Generation im Ausland lebende Japaner, können nur Achtung zurückerobern, wenn sie es in der Fremde »zu etwas gebracht« haben und dadurch Japans Ruhm und Ansehen in der Welt fördern. Dies gilt zum Beispiel für herausragende Figuren wie den peruanische Staatspräsidenten Fujimori, der sich bei Betreten der politischen Weltbühne auf seine japanische Herkunft besann, und für jene Nobelpreisträger, die den größten Teil ihres Lebens im Ausland zubrachten.

Ein weitaus schlechteres Ansehen als *nisei* und *sansei* genießen **Kinder mit einem japanischen und einem ausländischen Elternteil.** Dabei spielt kaum eine Rolle, ob Vater oder Mutter Ausländer sind. Wer weder eindeutig japanischer noch eindeutig ausländischer Abstimmung ist, ist ein unbestimmbarer Fremdkörper.

Japaner reagieren auf die Unterschiede zwischen sich und diesen Mischlingen derart **subtil**, daß Ausländer es kaum wahrnehmen. Sie vertuschen ihnen gegenüber nach Kräften, daß sie nicht zur als nahezu naturgegeben verstandenen Gemeinschaft aller Japaner zählen. Obwohl man also nicht von einer offenen Diskriminierung sprechen kann, gelten Mischlinge Japanern unzweifelhaft als **gesellschaftliche Außenseiter.**

Während die Bezeichnung für im Ausland aufgewachsene Japaner, *nisei*, ein japanisches Wort ist, belegt man Sprößlinge eines nichtjapanischen Elternteils mit einem Fremdwort, das wie viele moderne Begriffe dem Englischen entstammt: **hafu** (abgeleitet von *half*).

Möglicherweise liegt eine Ursache für die Ungleichbehandlung im **Shintô-Glauben.** Seine Mythologie lehrt, daß alle Japaner von den Göttern abstammen. Diese exklusive Definition zieht eine vielleicht unbewußte, dennoch unüberbrückbare Grenze zwischen den Nachkommen der Götter und den anderen. Auch wenn dies niemand offen ausspricht und niemand einen *hafu* erkennbar schlecht behandeln würde: Es gibt Grenzen, die ein *hafu* nicht überschreiten kann.

66

Japaner und die »anderen«

Japaner im Ausland

Über **japanische Touristengruppen im Ausland** ist schon viel gewitzelt worden. Doch wie es bei Witzen so ist, kümmern sie sich nicht um die Hintergründe und treffen auch nicht immer zu.

Gewiß stimmt, daß viele Japaner unter **Zeitdruck** reisen. Sie durchmessen Europa im Eiltempo, um in in einem dichtgedrängten Kurzprogramm, das ihnen kaum eine freie Minute läßt, die Hauptsehenswürdigkeiten zu besuchen.

Zum Klischee gehört die adrett gekleidete **Reiseleiterin**, die mit einem bunten Fähnchen, aufgespannten Schirm oder auffallenden Hut vorauseilt. Die Schützlinge folgen im Gänsemarsch. Reiseleiter größerer Gruppen sind oft mit Megaphon bewaffnet, mit dem sie Schäflein, die sich zu weit von der Herde entfernt haben, wieder herbeirufen.

Zum Klischee zählt ferner das **Gruppen-** oder **Erinnerungsfoto** mit dem Kölner Dom oder dem Riesenrad des Praters im Hintergrund. Bei größeren Gruppen drückt der Reiseleiter auf die Auslöser der vielen Kameras. Kleinere Gruppen bitten manchmal Passanten um diesen Gefallen. Dabei wird der Mutigste vorgeschickt, denn Japaner kostet es Überwindung, einen Fremden – und dies vielleicht gar in Englisch – anzusprechen. Meist sind es die jungen Leute, die diese Aufgabe übernehmen.

Hauptverantwortlich dafür, daß Japaner ein solch knappes Zeitbudget für Auslandsreisen erübrigen, ist ihr Wirtschaftssystem. Urlaub nehmen, um relax die Seele baumeln zu lassen, das ist für viele Japaner bis heute ein ungehöriger Luxus. Der Mann gehört an seinen Arbeitsplatz. **Wer längeren Urlaub nimmt, so meint man, tut dies auf Kosten seiner Kollegen.** Es wird akzeptiert, sogar bewundert, daß jemand eine Auslandsreise unternimmt – vorausgesetzt, sie dauert nicht länger als zehn oder elf Tage.

Die bei Japanern beliebtesten **Reiseziele in Deutschland** sind Neuschwanstein, Heidelberg, die Loreley, der Kölner Dom, Rothenburg ob der Tauber, die Romantische Straße, Rhein und Mosel. Am Rhein führt jeder Kiosk reichbebilderte Reiseführer in japanischer Sprache. Auch über Neuschwanstein und das Leben von König Ludwig gibt es Berge von Lesestoff für japanische Touristen.

Als besonders sehenswert gelten Japanern die deutschen Burgen. Die Marksburg ist in Japan so bekannt und beliebt, daß man sie dort maßstabgetreu nachgebaut hat. Auch die Märchen der Brüder Grimm spielen im Deutschlandbild der Japaner eine wichtige Rolle und damit die Baudenkmäler, die einen Bezug zu diesen Märchen vorweisen.

Seit der Wende 1989 suchen Japaner auch eifrig Ziele in den neuen deutschen Bundesländern auf. Potsdam mit Schloß Sanssouci, Dresden und vor allem Berlin mit dem Brandenburger Tor sind unverzichtbare Stopps jeder Europareise.

Japaner und die »anderen«

Da die meisten Japaner nur einmal in ihrem Leben Europa besuchen, packen sie das Sightseeingprogramm verständlicherweise randvoll. Wer sich die Fahrt nach Europa leistet, konzentriert sich nicht auf ein Land, geschweige denn eine Stadt: Da gibt es München, Zürich, Wien, London, Paris, Rom, Amsterdam, Prag, Budapest ... **Auf diese Weise bleibt für jede Sehenswürdigkeit nur so viel Zeit, daß man später sagen kann, man habe sie gesehen.**
Bei solchen Auslandsreisen kommen zwangsläufig kaum Kontakte zu Menschen in anderen Ländern auf. Oft ist der Terminkalender so vollgestopft, daß nach der hastigen Besichtigung eines Highlights der Bus mit laufendem Motor zur Weiterfahrt mahnt. Da bleibt kaum eine Minute, um Souvenirs zu ergattern. Dabei darf man ohne Souvenirs nicht heimkehren: Eine Auslandsreise verpflichtet!
Für Japaner gilt, auch bei Reisen im Inland: **Wenn einer eine Reise tut, dann hat er etwas mitzubringen.** *O-miyage*, so nennt man in Japan Souvenirs. Das einleitende »o« ist eine Silbe der Verehrung, die vielen Wörtern vorangestellt wird. *Miyage* besteht aus zwei Schriftzeichen, dessen erstes »Erde« bedeutet und darauf hinweist, daß es sich um bodenständige Mitbringsel handeln sollte: Andenken, die den Daheimgebliebenen belegen, wo der Reisende gewesen ist.
Die Verpflichtung, Souvenirs mitzubringen, kann eine Reise beträchtlich verteuern. **Japaner besitzen ein feines Gespür dafür, wieviel wer von ihnen erwartet.** Ein Geschenk darf nicht zu kostbar sein, um den Empfänger nicht zu beschämen, aber auch nicht zu minderwertig, um den Beschenkten nicht herabzusetzen. Daher gibt es in Japan hübsch verpackte Souvenirs in allen Preislagen und Qualitätsstandards. Aufschriften oder bildliche Darstellungen lassen den Herkunftsort erkennen: Schließlich soll das Souvenir Beweis dafür sein, daß der Reisende tatsächlich an Ort und Stelle gewesen ist.
Reisen ist teuer, das wissen auch die Japaner. Plant jemand eine Reise, dann besuchen ihn Freunde und Verwandte und übergeben ein Geldgeschenk als Beitrag zur Reisekasse. Im Gegenzug erwarten sie ein Mitbringsel. Dieses sollte etwa die Hälfte der Geldspende wert sein. Man kann nur staunen, wie japanische Reisende diese oft komplizierte und zeitraubende Rechenaufgabe meistern und für jeden Daheimgebliebenen ein **im Wert angemessenes Souvenir** auftreiben.
Bei einer Auslandsreise wiegt die Verpflichtung, Andenken mitzubringen, ungleich schwerer. Einerseits jeder soll auf Anhieb wissen, wohin die Reise geführt hat. Andererseits ist es kaum zu schaffen, von jedem besuchten Ort etwas Typisches mitzubringen. Ein vollständiger Verzicht auf Mitbringsel wiederum wäre ein Betrug an den Daheimgebliebenen. Also opfern japanische Touristen ihre ohnehin viel zu knappe Zeit, um für alle, die es von ihnen erwarten, angemessene Geschenke zu besorgen. Kein Wunder, daß sie von jener **Hektik** getrieben sind, die wir verständnislos belächeln.

―――――― *Japaner und die »anderen«* ――――――

*Wenn einer eine Reise tut – dann hat er etwas mitzubringen.
Der Kauf von Souvenirs* (o-miyage) *ist eine komplizierte Urlaubspflicht.*

Alles andere als hektisch wirken hingegen **Japaner, die sich länger im Ausland aufhalten**. Wer in Düsseldorf über die Immermannstraße oder Königsallee spaziert, kann dort Japaner beim Alltagstrott beobachten: Gruppen von japanischen Angestellten, die in der Mittagspause eines der vielen japanischen Restaurants aufsuchen, Frauen mit kleinen Kindern an der Hand oder im Kinderwagen, Freundinnen beim gemeinsamen Bummel.

Düsseldorf ist stolz auf seine vielköpfige japanische Gemeinde. Alle paar Jahre veranstaltet die Stadt »Japanische Wochen«, bei denen japanische Volkstänze, Wettbewerbe im Drachensteigen und ein spektakuläres Feuerwerk scharenweise Besucher anlocken.

Es gibt in Düsseldorf, im linksrheinischen Stadtteil Oberkassel, auch eine japanische Schule und einen buddhistischen Tempel. Japanische Kindergärten, Nachhilfeschulen, Ärzte, Restaurants, Supermärkte, zwei japanische Buchhandlungen und sogar ein japanischer Friseur ergänzen das Angebot für die japanische Gemeinde.

Die **japanische Schule** bildet einen Brennpunkt des japanischen Familienalltags. Denn japanische Kinder, die durch den Besuch ausländischer oder internationaler Schulen den Anschluß an das japanische Schulsystem verloren haben, finden nur mühevoll wieder Aufnahme in die Regelschule in Japan. Daher machen es viele ins Ausland abgestellte Japaner zur Bedingung, an Orten mit japanischen Schulen stationiert zu werden.

Daß in Düsseldorf, wo immerhin 8000 Japaner leben, auch ein **japanischer Tempel** steht, ist zunächst selbstverständlich. Eine solch starke Gemeinde

Japaner und die »anderen«

eines europäischen Landes besäße in der Fremde gewiß ebenfalls eine Kirche. Allerdings sind in Japan nicht wie bei uns nur zwei Konfessionen der gleichen Religion, sondern zwei verschiedene Religionen, **Shintôismus** und **Buddhismus**, vertreten. Überdies ist der japanische Buddhismus in zahlreiche **Sekten** zersplittert, die miteinander ebenso schwer vereinbar sind wie eine katholische und eine protestantische Gemeinde.

Eine dieser buddhistischen Sekten hat den Tempel in Düsseldorf errichtet, aber er gibt sich alle Mühe, auch für die anderen Richtungen des Buddhismus offen zu sein. Sein Untergeschoß beherbergt eine Mehrzweckhalle mit einem Altar an der Stirnseite. Dieser Altar läßt sich für profane Versammlungen oder Feiern hinter einem Wandschirm verbergen. Technische Rafinesse macht möglich, auf Knopfdruck ein Bildnis Buddhas gegen ein anderes auszutauschen. Indem drei verschiedene Bildnisse auf dem Altar erscheinen können, teilen sich drei Religionsgemeinschaften ein Heiligtum.

Ein eigener Tempel, eine eigene Schule, eine eigene Buchhandlung, der Bedarf an solchen Sondereinrichtungen läßt sich verstehen. Warum aber brauchen Japaner einen eigenen **Friseur**?

Dafür gibt es zwei Gründe. Zum einen ist das Haar der Japaner sehr viel dicker und fester als unseres. Ein Friseur, der keine Erfahrung im Umgang damit hat, auch Geschmack und Ansprüche der Japanerinnen nicht kennt, wird seine Kundinnen schwerlich zufriedenstellen. Außerdem sind spezielle Pflegemittel in unseren Friseurläden meist nicht vorrätig. Zum zweiten paßt zu einem Kimono nicht jede Frisur. Zu festlichen Anlässen tragen Japanerinnen immer noch gern einen Kimono, und zu diesem gehört nun einmal eine andere Frisur als zum eleganten Kleid oder Hosenanzug. Das Legen solcher traditioneller Haartrachten erfordert Übung und Geschick. Deshalb hat der japanische Friseur vor den japanischen Festtagen alle Hände voll zu zu tun.

Eine Eigenschaft ist Japanern im Ausland gemein: Sie fallen nicht auf. Genauer: sie fallen nicht mehr auf, als sie es durch Aussehen und Sprache tun. Sie treten diszipliniert, ruhig, ordentlich und friedlich auf. Sie sind sehr angenehme Mitbürger und Nachbarn. **Auffallen ist für Japaner negativ behaftet.** Wer auf sich aufmerksam macht, tut dies auf Kosten der anderen. Sich anpassen und sich stets von der besten Seite zeigen, dies ist ein Imperativ japanischen Verhaltens.

Nur selten wird man erleben, daß ein Japaner im Ausland aus der Rolle fällt oder gar randaliert. Vor einiger Zeit schilderte eine deutsche Zeitung folgende Begebenheit: Ein Mitglied einer japanischen Reisegruppe hatte sich wie etliche andere Touristen mit Namen und Adresse an einem Baudenkmal in Rothenburg ob der Tauber verewigt – an einer exponierten Stelle, die anderen Japanern ins Auge stach. Diese empfanden das »Graffiti« als unmanierlich und nationale Schande. Sie meldeten den Vorfall in Japan, wo man den Täter ausfindig machte und dazu verdonnerte, sich offiziell bei der Stadt Rothenburg zu entschuldigen.

Japaner und die »anderen«

Ob bei einer kurzen Durchreise oder einem längeren Aufenthalt: **Japaner verstehen sich stets als Repräsentanten ihres Landes.** Ihr im allgemeinen diszipliniertes Auftreten entspringt nicht zuletzt der tief verinnerlichten Verpflichtung, ein positives Bild von Japan zu vermitteln. Auch das vielerwähnte japanische **Lächeln** ist Ausdruck des Wunsches, dem anderen nur das schönste Gesicht, die angenehme Fassade, zu zeigen.

Uns irritiert dieses Lächeln zuweilen. Wir empfinden Gesichter, die keine inneren Regungen verraten, als maskenhaft oder gar unehrlich. Für Japaner wiederum ist es ein **Zeichen unbeherrschten oder gar kindischen Benehmens**, seine Gefühle so wenig zügeln zu können, daß sie sich im Gesicht widerspiegeln.

Wenn wir bedenken, welches Bild viele deutsche Touristen im Ausland von ihrer Heimat vermitteln, so haben wir keinen Grund, die Japaner zu belächeln.

Fremdwörter im Japanischen

Die japanische Sprache ist voll von Fremdwörtern. Sie ist so voll davon, daß der Gedanke, Japaner könnten ähnlich den Franzosen versuchen, Fremdwörter aus ihrer Sprache auszuschließen, unvorstellbar ist: Es bliebe kaum die Hälfte des Wortschatzes übrig.

Dieses Phänomen erstaunt angesichts der Tatsache, daß die Japaner in der Vergangenheit bestrebt waren, Fremdeinflüsse nur gezielt einzulassen. Wie kommt es, daß gerade sie eine solche Fülle fremder Sprachelemente aufgenommen haben?

Fremdwörter flossen schon früh, im 5. Jh., in das Japanische ein. Damals, verstärkt ab dem 6. Jh., bestanden zwischen Japan und **China** enge kulturelle Beziehungen. Die Japaner übernahmen viele Errungenschaften der chinesischen Kultur. Sie bauten ihre Städte nach chinesischem Muster, feierten ihre Feste nach chinesischem Kalender, orientierten die Verwaltung an chinesischem Vorbild. Auch eine neue Religion, der Buddhismus, fand in ihrer chinesischen Ausprägung via Korea nach Japan.

Als der **Buddhismus** Mitte des 6. Jh. offiziell in Japan eingeführt wurde, besaßen die Japaner noch keine Schrift, sondern waren auf mündliche Überlieferung angewiesen. Mit der neuen Religion kamen buddhistische Texte ins Land. Um sie verstehen zu können, mußten die Japaner die chinesischen Schriftzeichen erlernen, in der sie abgefaßt waren.

Anfänglich diente das Lesen und Schreiben chinesischer Ideogramme ausschließlich religiösen Zwecken. Es waren vor allem die Mönche, die diese Kunst beherrschten. Bald aber machte sich der Staat die Fähigkeit der Schriftgelehrten zunutze, indem er die bislang nur mündlich tradierten Annalen des Kaiserhauses zu Papier bringen ließ.

Japaner und die »anderen«

Mit den chinesischen Schriftzeichen lernten die Japaner die chinesische Aussprache derselben. Diese glichen sie dann den Lauten der (grundlegend anders strukturierten) japanischen Sprache an, so daß sich neben der **chinesischen** eine **sinojapanische Aussprache** herausbildete. Während das Zeichen für »Mensch« beispielsweise chinesisch »ren« ausgesprochen wird, machten japanische Zungen daraus die Silbe »jin«. Und damit ging das Wort *jin* als sinojapanisches Fremdwort in die japanische Sprache ein. Selbstverständlich besaßen die Japaner ein eigenes Wort für »Mensch«, nämlich *hito*. Bis heute verwendet man beide Worte, das urjapanische *hito* und das dem Chinesischen entlehnte *jin*, für den Begriff »Mensch«; dabei unterscheidet sich nur die Aussprache, nicht aber das Schriftzeichen.

Auf diese Weise entstanden für fast alle Begriffe zwei phonetische Versionen: eine japanische und eine – meist kürzere – sinojapanische. Letztere verwendet man überwiegend bei Zusammensetzungen, die japanische Aussprache hingegen, wenn das Wort allein steht.

Daß in einer Sprache **zwei komplette Wortschätze nebeneinander bestehen**, ist uns nicht so ganz fremd. Schließlich kennen wir die lange Tradition des Lateinischen (später des Küchenlateins) als Gelehrten- und Kirchensprache des Abendlands. Etliche lateinische und griechische Fremdwörter sind in das Deutsche eingegangen, auch wenn es am entsprechenden deutschen Begriff nicht mangelte.

Nachdem die japanische Sprache wie ein Schwamm diese Fülle chinesischer Lehnwörter aufgesogen hatte, blieb sie lange Zeit von Fremdeinwirkungen verschont. Erst die Landung der ersten christlichen Missionare im 16. Jh. trug ihr einige weitere Fremdwörter ein. Auf die **portugiesischen** und **spanischen Einflüsse** jener Zeit gehen Ausdrücke wie *pan* für »Brot«, *karuta* für »Spielkarte« oder *kasutera* (*castella*) für eine bestimmte Art von süßem Kuchen zurück.

Als danach, in der Zeit der Abschließung, nur noch die **Niederländer** in Nagasaki Handel treiben durften, bescherten diese dem Japanischen unter anderem den – heute noch für Schulranzen verwandten – Ausdruck *randoseru* (*Randsel*). Damals kannten die Japaner keine Taschen, erst recht keine Ledertaschen. Sie transportierten ihre Habe eingeknotet in Wickeltücher (*furoshiki*) oder in Beuteln (*fukuro*).

Ab dem Ende des 19. Jh., nach der Öffnung des Landes, ergoß sich eine wahre **Flut von Fremdwörtern** über Japan. Sie strömten aus der gesamten »alten Welt« ein, aus England, Frankreich, Deutschland, Italien … Selbstredend schwappte auch das amerikanische Englisch der »neuen Welt« herein. Viele dieser neuen Wörter waren kurzlebig. Der vom Deutschen übernommene Begriff »Mantel« unterlag bald dem englischen *overcoat*. *Overcoat* ließ sich leicht abkürzen und ist heute in den zwei Kurzformen *kô-to* (*coat*) und *ô-bâ* (*over*) gebräuchlich.

Eine stattliche Reihe **deutscher Fremdwörter** hielt sich jedoch bis heute. Das Fremdwörterbuch *Gairaigojiten* aus dem Jahr 1961 führt ungefähr 1600

72

*Unbeholfen und drollig bemüht: Werbung für einen Pizza-Service.
Und das »klassische« Problem r und l: »Originar Pizza«.*

deutsch-, ebenso viele französisch- und etwa 1400 italienischstämmige Begriffe auf. Die übrigen zirka 6000 Wörter sind aus dem Englischen abgeleitet.

Oft kann man Fremdwörter anhand der **Sachgebiete** ihrem Ursprungsland zuordnen: Aus dem Französischen kommen Kunstbegriffe, musikalische Fachausdrücke fast ausnahmslos aus dem Italienischen. Das Deutsche ist in den Bereichen Sport (insbesondere Bergsteigen und Skifahren), Politik, Philosophie und vor allem **Medizin** einschließlich Pharmazie und Chemie stark vertreten.

Der Einfluß des Deutschen auf die medizinische Fachsprache rührt daher, daß sich japanische Studenten der westlichen Medizin nach der Wende vom 19. zum 20. Jh. vorzugsweise in Deutschland ausbilden ließen. Deutschland galt damals auf diesem Gebiet als wissenschaftlich führend. So wie viele unserer Ärzte sich gern mit lateinischen Termini über ihre Patienten erheben, so verwendeten ihre japanischen Kollegen bis in die 1970er Jahre deutsches »Fachchinesisch«.

Wenn ich in Japan einen Arzt aufsuchte, konnten wir uns meist bestens auf Deutsch verständigen. Begriffe wie *herutsu* (»Herz«) oder *purusu* (»Puls«) sind auch jedem japanischen Laien geläufig, allerdings nur im medizinischen und nicht im Sinn von »Herz und Schmerz« gebräuchlich. Übrigens ist der wichtige Ausdruck »Schmerz« ebenfalls, phonetisch anverwandelt als *shi-yu-me-ru-tsu*, in das »Medizinerlatein« des Japanischen eingegangen.

Japaner und die »anderen«

Das **bergsteigerische Fachjapanisch** wurde wohl vornehmlich von den Wortschätzen Österreich, Südtirols und der Schweiz inspiriert. Begriffe wie *gerende* (»Gelände«), *zaitengura-to* (»Seitengrat«) oder *uintoyakke* (»Windjacke«) kamen auf, als das Überwinden von Bergen in Japan noch kein »Sport« und der Kimono die übliche Bekleidung von Männern und Frauen war.

Sagt Ihnen das Wort *hyuttereben* etwas? Es ist die klanglich japanisierte Version von »Hüttenleben« – und als solche keineswegs ein nur wenigen Insidern bekannter Terminus. Ich habe mich gewundert, diesen Ausdruck in Romanen, zum Beispiel von Shusako Endo, zu finden und in modernen japanischen Filmen in Sätzen wie:»Solch ein ›Hüttenleben‹ kann jeden jungen Menschen begeistern!«

Bei Worten, die aus Fremdsprachen übernommen und später **abgekürzt** wurden, benötigt man oft detektivisches Gespür, um ihren Ursprung wiederzuerkennen. Als Beispiel sei hier *shirafu* genannt: Dieses japanische Kürzel hat lautlich – aber nicht inhaltlich – vom »Schlafsack« nur den Schlaf (*shirafu*) übriggelassen.

Sherlock Holmes hätte aus dem Schlafsack-Beispiel messerscharf geschlossen, daß bei Abkürzungen nur die erste Silbe überlebt – und einen knüppelharten Kulturschock erlebt: **Diese Abkürzungen verlaufen nach keinem logischen Prinzip.** Daß und weshalb das deutsche Wort »Arbeit« sich in das Japanische eingemerzt hat, hätte Holmes mühelos begriffen. Nicht aber, weshalb *arubaito* im Sinn von Job, also für Nebenbeschäftigungen oder vorübergehende Tätigkeiten von Studenten, benutzt wird – und obendrein die Kurzformen *aru* und *baito* bekannt sind.

Doch damit nicht genug: manche Worte, die mehreren westlichen Sprachen gemein sind, gelangen in **diversen phonetisch angepaßten und semantisch unterschiedlichen Versionen** ins Japanische. So meint im Umgangsjapanischen das Wort *enaji* (die Aussprache »enadschi« ähnelt dem englischen *energy*) Energie im allgemeinen Sinn, während das phonetisch dem Deutsche angepaßte *enerugi* als technisches Fachwort eingesetzt wird.

Linguistisch ähnlich kompliziert steht es um die Schlafstelle. Japaner kannten ursprünglich keine fest installierte Bettstatt. Sie rollten abends auf den *tatami*, den Strohmatten, die den Boden traditioneller Häuser auslegen, ihr Bettzeug, den *futon*, aus. (Die hierzulande designten *futon* mit Untergestell sind eine Interpretation westlicher Innenarchitekten!) Als deutsche Ärzte in Japan die ersten westlichen Hospitäler einrichteten, erfuhren die Japaner, daß es besser sei, Kranke auf erhöhten Bettgestellen zu lagern. In jener Zeit gelangte das deutsche Wort »Bett« als – ausschließlich auf Krankenhausbetten begrenzter Begriff – *betto* nach Japan. Mit der Werbung für westliche Möblierung – Betten, Stühle, freistehende Schränke – zog das englische Wort *bed* als *beddo* in das Japanische ein. Heute differenzieren die Ausdrücke *futon*, *betto* und *beddo* das, was wir unter das »Bett« fallen ließen. Auch die Farbenpalette weiß das Japanische, obwohl es ihm an kaum einer

74

Nuance fehlt, mit Fremdwörtern zu definieren. Vor allem die Werbung trommelt mit ausländischen **Farbadjektiven**: *Yerô* (*yellow*) klingt nun einmal moderner als *kiiroi*, *reddo* (*red*) interessanter als *akai*. Das ist im deut-

Wieder das Problem **l** *und* **r**:
Hier wird jedoch überraschend das **r** *von* **tearoom** *zu* **l** *verballhornt.*

schen Sprachraum nicht viel anders; Farbbezeichnungen wie »bleu« und »rosé« zählen längst zu unserem Wortschatz.
Blau und Grün faßt das Japanische unter dem Begriff *aoi* zusammen. Für Grün kennt es zudem das Wort *midori*. Dies mag Ausländer mitunter irritieren: Eine Ampel beispielsweise ist *aoi*, nicht *midori*. Hier schaffen die modernen Bezeichnungen *burû* (*blue*) und *gurün* (*green*) Klarheit.
Durch Angleichen an die japanische Ausspache wurden zwangsläufig die meisten Fremdworte verballhornt. Ein Stolperstein für japanische Zungen ist das ihnen unbekannte l. Dieses wird bei Japanisierungen durch r

75

Japaner und die »anderen«

ersetzt. Und so erklingt das »Hallo«, das junge Leute gern Ausländern zurufen, als *harro*.

Ein buntes Durcheinander herrscht vielfach bei den **Schreibweisen** von Fremdwörtern. Ein japanischer Kurzwarenhersteller hat sich den italienischen Namen Gondola zugelegt. Ich besitze heute noch zwei Briefchen mit Druckknöpfen; auf einem ist der Firmenname »Gondola«, auf dem anderen »Gondora« geschrieben.

Einmal sprang mir ein Eisbudenschild mit der Aufschrift »ice-cleam« ins Auge. Und gebratene Austern (*kaki*), in Japan *kaki fry* genannt, begegneten mir auf einer Speisenkarte für Ausländer als »*kaki-fulai*«.

Das englische th läßt sich im Japanischen nur sehr unvollkommen mit s wiedergeben. So wird zum Beispiel *bath* zu *bâsu* – aber: Auch *birth* klingt im Japanischen wie *bâsu* und ebenso das Wort *berth*. Daher tauchen diese drei Begriffe im japanischen Fremdwörterbuch in ein und derselben Schreibweise auf; die ursprüngliche Orthographie ist nur anhand der Bedeutungsangabe zu erraten. Von diesen drei *bâsu* unterscheidet sich das japanische Wort für »Bus«, *basu*, durch das kurze a.

Die in manchen Sprachen übliche **Häufung von Konsonanten** stellt ein weiteres Hindernis bei der Japanisierung ausländischer Worte dar. Japaner können zwei aneinandergereihte Konsonanten nicht aussprechen, geschweige denn vier oder fünf. Während das vokalreiche Italienisch recht wenig Probleme schafft, ist das Englische und mehr noch das Deutsche voll von holperigen Konsonantenfolgen.

Um sich an dem Wort »Strumpf« mit seinen je drei Konsonanten vor und hinter dem einzigen Vokal nicht die Zunge zu brechen, müssen die Japaner es in aussprechbare Silben zerlegen. Dies geschieht, indem sie zwischen die Konsonanten einen Vokal einschieben. Das Ergebnis lautet: *shu-to-ru-mu-pu-fu*. Aus einer einzigen deutschen werden so sechs japanische Silben. Als akrobatische Hochleistung gilt in Japan die Aussprache der deutschen Wörter »Pfeffer« und »Zwiebeln«: *pu-fe-fa* und *tsu-wi-be-run*.

Weit schneller kommen japanische Zungen über die deutsche »Autobahn«. Zwar gibt es im Japanischen kein Dehnungs-h, aber man kann den Vokal a verlängern (â) und erhält so die Silbenfolge *a-u-to-bân*.

Bei den **Vokalen** wirkt sich das Deutsche weit weniger tückisch aus als das Englische und Französische. Das Englische stiftet durch den **Widerspruch von Orthographie und Aussprache** Verwirrungen: Ein u erklingt als »a« (*unknown*), ein e als »i« (*easy*). Da sich die alphabetische Ordnung japanischer Fremdwörterbücher an der Aussprache orientiert, ist »unknown« nicht unter u, sondern unter a, »easy« unter i statt e gelistet.

Dies ist noch verflixter bei aus dem Französischen übernommenen, aufgrund der Nasale oft nahezu unkenntlich verzerrten Worte. *Entente* wird zu *an-tan-to*, *informelle* zu *an-fu-o-ru-me-ru*.

In einem japanischen Fremdwörterlexikon fand ich unter dem Buchstaben a auf einer Seite folgende Einträge: *antenna, en tout cas, indépendant, umpi-*

76

re, ambitious, amp (eine Abkürzung für Ampère), *enfants terribles* und *impressionisme.*

Kleines japanisch-deutsches Wörterrätsel

Die folgende Liste nennt eine kleine Auswahl der vielen Fremdwörter, die das Japanische sich aus dem Deutschen angeeignet hat. Die Schreibweise entspricht der latinisierten japanischen Silbenschrift. Wer Zeit und Lust hat, kann versuchen – am besten durch lautes Aussprechen –, die deutschen Ausgangsbegriffe zu erraten.

1. *a-i-su-pik-ke-ru*
2. *u-ru-to-ra-rin-ke*
3. *gi-mu-na-ji-u-mu*
4. *ge-ma-i-n-shi-**ya**-fu-to*
5. *tsu-**a**-i-to-ga-i-su-to*
6. *te-ma*
7. *tê-ze*
8. *no-**i**-ro-ze*
9. *hi-su-te-rii*
10. *fu-ii-be-ru*
11. *fu-**o**-ru-ku-su-wa-gen*
12. *fu-ro-i-ra-in*
13. *be-ru-to-shi-**yu**-me-ru-tsu*
14. *me-tchi-**en***
15. *me-ru-hen*
16. *râ-ga-bii-ru*
17. *ra-i-to-mo-chi-ii-fu*

Tips: Erstens: Sie kommen der Lösung mitunter leichter näher, wenn Sie Konsonanten englisch aussprechen, z.B. das z wie unser weiches s (in »**s**anft«). Zweitens: das Japanische setzt vor e und i kein w an den Anfang eines Wortes, sondern ersetzt dieses durch b. Drittens: fett gesetzte Buchstaben sollen anzeigen, daß bei der Aussprache zwei Silben zusammengezogen werden, z.B. *tsu-a* zu *tsa* (ausgesprochen mit scharfem s: »ßa«) oder *za* (ausgesprochen mit weichem s: »sa«). Viertens: Es hilft, bei der Aussprache einige der vielen Vokale auszulassen. Fünftens: aus l wird im Japanischen r.

Lösung: Hier in unserer alphabetischen Reihenfolge die deutschen Entsprechungen der oben in der Ordnung des japanischen Alphabets gelisteten Begriffe:

Japaner und die »anderen«

Eispickel (1), Fieber (10), Fräulein (12), Gemeinschaft (4), Gymnasium (3), Hysterie (9), Lagerbier (16), Leitmotiv (17), Mädchen (14), Märchen (15), Neurose (8), Thema (6), These (7), Ultralinke (2), Volkswagen (11), Weltschmerz (13), Zeitgeist (5).

Hinweise: West-östliche Sprachbrücken

• Manche **Namen japanischer Restaurants**, **Hotels** und oft auch **Wohnblocks** sind westlich inspiriert. Solche Namen auf der Zunge zergehen zu lassen und ihren ursprünglichen Sinn zu erraten, dies ist nicht nur ein vergnüglicher – mitunter sehr kniffliger – Zeitvertreib, sondern auch ein Weg, den Geheimnissen der japanischen Aussprache auf die Schliche zu kommen. Zum Einsteigen empfehlen sich Namen wie *ro-zen-ke-râ* (»Rosenkeller«), während *ra-pê* ein Fall für Fortgeschrittene ist: Ihm steht das Pariser »Café de la Paix« Modell.

• **Lachen Sie nicht – jedenfalls nicht auffällig –, wenn Ihnen falsche Schreibweisen westlicher Worte unterkommen.** Manchmal sind Japaner vom »exotischen« l derart fasziniert, daß sie es einbauen, obwohl sie wissen, daß es fehl am Platze ist: Minolta klingt für japanische Ohren allemal aufregender als *mi-no-ru-ta*.

• Bei älteren japanischen Ärzten können Sie davon ausgehen, daß sie im Studium **Deutsch** gelernt haben; jüngere Mediziner dagegen haben oft in den USA studiert. Auch **Ingenieure** haben oft einige Semester Deutsch gelernt.

Japanische Wörter bei uns

Wissen Sie, wie viele japanische Wörter in den **allgemeinen deutschen Sprachgebrauch** eingegangen sind? Schätzen Sie einmal! Vermuten Sie, daß wir mehr chinesische oder mehr japanische Fremdwörter kennen? Vorausgeschickt sei, daß sich die Zahl nicht genau bestimmen läßt. Zum einen gibt es kein verbindliches, alle Fremdwörter umfassendes Lexikon. Zum anderen ist schwer auszumachen, ob es sich um ein gängiges Fremdwort oder nur einen wenigen Spezialisten bekannten Fachterminus handelt. Ich habe das Fremdwörterbuch des Duden herangezogen und nachgezählt: Es listet 115 Wörter aus dem Japanischen, kaum 20 aus dem Chinesischen. Mich hat dies so verblüfft, daß ich die Ausgaben von 1983 und 1993 verglich. Doch ich stellte keinen Unterschied fest: Das Japanische überwiegt bei weitem. Daran ändert auch die Tatsache nichts, daß sich die Zahl 115 auf

Japaner und die »anderen«

*Von Bonsai über Kamikaze bis Yakuza und Zazen –
der japanische Spracheinfluß bei uns ist größer als vermutet.*

rund 100 reduziert, da der Duden einige japanische Fremdwörter in mehreren Schreibweisen nennt (er listet z.B. Shôgun und Schogun ebenso wie Fudschi und Fuji).

Fällt Ihnen auf Anhieb ein chinesisches Fremdwort ein? Vermutlich ist es der Kotau, die tiefe Verbeugung. Und vom Kung Fu als Oberbegriff für chinesische Kampfsportarten hat sicher schon jeder gehört.

Aus dem Bereich der **japanischen Kampfkünste** sind Ihnen gewiß viele Begriffe geläufig: Karate, Jiu Jitsu, Kendo, Judo, Aikido. Das im Westen sehr beliebte **Karate** bedeutet wörtlich »leere« (*kara*) »Hand« (*te*) – mit leeren Händen, also ohne Waffen, kämpfen.

Eine weitere Wortverbindung mit *kara* wurde in jüngster Zeit binnen kurzem international bekannt: **Karaoke**. Karaoke, »leere« (*kara*) »Aufnahme« (*oke*), bedeutet soviel wie Gesang zu Playback. Karaoke-Bars, in denen Gäste ihre mehr oder minder wohlklingenden Sangeskünste zum besten geben, sind inzwischen eine feste Institution auch in der westlichen Unterhaltungsszene.

Mindestens so vertraut wie Karate ist uns der **Kimono**, der im Japanischen schlicht »Anzieh-Ding«, zusammengesetzt aus *ki* von *kiru* (»anziehen«) und *mono* (»Ding«, »Sache«), bedeutet. Kimono nannte man früher in Japan jedes Kleidungsstück, gleichgültig ob von Männern oder Frauen getragen. In diesem Sinn ließen sich auch Jeans oder ein Petticoat als Kimono bezeichnen. Doch da Japaner heute zwischen westlicher und traditioneller Kleidung unterscheiden, verwendet man das Wort nur mehr für das herkömmliche

---*Japaner und die »anderen«*---

Kleidungsstück der Japanerinnen mit dem typischen, bei uns vor allem bei Bademänteln beliebten »Kimono«-Schnitt.

Wörter, die beim »Export« mehrere sprachliche Stationen durchlaufen, können sich bis hin zur Unkenntlichkeit verändern. Zu den wenigen japanischen Ausdrücken, die uns auf Umwegen erreichten, zählt der Begriff **Bonze**. Er geht zurück auf *bôzu*, in Japan die Bezeichnung für einen Mönch oder Priester. Portugiesische Missionare fügten das (nur schwach betonte) n ein und nahmen das Wort mit in ihre Heimat. Dort erhielt es im Lauf der Zeit eine negative Konnotation: Als Bonzen titulierte man kirchliche Würdenträger, die an ihrer Macht klebten und ihre religiösen Verpflichtungen nicht allzu ernst nahmen. Schließlich löste sich die Wortbedeutung aus dem religiösen Zusammenhang. Der Duden definiert »Bonze« heute folgendermaßen: jemand, der die Vorteile seiner Stellung genießt (ohne sich um die Belange anderer zu kümmern); höherer, dem Volk entfremdeter Funktionär. In Japan meint *bôzu* weiterhin einen buddhistischen Priester.

Via Amerika und daher anglisiert kam der Begriff **Tycoon** zu uns. Wäre er direkt und unverändert eingereist, würden wir ihn »Taikun« schreiben. Laut Duden ist ein Tycoon ein sehr einflußreicher, mächtiger Geschäftsmann, ein Großkapitalist, ein Industriemagnat oder ein mächtiger Führer z.B. einer Partei. In Japan ist ein *taikun* einfach ein großer Herr.

Zur Aufnahme ins Deutsche müssen japanische Wörter sich bis zu einem gewissen Grad unserer **Grammatik** anpassen. Die japanische Sprache kennt beispielsweise kein Geschlecht und damit keine Artikel wie »der«, »die« und »das«. Um den Begriff *koto* (ein Musikinstrument) aktiv im Deutschen anwenden zu können, müssen wir ihm ein Geschlecht zuweisen. Weil dies mehr oder minder willkürlich geschieht, kann Koto z.B. laut Duden mit weiblichem oder sächlichem Artikel stehen.

Während wir **Mikado** mit solch profanen Dingen wie Stäbchenspiel und Knabbergebäck verknüpfen, diente im alten Japan dieser Begriff als ehrenvolle Bezeichnung für den japanischen Kaiser. Die wörtliche Übersetzung lautet: »verehrte (*mi*) Pforte (*kado*)«.

Obwohl auch in China die Zucht künstlich miniaturisierter Pflanzen Tradition besitzt, hat sich bei uns für Zwergbäume nicht der chinesische, sondern der japanische Begriff **Bonsai** eingebürgert. Inzwischen beginnen wir, ihn auf ganz andere Zusammenhänge zu übertragen, z.B. indem wir über Bonsai-Politiker spotten.

Shôgun und **Samurai** sind uns spätestens seit der TV-Verfilmung von James Clavells Roman *Shôgun* ein Begriff. Samurai hießen im mittelalterlichen Japan die Angehörigen des Kriegerstands, Shôgun der oberste Kronfeldherr (sozusagen der japanische »Generalissimus«). Die Samurai verloren mit der Abschaffung des Adels im Zuge der Meiji-Reform in den 1870er Jahren ihre Privilegien. Fortan »durften« sie wie normalsterbliche Japaner einem Beruf nachgehen, um selbst für ihren Unterhalt aufzukommen. Im feudalen Japan war der Begriff Samurai gleichbedeutend mit Kriegführung

Japaner und die »anderen«

Mit der Faszination für diese japanische »Fastfood für Feinschmecker« verbreitete sich im Westen auch der Name: Sushi.

und Militär. Spricht man heute in Japan von Samurai, so im Zusammenhang mit herausragenden Wirtschaftsbossen oder Politikern.

Das Wort **Kamikaze** weckt vor allem bei der älteren Generation unangenehme Erinnerungen. Es bezeichnete im II. Weltkrieg jene Bomberpiloten, die sich unter Aufopferung ihres Lebens auf feindliche Ziele stürzten. Wir brandmarken damit besonders riskantes Verhalten, etwa indem wir Verkehrsrowdies Kamikaze-Fahrer schimpfen. In Japan kam das Wort *kamikaze* (»Götterwind«) im 13. Jh. als Name für jenen Taifun auf, der die Invasion der Mongolen vereitelte (siehe Kapitel »Inselreich«).

Das uns ebenfalls vertraute Wort **Harakiri**, abgeleitet von *hara* (»Bauch«) und *kiru* (»schneiden«), empfinden Japaner als vulgär. Sie nennen den rituellen, ehrenvollen Selbstmord *seppuku*. Die Schriftzeichen sind in beiden Fällen identisch. Die vulgäre Aussprache gelangte vermutlich um die Wende vom 19. zum 20. Jh. nach Europa und Amerika, als der Schauspieler Kawakami und seine Frau Sada Yakko mit einer äußerst realistisch anmutenden Selbstmordszene das westliche Theaterpublikum begeisterten.

Der **Yen**, die japanische Währungseinheit, wird japanisch *en* ausgesprochen. *En* heißt »rund«, ein Verweis auf die früher ausschließlich verwandten Münzen.

Obgleich sie im heutigen Japan eine zunehmend seltene Erscheinung ist, verbinden wir die **Geisha** immer noch mit dem »Land des Lächelns«. Die wörtliche Bedeutung des Begriffs *geisha*, »Kunstperson« (*gei* = »Kunst«, *sha* = »Person«), deutet an, daß eine Geisha nicht, wie bei uns oft fälschlich

Japaner und die »anderen«

angenommen, eine Prostituierte ist. Eine Geisha ging dem **hochangesehenen Beruf** nach, männliche Gäste auf kultivierte Weise angenehm zu unterhalten. Geishas absolvierten eine jahrelange Ausbildung in den Künsten des Gesangs, Tanzens, Musizierens, Dichtens und der gepflegten Konversation. Erfolgreiche Geishas waren stolz, Samurai und andere hochgestellte Persönlichkeiten zu ihren Kunden zählen zu können. Als Hochburg der Geisha-Kultur galt Kyôto. Heute gibt es nur noch sehr wenige Geishas, und sie sind sehr, sehr teuer. Eine Stunde mit einer Geisha kostet einige tausend Mark. Beim Bummel durch Kyôtos Gion-Viertel trifft man zuweilen noch auf eine Geisha oder *maiko* (so heißen die Elevinnen) im klassischen Kimono, das Gesicht weiß geschminkt.

Völlig ausgestorben sind in Japan die **Rikschas** (auch Rickscha, Riksha oder englisch *rikshaw* geschrieben), die man in Südostasien noch häufig, oft als motorisierte Beförderungsmittel für Touristen, sehen kann. Das Wort »Rikscha« stößt in Japan auf Unverständnis, da es sich vom japanischen Original zu weit entfernt hat. Im 19. Jh. konstruierte ein ausländischer Missionar in Japan einen kleinen, dreirädrigen Wagen, auf den er zur Personenbeförderung einen Stuhl montierte. Er nannte das Gefährt »Menschenkraftwagen«: *jin* (»Mensch«), *riki* (»Kraft«), *sha* (»Wagen«), und als *jinrikisha* ist es den Japanern bekannt. Bei der Übernahme ins Englische kappte man die erste Silbe und auch das auslautende i von *riki*. So verblieb der Stummel »riksha«, eingedeutscht Rikscha.

Ein erfolgreicher Importartikel aus dem japanischen Sprach- und Kulturgut ist der **Zen**. Der Zen-Buddhismus hat in den vergangenen Jahren in Europa und den USA zahlreiche Anhänger gefunden. Im modernen Japan sind Elemente des Zen-Buddhismus Bestandteil der Ausbildung wirtschaftlicher Führungskräfte.

Angesichts der exquisiten japanischen Küche wundert es nicht, daß wir immer mehr Speisen und Getränke aus Japan schätzen lernen. *Tôfu*, eine quarkähnliche Masse aus Sojabohnen, und die Bohnenpaste *miso* sind in vielen unserer Küchen zu Hause. Auch *sake*, den 17prozentigen Reiswein, kennen längst nicht nur verschworene Insider.

Kaum durchgesetzt hat sich dagegen *chanoyu*, der japanische Begriff für die **Teezeremonie** – und dies, obwohl das Wort im Duden aufgeführt und der Kult der Teezeremonie vielen von uns zumindest vage bekannt ist. Ähnlich wie bei den **Eßstäbchen** und den **Wandschirmen** behauptet sich hier die deutsche Übersetzung.

Als »Namedropping« hier einige weitere japanische Fremdworte, von denen Ihnen das eine oder andere bekannt sein wird: Ikebana (Kunst des Blumensteckens), Go (Brettspiel mit schwarzen und weißen Spielsteinchen), Kaki (eine süße, tomatenähnliche Frucht), Tenno (eine Bezeichnung für den japanischen Kaiser), Sumo (das von schwergewichtigen Männern ausgeführte japanische Ringen), Obi (der breite Gürtel zum Kimono), No- oder Noh-Spiel (eine traditionelle japanische Theaterform), Biwa und Shamisen (zwei

Japaner und die »anderen«

klassische Musikinstrumente), Haiku (Kurzgedicht aus drei Zeilen), Netsuke (oft sehr kostbares, früher am Gürtel getragenes Figürchen aus edlem Material wie Elfenbein).

Auch wenn diese Begriffe nicht zum verbreiteten Wortschatz zählen mögen, von **unserer Faszination für die japanische Kultur** zeugen sie dennoch deutlich.

Götter, Buddha, Christus

Westliche Ausländer fragen Japaner manchmal: »Sind Sie Buddhist oder Shintôist?« Auch ich habe als Studentin einmal einem japanischen Kommilitonen diese Frage gestellt – und erhielt zur Antwort ein verwirrtes Stottern. Im Weltbild des christlichen Abendlands spielt das erste Gebot eine entscheidende Rolle: »Ich bin der Herr, dein Gott. Du sollst keine anderen Götter haben neben mir.« Diese Weisung hat sich so tief eingemerzt, daß viele von uns sich heute noch eher auf eine Welt ohne Christentum einlassen können als auf eine Welt ohne das erste Gebot. Wir fragen: Welcher Religion gehören die Inder, die Tibeter, die Zulu an? Bestehen in einem Land mehrere Religionen nebeneinander, schlüsseln wir nach Prozenten auf: 7% koptische Christen in Ägypten, 29% Protestanten in Kanada, 7% Hindus in Malaysia ... In Japan erbrächte eine derartige Meinungsumfrage eine statistische Summe von nahezu 180 %.

Für Japaner ist Religionszugehörigkeit keine Frage des Entweder – Oder, sondern des Sowohl-als-auch. Die Mehrzahl gehört nicht einer, sondern beiden Hauptreligionen zugleich an. Daher verwirrt die Gretchenfrage: »Bist du Shintôist oder Buddhist?« Die ehrliche Antwort lautet in aller Regel: »Beides!«

Die Auskunft, einer Shintô-Gemeinde anzugehören, bekräftigt ein Japaner womöglich mit dem Zusatz: »Selbstverständlich.« In den allermeisten Fällen bejaht er zugleich, dem Buddhismus anzuhängen.

Monotheistische Religionen wie das Christentum verstört weniger die Koexistenz zweier Religionen – und wie wir sehen werden, weiterer Strömungen – in einem Land. Weitaus unbegreiflicher erscheint ihnen das Phänomen, daß ein Individuum konfliktlos verschiedenen Glauben anhängt. Dies ist nur dadurch möglich, daß weder Shintôismus noch Buddhismus einander bekämpfen oder verdrängen, sondern sich ergänzen und so im Leben des einzelnen bestimmte Funktionen erfüllen. Über lange Jahrhunderte haben sich diese beiden Religionen in einer Art Symbiose gegenseitig befruchtet und vermengt. Diese synthetische religiöse Strömung ist unter dem Namen **Ryobu-Shintô** bekannt.

Voraussetzung für dieses Miteinander ist, daß es **keinen Alleinvertretungsanspruch eines Gottes** gibt. Das erste Gebot des Christentums – weil aus dem Alten Testament hervorgegangen, auch des Judentums und des Islam – zwingt die Gläubigen, von anderen Göttern abzulassen und sich eindeutig und ausschließlich zu dem »einen Gott« zu bekennen. Diese Bekenntnisreligionen schließen die Existenz mehrerer religiöser Autoritäten aus.

— *Götter, Buddha, Christus* —

*Alle Japaner werden als Nachkommen der Götter geboren.
Deshalb führt jeder Lebensweg zwangsläufig zunächst zum Shintô-Schrein.*

Keine der beiden großen Religionen, die in Japan lebendig sind, ist eine Bekenntnisreligion. In diesem Sinn trifft es übrigens nicht ganz zu, vom **Shintô**, dem »Weg der Götter«, als einer Religion zu sprechen. Der einheimische, aus einfacher Naturverehrung entstandene Shintô-Glaube ist außer einer Religion auch und vor allem **Ausdruck der Volkszugehörigkeit und des Gemeinschaftsgefühls**. Denn jeder Japaner wird als Nachkomme der Götter geboren. Er wird nicht gefragt, ob er der Gemeinschaft angehören möchte oder nicht. Er wird hineingeboren. So sind im Grunde alle Japaner von Geburt an Shintô-Anhänger. (Die Überzeugung von der gemeinsamen göttlichen Abkunft der Japaner legte einen Keim für das Aufkommen eines Nationalbewußtseins und gar übersteigerten Nationalismus.)
Religiöser Alltag in Japan bedeutet, sich situativ für die »zuständige« Religion zu entscheiden. So stellen Eltern das **neugeborene Kind** im Shintô-Schrein den Göttern vor: Seht her, wir haben dafür gesorgt, daß die Ahnenreihe nicht unterbrochen wird. Wir haben unsere Pflicht als Nachfahren der Götter erfüllt.
Die innere Verpflichtung, durch **männliche Nachkommen** die Ahnenlinie zu erhalten, wog so schwer, daß früher viele Ehepaare ohne männlichen Nachwuchs einen Jungen aus Familien mit mehreren Söhnen adoptierten. Das Schicksal dieser adoptierten Söhne war oft sehr traurig. Ein Sprichwort sagt: »Wenn du nur drei Reiskörner hast, laß dich nicht adoptieren.« Es belegt, daß vielfach nackte Armut Eltern bewog, ihre zweiten oder dritten Söhne aus dem Hause zu geben.

Götter, Buddha, Christus

Auch **Einweihungsfeiern** und **Hausbauten** gehen mit Shintô-Ritualen einher. Im Shintô spielen **Reinigungsriten** eine wichtige Rolle. Durch Schwenken weißer Papierstreifen vertreibt der Shintô-Priester böse Geister von der zu weihenden Stätte. Sogar neue Autos werden manchmal mit einer Shintô-Zeremonie feierlich geweiht.

Bei **Hochzeiten** hingegen entscheiden sich junge Leute zunehmend für christliche Trauungszeremonien. Dies liegt wohl zum Teil daran, daß junge Japanerinnen die weißen Brautkleider den unendlich schweren, kostbaren Kimonos vorziehen, die Bräute bei shintôistischen Hochzeitsritualen tragen. Aber es rührt auch daher, daß die christliche Trauung dem Paar weit mehr Eigenverantwortung zuspricht als die Shintô-Zeremonie, bei der die Brautleute als Individuen hinter der Verbindung zweier Familien zurückstehen.

Für **Bestattungen** wiederum ist weder der Shintô noch das Christentum, sondern nahezu ausschließlich der **Buddhismus** zuständig. Dieser richtet die traditionelle, in Japan übliche Feuerbestattung aus und besänftigt mit Gebeten, Ritualen und Zeremonien böse Geister.

Der Shintô hingegen flößt mit seiner Vorstellung einer von Furien und Dämonen belebten Unterwelt Angst und Schrecken ein. Auch kennt er weder, wie das Christentum und einige buddhistische Sekten, ein tröstliches Jenseits noch ein Leben nach dem Tod. Nach dem Shintô-Glauben erlischt das Leben mit dem leiblichen Tod endgültig. Die Seelen der Verstorbenen entfernen sich langsam von den Lebenden, um sich irgendwann der langen Ahnenreihe einzugliedern. Wer von der Welt schied, ohne eine bestimmte Aufgabe noch erledigen, ein begangenes Unrecht sühnen oder für erlittenes Unrecht entschädigt werden zu können, der verwandelt sich nach Shintô-Überzeugung in einen Geist und verweilt so lange in der Nähe der Lebenden, bis die Aufgabe erfüllt, das Unrecht getilgt ist.

Hier kann nur der Buddhismus helfen: Seine Gebete beruhigen den Geist, begleiten den Toten ins Jenseits und stehen ihm bei der Wiedergutmachung von Unrecht bei. So werden dieselben Menschen, die durch Geburt der Ahnenreihe des Shintô angehören und später christlich getraut wurden, nach buddhistischem Ritus beigesetzt. Buddha wird auch angerufen, um Not, Gefahr oder Kummer zu lindern – Shintô-Götter geben in dieser Hinsicht wenig Halt.

Gottesdienste, wie Christen oder Muslime sie feiern, sind Shintô und Buddhismus fremd. Zwar werden, ähnlich den katholischen Seelenmessen, für Verstorbene zu bestimmten Zeitpunkten – am 7. Tag, 49 Tage, 7 Jahre nach dem Todestag – buddhistische Riten und Zeremonien abgehalten. Regelmäßige Zusammenkünfte der Lebenden zu Ehren der Götter und des Buddha aber sind nicht üblich.

Nachbarschaft und die in Japans traditioneller Reisbauerngesellschaft übliche gemeinschaftliche Arbeit halten die **Shintô-Gemeinde** zusammen. Da jeder Japaner durch Geburt dem Shintô zugehört, bildete die Dorfgemeinschaft stets auch die religiöse Gemeinde.

86

Götter, Buddha, Christus

*Der Shintô und der Buddhismus teilen sich
die religiöse Erlebnis- und Aufgabenwelt.*

Die herausragenden Ereignisse in der Shintô-Gemeinde sind die **matsuri**, die **traditionellen Volksfeste**, die man heute noch in den meisten Dörfern und auch Stadtteilen feiert. All diese Feste haben religiöse Ursprünge. Man veranstaltet sie für die Götter, nicht für die Menschen. Tänze und Theaterstücke sollen die Götter erfreuen.

Buddhistische Gemeinden dagegen sind nicht unbedingt identisch mit der Nachbarschaftsgemeinschaft. Der japanische Buddhismus fächert sich in zahlreiche Strömungen und Gruppierungen auf. Diese bezeichnet man manchmal auch als Sekten, allerdings nicht im abwertenden, hierzulande immer noch verbreiteten »sektiererischen« Sinn. **Buddhistische Sekten** vertreten teilweise sehr unterschiedliche Auffassungen, etwa über den Weg zum höchsten Ziel, dem Nirwana – jenem Zustand, in dem alle menschliche Leidenschaften überwunden sind. Auch darin, ob ein jeder, z.B. Laien ebenso wie Frauen, oder nur auserwählte Menschen, allen voran Mönche, das Nirwana erreichen können, weichen sie voneinander ab. Ein weiteres wichtiges Unterscheidungsmerkmal besteht in der Ansicht, ob der einzelne aus eigener Kraft oder nur mit Hilfe eines Meisters oder Priesters den Weg zum Nirwana gehen kann.

Wegen der Trennung von Staat und »Kirche« zieht der japanische Staat keine Steuern von den Religionsgemeinden ein. **Wer Dienstleistungen religiöser Gemeinschaften – Trauungen, Bestattungen, Totenmessen – in Anspruch nimmt, muß sie aus eigener Tasche bezahlen.** Die Kosten hängen von den Ansprüchen und der gesellschaftlichen Stellung der Auftragge-

87

ber ab. Obgleich die Urnengräber sehr wenig Platz beanspruchen, sind sie in den Großstädten sehr teuer. Auch wenn Priester und Mönche oft betonen, es handle sich um freiwillige »Spenden«, kann sich dem Zahlungszwang niemand entziehen.

Priester und Mönche landschaftlich reizvoll gelegener oder touristisch interessanter Schreine und Tempel verkaufen Souvenirs und Amulette, um ihr Einkommen aufzubessern. Nichtsdestotrotz wurden in den letzten Jahrzehnten viele Tempel und Schreine aufgelassen.

Der Weg der Götter: Shintô

Die **Schöpfungsgeschichte der Shintô-Mythologie** beginnt ähnlich jener der Bibel: Am Anfang war das Chaos, und aus diesem entstand die Welt.

Während aber in der Bibel ein Gott und nur er allein das Schöpfungswerk vollbringt, halten sich in der japanischen Mythologie von Anbeginn viele Götter im Himmel auf. Diese wählen zwei aus ihrem Kreis dazu aus, die Welt zu erschaffen. Die beiden, **Izanagi** und seine Schwester **Izanami**, steigen auf einer schimmernden Brücke vom Himmel herab. Diese Himmelsbrücke wird als Regenbogen gedeutet.

Die Götter übergeben Izanagi – sein Name bedeutet »der einladende Herr« – einen juwelenbesetzten Speer. Izanagi stößt den Speer in das trübe Meer und rührt damit die Salzflut auf. Beim Herausziehen bleiben einige feste Brocken am Speer haften und tropfen zurück ins Wasser. Diese Felsbrocken werden zur Insel Onogoro, die zwischen den Hauptinseln Honshû und Shikoku in der Inlandsee liegt.

Alsdann steigen Izanagi und Izanami auf die Insel herab, errichten einen festen Mittelpfeiler und bauen ein Haus. Dabei beobachten sie zwei Bachstelzen, die sich paaren. Sie wollen es ihnen gleichtun. Sie gehen in entgegengesetzter Richtung um den Mittelpfeiler ihres Hauses herum, und als sie sich auf der Rückseite begegnen, sagt Izanami, das einladende Weib, zu Izanagi: »Oh, welch ein schöner Mann!« Sie vereinigen sich und zeugen ein Kind. Da das Kind, so die Legende, mißgestaltet ist, setzen sie es aus. Zurück im Himmel, fragen sie die anderen Götter nach der Ursache der Mißgeburt. Ein Orakel offenbart den Göttern, nicht die Frau hätte zuerst sprechen, sondern der Mann um die Frau werben sollen.

So belehrt, steigen die beiden wieder zur Erde herab und umrunden abermals den Pfeiler. Da diesmal Izanagi um Izanami wirbt, hat nun alles seine richtige Ordnung. Sie bekommen viele Kinder und setzen so die Schöpfung fort. Izanami bringt nicht nur zahlreiche Naturgottheiten hervor, sondern auch die wichtigsten japanischen Inseln und Naturgewalten wie Feuer und Wind.

Diese Shintô-Legende weist grundlegende Unterschiede zur biblischen Schöpfungsgeschichte auf. In der Bibel ist die Schöpfung das Werk eines

— *Götter, Buddha, Christus* —

Nicht nur die Menschheit, auch die japanische Inselwelt ist nach Shintô-Glaube von den Göttern geboren, ist beseelt und lebendig (hier: Miyajima).

allmächtigen Gottes. Sie geschieht als willentlicher kreativer Akt, nicht als Geburt. **Nicht nur die Menschheit, auch die japanische Inselwelt und die Natur ist nach Shintô-Glaube von den Göttern geboren, ist beseelt und lebendig.**

Aber es bestehen auch Parallelen zur Bibel. Eine drängt sich zwischen der Mißgeburt und der Vertreibung aus dem Paradies auf: Adam und Eva haben sich schuldig gemacht, weil sie Gottes Verbot mißachteten, und werden zur Strafe aus dem Paradies verbannt. Izanagi und Izanami, selbst Götter und somit auf gleicher Stufe wie die anderen Götter, machen sich schuldig, indem sie unwissend gegen die Regel verstoßen, daß der Mann die Frau umwirbt. Ihre Strafe ist das mißgestaltete Kind. Allerdings werden sie nicht vertrieben, sondern erhalten eine zweite Chance: Im Shintô fehlt die Vorstellung persönlicher Schuld.

Der Schöpfungsakt des Götterpaares Izanagi und Izanami endet vorläufig mit der Geburt des Feuergottes, bei der die Urmutter Izanami an den Verbrennungen ihres Schoßes stirbt. Sie geht nach ihrem Tod in die Unterwelt ein. Izanagi tötet in seinem Schmerz den Feuergott.

Aus der griechischen Mythologie kennen wir die Geschichte von Orpheus, der den Tod seiner geliebten Eurydike nicht verwinden kann und ihr in die Unterwelt folgt. Ähnlich will Izanagi Izanami der Unterwelt entreißen. Nachdem er die Gesuchte in der Finsternis gefunden hat, fordert sie ihm das Versprechen ab, sie nicht anzusehen. Doch Izanagi bricht sein Wort und blickt ihren verwesenden, von Maden zerfressenen Körper an. Da verfolgt

Götter, Buddha, Christus

Izanami ihn voll Zorn. Durch Zauberkraft kann er sie abwehren und fliehen. Beim Verlassen der Unterwelt muß Izanagi einen Grenzfluß (eine weitere Parallele zur abendländischen Mythologie) überqueren. Während er sich darin vom Schmutz der Unterwelt reinigt, entstehen neue Götter: aus seinem rechten Auge der **Mondgott Tsuki-yomi no mikoto**, aus dem linken die **Sonnengöttin Amaterasu**, aus seiner Nase der **Windgott Susanô**. Hier weicht die Mythologie von der bisherigen Linie ab: Diese Götter entstehen nicht durch Geburt, durch keinen natürlichen oder willentlichen Schöpfungsakt. Durch diese Wendung kann trotz des Tods der Urmutter die Schöpfung fortgesetzt werden.

Den drei neuen Göttern werden bestimmte Aufgaben zugewiesen. Amaterasu soll am Himmel als Herrscherin des Tages, Tsuki-yomi no mikoto als Herrscher der Nacht und Susanô als Herrscher über Stürme und Meer walten. Die beiden Himmelsmächte beziehen ihre Plätze und erfüllen ihre Pflicht. Susanô aber ist ungebärdig und wild. Er vermißt, obwohl sie bereits vor seiner Entstehung dem Tod ergeben war, seine Mutter. Sein ratloser Vater Izanagi schickt ihn in eine ferne Gegend, wo er keinen Schaden anrichten kann.

Vor seiner Abreise will Susanô Amaterasu im Himmel besuchen. Amaterasu, die das ungezügelte Temperament ihres Bruders kennt, reagiert argwöhnisch. Nach langen Verhandlungen von der Harmlosigkeit seiner Visite überzeugt, läßt sie ihn ein. Doch kaum hat Susanô ihren himmlischen Palastgarten betreten, zerstört er ihre Reisfelder und zur Bewässerung notwendigen Dämme und treibt allerhand Unfug mehr. Als er ein totes Pferd durch ein Loch im Dach in den Palast wirft, erschrecken die himmlischen Weberinnen so sehr, daß sie sich an den Weberschiffchen verletzen und sterben.

In ihrer Wut über den Bruder zieht Amaterasu sich in eine Felsenhöhle zurück. Damit senkt sich Dunkelheit über die Erde. Die anderen Götter sind entsetzt: Ohne Sonne ist kein Leben möglich. Sie beratschlagen, wie sie die Sonnengöttin hervorlocken können. Auf weibliche Neugier und Eitelkeit setzend, stellt ein Gott einen *Sakaki*-Baum (den heiligen Baum des Shintô) vor der Höhle auf und hängt in die Zweige einen Spiegel und weiße Papierstreifen. Andere Götter stellen ein Faß, Boden nach oben, vor Amaterasus Schlupfwinkel. Darauf tanzt die **Göttin Uzume** so ausgelassen, daß sich die göttlichen Zuschauer vor Lachen schütteln.

Amaterasu hört den Lärm, schaut neugierig aus ihrer Höhle und blickt in den aufgehängten Spiegel. Um das Spiegelbild zu erkennen, entfernt sie sich vom Eingang. Da springen zwei Götter hervor und ziehen Amaterasu davon. Den Eingang der Höhle verschließen sie mit einem **geweihten Strohseil**. Dann atmen sie auf: Das Licht ist in die Welt zurückgekehrt.

Susanô muß den Himmel verlassen. Er begibt sich nach Izumo. Dort rettet er ein Mädchen vor einem achtköpfigen Drachen, indem er das Ungeheuer mit *sake* betrunken macht und erschlägt. Im Schwanz des Drachen findet er ein kostbares Schwert, das er Amaterasu als Versöhnungsgeschenk übersendet.

90

— *Götter, Buddha, Christus* —

Shintô-Zeremonie im Meiji-Schrein (Tokyo):
Hofbeamte in traditioneller Kleidung nach chinesischem Mandarin-Vorbild
schreiten – vielmehr »schleppen« sich – zum Schrein.

Er heiratet das gerettete Mädchen. Susanôs Enkel O-kuni-nushi herrscht in Izumo, bis Amaterasus Enkel **Ninigi** auf die Erde herabsteigt und die Macht an sich reißt.

Ninigis Söhne **Hoderi** und **Hoori** gelten als **Begründer von Fischerei und Landwirtschaft**. Einmal tauschten die beiden auf Hooris Vorschlag ihre Geräte. Als Hoori den Angelhaken im Meer verlor, ohne einen Fisch gefangen zu haben, floh er vor dem Zorn des Bruders an den Strand. Dort lud der Meergott ihn in seinen Palast ein und gab ihm seine Tochter zur Frau. Als Hoori schließlich zurückkehren wollte, schenkte ihm der Meergott das Flutsteige-Juwel und das Flut-sinke-Juwel, mit deren Hilfe Hoori die Gezeiten bändigen und so den zornigen Hoderi besiegen konnte.

Hooris Sohn, später **Jimmu-Tennô** genannt, heiratete Susanôs Enkelin und begründete mit ihr die **kaiserliche Ahnenlinie**.

Diese weitverzweigte Shintô-Mythologie wurde vergleichsweise spät, 712 und 720 u.Z., erstmals amtlich schriftlich fixiert in den Chroniken *Kojiki* (*Geschichten aus alter Zeit*) und *Nihongi* (*Annalen Japans*). Obwohl diese sich teils widersprechen, teils unterschiedliche Versionen derselben Begebenheiten liefern, geben sie immerhin ein vielschichtiges Bild der Götterwelt wieder – und auch der Lebensgrundlagen des japanischen Volkes: Naßreiskultur, Fischerei, Ackerbau und Weberei. Nicht zuletzt bekunden beide Werke deutlich die Absicht, **durch die göttliche Abkunft den kaiserlichen Herrschaftsanspruch zu legitimieren**.

Götter, Buddha, Christus

Der chinesisch inspirierte Name Shintô, »Weg der Götter«, kam weit später auf als der Glaube selbst. Kern des Shintô ist die **Natur-** und auch **Ahnen-verehrung**. Der Shintô kennt eine unermeßliche Vielzahl von *kami*, ein Begriff, der äußerst unzulänglich mit »Gott« übersetzt wird. *Kami* meint eigentlich »oben« oder »erhöht« – und läßt sich somit auf alles übertragen, das dem Menschen auf irgendeine Weise Angst, Bewunderung oder Ehrfurcht einflößt.

Die »Götter« ehrt man mit **Opfergaben** und **Reinigungsriten**. Als Opfer dienen Speisen wie Früchte und Reis sowie Reiswein, der bei Zeremonien vergossen wird. Die rituelle Reinigung geschieht durch Waschen und Spülen des Mundes vor Betreten des Schreins, aber vor allem auch symbolisch mit *Sakaki*-Zweigen, in die man gefaltete weiße Papierstreifen bindet.

Die **Feste im Jahreslauf**, *matsuri*, begeht man ebenfalls zur Verehrung der Götter. Anlaß ist meist ein Erntedank oder rituelles Reispflanzen. Nach Shintô-Glauben sind die Götter beim Fest anwesend. Die meisten Gemeinden besitzen einen **tragbaren Schrein**, einen *mikoshi*, in dem zur Feier des Festes die Gottheit durch das Dorf prozessiert wird.

Nach der Legende treffen sich alle Götter einmal jährlich, im November, im großen Schrein von Izumo, um über die Menschen zu beraten. Dabei fehlt einzig der schwerhörige Glücksgott Ebisu, weil er den Aufruf nicht hören kann. Bei dieser Gelegenheit werden auch günstige Ehen beschlossen – weshalb es nicht wundert, daß die Legende vom einem Lauscher berichtet:

Ein Mann, der schon lange auf Brautschau, aber zu arm war, um eine Familie zu ernähren, belauschte die Heiratsbesprechung der Götter in Izumo. Und tatsächlich: die Götter nannten seinen Namen und den eines Mädchens. Frohlockend machte er sich auf, um das Mädchen heimlich zu begutachten: Es war ein Wickelkind. Wütend, noch so lange auf die Heirat warten zu müssen, schlug er dem Kind kurzerhand den Kopf ab. Aus Angst vor Verfolgung irrte er daraufhin viele Jahre durch das Land. Eines Tages bot man ihm ein Mädchen zur Frau an. Er willigte freudig ein, und sie wurden sehr glücklich. Doch ihn verstörte, daß seine Frau stets ihren Hals vor seinen Blicken verbarg. Auf sein Drängen hin gestand sie, von klein auf mit einem roten Striemen um den Hals gebrandmarkt zu sein. Die Frage nach ihrer Herkunft ergab, daß sie jenes Wickelkind war, das die Götter gerettet hatten.

Die vielen volkstümlichen Traditionen der darstellenden Künste, *minzoku geinô*, gehen auf den mythologisch überlieferten Tanz der Göttin Uzume vor der Felsenhöhle zurück. Jedes Dorf ist stolz auf seine **Tänze** oder **Theatervorführungen**. Oft haben sie die Jahrhunderte nahezu unverändert überdauert. Leider unterbricht die moderne Arbeitswelt manche dieser Traditionen: Arbeitgeber wollen ihre Mitarbeiter nicht für die Dauer der aufwendigen Proben freistellen. Auch die Landflucht hat einigen dieser Bräuche den Boden entzogen.

Ein weiteres Element des Shintô ist die **Ahnenverehrung**. Beim Tod geht jeder Japaner in die lange Ahnenreihe ein, die eine Verbindung zwischen den Lebenden und den Göttern darstellt. Im Laufe der Zeit rückt der Verstorbene den Göttern näher. Die Lebenden bringen ihm Opfer dar und halten sein Andenken in Ehren.

Die Überzeugung von der **göttlichen Abstammung des Kaisers** trägt dem Shintô eine politische Dimension ein, die sich im extremen **Nationalismus** der modernen Geschichte des Landes verheerend auswirkte. Verehrung der Götter und Verehrung des Kaisers sind nicht voneinander zu trennen. Zwar gab der Tennô 1946 seinen Göttlichkeitsanspruch auf und trennt die auf Druck der amerikanischen Siegermacht durchgesetzte Nachkriegsverfassung zwischen Staat und Religion. Eine Staatsreligion ist der Shintô daher nicht. Andererseits ist eine strikte Trennung nicht möglich, da wie eh und je jeder Japaner qua Geburt als Nachkomme der Götter gilt und sich daraus eine **unauflösliche Volksgemeinschaft** ergibt. Niemand kann Mitglied der Shintô-Gemeinde werden, der nicht in sie hineingeboren wurde, und ebenso kann kein Mitglied sie verlassen.

Buddhismus

Während der Shintô eine in Japan entstandene und auf das japanische Volk beschränkte Religion ist, reiste der Buddhismus aus Indien über China und Korea ein. Bei seiner Ankunft hatte er bereits eine fast tausendjährige, wechsel- und wandlungsvolle Geschichte durchlebt.

Das Leben des Buddha

Buddha wurde um 560 v.u.Z. als Königssohn der Familie der Shakya geboren. Die Legende verklärt seine Geburt ähnlich der Jesu. Bis ins Erwachsenenalter lebte er abgeschieden und luxuriös im väterlichen Palast. Als er bei Ausfahrten mit der Not des Volkes, Alter, Krankheit und Tod in Berührung kam, beschloß er, durch einsiedlerische Askese einen Weg zur Erlösung von diesem Elend zu suchen.

Nach sieben Jahren erkannte er, daß rigide Askese allein ihn nicht zum Ziel führte, und kehrte in die menschliche Gesellschaft zurück. Die Erleuchtung erlangte er, so heißt es, als er eines Nachts unter einem Bodhibaum meditierte. Daraufhin sammelte er Jünger um sich und reiste mit ihnen lehrend durch das Land.

Buddha gründete Klöster, in denen seine Anhänger sich im Weg zur Erlösung übten. Zu diesem zählten vor allem Meditation, Enthaltsamkeit und das Begehen des »achtfachen Pfads«, der zur Aufhebung des Leidens führt:

rechten Glauben, rechtes Entschließen, rechtes Wort, rechte Tat, rechtes Leben, rechtes Streben, rechtes Gedenken, rechtes Sichversenken. Die Mönche lebten von Almosen der Laien. (Durch solche Almosen versuchen Laien heute noch Verdienste anzuhäufen, die eine bessere Existenz im nächsten Dasein verheißen.)

Buddhas Lehre verbreitete sich schnell. 45 Jahre zog Buddha predigend durch Indien, bis er im 80. Lebensjahr seinen Tod nahen sah. Umgeben von Jüngern, an der Seite seines Lieblingsschülers Ananda, ging er endgültig ins Nirwana ein.

Von der Buddha-Natur

Der in Indien entsprungene Buddhismus ist nur vor dem Hintergrund der Religionen und Kultur zu verstehen, die damals in seiner Heimat lebendig waren. Er übernahm Elemente weit älterer indischer Philosophien: die Lehre von der Wiedergeburt, die Vorstellung von der Welt als Ort des Leidens, den zu verlassen der Mensch bestrebt sein muß, und von der Enthaltsamkeit als Mittel der Selbsterlösung von der irdischen Welt. Revolutionär wirkte er vor allem, weil er das menschliche Ich grundlegend neu definierte und dem einzelnen die Gewißheit verlieh, daß sich **das irdische Jammertal durch eigenes Zutun überwinden** läßt.

Buddhas Meditation zielte darauf, einen Ausweg aus dem unendlichen Geburtenkreislauf zu finden, der den Menschen gefangenhält. Nach seiner Erkenntnis sind es die **Begierden**, die den Menschen wie ein unstillbarer Durst an die Welt fesseln. Der Weg zur Erlösung muß damit beginnen, daß der Mensch sich von diesen »Leiden«-schaften löst. Gelingt ihm dies, kann er die **Erleuchtung** erlangen. Ziel der Erleuchtung ist es, daß der Mensch in das Nirwana eingeht, den Zustand der Erlösung, in dem die Lebensgier erloschen ist.

Das All, das Nichts, die Gestaltlosigkeit, das Nicht-Ich – all dies sind Versuche, den uns schwer verständlichen Begriff **Nirwana** faßbar zu machen. Seine Grundlage ist das buddhistische Verständnis des menschlichen Ich. So wie der Körper des Menschen zwischen dem Ich und Nicht-Ich trennt, so unterscheidet sein Geist zwischen Ich und Nicht-Ich. Die Erlösung besteht darin, die Existenz des Ich zu beenden und so den Zustand der **Ich-losigkeit** – man nennt ihn **Buddha-Natur** – zu erreichen.

Wie ein Wassertropfen im Meer, so geht der Mensch im Nirwana auf. Er existiert noch, doch nicht mehr als Tropfen, sondern aufgelöst und ohne Gestalt. So lebt der Mensch nach dem Eingang ins Nirwana in allem, was existiert, aber er ist nicht mehr begrenzt von der engen Hülle des Ich. Der **Tod** kann selbstverständlich nicht die Ablösung aus der irdischen Existenz bewirken, führt er doch durch **Wiedergeburt** zu einer nächsten leidvollen Existenz.

Götter, Buddha, Christus

Der große Buddha von Takaoka (Toyama).

Aufnahme des Buddhismus in Japan

Nach Buddhas Tod um 480 v.u.Z. verbreitete sich der Buddhismus zunächst in Indien. Verschiedene Konzile stritten über die wahre Lehre. Etwa hundert Jahre nach Buddhas Tod wurde als heilige Schrift des Buddhismus der **Pali-Kanon** (Tipitaka) erstellt.

Die Lehre veränderte sich unter dem Einfluß anderer Religionen und spaltete sich schließlich in die Hauptrichtungen des **Mahayana-** und **Hinayana-Buddhismus**. Der Mahayana, das »Große Fahrzeug«, gelangte nach China, während das »Kleine Fahrzeug« bzw. der Hinayana- oder Theravada-Buddhismus sich in Südostasien verbreitete. In Indien wich der Buddhismus später wieder dem Hinduismus.

In **China** entwickelten sich verschiedene, vor allem daoistisch beeinflußte Sekten. Die bekannteste, der vom Mönch Bodhidharma begründete *Chan*-Buddhismus, wurde später in Japan zum Zen weiterentwickelt.

Von China gelangte der Buddhismus via Korea nach **Japan**. Nach seiner offiziellen Einführung Mitte des 6. Jh. mußte er sich gegenüber dem Shintô durchsetzen. Obgleich mit dem Buddhismus die – chinesische – **Schriftkunst** nach Japan kam, sind die ältesten Werke der japanischen Literatur bezeichnenderweise keine buddhistischen Texte, sondern Aufzeichnungen der bis dahin nur mündlich tradierten Shintô-Mythen und Annalen des Kaiserhauses. Das *Kojiki* und das *Nihongi* rechtfertigen den Herrschaftsanspruch des Shintô, indem sie die Abstammung des Kaisers von der Shintô-

95

Göttin Amaterasu aufzeigen – ein Hinweis auf die anfänglich starken Auseinandersetzungen zwischen dem einheimischen und dem neuen Glauben. Der der Buddhismus auch Wissen über **Kultur und Politik des so viel mächtigeren chinesischen Reiches** transportierte, nahm er die japanischen Herrscher bald für sich ein. Als erster Regent unterstützte Shôtoku Taishi (reg. 593–622 u.Z.) den Buddhismus, ohne indes die Shintô-Mythologie zu leugnen.

805 u.Z. wurde nach dem Vorbild der chinesischen Tiantai-Sekte die einflußreiche Sekte **Tendaikyô** gegründet. Zwei Jahre später rief Kobo Daishi die mystisch geprägte Shingon-Sekte ins Leben.

Im 12. Jh. führten japanische Mönche, ebenfalls aus China, den **Zen-Buddhismus** ein. Zwei Schulen traten zueinander in Konkurrenz, jene der **Rinzai**-Sekte (1191) und jene der **Soto**-Sekte (1227). Beide besitzen eine große Anhängerschar im heutigen Japan, wobei die Soto-Sekte stärker vertreten ist. Eine dritte, spätere Abspaltung, die Obaku-Schule, erreicht nicht die Bedeutung ihrer Vorgängerinnen.

1175 stiftete Hônen die wiederum chinesisch inspirierte **Jôdo**-Sekte oder Sekte des Reinen Landes und sein Schüler Shinran 1224 die **Jôdo-Shinshu**, Sekte des Wahren Reinen Landes. Beiden Schulen liegt die Vorstellung zugrunde, daß das Nirwana ein Paradies sei, das »Reine Land«, in dem Amida Buddha die Menschen erwartet. Gebete und regelmäßige namentliche Anrufung des Amida genügen, damit der Mensch der Gnade Amidas teilhaftig wird. Kein Wunder, daß diese volksnahen Interpretationen Zuspruch fanden – dieser Interpretation des Buddhismus, insbesondere der Jôdo-Shinshu-Sekte, hängen die meisten Japaner an.

Aus der Tradition der Jôdo-Schule kam **Nichiren**, der sich als Inkarnation des Buddha begriff und 1253 die nach ihm benannte Sekte begründete. Die Nichiren-Sekte war – im Widerspruch zum Geist des Buddhismus – intolerant gegenüber anderen Schulen, militant und nationalistisch, indem sie in Japan das wahre Land des Buddhismus sah. Sie war das Saatbett, auf dem in der zweiten Hälfte des 20. Jh. die **Sôka Gakkai** sproß, eine religiöse Organisation, die ihre Interessen bis heute auch parteipolitisch zu vertreten weiß.

Buddhas und Bodhisattwas

Bereits in China kam die Vorstellung von **verschiedenen Inkarnationen des Buddha** auf, die für bestimmte Aufgaben zuständig sind und daher in bestimmten Situationen angerufen werden. Zu diesen zählt Kannon, eine Inkarnation des Buddha in weiblicher Gestalt, die oft als Göttin der Barmherzigkeit charakterisiert wird.

Vermutlich werden Sie sich fragen, wie diese Ausprägungen entstanden sind und sich mit der Lehre des Buddha vereinbaren lassen. Wie wir wissen, erfuhr Buddha die Erleuchtung ohne Hilfe anderer. Statt danach sofort ins

Götter, Buddha, Christus

Die Buddhas von Usuki (Kyûshu) mit den aus der indischen Tradition übernommenen übergroßen Ohren als Glückssymbol.

Nirwana einzugehen, zog er viele Jahre predigend durch das Land, um andere auf den rechten Pfad zu führen.
Damit setzte er ein Beispiel, dem viele seiner Schüler folgten. **Jemanden, der die Erleuchtung erlangt hat und seine persönliche Erlösung verzögert, um anderen den Weg zu weisen, nennt man Bodhisattwa.** Diese Bodhisattwas stehen den Menschen näher als Buddha. Sie werden, ähnlich den Heiligen der katholischen Kirche, als Nothelfer angerufen und verehrt. In der Hierarchie stehen sie eine Stufe unter den Buddhas, aber gerade das macht sie beim Volk besonders beliebt.
Kannon ist ein solcher Bodhisattwa. Dieses in Indien männliche erleuchtete Wesen verwandelte sich in China in die weibliche Guanyin und kam als solche nach Japan, wo sie unter dem Namen Kannon fast noch populärer wurde als in China.
Außer den Bodhisattwas kamen in ihrer chinesischen Ausprägung auch die verschiedenen Buddhas nach Japan, die sich im Lauf der Geschichte herausgebildet haben und oft nicht leicht zu unterscheiden sind. **Buddhas sind Wesen, die im Gegensatz zu den Bodhisattwas den Zustand des Nirwana – und damit Buddhaschaft – erlangt haben.**
Buddha hat in Japan viele Namen. *Hotoke-sama*, »verehrter Buddha« nennt man ihn, vor allem in der direkten Anrede und im Gebet, im Volk. Eine bekannte Redensart bei Rettung aus großer Not lautet: *Jigoku ni Hotoke-sama ni au yô ni!* »Als sei man in der Hölle plötzlich auf Buddha getroffen.«

Götter, Buddha, Christus

In Verbindung mit Eigennamen stellt man die Bezeichnung *nyôrai* nach, wodurch aus Amida Buddha z.B. Amida Nyôrai wird. Im Verein mit anderen Worten verwendet man auch den Begriff *butsu;* so spricht man z.B. vom *daibutsu*, dem »großen Buddha«, oder der *butsuden*, der »Buddha-Halle«.

Tips zum Erkennen der Buddhas und Bodhisattwas

Sie werden in Japan auf eine verwirrende Fülle verschiedener Buddha- und Bodhisattwa-Darstellungen stoßen. Damit Sie sich nicht wie der »Ochs vorm Berge« fühlen, seien hier die Buddhas, die wichtigsten Bodhisattwas und einige ihrer charakteristischen Merkmale genannt.

Die fünf Inkarnationen des Buddha

Der japanische Buddhismus kennt folgende fünf Inkarnationen des Buddha, die als höchste Wesen verehrt werden:

- **Shaka**, nach seiner Familienangehörigkeit in Indien Shakyamuni genannt, ist der historische Buddha, der Religionsstifter. Er ist manchmal liegend, als sogenannter Schlafender Buddha (*shaka nehan*) oder Sterbender Buddha, dargestellt.
- **Amida Nyôrai** ist der Buddha des Reinen Landes, der nach Auffassung vieler Buddhisten im Westlichen Paradies, dem »Reinen Land«, die Menschen erwartet. Er ist der Gnadenvolle, der Trostspender. Abbildungen zeigen ihn sowohl stehend als auch auf einer Lotosblüte sitzend. In Kyôtos Kiyômizu-dera ist ihm eine eigene Halle geweiht. Der Daibutsu (Große Buddha) in Nara stellt Amida Nyôrai dar.
- **Dainichi Nyôrai**, auch Rushana Butsu genannt, ist der Buddha des Lichts. Er ist der große Urbuddha, der die Welt mit dem Licht des Glaubens erleuchtet. Der kurz nach Einführung des Buddhismus in Japan aufgekommene Ryôbu-Shintô setzte ihn mit der Shintô-Sonnengöttin Amaterasu gleich. Japans bekannteste Dainichi-Statue ist der Große Buddha in Naras Tôdaiji.
- **Miroku Nyôrai** ist der Buddha der Zukunft. Er gilt auch als Verkörperung der Liebe Buddhas zu den Menschen. Im Lauf der Geschichte hat seine Bedeutung in Japan abgenommen. Besonders schöne Darstellungen des Miroku Nyôrai findet man vor allem unter sehr alten Kunstschätzen.
- **Yakushi Nyôrai** ist der Heilende Buddha oder Medizin-Buddha. Man ruft ihn bei Krankheit an. Er wird gelegentlich in sitzender Haltung dargestellt. Ihm ist der Shin-Yakushiji in Nara geweiht.

Buddhas sind auch durch **körperliche Merkmale** charakterisiert. Die oft **übergroßen Ohren** z.B. sind ein aus der indischen Tradition übernommenes

Götter, Buddha, Christus

Shin-Yakushiji-Tempel (Nara).

Glückssymbol. Heute noch sagt man in Japan, einem Kind mit großen Ohren stehe ein glückliches Schicksal bevor.
Ein Buddha-Kennzeichen sind auch die vollkommen **flachen Fußsohlen**. Es heißt, an Buddhas Fußsohle sei das Motiv eines Rads (Anspielung auf das Rad der Lehre) zu sehen gewesen. Auf Gedenksteinen erinnert mitunter der Umriß eines Fußes, verziert mit einem Rad, an Buddha. In manchen Tempeln sind übergroße **Strohsandalen** ausgestellt, Buddhas Sandalen.
Typisch für Buddha-Bildnisse ist ferner die **Stirnlocke** zwischen den Augenbrauen, zuweilen gedeutet als »drittes Auge«. Der oft mitten auf dem Kopf hervorragende, meist von Haaren bedeckte **Wulst** gilt als Sitz der Weisheit Buddhas. Häufig umstrahlt auch ein **Heiligenschein**, oft in Form eines Spitzbogens und mit Flammenornamenten verziert, den Buddha.
Aufschlußreich ist bei Buddha- und Bodhisattwa-Darstellungen die **Handhaltung** (Mudra). Jede Geste hat **Symbolcharakter**: Ruhen (wie z.B. beim Großen Buddha in Kamakura) beide Hände im Schoß, wobei Finger und Daumen zwei einander berührende Kreise bilden, so drückt dies die Einheit der Welt des Buddha mit jener der Menschen aus. Bei der Geste der Predigt oder der Lehre ist eine Hand, Daumen und Zeigefinger zum Kreis geformt, erhoben und die andere Hand mit nach oben geöffneter Handfläche gesenkt. Die gesenkte Hand versinnbildlicht die Erdberührung oder das Herabsteigen Buddhas zu den Menschen und damit das Erbarmen. Die Gebärdensprache ist so komplex, daß Sie sich nicht wundern sollten, wenn – Spezialisten ausgenommen – Japaner sie Ihnen nicht erklären können.

Götter, Buddha, Christus

Die wichtigsten Bodhisattwas

Bodhisattwas sind oft als Begleiter der fünf Buddhas dargestellt, kommen aber auch »solo« vor. Die bekanntesten Bodhisattwas, japanisch *bosatsu*, sind:

- **Kannon Bosatsu** ist der Bodhisattwa der Barmherzigkeit und die am meisten verehrte buddhistische Gottheit. Kannon wird meist weiblich und oft mit vielen Armen als Zeichen unerschöpflicher Barmherzigkeit dargestellt. Manchmal trägt Kannon auch neun, elf oder gar einen Kranz von noch mehr Köpfen – Symbol, daß sie alles sieht und jedem Menschen ihr Erbarmen zuwendet. Gläubige übergießen Statuen der Kannon (auch des Jizô) oft mit Wasser, ein Ritual, das der inneren Reinigung der Betenden dient.
- **Jizô Bosatsu** gilt als Beschützer der Reisenden und der Kinder. Jizô-Figuren findet man in und vor sehr vielen Tempeln, oft auch an Wegrändern, Brücken und Straßenkreuzungen. Jizô wehrt Gefahren von Reisenden ab. Man ruft ihn vor allem an als Patron früh verstorbener Kinder, um diese auf ihrem Weg ins Jenseits vor den bösen Geistern zu schützen. Jizôs Merkmale sind Hirtenstab, ein rotes Mützchen und Schürzchen oder Lätzchen. Man bringt ihm solche Schürzchen dar, auf denen manchmal Name, Alter und Todestag des verstorbenen Kindes vermerkt sind. Oft legt man ihm liebevoll Spielzeug für die toten Kinder zu Füßen. Jizôs Popularität ist ungebrochen, nicht zuletzt durch den Zulauf von Frauen, die einen Schwangerschaftsabbruch vorgenommen haben. Sie stellen in der Nähe von Tempeln winzige Jizô-Statuen auf und beten dort für die Seelen der Ungeborenen.
- **Nikkô Bosatsu**, der Bodhisattwa des Mondlichts, und **Gakko Bosatsu**, der Bodhisattwa des Sonnenlichts, treten meist gemeinsam als Buddha-Begleiter auf. Sie sind an ihrem Strahlenkranz zu erkennen.
- **Seishi Bosatsu**, **Monju Bosatsu**, **Fugen Bosatsu** und **Kokuzo Bosatsu** sind weniger populär. Sie haben in der buddhistischen Mystik ihren Platz und kommen nur in Begleitung der Buddhas vor.

In größeren Tempeln stoßen Sie auf die **vier Himmelskönige**, die als Tempelwächter im Torgebäude untergebracht sind. Grelle Bemalung, auch im Gesicht, sorgt für den notwendigen Abschreckungseffekt.

In manchen Tempeln begegnen Sie auch den **Arhats**, den erleuchteten Jüngern des Buddha. Insgesamt 500 Schüler sollen Buddha bei seinen Wanderungen durch Indien begleitet haben. In der traditionellen Skulptur sind sie so dargestellt, daß keine Figur der anderen gleicht. Anders als in China findet man in Japan nur wenige Tempel, in denen die gesamte Arhat-Schar versammelt ist. Auf dem Kimpôsan nahe Kumamoto (Kyûshu) können Sie auf einem felsigen Hang die steinernen Abbilder der 500 Schüler Buddhas entdecken, einige davon mit ausdrucksstarker, mürrischer oder komischer Miene.

100

Buddhistische »Serviceleistungen«

Japans **Friedhöfe** sind überwiegend in Händen buddhistischer Tempel. Ein Familiengrab in Japan nimmt kaum den Platz ein, den bei uns ein Einzelgrab beansprucht, da die Urnen in aufrechten Steinsäulen beigesetzt werden. Dennoch sprengen in Großstädten die Kosten für einen Grabplatz heute oft das Budget des Normalverdieners. Angesichts der astronomisch gestiegenen Grundstückspreise ist es nicht verwunderlich, daß sich die Tempel an diese Entwicklung anhängen – und manch einer sie der Geschäftemacherei bezichtigt.

Da der japanische Staat von den religiösen Gemeinschaften keine Steuern erhebt, müssen sich diese aus eigener Kraft finanzieren. Daher bieten sie ihre Dienstleistungen wie **Hochzeits-, Bestattungs- und Totengedenkzeremonien** nicht gratis an. Während Trauungen zunehmend nach christlichem Ritus stattfinden, fallen Bestattungen nach wie vor ausschließlich in die Domäne des Buddhismus – ein unschlagbarer Vorteil: Sterben müssen alle einmal.

Zum Serviceangebot der Buddhisten zählen zudem **Kindergärten** und **Altenheime**. Allerdings ist ihr Unterhalt inzwischen so teuer, daß immer mehr solcher sozialer Dienstleistungen eingestellt werden.

Zen im Leben der Japaner

Der wie erwähnt von China übernommene Zen-Buddhismus nimmt in Japan eine besondere Stellung ein. Im Mittelpunkt des Zen steht die ursprüngliche Vorstellung vom Nirwana. Er zielt auf das **Auflösen des Ich im Nichts**, die Ich-losigkeit. Im **Weg zu diesem Ziel** unterscheidet sich der Zen von allen anderen buddhistischen Gruppierungen. Paradiesesphantasien und Hoffen auf Barmherzigkeit sind ihm fremd.

Bezeichnend für den Zen ist das **Prinzip strenger Konzentration** auf den einen Augenblick, in dem der Übergang in die Ich-losigkeit erfolgt. Der Übergang selbst ist ein **spontanes** Erlebnis, das der Mensch nicht absichtlich oder bewußt herbeiführen kann. Aber er kann seine Bereitschaft steigern, die plötzliche Erleuchtung zu erkennen und zu erfahren. Alle Meditation, alle Enthaltsamkeit ist gezielt darauf gerichtet, sich auf diesen Moment vorzubereiten.

Nach Auffassung des Zen bedarf der Mensch eines geringen Anstoßes von außen, um den Augenblick erkennen und das Erlebnis der Erleuchtung auch erfassen zu können. Durch Meditation soll er seinen Geist von allen Gedanken und Begierden befreien. **Der Geist soll leer und bereit sein für die plötzliche Erkenntnis.** Der Anstoß von außen ist dann nur mehr Auslöser für die plötzliche Erkenntnis.

Der Zen-Buddhist, der die Erleuchtung erlangen will, vertraut sich einem Meister an, der seine Entwicklung und Meditationsübungen beobachtet. Auch hilft ihm der Meister gedanklich »auf die Sprünge«, etwa durch ein *koan*, Sprüche bzw. Aufgaben, die intellektuell unlösbar sind. Durch Meditation über ein solches Paradoxon kann der Geist das Korsett logischen Denkens sprengen und frei werden für das Erlebnis. Das wohl bekannteste *koan* lautet: »Du kennst den Ton, wenn zwei Hände zusammenschlagen. Nun versuche, den Ton einer klatschenden Hand zu hören!«

Eine andere Methode der innerlichen Vorbereitung auf das Erlebnis des *satori*, der **Erleuchtung**, ist *zazen*, die **Zen-Meditation**. *Zazen* ruft das Bild von Mönchen vor Augen, die in langen Reihen im »Lotossitz« in einer Meditationshalle regunglos, jeder in die Meditation versunken, verharren. Dabei dürfen die Gedanken nicht abschweifen. Gedanken hindern daran, den Geist leer und damit für das Erlebnis des *satori* aufnahmefähig zu machen. Die Versuchung, beim Meditieren einzuschlafen, ist groß; deshalb geht der Meister mit einem langen Stock durch die Reihen und beobachtet die Schüler. Bemerkt er, daß einer einnickt, schlägt er ihm mit dem Stock kräftig auf die Schulter. Dieser Hieb ist keine Strafe, sondern eine Meditationshilfe. Im Schlaf könnte das Erlebnis des *satori* den Meditierenden nicht erreichen.

Um *zazen* zu üben, muß man nicht unbedingt längere Zeit im Kloster leben. Die Erkenntnis kann spontan kommen – aber es gibt viele Menschen, die ihr Leben lang vergeblich darauf warten. Japaner gehen manchmal für ein Wochenende oder einige Wochen in ein Zen-Kloster, um sich im *zazen* zu üben. Selbst wenn das Erlebnis des *satori* ihnen verwehrt bleibt, nehmen sie doch aus der Meditation Kraft und Ruhe zurück in den Alltag.

Die Teezeremonie

Um bei der Meditation nicht einzuschlafen, bereiteten die chinesischen Zen-Mönche ein Getränk, das sie wach hielt, ohne zu berauschen. Auf diese Weise wurde das Teetrinken kultiviert und in Japan zur Zeremonie raffiniert.

Zur Teezeremonie (*chanoyu*) gehört mehr als nur Tee. Eine vollendete Teezeremonie findet in einem besonderen Raum statt, dem Teeraum (*chashitsu*). Meist handelt es sich um ein kleines **Teehaus** in einem parkähnlichen Garten. Sein Eingang ist so winzig, daß man ihn fast als Einstiegsluke bezeichnen kann: Durch die Schiebetür, halb so hoch wie menschliches Normalmaß, gelangt man nur gebückt oder kniend ins Innere. Dieser Engpaß bedeutet dem Eintretenden, alles Überflüssige draußen zu lassen. Zu Zeiten der Samurai, die die Teezeremonie besonders pflegten, galt auch die Regel, vor Teehäusern die Waffen abzulegen.

Der **Teemeister** bereitet im schlichten Raum auf einer kleinen Feuerstelle heißes Wasser und gießt es mit genau festgelegten, sich wiederholenden

Götter, Buddha, Christus

Zazen – Zen-Meditation buddhistischer Mönche.

Bewegungen bedacht über den **pulverisierten grünen Tee** (*matcha*). Alsdann schlägt er mit einem Bambusgerät den Tee schaumig. Danach überreicht er die **Teeschale** dem Gast. Dieser nimmt die Schale entgegen, setzt sie auf die linke Handfläche, dreht sie darauf in langsamen Bewegungen ein wenig und trinkt dann in kleinen Schlucken den Tee aus. Anschließend dreht er die Schale abermals in seinen Händen, um sie von allen Seiten zu bewundern – solche Teeschalen sind oft sehr kostbar und nicht selten mehrere hundert Jahre alt. Teeschalen guter Qualität sind aus roher Keramik und weisen die typischen Merkmale der Handarbeit auf.

Im Lauf der Jahrhunderte wurde das **Zubehör** bis ins kleinste Detail verfeinert: die Geräte zum Erhitzen des Wassers, die Dose zum Bewahren des Pulvertees, der kleine Bambuslöffel, mit dem man den Tee aus der Dose in die Schale füllt, der Bambusbesen zum Schaumigschlagen, das kleine rote Tuch zum Abreiben dieser Gerätschaften. Häufig sind die Werkzeuge seit Generationen, durch Übertragung vom Meister auf den Schüler, in Gebrauch.

Der für die Teezeremonie verwendete Pulvertee schmeckt bitter. Dieser unfermentierte grüne Tee erfüllt vorzüglich die Forderung, Meditierende bei wachen Sinnen zu halten.

Die Teezeremonie war ursprünglich den Männern vorbehalten. Im 17. und 18. Jh. schließlich gehörte es zur Ausbildung einer Tochter aus gutem Hause, die Kunst vom »Weg des Tees« zu erlernen. Viele junge Japanerinnen gingen bei Teemeistern und -meisterinnen in die Schule. Heute gilt die Teezeremonie vornehmlich als Hobby von Frauen mittleren Alters aus gehobenen Gesellschaftsschichten.

Götter, Buddha, Christus

Einfluß des Zen auf die japanische Kultur

Der Zen-Buddhismus hat die japanische Kultur nachhaltig beeinflußt. Seine Forderung nach Einfachheit, Schlichtheit und Genügsamkeit hat sich in Haus- und Gartenarchitektur, Kunst und Kalligraphie, Kunsthandwerk und Literatur niedergeschlagen. Der Zen liegt dem **Ideal der japanischen Ästhetik** zugrunde: Schlichtheit, die die Kostbarkeit des Rohmaterials erkennen läßt. In der deutlich sichtbaren Maserung des Holzes, in den Fasern von geschöpftem Papier, in dem mit bloßen Händen geformten Ton, in der Flüchtigkeit der auf das Papier geworfenen Linie, in der geballten Konzentration des Kurzgedichts offenbart sich karge Zen-Schönheit.

In der **Architektur** bestechen die Zen-Klöster, die man heute noch – vor allem in Kyôto – findet. Ihr Verzicht auf unnötige Verzierung bringt das ursprüngliche Material wie Holz und Naturstein zur Geltung. Zu diesen Klöstern gehört gewöhnlich auch ein **Zen-Garten**. Das wohl berühmteste Beispiel ist der Steingarten des Ryôanji in Kyôto. In ihm gibt es keine Blumen, keine blühenden Sträucher. Er ist ein schlichtes Rechteck, durch eine geweißelte Mauer von der Außenwelt abgeschirmt, mit hellem Kies bestreut, in das hier und da kleine Felsbrocken gesetzt sind. Der Kies wird jeden Morgen zu Wellenmustern geharkt, so daß man meint, er brande in Ringen um die Inseln aus Fels, die von Moos bewachsen sind.

Vor solchen Steingärten saßen einst die Zen-Mönche und meditierten. Ein Steingarten war gegenständlich genug, um die Meditation anzuregen, und abstrakt genug, um nicht durch eigenwillige Farben oder Formen abzulenken.

Zen-**Malerei** und Zen-**Kalligraphie** bauen auf demselben Prinzip auf. Der Maler oder Schriftkünstler setzt sich mit Tusche, Pinsel und Papier zur Meditation. Während er die Tusche anreibt, formt sich vor seinem inneren Auge das Bild oder Schriftzeichen, das er zu Papier bringen will. Hat er im Geist das Darzustellende in allen Bewegungsabläufen durchdacht, wirft er es in einem einzigen Pinselzug aufs Papier. Die Mittel – Reispapier und Tusche – gestatten keine Korrektur. Auch ein zweiter Ansatz wäre sichtbar und störend. Beim Gelingen ist es wie mit der Erkenntnis: es geschieht, oder es geschieht nicht.

Auch in der **Poesie** hat der Zen deutliche Spuren hinterlassen. Zen-Dichter bevorzugten das Kurzgedicht *haiku*, das mit drei Zeilen (fünf-sieben-fünf Silben) auskommt. Wie Malerei und Architektur konzentriert sich das *haiku* auf das Wesentliche: Was sich in 17 Silben ausdrücken läßt, kann immer nur eine Andeutung sein, deren Wirkung aber weit über das Gesagte hinausgeht.

Samurai und Zen-Meditation

Es wundert nicht, daß der disziplinierte Zen auch und insbesondere die Samurai ansprach. Samurai lebten auf den Kampf hin, in dem ein einziger

Götter, Buddha, Christus

Herbstlicher Zen-Garten (Honehin-Tempel, Kyôto).

Fehler jäh den eigenen Tod bedeuten konnte. Die Zen-Meditation half ihnen, sich auf diesen einen, entscheidenden Augenblick zu konzentrieren. Auch die Vorstellung vom Jenseits des Buddhismus half den Samurai, dem Tod gefaßt ins Auge zu sehen.

Die Samurai beließen es nicht dabei, den Gedanken des Zen auf die **Kampfkünste** zu beschränken. Sie förderten die Teezeremonie, Zen-Klöster und Zen-Tempel. Das *Nô-Theater*, das sich im Umfeld der Samurai entwickelte, nahm viele wesentliche Elemente des Zen auf und machte ihn dadurch populär.

Die übrige Bevölkerung, allen voran **städtische Handwerker und Kaufleute**, erzog ihre Kinder nach dem Vorbild, das sie sich von den Samurai gemacht hatte. So verbreitete sich die Philosophie des Zen im ganzen Land, auch wenn die Zahl derjenigen, die sich einer Zen-Schule zurechnen, nicht so groß ist wie z.B. jene der Jôdo-Anhänger.

Zen-Buddhismus heute

Die Meditation des Zen behauptet sich auch in unserer modernen Zeit. Sie spricht Intellektuelle in aller Welt an und scheint manchem, der sich von den traditionellen Kirchen nicht mehr vertreten fühlt, eine neue geistige Heimat zu bieten. So wie im Westen nach dem II. Weltkrieg, so hat der Zen-Buddhismus heute auch in Japan eine neue Anhängerschaft gefunden. Geschäftsleute, die ihren harten Arbeitsalltag mit dem Kampf der Samurai

Götter, Buddha, Christus

vergleichen, sehen in der Meditation einen Weg zur **Vorbereitung auf Führungsaufgaben** im Wirtschaftsleben. Viele Zen-Klöster bieten Kurse für gestreßte Manager an.

Daruma, Sambasô und die sieben Glücksgötter

Daruma

Wer einmal in Japan über einen Flohmarkt oder in Düsseldorf durch das Mitsukoshi-Kaufhaus gebummelt ist, kennt sicher den Daruma. Er ist ein kugeliges **Stehaufmännchen** in rotem Gewand, aus Pappmaché hergestellt und in allen Größen zu haben, vom zentimeterkleinen Winzling bis zum über einen Meter hohen Riesen. Alle Darumas haben ein furchterregend bemaltes Gesicht, in dem statt der Augen zwei kreisrunde weiße Flecken starren.

Die roten Figuren stellen den indischen Mönch **Bodhidharma** dar. Dieser soll in China, im abgeschiedenen Shaolin-Kloster, den chinesischen Vorläufer des **Zen**, den Chan-Buddhismus, begründet haben. Der Legende zufolge meditierte er dort neun Jahre lang im Lotossitz, bis ihm die Beine abfaulten. Und da ihm beim Meditieren die Augen zufallen wollten, riß er sich die Augenlider aus. Deshalb hat die Daruma-Figur keine Beine und statt der Augen nur weiße Höhlen.

Die Darstellung als Stehaufmännchen ermuntert all jene, die Darumas Beharrlichkeit nacheifern, niemals aufzugeben, sondern selbst ohne Beine wieder aufzustehen. **Standhaften Menschen, so heißt es, erfüllt Daruma einen Wunsch.** Hat man ein Ziel vor Augen, kauft man eine Daruma-Figur und zeichnet ihr ein Auge ein. Ist das Ziel erreicht, erhält sie ihr zweites Auge. Daruma-Figuren sind »Einwegprodukte«: Sie stehen ihren Besitzern nur einmal bei. Daher werden sie einmal im Jahr, meist einige Tage vor Neujahr, verbrannt.

Neben den traditionellen Pappmaché-Darumas sind mechanische Plastikfiguren mit dem komplizierten Innenleben eines Roboters auf dem Markt. Schlägt man einem solchen Daruma auf den Kopf, dann schreit er »*Gambare! Gambare!*« (»Durchhalten! Durchhalten!«) und tanzt auf seinem Sockel. Diese Techno-Darumas werden vor allem von Schülern im Prüfungsstreß zu Hilfe gerufen.

Was naiv dünken mag, ist **ein Brauch, den man durchaus ernst nimmt** und auch in für uns überraschenden Situationen pflegt. Stellt sich z.B. ein Politiker zur Wahl, ersteht er einen möglichst prächtigen, großen Daruma, dem er in einer öffentlichen Sitzung ein Auge einzeichnet. Gewinnt er die Wahl, malt er, wiederum in aller Öffentlichkeit, das zweite Auge dazu. Indem er sich traditionsbewußt zeigt und öffentlich eine feierliche Zeremonie mit religiösem Hintergrund zelebriert, kann er seine Popularität ungeheuer steigern und bei den Wählern viele Pluspunkte gewinnen. Jeder kann einen Daruma kaufen und seinen Zauber testen. Vorbehalte religiöser Natur hegen Japaner im allgemeinen nicht.

Die Japaner nennen einen Schneemann *yuki-daruma*, »Schnee-Daruma«, weil er wie das rote Stehaufmännchen keine Beine besitzt. Ob man aber auch von einem Yuki-Daruma die Erfüllung eines Wunsches erwarten kann, konnte mir niemand sagen.

Sambasô

Neben die Schar der Götter und Heiligen der großen Religionen reihen sich in Japan einige sehr beliebte **Gestalten des Volksglaubens**. Zu diesen zählt der glückbringende Sambasô. Man begegnet ihm vor allem auf der Bühne, im *kabuki* und Puppentheater *bunraku* (beide haben das Stück *Sambasô* im Repertoire) ebenso wie im *Nô*-Schauspiel *Ôkina*. Man findet ihn auch als *Netsuke*-Figürchen und Zierpuppe im Glaskasten.

Sambasô heißt »der Dritte«, da er zusammen mit Ôkina, dem guten Alten, und Senzai, dem Tausendjährigen, ein Trio bildet. Im Theater treten die drei stets als Einheit auf. Während Ôkina und Sambasô als Dekorfiguren auch solo vertreten sind, kommt der unbedeutendere Senzai nicht allein vor.

Das *Nô*-Schauspiel *Ôkina* und auch das *Kabuki*-Stück *Sambasô* haben im Grunde keine Handlung. Als erster betritt Ôkina die Bühne und trägt ein Langgedicht vor, das von Symbolen des langen Lebens und des Glücks durchsetzt ist. Nach ihm bringt Senzai eine Kiste herbei, in der sich eine schwarze und eine weiße Maske befinden. Als dritter erscheint Sambasô. Er setzt die schwarze Maske auf, Ôkina die weiße Maske eines alten Mannes. Schwarz und Weiß symbolisieren hier Himmel und Erde: Ôkina ist Bote des Himmels, Sambasô Abgesandter der Erde, Senzai der Mittler zwischen beiden Mächten. Ôkina und Sambasô führen einen sehr lebhaften Tanz vor, der bei Sambasô komische Elemente enthält. Schließlich legen sie die Masken nieder und treten ab.

Heute noch führt man die Stücke *Ôkina* und *Sambasô* bei besonderen Anlässen auf, etwa zur Einweihung eines Theaters, zu Beginn der Theatersaison oder zu Ehren einer hohen Persönlichkeit. Viele der traditionellen Volksfeste, der *matsuri*, werden mit dem Tanz des Sambasô eröffnet, der in diesem Fall auch ohne seine beiden Gesellen auftreten kann. Fast alle Dörfer mit Puppenspieltradition besitzen eine Sambasô-Figur.

Zu **Sambasôs Erkennungsmerkmalen** zählt sein kostbares, mit Kranichen und Kiefernzweigen, Symbolen des langen Lebens, verziertes Gewand. Der Bischofsmütze des hl. Nikolaus ähnelt sein hoher goldener Hut, den beidseits ein großer roter Punkt schmückt. In der Hand hält er ein Schellenbäumchen, das er beim Tanz wild schüttelt. Die schwarze Maske ist als Bühnenrequisite ausschließlich Sambasô vorbehalten; oft ist sie, anders als die

Götter, Buddha, Christus

traditionellen *Nô*-Masken, mit einem beweglichen Kinn ausgestattet. Ôkinas entsprechend gestaltete weiße Maske zeigt die von Lachfältchen durchzogene Miene eines gütigen alten Mannes.

Die **Ursprünge des Sambasô-Kults** liegen im dunkeln. Womöglich hat er indische Wurzeln, die sich in China mit der daoistischen Vorstellung vom *yin* und *yang* verbanden, dem männlichen und weiblichen bzw. himmlischen und irdischen Prinzip. Obwohl Sambasô keiner der in Japan vertretenen Religionen unmittelbar zuzurechnen ist, geistert er im Volksglauben sehr lebendig herum.

Glücksgötter

Ähnlich beliebt wie Daruma und Sambasô und ebenfalls keiner der großen Religionen zuzuordnen sind die **sieben Glücksgötter**, die *shichi-fukujin*. Während Daruma eindeutig auf eine historische – wenngleich durch Legenden verklärte – Person zurückgeht, ist die Herkunft der sieben Glücksgötter schwieriger auszumachen. Dies liegt vor allem daran, daß sie nicht einer Quelle entstammen, sondern (im 17. Jh.) aus verschiedenen im Volk beliebten Götterfiguren zusammengefaßt wurden. Seither kommen sie meist gemeinsam vor.

Einige der Glücksgottheiten – nur eine ist weiblich – sind dem Shintô-Pantheon entsprungen, andere dem chinesischen Buddhismus und dem Daoismus, wieder andere dem indischen Brahmanentum. So sehr uns ihre **vielschichtige Identifikation mit Shintô-Göttern und Buddhas** verwirren mag, so wenig bekümmert sie die Japaner. Gerade das einfache Volk sieht in ihnen Leitfiguren und **Nothelfer**, die ihm näherstehen als die klassischen »Hochwürden« der Hochreligionen. Dabei hat es jedem Glücksgott einen Bereich zugewiesen, für den er zuständig ist.

»Gruppenbilder«, z.B. auf Glückwunschkarten, zeigen die Sieben oft in einem Schiff, dem Schatzschiff (*takarabune*), in dem sie am Neujahrstag über das Meer segeln. Aber auch einzeln werden die sieben Glücksgötter abgebildet. Sehr feine Darstellungen findet man unter den *netsuke*, den traditionell am Gürtel getragenen Figürchen aus Elfenbein oder Horn. **Zu erkennen ist jeder Glücksgott an seinem Attribut**, einem bestimmten Tier oder auch Gegenstand.

Kurzvorstellung: Die sieben Glücksgötter

• Der lachende **Hotei** mit dem dicken, nackten Bauch verkörpert unverkennbar satte Zufriedenheit und Frohsinn. Dieser besonders beliebte Gott gilt als **Patron der Schwachen und der Kinder**. Oft sind ihm *karako* beigesellt,

Götter, Buddha, Christus

Sambasô *gehört zum festen Repertoire des Puppentheaters* bunraku.

kleine chinesische Kinder, die dem allzeit vergnügten Hotei auf die Schultern klettern und ihm lustige Streiche spielen. Einer der berühmten prächtigen Festwagen von Takayama ist von einer mechanischen Hotei-Figur gekrönt: Durch Seilzüge im Wageninnern bewegt, schlagen die *karako* auf Hoteis Schultern Purzelbäume, während Hotei gutmütig lacht. Obwohl es chinesische Kinder sind, die ihn begleiten, vermutet man Hoteis Ursprung im Shintô. Allerdings wird er auch mit dem chinesischen Mi Lo Fo (Maitreya, japanisch Miroku), dem erleuchteten Buddha der zukünftigen Welten, gleichgesetzt.
Hotei hat meist einen **Sack** dabei, in dem er seine Schätze bewahrt. In der Hand hält er einen flachen **Blattfächer**.
Jüngst stellte man zur Erntezeit in Tokyos Hauptbahnhof einen Altar für Hotei auf – die Tradition lebt oft und überraschend an Orten, an denen wir sie nicht vermuten.
• **Daikoku** ist der **Glücksgott des Reises**, nicht zu verwechseln mit dem Shintô-Reisgott Inari. Er wird aber auch mit dem Shintô-Gott Okuninushi identifiziert. Daikoku fällt wie Hotei durch Körperfülle auf. Auf zwei Reisballen sitzend oder stehend, versinnbildlicht er **Reichtum** und Überfluß. Symbol des Wohlstands ist auch seine Begleiterin, eine **Ratte** – Ratten halten sich nur da gern auf, wo es genug zu fressen gibt. (Man könnte ebensogut von einer Maus sprechen, da das Japanische nicht zwischen Ratten und Mäusen unterscheidet.) In der Hand hält Daikoku einen **Schatzhammer** (*takarazuchi*).

Götter, Buddha, Christus

• Dritter im Bunde der Glücksgötter und zuständig für die alltäglichen Bedürfnisse der Menschen ist **Ebisu**, der **Gott der Fischer und Händler**. Er trägt eine **Angel** und einen Fisch. Dieser Fisch ist eine **Meerbrasse** (*tai*), der in Japan verbreitetste Speisefisch. In Junichirô Tanizakis Roman *Die Schwestern Makioka* sagt Sachiko, eine der vier Schwestern, so wie die Kirschblüte die japanischste aller Blumen sei die Meerbrasse der japanischste aller Fische.

Von Ebisus Popularität zeugt die Redensart: *Nigeru sakana wo Ebisu ni mairasu.* (»Wenn dir ein Fisch entwischt, weihe ihn schnell dem Gott Ebisu!«)

• Der chinesischen Legende entstammen die beiden als weise Greise dargestellten Glücksgötter. Der eine, **Fukurokuju**, ist am auffallend **hohen, kahlen Schädel** zu erkennen. Sein Name ist zusammengesetzt aus den Worten: Glück, Reichtum und langes Leben.

Fukurokujus Begleiter, **Kranich** und/oder **Schildkröte**, sind Symbole des **langen Lebens**.

• Der zweite Greis, **Jurôjin**, wird mit **weißem Haar**, langem **Bart** und einem **Hirsch** dargestellt. Die **Schriftenrolle** in seiner Hand bekundet **Weisheit**. Jurôjin und Fukurokuju sind nicht immer eindeutig zu unterscheiden. Als Paar symbolisieren sie langes Leben und Weisheit des Alters.

• Der sechste »Glücksritter«, **Bishamon**, ist ein **Kriegsgott** und daher stets in voller Rüstung, in der Hand eine Lanze, auf dem Kopf ein Helm, abgebildet. Manchmal trägt er eine kleine **Pagode** zum Zeichen, daß er selbst Buddha vor Unheil schützt. Er kann sehr grimmig wirken, spricht aber auch gern dem *sake* zu und ist dann sehr fröhlich.

Bishamon kommt zwar aus dem Shintô-Pantheon, wird jedoch auch mit den vier buddhistischen Himmelswächtern und dem indischen Gott Vishnu (Wischnu) gleichgesetzt. Ihm sind oft Schreine an Schauplätzen historisch bedeutender Schlachten geweiht. Seine heutige Bedeutung steht gegenüber jener der drei erstgenannten Götter des Wohlstands und Reichtums zurück.

• Die letzte der Sieben, **Benten**, auch Benzaiten genannt, ist die einzige weibliche Glücksgottheit. Sie wird manchmal auch als Mutter der Welt verehrt und ist – wie könnte es anders sein – **Göttin der Schönheit und der Liebe**. Sie wird mit einer japanischen **Laute**, der *biwa*, abgebildet. Außer der Liebe zur Musik verleiht Benten den Menschen Beredsamkeit. Ihr Begleittier ist eine **Schlange** oder ein **Drache**. Sie wird auf die indische Sarasvati (Saraswati) zurückgeführt.

Benten-Schreine stehen meist bei Quellen oder Höhlen am Meer, die bekanntesten auf den Inseln Enoshima bei Kamakura und Itsukushima (Miyajima). Die Quelle Zeni-Arai-Benten (»Geldwäscher-Benten«) in Kamakura ist Treff von Anhängern der Benten und des Mammon: An den – nach dem chinesischen Tierkreis bestimmten – Tagen der Schlange waschen sie darin ihr Geld (Münzen, nicht die Konten!), um den Betrag zu vervielfachen. Die Benten-Figur der angeschlossenen Höhle zeigt die Göttin mit Schlangenleib und anmutigem Menschenkopf.

Götter, Buddha, Christus

Schreine und Tempel

Üblicherweise spricht man bei einem buddhistischen Sakralbau von einem Tempel, bei einem Shintô-Heiligtum von einem Schrein. Wenn Sie als Reisegast in Japan unterwegs sind, werden Sie sicher wissen wollen, ob Sie einen **Shintô-Schrein** oder einen **buddhistischen Tempel** vor sich sehen. Dies zu erkennen, fällt trotz teilweise erheblicher Unterschiede nicht immer leicht. Denn da man über Jahrhunderte nicht deutlich zwischen beiden Religionen trennte, bestehen zugleich sehr viele **Gemeinsamkeiten** und **Überschneidungen**. Manchmal findet man, wie es zur Zeit des Ryôbu-Shintô üblich war, heute noch mitten in einem Shintô-Schreingelände einen kleinen Tempel und umgekehrt.

Kleine Schreine stehen zuweilen solitär am Rand eines Dorfes. In der Regel aber gehört sowohl zu einem Shintô-Schrein als auch zu einem buddhistischen Tempel ein **Komplex von Gebäuden**. Im Gelände von Schreinen findet man beim Hauptbau oft eine Bühne für *Kagura*-Tänze oder *Nô*-Theater, daneben das Wohnhaus der Priester und verschiedene Nebengebäude. Zu buddhistischen Tempelanlagen gehören außer dem Haupttempel ein Tor- und Glockengebäude, Pagode, Bibliothek, häufig auch ein Schatzhaus sowie Priesterwohnungen und Nebengebäude.

Während in buddhistischen Tempeln öffentlich ausgestellte Buddha- und Bodhisattwa-Abbildungen üblich sind, findet man in Schreinen selten **Bildnisse** oder **Statuen** der Shintô-Götter. Statt dessen verbergen Shintô-Schreine in ihrem Innern einen *shintai*, den sogenannten Götterleib, der die Gottheit während ihrer Abwesenheit symbolisiert.

Tips: Merkmale von Kultstätten des Shintô und Buddhismus

Auch wenn die Unterscheidung von Shintô-Schreinen und buddhistischen Tempeln nicht immer leichtfällt, gibt es doch einige Merkmale, die eindeutig einer der beiden Religionen zuzuordnen sind. Die wichtigsten seien hier genannt:

• **Name:** Lautet die **Namensendung** *-ji* (Ninna-ji) oder *-dera* (Kiyomizu-dera), manchmal auch auf *-in* (Byôdo-in), dann handelt es sich stets um einen buddhistischen Tempel. Shintô-Heiligtümer enden auf *-jinja* (Kamo-jinja), *-jingu* (Heian-jingu), *-gu* (Hachiman-gu) oder *-miya* (Waka-miya). Die Bezeichnung *taisha* (Izumo Taisha) verweist auf einen Großschrein, ein Hauptheiligtum des Shintô.

• **Farben:** Shintô-Schreine sind oft leuchtend **zinnoberrot** gestrichen. Der wohl meistfotografierte Schrein steht auf der (auch Miyajima genannten)

111

Insel Itsukushima auf Pfählen im Wasser. Bei Flut scheint er über dem klaren Wasser zu schweben, mit dem das Orangerot seiner Gebäude, Verbindungsstege und des riesigen *torii* an der Buchteinfahrt auffällig kontrastiert. **Buddhistische Tempel wirken im allgemeinen düsterer.** Sie sind oft in dunklem Holz gehalten, können aber sehr reich mit Gold verziert sein. Einige wenige buddhistische Tempel haben aus der Zeit des Ryôbu-Shintô die zinnoberrote Farbe beibehalten.

• **Torii:** Steht vor dem Gebäude oder am Weg dorthin ein *torii*, dann handelt es sich immer um einen **Shintô-Schrein.** Die Herkunft des Wortes *torii* ist nicht eindeutig geklärt; die heutige Schreibweise mit den Schriftzeichen für »Vogel« und »Sein« verweist auf einen Ort, an dem sich die Vögel aufhalten. *Torii* gibt es in sehr unterschiedlichen Ausführungen, haben aber stets zwei Grundpfeiler und einen geschwungenen Querbalken. Sie können aus Holz oder Beton bestehen, naturfarben oder zinnoberrot sein. Mal stehen sie im Schreingelände, mal an und zuweilen gar mitten auf der Straße. Zu Schreinen, die dem Reisgott Inari geweiht sind, führen oft lange Wege oder steile Treppen, über die sich wie ein Spalier ein *torii* nach dem anderen spannt. Solche kleine *torii* tragen meist Aufschriften mit den Namen ihrer Spender. Auf jeden Fall geben *torii* kund, daß hier ein **heiliger Bezirk** beginnt.

• **Pagode:** Pagoden sind buddhistische **Reliquientürme**, hervorgegangen aus indischen Stupas. Sie hüten eine Reliquie Buddhas. Während Pagoden in China meist achteckig und oft aus Stein erbaut sind, haben sie in Japan gewöhnlich einen quadratischen Grundriß und bestehen ausnahmslos aus Holz. Der auf dem Fundament ruhende Mittelpfeiler stützt die Stockwerke. Deren Anzahl ist im allgemeinen ungerade (drei oder fünf), manchmal mit je einem leicht zurückgesetzten Zwischenstockwerk. Pagoden sind in Japan – wiederum anders als in China – **Besuchern nicht zugänglich.**

• **Glocken:** Buddhistische Tempel besitzen oft ein Gebäude aus vier Pfeilern, auf denen ein Giebeldach ruht. Im Dachgebälk hängt, von allen Seiten zugänglich, eine große Bronzeglocke. Buddhistische Glocken haben keinen Klöppel, sondern werden von außen mit einem beweglich aufgehängten Holzstamm angestoßen: Diesen versetzt man so lange in Schwingungen, bis er die Glocke berührt und zum Klingen bringt. In buddhistischen Tempeln hört man kein Geläute mehrerer Glocken, sondern nur den dumpfen Ton einer einzigen Glocke. Sie wird vor allem zu **Neujahr** angeschlagen, und zwar 108mal als Symbol für die 108 Bindungen des Menschen an die irdische Welt.

• **Schellen:** Statt einer Glocke hängt im offenen Eingang von Shintô-Schreinen eine große, metallene Schelle und an ihr ein mehrfarbiger, oft geflochtener oder gedrehter **Stoffstreifen.** Mit dem Läuten der Schelle will man die Götter auf sich aufmerksam machen. Selbes bezweckt das **Händeklatschen** vor dem Schrein. Diesen Brauch erklärt die Sage mit der Schwerhörigkeit des Glücksgotts und Schutzpatrons der Fischer und Händler Ebisu:

Götter, Buddha, Christus

Ise-jingu-Schrein:
Die Nachsilbe -jingu *deutet auf ein shintôistisches Heiligtum hin –*
ebenso die ästhetisch reine Verwendung natürlicher Materialien.

Der Gute merkt erst, daß man zu ihm betet, wenn man kräftig in die Hände klatscht.

- **Altar:** Einen Altar kann man im buddhistischen Tempel ebenso finden wie im Shintô-Schrein. Auf dem **buddhistischen Altar** sind eine Buddha-Statue oder ein Bodhisattwa-Bildnis, auf dem **Shintô-Altar** auf kleinen Holztabletts arrangierte Opfergaben wie Früchte, Reiskuchen oder Reiswein zu sehen.
- **Opfergaben:** Vor Shintô-Schreinen steht gewöhnlich eine oben mit einem durchbrochenen Lattengitter verschlossene Kiste, in die Gläubige **Münzen** oder **Geldscheine** werfen. **Früchte** oder **Trankopfer** werden von den Priestern auf dem Altar aufgestellt.
- *Sake:* Sake, Reiswein, gilt als **heiliges Getränk**. Wurde ein Frevel begangen, z.B. ein heiliger *Sakaki*-Baum beschädigt, verschüttet man am Tatort *sake*, um die Götter zu versöhnen. Anläßlich von Schreinfesten werden oft große, kugelige Fässer mit *sake* gespendet und, nachdem sie ausgetrunken sind, stolz vor dem Schrein ausgestellt.
- **Hausaltar:** Gläubige Japaner bringen den **Ahnen** auf einem kleinen Hausaltar Speisen dar. Beim Opfern von gekochtem Reis als Totenspeise steckt man die Eßstäbchen für den Verstorbenen senkrecht in den Reis.
- **Lotosblüte:** Die Lotosblüte ist das buddhistische **Symbol der Reinheit**: Buddha wuchs aus der trüben Welt hervor wie eine Lotosblüte aus einem sumpfigen Tümpel. Oft ist er auf einer Lotosblüte sitzend dargestellt.

Götter, Buddha, Christus

- **Rad:** Das Rad versinnbildlicht die **Lehre des Buddha**. Man spricht vom Rad der Lehre. Abbildungen, die das Rad auf einer Fußsohle zeigen, sollen Buddhas Fußabdruck darstellen.
- **Rosenkranz:** Der buddhistische Rosenkranz zählt 108 Perlen, die wie die Glockenschläge in der Neujahrsnacht auf die 108 Bindungen des Menschen an die irdische Welt anspielen. *Juzu bakari de osho wa dekinu,* »ein Rosenkranz macht noch keinen Priester«, sagt ein Sprichwort.
- **Swastika:** Das Hakenkreuz, im Sanskrit Swastika genannt, ist ein buddhistisches Symbol (und keinesfalls zu verwechseln mit dem spiegelverkehrten Emblem der Nationalsozialisten).
- **Räucherstäbchen:** In buddhistischen Tempeln steht meist ein Räuchergefäß mit hauchfeiner Asche. In die Asche steckt man Räucherstäbchen, zu kaufen bei einem Priester, heute auch an Automaten. Entzündet man ein Räucherstäbchen, darf man die aufflackernde Flamme auf keinen Fall ausblasen, sondern bringt sie durch leichtes Handwedeln zum Erlöschen. Dann stellt man das glimmende Stäbchen senkrecht in die Asche. In manchen Tempeln, so dem Kannon-Tempel in Sakusa (Tokyo), schreibt man dem Weihrauch heilende Wirkung zu. Die Gläubigen halten die Hand in den aufsteigenden Rauch und berühren dann die schmerzende Stelle, oder sie fächeln sich den Rauch zu.
- **Papierwedel:** Schneeweiße, in vorgeschriebener Weise gefaltete Papierstreifen dienen im Shintô der **rituellen Reinigung**. Bei Zeremonien außerhalb des Schreins, z.B. bei Prozessionen, Richtfesten oder *matsuri*, tragen die Priester einen Wedel aus solchen Papierstreifen, *gohei* genannt, voran. Der Balken über dem Haupteingang zum Schrein ist oft mit einem dicken Strohseil geschmückt, von dem ein Papierstreifen herabhängt.
- **Strohseil:** Das Strohseil (*shimenawa*) über dem Haupteingang von Shintô-Schreinen hat mythologische Wurzeln: Nachdem die Götter die Sonnengöttin Amaterasu aus ihrem Versteck, einer Felsenhöhle, hervorgelockt und so der Welt das Licht zurückgebracht hatten, spannten sie vor den Höhleneingang ein Strohseil. Solche Seile sind sehr kunstvoll gedreht und bis zu einen halben Meter dick.
- **Weissagungen:** In den meisten Shintô-Schreinen kann man kleine Weissagungszettel, *o-mikuji*, kaufen. Ersteht man sie bei einem Priester, fragt er nach dem Geburtsdatum. Bei Automaten wählen Sie die Schublade Ihres (chinesischen) Tierkreiszeichens, dann Ihr Geburtsdatum und einen Zettel. Gefällt Ihnen das Schicksal ganz und gar nicht, das Ihnen die Götter zugedacht haben, können Sie es »zurückgeben«: Man faltet dann das Zettelchen längs zu einem schmalen Streifen und bindet es an einen Baum, meist einen heiligen *Sakaki*-Baum, an einen eigens dafür aufgestellten Zaun oder eine Bronzelaterne. Oft sind die Bäume um einen Schrein voll von weißen Zetteln. Manchmal kann man Priester beobachten, die die Zäune oder Zweige von Zetteln befreien, um Platz für den Nachschub zu schaffen.
- **Steinlaternen:** Steinlaternen, oft Stiftungen von Gläubigen, zieren die

114

Götter, Buddha, Christus

Tôdaiji-Tempel (Nara): Sowohl die Namensendung -ji *wie das Räucherstäbchengefäß deuten auf einen buddhistischen Tempel hin.*

Freigelände von Schreinen wie Tempeln. Sie sind meist sehr kunstvoll, oft reich verziert mit eingemeißelten Figuren, manchmal auch, wie in Zen-Gärten, aus Natursteinen geschichtet (Vorsicht: keinesfalls anlehnen!). Die Abdeckung hat sehr häufig einen fünfeckigen Grundriß. Daneben entdeckt man auch Bronzelaternen. Früher zündete man in den Laternen bei Dunkelheit Lichter an, und mancherorts fanden winterliche Laternenschauen im Schnee statt.
- **Brunnen:** Vor Shintô-Schreinen und vielen buddhistischen Tempeln stehen – zuweilen sehr schöne – Brunnen. Dort reinigen die Gläubigen Mund und Hände. Da es sich stets um fließendes Wasser, meist aus einer Quelle handelt, kann man es auch unbedenklich trinken. Gewöhnlich liegen kleine Schöpflöffel mit langem Stiel bereit, die man nach Gebrauch spülen sollte.
- **Fuchs:** Einer der wichtigsten Shintô-Götter ist der **Reisgott Inari**. Er wird in Fuchsgestalt dargestellt. Vor vielen Inari-Schreinen sehen Sie rechts und links zwei Füchse.
- **Tragbare Schreine:** Viele Shintô-Schreine besitzen einen tragbaren Schrein, den *mikoshi* oder Göttersitz. Er ist eine auf zwei feste Balken montierte Miniaturnachbildung des Schreingebäudes. Bei Festen trägt man ihn durch das Dorf. Bei diesen Prozessionen ist nach Ansicht der Gläubigen die Gottheit anwesend. Meist geht es dabei sehr temperamentvoll zu – es kommt sogar zu Kämpfen zwischen den Trägern verschiedener *mikoshi*, die oft nicht ohne Verletzungen abgehen.

Götter, Buddha, Christus

- **Hölzerner Fisch / Fischkopf:** In buddhistischen Tempeln kann man, auf einem Kissen liegend oder von einem Deckenbalken hängend, einen hölzernen Fisch oder Fischkopf entdecken. Er dient zusammen mit einem Holzklöppel als **Trommel**, ein Brauch, den folgende Legende erklärt: Als chinesische Mönche mit den heiligen Schriften des Buddhismus aus Indien zurück nach China reisten, kenterte beim Überqueren eines Flusses ihr Boot. Dabei fiel die Kiste mit den Schriftstücken ins Wasser. Doch sie konnten alle Schriften retten – bis auf eine. Die hatte nämlich ein Fisch verschlungen. Also fingen die Möche den Fisch, nahmen ein Holzstück und schlugen ihm damit so lange auf den Kopf, bis er die Schrift wieder ausspie.
- **Priester:** Im Shintô sowie im Buddhismus üben Priester die religiösen Zeremonien aus. **Der Shintô kennt weder Zölibat noch Klöster.** Seine Priester leben mit ihrer Familie in einem der Schreingebäude. Ihre Töchter dienen im Schrein oft als *miko*, die Amulette verkaufen und bei Volksfesten als Tänzerinnen auftreten; sie tragen im Dienst eine weite Rockhose (*hakama*) in leuchtendem Rot und ein weißes Obergewand. Seit einiger Zeit gibt es auch Shintô-Priesterinnen. Im Buddhismus hängt es von der Sekte ab, ob die Priester zölibatär leben.
- **Klöster:** Der Buddhismus trennt zwischen Mönchs- und Nonnenklöstern. Allerdings gibt es in Japan heute nur noch sehr wenige Nonnen. Früher verbrachten Kaiser ihren Lebensabend oft in einem buddhistischen Kloster. Frauen konnten in Nonnenklöstern Zuflucht finden.
- **Friedhöfe:** Japanische Friedhöfe gehören stets zu einem buddhistischen Tempel. Bis auf wenige Ausnahmen ist die Feuerbestattung im platzsparenden **Urnengrab** üblich. An jedem Grab steht eine **Steinstele**, in die der Name des Verstorbenen graviert ist – allerdings nur der ihm posthum verliehene buddhistische Name, was es äußerst schwierig macht, das gesuchte Grab aufzufinden. In festgelegten Abständen vom Datum des Todestags an gedenken die Angehörigen des Toten und begießen seinen Grabstein mit klarem Wasser. An manchen Grabsockeln sieht man kleine Statuen der Glücksgötter, von Shintô-Gottheiten oder Buddha-Figuren. Im Hintergrund des Friedhofs steht meist ein kleines, unscheinbares Gebäude, das Krematorium. Friedhöfe liegen in Japan oft landschaftlich reizvoll, z.B. an einem Steilhang mit schöner Fernsicht.

Tun und Lassen

- Wollen Sie einen Tempel betreten, dessen Fußboden mit *tatami*, geflochtenen Strohmatten, ausgelegt ist, so müssen Sie unbedingt die **Schuhe ablegen**. Nicht notwendig ist dies bei den großen Tempeln, die sich zu Touristenattraktionen entwickelt haben.
- **Shintô-Schreine werden von den Gläubigen nicht betreten.** Man bleibt vor der offenen Tür des Schreins stehen und klatscht dreimal in die Hände, um den Göttern seinen Besuch zu melden.

Götter, Buddha, Christus

Tempel Manpukuj (Kyôto):
Der hölzerne Fisch mit Klöppel in den buddhistischen Tempeln geht auf eine alte Legende (siehe Text) zurück.

- **Buddhistische Tempel dürfen Sie innen besichtigen**, doch ist der Altarraum den Priestern vorbehalten.
- **Pagoden sind innen nicht zugänglich**, außerdem auch nur – wegen der Balkenkonstruktionen und am Mittelpfeiler »aufgehängten« Stockwerke« – architektonisch interessant. Die Reliquie bekommt man in keinem Fall zu sehen.
- Niemand hat etwas dagegen, wenn auch Sie vor Shintô-Schreinen in die **Hände klatschen**. Die Götter heißen Sie ebenso willkommen wie die Japaner. Auch die **Schellen** am Schreineingang können Sie getrost läuten.
- Wenn Sie in der **Neujahrsnacht** einen Tempel aufsuchen, lädt man Sie möglicherweise ein, auch einmal die Glocke anzuschlagen. Dies mag auch zu anderen Gelegenheiten gestattet, aber nicht unbedingt erwünscht sein.
- **Blasen Sie niemals die Flamme aus, wenn Sie ein Räucherstäbchen anzünden.** Das bringt Unglück! Löschen Sie die Flamme durch sachtes Wedeln mit der Hand, und stecken Sie dann das glimmende Stäbchen senkrecht in die Asche.
- An den **Brunnen** vor Schreinen oder Tempeln können Sie eine der bereitliegenden Schöpfkellen benutzen, um Hände und Mund zu spülen. Im allgemeinen hat das Wasser Trinkwasserqualität. Spülen Sie die Schöpfkelle nach Gebrauch aus, und legen Sie sie für die nächsten Besucher bereit.
- Verhalten Sie sich bei **Schrein- und Tempelzeremonien** rücksichtsvoll und zurückhaltend. Gegen **Fotografieren** hat sicher niemand etwas einzu-

wenden, sofern Sie angemessenen Abstand wahren und die Andächtigen nicht stören.
- Große Tempel und Schreine haben durch Eintrittsgelder und Verkauf von Devotionalien ein gutes Einkommen. Kleine Schreine sind stets dankbar, wenn Sie einige **Münzen** in die Kiste am Eingang werfen.

Christliches Denken

Das Christentum durchlebte in Japan eine sehr **wechselvolle Geschichte**. Nach anfänglichen großen Erfolgen portugiesischer und spanischer Missionare im 16. Jh. (verschiedene Berichte sprechen von mehreren hunderttausend getauften Christen) wurde es verboten. Seine Anhänger wurden hingerichtet, Mission untersagt, Ausländer des Landes verwiesen. In den über zwei Jahrhunderten der Abschließung Japans gelang es nur wenigen japanischen Christen, ihren Glauben heimlich zu bewahren. Obwohl Japan heute kaum ein Prozent Christen, zu etwa gleichen Teilen Katholiken und Protestanten, zählt, ist der **Einfluß des Christentums auf das moderne geistige Leben** beträchtlich.

Die Missionare erkannten bald die besonderen **psychologischen und sozialen Probleme**, die das Bekenntnis zum Christentum Japanern bereitete. Ein Japaner, der wie gefordert andere Götter leugnet und damit dem Shintô absagt, verliert die Teilhabe an der Göttlichkeit aller Japaner. Er löst sich aus der Ahnenreihe heraus, der er durch Geburt angehört. Indem er diese unterbricht, verweigert er nicht nur seinen Eltern den Gehorsam, sondern verliert auch die Gemeinschaft mit allen anderen Japanern. Er wird zum **Außenseiter**. Und das ist für Japaner ein ungleich schwereres Los als für Mitglieder individualistisch geprägter westlicher Gesellschaften.

Um die Wende vom 19. zum 20. Jh. versuchten die Missionare, den Samen des Christentums auch auf profaneren Gebieten, vor allem im **Erziehungswesen**, zu säen. Sie gründeten **Schulen** und **Universitäten**. Die ersten Mädchenschulen in Japan waren christliche Missionsschulen. Der Einfluß solcher – inbesondere der renommierten jesuitischen – Bildungsinstitute schlug und schlägt sich in Japan weit weniger in der Zahl der Christen nieder als im Wandel des Bewußtseins dadurch, daß außer schulischem Wissen Ideale des christlichen Abendlands wie persönliche Verantwortung und Nächstenliebe vermittelt werden.

Auch **karitativer Aufgaben** nahmen sich Japans christliche Gemeinden verstärkt an. Christen gründeten und leiteten Kindergärten, Krankenhäuser, Kinder- und Altersheime.

Einen wertvollen Beitrag leisteten die Christen auf dem Gebiet der in Japan schmählich vernachlässigten **Behindertenbetreuung**. Bis in das 20. Jh. hinein hielten japanische Familien, oft unter menschenunwürdigen Lebensbe-

Tempel-Knigge.

dingungen, behinderte Mitglieder im Haus versteckt. Die Wurzeln dieser behindertenfeindlichen Einstellung reichen zurück bis in die – bereits geschilderte – Schöpfungsmythologie des Shintô. Die Frage, was es »falsch« gemacht habe, bekundet, daß das Urgötterpaar Izanagi und Izanami die Geburt seines mißgestalteten ersten Kindes als Strafe für Fehlverhalten empfand – nach Antwort der Götter zu Recht: Die Mißgeburt strafte dafür, daß »die Frau zuerst sprach«.

Nun gab und gibt es in vielen Kulturen die Vorstellung, die Geburt eines behinderten Kindes sei eine Strafe für die Eltern. In Japans traditioneller Gesellschaft führte ein weiterer Grund dazu, daß man behinderte Familienmitglieder vor fremden Augen zu verbergen suchte.

Dieser betraf die **Eheschließung**, die mehr noch als zwei Individuen zwei Familien verband. Gewöhnlich bahnte ein **Vermittler** Heiraten an. Er versuchte möglichst viele Informationen über die Kandidaten und ihre Familien zu beschaffen. Nicht nur die Charaktere des Paars, auch die familiären Hintergründe sollten harmonieren. Recherchierte der Kuppler, daß es in einer Familie einen chronisch Kranken oder Behinderten gab, so waren sämtliche heiratsfähige Sprößlinge dieser Familie »schwer vermittelbar«. Ein Heiratsvermittler konnte nicht guten Gewissens die Verbindung mit einer Familie empfehlen, in der ein Behinderter lebte, da dies für die Braut oder den einheiratenden Bräutigam eine unzumutbare Belastung bedeutet hätte. Deckten dagegen erst nach der Heirat Schwiegertochter bzw. Schwiegersohn das Geheimnis auf, vertuschten sie es ihrerseits nach Kräften, um

Götter, Buddha, Christus

sich nicht der Schande preiszugeben, in eine »solche« Familie eingeheiratet zu haben.

Die Christen entlasteten betroffene Familien, ohne sie »öffentlicher Schande« auszusetzen, indem sie sich in Heimen der Behinderten annahmen und sie entsprechend ihren Fähigkeiten förderten. Auf diese Weise trugen sie wesentlich dazu bei, daß sich die verkrampfte Haltung der Angehörigen und der Gesellschaft gegenüber Behinderten allmählich lockerte.

Im Lauf der Zeit verlagerten sich die Schwerpunkte christlicher Tätigkeit. Mädchenschulen traten hinter Universitäten zurück. Heute gibt es im ganzen Land über 100 christliche Universitäten und Hochschulen, allein im Einzugsgebiet von Tokyo fünf namhafte Universitäten, unter ihnen die hochangesehene Sophia-Universität (Jôchi Daigaku).

Nach dem II. Weltkrieg galt ein weiterer Schwerpunkt des christlichen Aufgabenfelds der Unterbringung und **Betreuung alter Menschen**. Die Gesellschaft in Japan wandelte sich parallel zum Wirtschaftswachstum. Mit dem wachsenden Wohlstand begann sich die Großfamilie aufzulösen: Immer mehr junge Leute bezogen bei der Heirat eine eigene Wohnung. Die traditionell sehr starke Familienbindung lockerte sich, Großeltern fühlten sich alleingelassen.

Mit der Lebenserwartung verlängerte sich die Zeit des **Alleinseins im Alter**. Um die Wende vom 19. zum 20. Jh. vergingen nach der Pensionierung bzw. Heirat des letzten Kindes eines Japaners zwei Jahre, bis er, kaum über 60 Jahre alt, starb. Heute liegen zwischen Renteneintritt und statistisch erwartbarem Lebensende beinahe 20 Jahre. Früher verbrachten Japaner ihren Lebensabend in der Familie, meist jener des ältesten Sohnes. Solange sie bei Kräften waren, halfen sie bei der Kinderbetreuung oder im Haus; im Krankheitsfall wurden sie von der Schwiegertochter gepflegt. Mit einem Male waren viele Alte auf sich gestellt, mußten weiter für ihren Lebensunterhalt aufkommen, Miete zahlen, bei Krankheit fremde Hilfe in Anspruch nehmen. Diese **gesellschaftlichen und wirtschaftlichen Veränderungen** waren so radikal, daß sie die Politiker überforderten. Zu spät wurde die Notwendigkeit eines **Rentensystems** nach westlichem Muster erkannt. Zu gering wurden die Renten berechnet, die ab den 1960er Jahren eingezahlt und in den 1980er Jahren ausgezahlt wurden.

Überdies ist die junge Generation heute nicht mehr bereit bzw. in der Lage, alte Menschen im eigenen Haushalt zu pflegen. Schwiegertöchter fallen durch Berufstätigkeit als Altenpflegerinnen zunehmend aus. Auch in den Jahren, in denen sie schulpflichtige Kinder betreuen und daher keinem Beruf nachgehen, sind sie völlig ausgelastet. Außerdem können die wenigsten die ständige Anwesenheit der älteren Generation im engen Lebensraum japanischer Wohnungen ertragen.

Daher fanden die christlichen Kirchen hier ein weites Betätigungsfeld. Christliche Altenpflege weiß man in Japan ebenso zu schätzen wie christliche Kindergärten und Krankenhäuser.

Götter, Buddha, Christus

Katholische Kirche Sakitsu (Kumamoto).

Die Christen gelten in Japan als zuverlässig und ehrlich. Christliches Gedankengut ist insbesondere durch das Ausbildungswesen weit verbreitet. Zur Veränderung des Selbstbewußtseins junger Japanerinnen trägt auch die immer beliebtere **christliche Trauung** ihr Scherflein bei.

Aus dem christlichen Umfeld haben die Japaner verschiedene Bräuche übernommen. Der religiöse Charakter steht dabei hintan. So wissen Handel und Gastronomie **Weihnachten** zur Verkaufsförderung zu nutzen: Ein Weihnachtsmann im Schaufenster oder als Türsteher ist sehr beliebt.

Daß Kennen und Wissen nicht ein und dasselbe sind, untermauert folgende Anekdote: Ein abgerissen wirkender, nicht seßhafter Japaner kam am Weihnachtsabend auf der Suche nach einer Bleibe an der hell erleuchteten christlichen Kirche St. Joseph mitten in Tokyo vorbei. Als er die Gläubigen sah, die soeben von der Christvesper kamen, fragte er einen von ihnen erstaunt: »Wie, ihr Christen feiert auch Weihnachten?«

Neue Religionen und Sekten

Seit dem Ende des 19. Jh. ist in Japan eine Vielzahl neuer Religionen und Glaubensgemeinschaften entstanden. Dieses Phänomen gründet einerseits auf der **langen Tradition von Sektengründungen** im Shintô sowie Buddhismus, andererseits auf der Religionsfreiheit, die nach westlichem Vorbild in die **Verfassung** der Meiji-Regierung einging. Religiöse Betätigung ist im heutigen Japan nicht nur frei, sondern erfreut sich auch (ähnlich wie bei uns gemeinnützige Unternehmen) vieler Vergünstigungen seitens des Staates; religiöse Gemeinschaften genießen Steuerfreiheit.

Bei den frühen Gründungen neuer Religionen und Sekten wie der **Tenrikyô** stand tatsächlich religiöses Sendungsbewußtsein der Stifter im Mittelpunkt. Man empfand die altgewohnten Religionen als unzeitgemäß. Einströmende Fremdreligionen, allen voran das Christentum, gaben Impulse, die im Verein mit den traditionellen Religionen neue Glaubenrichtungen und -gemeinschaften gebaren. Auf dem Fundament des Buddhismus erstand so (in den 1930er Jahren) unteren anderem die **Sôka Gakkai**. Allerdings hatte diese Sekte von Anbeginn starke politische Ambitionen, die schließlich zur Gründung ihres parteipolitischen Ablegers, der **Komeitô**, führten. Freisinnige Japaner sahen in der Unterwanderung durch die Sôka Gakkai lange Zeit eine Bedrohung der politischen Stabilität des Landes. Bis heute hat sich diese Befürchtung zum Glück nicht bewahrheitet. Zu den bedeutenderen neuen Religionsgemeinschaften mit sehr breiter Anhängerschar zählt außerdem die ebenfalls buddhistisch inspirierte **Rissho Kôseikai**.

Daneben gibt es eine unübersehbare Zahl **kleiner und kleinster Splittergruppen**, die sich als religiöse Vereinigungen deklarieren, in Wahrheit aber politische oder schwarmgeistig-weltverändernde Ziele verfolgen. Diese kleinen Zirkel sind deswegen besonders gefährlich, weil man sie von außen kaum kontrollieren kann.

Eine dieser obskuren Gruppierungen, die **Aum-Sekte**, hielt sich wie viele andere im Hintergrund, bis sie Mitte der 1990er Jahre durch ihr Giftgasattentat in der U-Bahn von Tokyo Schlagzeilen machte. Ihr Gründer, Shoko Asahara, hatte sich erfolglos politisch betätigt, ehe er die Sekte ins Leben rief. In ihrem Kreis konnte er seine Ziele verfolgen, ohne sich von der Öffentlichkeit auf die Finger schauen zu lassen. Als sich erster Widerstand gegen die Praktiken der Sekte regte, ließ er die Opponenten verschwinden. Und als die Polizei sich für die Sekte zu interessieren begann, plante er den großen Gegenschlag.

Daß sich Menschen durch irrlichtige **Heilsversprechungen** manipulieren lassen, ist ganz gewiß kein ausschließlich japanisches Phänomen. In unseren Breitenkreisen finden wir mühelos Parallelen. Glücklicherweise ließ sich im Fall der Aum-Sekte eine verhältnismäßig geringe Anzahl von Anhängern verführen, nicht die Mehrheit eines ganzen Volkes.

Es verwundert nicht, daß in Japan Menschen für Heilsideen verschiedenster Art empfänglich sind, daß sie nach einer Instanz suchen, die ihre Ängste, ihre geistige Leere ernst nimmt und ihnen eine **einfache Alternative** bietet. Die japanische Gesellschaft ist im Umbruch: Herkömmliche Werte werden immer öfter, immer heftiger angezweifelt. Was traditionell als gut und richtig galt, taugt nicht mehr.

Japan hat seinen wirtschaftlichen Aufstieg unter hohen Opfern erbracht – und das Ausland die »Opferbereitschaft« der Japaner zugunsten des natio-

— *Götter, Buddha, Christus* —

Die Auflösung traditioneller Strukturen, festgefügter Wertvorstellungen und nationaler Zielrahmen führt zu einer geistigen Leere, die Heilsverkündern und Sektenpredigern den Weg bereitet.

nalen ökonomischen Wohls wach beobachtet. Japaner haben lange Zeit auf größere Wohnungen, längeren Urlaub, mehr persönliche Freiheit verzichtet für das Ziel: Japan soll die Nummer eins der Welt werden. In dem Augenblick, als dieses Ziel nach Auffassung vieler Japaner erreicht war, trat eine Ernüchterung und Leere ein, die manch einer sich nicht eingesteht. Diese Ernüchterung offenbart sich ökonomisch im Zerplatzen der sogenannten **Luftblasen-Wirtschaft**, gesellschaftlich in der zunehmend schnellen **Auflösung gewachsener Strukturen**. Der Wandel von der Groß- zur Kernfamilie, die frühzeitige Ablösung Jugendlicher von den Eltern, das Auseinandergehen vieler Ehen, wenn der Mann nach dem Ende seiner beruflichen Laufbahn auf einen Lebensabend in der Familie hofft, das ausgeprägte Streben junger Japanerinnen nach Eigenständigkeit und Selbstbestimmung – all diese Veränderungen erschüttern die Stabilität der japanischen Gesellschaft. So kommt es, daß insbesondere jüngere Menschen Halt suchen und sich einer Gruppe anschließen, die auf Fragen nach dem Sinn des Lebens einfache Antworten verspricht.

Das Attentat der Aum-Sekte in der Tokyoter U-Bahn löste mehr aus als tiefe Trauer über die Toten und Verletzten: Es erschütterte das **Selbstverständnis der Japaner** gewaltig. Japan galt und sah sich bis zu jenem Zeitpunkt als eines der sichersten Länder dieser Welt; daran hatte selbst die japanische »Mafia«, die *yakuza*, wenig geändert. Schlagartig erkannte es, daß Gefahren nicht nur von der – jahrhundertelang erfolgreich abgeschotteten –

Götter, Buddha, Christus

Außenwelt, sondern auch von innen drohten. Japaner, nicht fremde Mächte hatten diesen Vernichtungsschlag geplant.

Der Mißbrauch religiöser Bewegungen für andere Zwecke ist in vielen Ländern zum Problem geworden. Japanern hat er vor Augen geführt, daß sie sich auch darin weniger als konventionell angenommen von anderen Völkern unterscheiden – und die Vorstellung von **Japans Einzigartigkeit** wohl doch nur eine Illusion war.

Das Selbstverständnis der Japaner

Das **Verhalten von Japanern** erscheint uns oft rätselhaft. Dieser Schleier lüftet sich, wenn man sich mit den **Denkweisen** befaßt, die den Verhaltensmustern zugrundeliegen.

Bei dem Versuch, Denkweisen zu ergründen, kann man stets nur **Kontraste**, in unserem Fall zwischen dem japanischen und deutschen oder mitteleuropäischen Denken, herausarbeiten. Dabei gilt selbstredend die Einschränkung, daß jedes Individuum, in Japan wie bei uns, erheblich von den skizzierten Denkstrukturen abweichen kann.

Vor einigen Jahren erbrachte eine Routineumfrage einer amerikanischen Universität, daß die Meinungen der japanischen Gaststudenten einander auffallend glichen, obwohl sie sich weder vor noch während der Umfrage hatten absprechen können. Die Ansichten der amerikanischen und auch anderer ausländischer Studenten hingegen zeigten eine deutliche Vielfalt.

Dies gab den Anstoß zu einer vergleichenden Untersuchung der Meinungsäußerung japanischer und amerikanischer Studenten. Dabei bemerkte man, daß im Gegensatz zu ihren amerikanischen Kommilitonen viele Japaner je nach Ort und Art der Befragung zu ein und demselben Thema unterschiedliche Standpunkte vertraten. Dieses Verhalten erklärte die Studie damit, daß die befragten Japaner zwischen **öffentlichem und privatem Selbst** unterschieden. In einer öffentlichen Situation befragt, z.B. im Hörsaal oder einem Studentenbüro, gaben sie die ihrer Ansicht nach von japanischen Gaststudenten erwartete, sozusagen öffentliche Meinung kund. Im privaten Gespräch dagegen artikulierten sie durchaus und bereitwillig individuelle Überzeugungen.

Diese amerikanische Studie bestätigte, was Sie heute noch bei Japanern, in ihrem Heimatland ebenso wie im Ausland, vielfach beobachten können. **Japaner sehen sich je nach Situation in einer bestimmten Rolle und verhalten sich entsprechend.** Ein Japaner auf Geschäftsreise im Ausland versteht sich als Repräsentant seiner Firma und ist bemüht, jeweils die der Unternehmenspolitik entsprechende Meinung zu vertreten. Diese »**offizielle**« Meinung nennt man *tatemae*, im Gegensatz zu *honne*, der **eigenen Meinung** oder Haltung. Ehefrauen japanischer Geschäftsmänner sind im Ausland bestrebt, durch ihr Auftreten Heimatland und Firma des Ehemannes

Selbstverständnis der Japaner

würdig zu repräsentieren. Als Gruppentouristen wiederum versuchen sie sich so zu verhalten, wie man es von einer japanischen Reisegruppe erwartet. Die **Bereitschaft, Erwartungen gerecht zu werden**, ist bei Japanern weit stärker ausgeprägt als bei Europäern und Amerikanern.

Dies erklärt unter anderem, weshalb Japaner so sehr auf ihr Äußeres achten und stets »wie aus dem Ei gepellt« wirken. Man ist es dem Ansehen der Familie, der Firma, der Gruppe schuldig, **allzeit tadellos auszusehen und sich zu benehmen.** Nachlässigkeit schadet nicht nur dem persönlichen Ruf, sondern auch dem der Gemeinschaft.

Das Bedürfnis, sich gehen zu lassen, stillt man im vertrauten Umfeld, dort wo man sicher sein kann, weder das Ansehen von Familie noch Firma oder Nation zu schädigen. Wer sich im Umkreis seines Ferienhotels bewegt, geht im hauseigenen Nachtgewand auf die Straße. Wer geschwind zum Supermarkt in der Nachbarschaft muß, der läßt Schnürsenkel Schnürsenkel sein und schlurft in offenen Schuhen oder alten Sandalen hinüber. Im Internet kursiert das Bonmot:

»Du erkennst, daß du schon viel zu lange in Japan bist, wenn du in die Schuhe deiner Frau schlüpfst, um schnell mal zum Seven-Eleven zu laufen.«

Manche Ihnen rätselhafte Phänomene japanischen Verhaltens werden Sie unweigerlich zur grundsätzlichen Frage führen: **Wann handeln Japaner, und wann ziehen sie es vor, nichts zu tun und sich herauszuhalten?** Diese Frage stellt sich kraß in Situationen, in denen jemand nach unseren Begriffen Hilfe benötigt. Ein Beispiel aus meiner Erfahrung:

Mit einem japanischen Bekannten ging ich im Winter eine Dorfstraße entlang. Ein Stück entfernt bewegte sich ein alter Mann mühsam durch den Schnee. Plötzlich rutschte er aus und fiel eine Böschung hinab. Als ich ihm spontan zu Hilfe kommen wollte, hielt mein Bekannter mich zurück. »Misch dich nicht ein«, sagte er. »Das geht dich nichts an. Oder kennst du ihn?«

Ich habe eine Weile gebraucht, um zu verstehen, daß nicht Gleichgültigkeit gegenüber der Not des anderen meinen Bekannten davon abhielt, sich einzumischen. »Zuständig« für Hilfe war in diesem Fall der Dorfpolizist, der an der nächsten Ecke stand, den Vorfall aber nicht bemerkt hatte. Mein Bekannter rief ihn herbei, versicherte sich, daß er sich um den alten Mann kümmerte, und ging dann mit mir weiter. Er hatte also, indem er mich zurückhielt, versucht, sich nach japanischem Verständnis richtig zu verhalten: **Man prüft zunächst, ob man in irgendeiner Weise zuständig, beteiligt oder betroffen ist.** Wenn man weder die in Not geratene Person kennt noch für die öffentliche Sicherheit am Ort des Geschehens verantwortlich ist, kann es durchaus ratsam sein, so zu tun, als hätte man rein gar nichts bemerkt.

Versuchen Sie, sich folgende Situation vorzustellen: Ein Ausländer steigt in Kyôto in eine noch recht leere Straßenbahn ein und nimmt Platz. Nach einigen Stationen sind alle Sitzplätze belegt. Bei einer Haltestelle steigt ein altes, gebeugtes Mütterchen zu, das sich kaum auf den Beinen halten kann. Der

― *Selbstverständnis der Japaner* ―

Als Repräsentanten ihrer sozialen Einheit oder Arbeitsfirma wirken Japaner stets wie »aus dem Ei gepellt«. Auch dieser Busfahrer gebärdet sich wie ein kaiserlicher Nobelkutscher.

zentral plazierte Ausländer will seinen Platz anbieten und versucht, die alte Frau auf sich aufmerksam zu machen. Diese kann seine Gestik offenkundig nicht interpretieren und macht keine Anstalten, sich zu nähern. Also steht er auf, um sie zu seinem Platz zu führen – Gelegenheit für einen jungen Japaner, blitzschnell den freigewordenen Sitz zu beziehen.
Während den Ausländer die Rücksichtslosigkeit des jungen Japaners empört, hat die alte Frau den Vorfall nicht einmal bemerkt. Wieso sollte ein ihr Unbekannter, noch dazu ein Ausländer, ihretwegen aufstehen? Der junge Japaner empfindet keinen Funken von Unrechtsbewußtsein: Einer stand auf, offensichtlich – warum sonst? – um auszusteigen. Er als Nächster und Schnellster kann sich mit Fug und Recht auf dem glücklich eroberten Sitz ausruhen.
Wäre die alte Frau in Begleitung, z.B. ihres Sohnes, eingestiegen, hätte dieser vermutlich versucht, seiner Mutter einen Sitzplatz zu verschaffen. Selbes täte ein Schüler für seinen Lehrer, eine Mutter für ihr Kind. Wer aber allein reist, weiß, daß ihm niemand beistehen wird und er allein zurechtkommen muß.
Aus Situationen wie den geschilderten zu folgern, Japaner seien weniger hilfsbereit als wir, ist ein Kurzschluß: **Japaner haben lediglich eine andere Vorstellung von Hilfsbereitschaft.**
Um fremde Denkweisen zu verstehen, müssen wir uns eigener Prinzipien bewußt werden. Im Hinblick auf Hilfsbereitschaft gilt in unserer Gesell-

Selbstverständnis der Japaner

schaft, ob der einzelne dem Christentum anhängt oder nicht, der Grundsatz: Du sollst deinen Nächsten lieben wie dich selbst. Aus diesem Gebot ist der Straftatbestand der »unterlassenen Hilfeleistung« erwachsen. Diese dem christlich-abendländischen Gedankengut entsprungene Auffassung läßt sich selbstverständlich nicht auf Japan übertragen. Zwar kennt auch der Buddhismus das Prinzip der Barmherzigkeit, aber dieses regelt nicht das Zusammenleben einander unbekannter Menschen. In Japan geschieht Hilfeleistung selektiv.

Hilfsbereitschaft und Fürsorge sind in Japan keineswegs unterentwickelt. Vielmehr sind sie anders kanalisiert. **Der einzelne muß eine Beziehung zum anderen erkennen, ehe er sich hilfsbereit zeigen kann.** Andernfalls hat er Distanz zu üben. Der Buddhismus lehrt, sich nicht ungebeten in das Leben eines anderen einzumischen. Eine einmal eingegangene Verbindung kann man nicht mir nichts dir nichts auflösen – weshalb ein Hilfeempfänger darunter leiden mag, durch das Band der Dankbarkeit lebenslänglich gefesselt zu sein.

Ein Sohn wird sich ohne Klage für seine Eltern, eine Mutter für ihre Kinder, ein Untergebener für seinen Herrn, ein Schüler für seinen Lehrer aufopfern. **Fremden gegenüber jedoch ist man in Japan nicht zur Rücksichtnahme verpflichtet.**

Anders liegt der Fall, wenn Hilfeleistung zum Aufgabenbereich einer bestimmten Funktion oder Verantwortlichkeit zählt. Bringt z.B. jemand seine alte Mutter zur Bahn und bittet den Schaffner, sich um einen Sitzplatz zu kümmern, so wird sich dieser höchstwahrscheinlich verhalten wie ein Sohn und der Anvertrauten zu einem Platz verhelfen.

Allerdings sind in Japan auch in diesem Bereich moderne westliche Zeiten angebrochen. In manchen U-Bahnen fordern Durchsagen auf, alten und hilfsbedürftigen Fahrgästen einen Platz freizumachen. **Ritterlichkeit gegenüber Frauen** indes sucht man in Japan vergeblich, und daran wird sich wohl auch in Zukunft wenig ändern.

Kindern dagegen überläßt man bereitwillig einen Platz. Während wir als selbstverständlich voraussetzen, daß Kinder für Ältere ihren Platz räumen, ist es in Japan umgekehrt: Oft stehen ältere, gebrechliche Frauen auf, damit ein Kind sich setzen kann.

Tips: Tun und Lassen

• **Drängen Sie einen Japaner nicht, eine persönliche Meinung zu vertreten,** wenn Sie ihn nicht sehr gut kennen. Das gilt vor allem für »öffentliche« Situationen, d.h. wenn Außenstehende zuhören. Japaner vermeiden private Stellungnahmen, wenn sie die Situation nicht einschätzen können und nicht wissen, was man von ihnen erwartet.

―― *Selbstverständnis der Japaner* ――

In diesem Shinkansen (Hochgeschwindigkeitszug) findet nicht der übliche Kampf um Sitzplätze statt – wie in den anderen öffentlichen Verkehrsmitteln. Die Regeln dieses Kampfes sind unseren meist entgegengesetzt. So stehen zum Beispiel alte Menschen auf, um Kindern ihren Platz anzubieten.

- **Sie können in der Bahn oder im Bus Ihren Platz gern einer jungen oder älteren Dame anbieten.** Seien Sie aber nicht enttäuscht, wenn man Ihr Angebot nicht annimmt. Und wundern Sie sich nicht, wenn statt dessen ein junger, kräftiger Mann den Sitz belegt
- **Einem Kind sollten Sie stets Platz machen.** Das werden die Eltern und anderen Fahrgäste sehr positiv vermerken.

Yamamoto und Suzuki: Japanische Namen

Personennamen

Japanische Namen kennen wir vornehmlich aus der Werbung: Yamaha und Kawasaki, Toyota und Fuji, Honda und Mitsubishi sind uns geläufig, auch wenn es mit der **Aussprache** mitunter hapert. Mehr Schwierigkeiten noch als die Aussprache bereitet uns der **Umgang** mit japanischen Namen. Hauptursache ist die **Reihenfolge**, erschwert dadurch, daß wir die Sprache nicht kennen und zwischen Vorname und Nachname unterscheiden können. Zum Trost: Japanern geht es mit unseren Namen auch oft so.

Selbstverständnis der Japaner

Bei uns steht gewöhnlich der Vorname vor dem Nachnamen. Stellt man Familiennamen voran, z.B. um sie alphabetisch zu erfassen, werden sie durch Komma abgetrennt: Müller, Konrad oder Kaiser, Elisabeth, da weiß man, woran man ist. In Bayern und Österreich spricht man im Dialekt vom Huber Alois oder der Meier Fanny.

In Japan steht traditionell der Familienname stets an erster Stelle. Ein Herr Yamada Hiroshi heißt mit Familiennamen Yamada, mit Vornamen Hiroshi. Eine Frau Tanaka Tomoko trägt den Nachnamen Tanaka und den Vornamen Tomoko. Ein zweiter Vorname ist im Japanischen keineswegs üblich.

Unglücklicherweise hielten viele Japaner es für fortschrittlich, sich bei der **lateinischen Umschrift ihrer Namen** nach westlichen Gepflogenheiten zu richten. Daher nennen Visitenkarten häufig die Namen in westlicher Reihenfolge, also zunächst den Vor-, dann den Familiennamen. Da Japaner fast immer auf Anhieb zwischen Vor- und Nachname unterscheiden können (es gibt nur eine begrenzte Anzahl japanischer Familiennamen), kommen sie mit dieser modernen Sitte bestens zurecht. Uns hingegen irritiert sie erst recht.

Zur Verwirrung hat auch ein deutscher Buchverlag beigetragen. Er hat bei japanischen Autoren den Familiennamen stilecht (ohne trennendes Komma) vorangestellt – weshalb deutsche Bibliotheken, die diese japanische Gepflogenheit nicht kennen, Werke dieser Schriftsteller unter dem Vornamen listen.

Es gibt nur wenige **Anhaltspunkte zur Unterscheidung von Vor- und Familiennamen**. Endet ein Name auf -*ta* oder -*da*, wie etwa Toyota oder Honda, dann handelt es sich höchstwahrscheinlich um einen **Familiennamen**. Gleiches gilt für die Endungen -*moto*, -*yama*, -*no* oder -*bayashi:* Hashimoto, Miyamoto, Sugimoto, Kawamoto, all dies sind Familiennamen.

Vornamen dagegen sind schwer zu identifizieren. **Weibliche Vornamen** waren früher verhältnismäßig leicht erkennbar. Sie endeten meist auf -*ko*. Keiko, Yoshiko und Masako sind eindeutige Frauennamen. Eine Ausnahme von dieser Regel ist Kaneko, ein bekannter Familienname. Inzwischen bürgert es sich ein, die Silbe -*ko* wegzulassen. Viele Japanerinnen tragen nun Namen wie Mayumi, Aya oder Kaori, die für uns nicht mehr als weiblich erkenntlich sind.

Außerdem kommen zunehmend Vornamen in Mode, die amerikanischen oder europäischen Vorbildern nachempfunden sind: Viele Japanerinnen finden die Namen Mari, Hanna oder Erika schick.

Wenn Sie einen Japaner oder eine Japanerin kennenlernen, wird er oder sie Ihnen höchstwahrscheinlich eine **Visitenkarte** überreichen. Es ist nicht unhöflich zu fragen, welches der Familienname ist und welches der Vorname; am besten notieren Sie es sofort auf der Karte, um nicht später nochmals fragen müssen. Sehr unhöflich ist es hingegen, jemanden aus Unwissenheit mit dem Vornamen anzureden.

130

Selbstverständnis der Japaner

Wenn Sie in ein japanisches Haus eingeladen werden, sollten Sie die Hausfrau mit der sehr höflichen Anrede »Okusan« ansprechen. Okusan *bedeutet soviel wie »Herrin im Innern des Hauses«.*

Apropos **Anrede**: Man spricht Männer wie Frauen an, indem man an den Familiennamen das Wort *-san* anhängt. »Kobayashi-san« bedeutet demnach ebenso »Herr Kobayashi« wie »Frau Kobayashi«. Japaner werden auch Sie als »Müller-san« oder »Wagner-san« ansprechen. Das Anhängsel *-san* benutzt man nicht nur bei der direkten Anrede, sondern auch wenn man von Herrn oder Frau Kimura in deren Abwesenheit spricht.

Japaner sprechen einander gut wie nie mit dem Vornamen an. Selbst wenn Sie sich mit einem Japaner gut angefreundet haben, wäre es wenig sinnvoll, ihm das Du anzubieten und ihn mit dem Vornamen anzureden. Dabei fühlen sich allenfalls Japaner wohl, die längere Zeit im westlichen Ausland – in diesem Fall vorzugsweise den USA – gelebt und den legeren Umgangston übernommen haben.

Wenn Sie im Hause eines Geschäftspartners oder Kollegen seine Frau kennenlernen, reden Sie sie mit »Okusan« an. *Okusan* meint soviel wie die Frau im Innern des Hauses. Mit dieser sehr höflichen Anrede können Sie nichts falsch machen, auch wenn ihr Gebrauch abnimmt, da nur noch wenige Japanerinnen ihr Leben vorwiegend zu Hause zubringen.

Die **Anrede von Kindern** unterscheidet zwischen Mädchen und Jungen. Bei Mädchen hängt man an den Vornamen *-chan* an. »Yukiko-chan« z.B. ist die gängige Form, in der auch die Eltern ihr Töchterchen Yukiko anreden. Bei Jungen dagegen sagt man *-kun*, also »Masao-kun« oder »Shigeru-kun«.

Die meisten japanischen Vor- und Familiennamen tragen eine Bedeu-

Selbstverständnis der Japaner

tung, nicht zuletzt weil die Schrift auf Ideogrammen basiert. So heißen die Familiennamen Yamamoto »Fuß des Berges«, Kobayashi »Wäldchen«, Harada »Feld auf der Ebene«. Diese Tradition ist uns nicht fremd, wie Siegfried oder Heidelinde und aus Berufsbezeichnungen entstandene Nachnamen wie Böttcher, Becker oder Wagner beweisen. Japaner zerbrechen sich über die Bedeutung der Namen nur den Kopf, wenn sie überlegen, mit welchen Schriftzeichen sie geschrieben werden.

Tips: Japanische Namen und Anreden

- Auf die traditionelle Regel, daß Japaner den Familien- vor dem Vornamen nennen, ist vor allem dann nicht mehr Verlaß, wenn – wie oft auf Visitenkarten – Namen in lateinischer Umschrift wiedergegeben werden. **Fragen Sie getrost nach, welches der Familienname und der Vorname ist.**
- Jemanden aus Unwissenheit **mit dem Vornamen anzureden** gilt als grobe Unhöflichkeit.
- Bei der **für Männer wie Frauen üblichen Anrede** hängt man an den Familiennamen **-san** an.
- »Okusan« ist eine unverfänglich höfliche **Anrede für die Frau eines Geschäftspartners** oder Kollegen, der Sie zu Hause empfängt.
- Bei der **Anrede von Kindern** hängt man an den Vornamen von Mädchen **-chan**, an jenen von Jungen-**kun** an.

Ortsnamen und Adressen

Auch **Städtenamen** haben in Japan stets eine Bedeutung. Ôsaka ist der »große Abhang«, Hiroshima die »weite Insel«, Kyôto der »Hauptstadtbezirk«. Die heutige Hauptstadt, das frühere Edo, heißt erst seit 120 Jahren Tokyo, »östliche Hauptstadt«; diese Namenswahl erfolgte nach dem chinesischen Vorbild, Hauptstädte nach Himmelsrichtungen zu benennen.
Den Begriff »Japan« hoben die Chinesen aus der Taufe. Da dieses Land im Osten von China liegt, dort wo die Sonne aufgeht, nannten (und nennen sie es immer noch) *riben*, »Ursprung der Sonne«. Die Europäer verballhornten *riben* später zu »Japan«. Die japanische Aussprache der Schriftzeichen für *riben* lautet »Nippon«.
Straßennamen sind in Japan nicht üblich. Vielmehr orientieren sich **Adressen** nach Stadtbezirken, *ku*. (Shinjuku-ku und Ohta ku z.B. sind große Stadtbezirke von Tokyo.) Die Bezirke sind in Häuserblocks, *chôme*, und diese wiederum unterteilt. Die kleinen Untereinheiten tauchen bei Adreßangaben nur als Zahlencode auf. **Dabei irritiert, daß Häuser nicht nach ihrer Lage, also Nachbarhäuser nicht fortlaufend, numeriert sind, son-**

Selbstverständnis der Japaner

Es gibt in Japan nur wenige Straßenbezeichnungen wie diese. Die Adressenangaben orientieren sich vielmehr an Stadtbezirken (ku).

dern nach der Reihenfolge des Hausbaus! Daher kann die Nummer 30 neben der 4, die Nummer 16 neben der 72 liegen. Und damit sind Probleme, eine Adresse aufzufinden, vorprogrammiert. In solchen Fällen helfen Ihnen überall zwei Anlaufstellen weiter: die **Polizisten des Bezirks**, die in ihrer Dienststelle stets gute Lagepläne besitzen und ohnehin die meisten Bewohner ihres Reviers persönlich kennen, sowie die **Briefträger**, die Ihnen den Weg zur gesuchten Adresse gern anschaulich skizzieren. Da die meisten von ihnen Englisch nur bruchstückhaft sprechen, hilft es, Hände und Zeichenstift einzusetzen.

Japaner sind sehr geschickt darin, mit wenigen Strichen eine nützliche Lageskizze hinzuwerfen. Wenn Sie **auf der Straße nach dem Weg fragen**, wird der Angesprochene, sofern er Ihr Anliegen begreift, vielleicht schnell ein Blatt aus seinem Notizbuch reißen und eine Skizze anfertigen. Diese wird, wenn Sie zwei Straßen weiter erneut nachfragen, jeder deuten können. Hilfreich ist es, sich gesuchte Adresse in japanischen Schriftzeichen notieren zu lassen; Hotels erfüllen Ihnen diesen Wunsch gern.

Seien Sie nicht erstaunt, wenn auch **Taxifahrer** Mühe haben, das gewünschte Ziel ausfindig zu machen. In Großstädten kennen Taxifahrer oft nur die Innenstadtbezirke gut; in selten angesteuerten Randbezirken müssen auch sie nach dem Weg fragen. Es kann geschehen, daß ein Fahrer Sie nach mehreren gescheiterten Anläufen höflich bittet, in ein örtliches, reviererfahrenes Taxi umzusteigen.

Selbstverständnis der Japaner

Tips für das Auffinden von Adressen

- Sie finden überall zwei kundige Informanten: **Bezirkspolizei** und **Briefträger**. Diese kennen ihr Revier und seine Bewohner »wie ihre Westentasche«.
- Da die Sprache ein Hindernis darstellt, wird man Ihnen oft mit **Skizzen** weiterzuhelfen versuchen. Diese sind in der Regel verläßlich, verständlich und hilfreich.
- Es hilft stets, sich **Adressen in japanischen Schriftzeichen** aufschreiben zu lassen.
- Seien Sie in Großstädten darauf gefaßt, daß **Taxifahrer** sich nicht unbedingt in Randbezirken auskennen. Bittet ein Fahrer Sie, in ein ortskundiges Taxi umzusteigen, so geschieht dies nur zu Ihrem Besten.

Die japanische Sprache

Das Japanische ist nicht mit den europäischen Sprachen verwandt. Das ist angesichts der weiten räumlichen Entfernung und in der Vergangenheit raren Berührungspunkte zwischen Japan und Europa nicht erstaunlich. Verwunderlich ist jedoch, daß das Japanische auch mit keinem seiner unmittelbaren Nachbarn verwandt ist: Es weist weder mit dem Chinesischen und Koreanischen noch dem Indonesischen Ähnlichkeiten auf. Die einzige bislang bekannte Parallele läßt sich zwischen dem Japanischen und dem Türkischen erkennen. Beide sind **agglutinierende Sprachen**, d.h. Sprachen, in denen Bildungselemente an den Wortstamm angehängt werden.

Das Deutsche, aber auch das Englische, Schwedische und alle romanische Sprachen gehören zur großen Familie der indoeuropäischen flektierenden Sprachen. So unterschiedlich Norwegisch und Portugiesisch klingen, so besitzen sie doch Gemeinsamkeiten im Aufbau der Wörter und den Regeln, wie Wörter zu Sätzen gefügt werden.

Wir können Vor- und Nachsilben an Wörter anfügen, um sie in den Satz einzupassen. Wir können einen Plural bilden, indem wir eine Endung anhängen (aus dem »Kind« werden »Kinder«), einen Vokal im Wortstamm verändern (aus dem »Vater« werden »Väter«) oder wie im Beispiel »Häuser« beide Möglichkeiten kombinieren. Diese beiden Mittel wenden wir auch bei Verben an: Bei »ging« hat sich der Hauptvokal e des Infinitivs »gehen« zu i verwandelt, dieses wiederum zu a in der Form »gegangen«, die überdies die Vorsilbe ge- aufweist.

Japaner können so nicht mit ihren Wörtern umgehen. Sie haben nur ein Mittel der Veränderung, nämlich **Endungen**. Von diesen Endungen, die sie an

Selbstverständnis der Japaner

einen Wortstamm anhängen können, besitzen sie allerdings weit mehr als wir. So setzt sich z.B. die Aussage »ich mußte gehen«, japanisch *ikanakereba narimasen deshita*, zusammen aus dem Wortstamm von nur einer Silbe und 13 angehängten Silben, die Verneinung, Konditional, Modalverb, Höflichkeit und Vergangenheit ausdrücken. Das Fremdwort »agglutinieren« ist treffend: Es heißt soviel wie ankleben.

Ich will Sie nicht mit Grammatik langweilen (die übrigens sehr unterhaltsam sein kann), sondern lediglich zeigen, wie unterschiedlich Sprachen »funktionieren« können. **Das Japanische ähnelt grammatisch dem Türkischen**, obwohl sich zwischen japanischen und türkischen Wörtern keine Verwandtschaft erkennen läßt.

Die **chinesische Sprache** funktioniert wiederum ganz anders. Sie ist eine isolierende Sprache, d.h. die Wörter stehen einzeln (isoliert) und unverändert nebeneinander. Jedes Wort besteht aus einer einzigen (manchmal im Vergleich zum Japanischen recht langen) Silbe. Japanische Wörter dagegen sind meist mehrsilbig.

Man kann chinesische Wörter nicht verändern. Man kann am einzelnen Wort nicht erkennen, ob die Einzahl oder Mehrzahl gemeint ist; dies verrät der Zusammenhang oder ein Zusatz wie »viele«. Das einzelne Wort bekundet nicht, ob etwas jetzt geschieht oder vergangen ist; auch dies erfährt man erst aus dem Zusammenhang oder Ergänzungen wie »damals« oder »heute«. Im chinesischen Satz erklärt die Position des Wortes, ob es Subjekt oder Objekt darstellt. Ob der Vater den Sohn schlägt oder der Sohn den Vater, hängt im Regelfall davon ab, ob das Wort »Vater« im Satzgefüge vor oder hinter dem Wort »Sohn« steht.

So unterscheidet sich die japanische Sprache vom Chinesischen ebenso grundlegend wie vom Deutschen oder Französischen. Allerdings hat sie aus dem Chinesischen vor Jahrhunderten schon eine Fülle von Wörtern aufgenommen. Der japanische Wortschatz ist zu einem guten Teil chinesischen Ursprungs, auch wenn dies durch die starke Anpassung an die japanische Aussprache manchmal, zumindest für unsere Ohren, kaum mehr wahrnehmbar ist. Aus dem chinesischen *dong*, »Osten«, z.B. haben japanische Zungen *tô* gemacht.

Betrachten Sie japanische Wörter einmal genauer. Sie kennen gewiß eine Menge davon, etwa Karate und Kimono, Kawasaki und Yamaha, Städtenamen wie Yokohama und Hiroshima. Versuchen Sie, diese Wörter in Silben zu zerlegen. Das fällt beim Japanischen leicht: Jede Silbe der genannten Wörter beginnt mit einem Konsonanten und endet mit einem Vokal. So einfach ist das.

Es gibt fünf **Vokale** und nicht mehr. Sie werden normalerweise in von unserem Alphabet abweichender Reihenfolge aufgeführt: a, i, u, e und o. Das y, das im Deutschen vorwiegend vokalisch (wie in »Mythos«) eingesetzt wird, ist im Japanischen stets ein Anlaut, wird also konsonantisch (wie in »Yokohama«) verwandt.

Selbstverständnis der Japaner

Es ist kein Wunder, daß es unseren Kindern oft schwerfällt, das ABC, diese willkürliche Aneinanderreihung von Buchstaben, auswendig zu lernen. Ihre japanischen Leidensgefährten haben es in diesem Punkt viel einfacher. Das **japanische Silbenalphabet** nennt als erste fünf Silben die fünf Vokale: *a, i, u, e, o*. Die nächste Reihe bilden die Silben, die mit k anlauten: *ka, ki, ku, ke, ko*. Dann folgen die Silben, die mit *s* beginnen.

So stehen die Silben in regelmäßiger Ordnung nebeneinander, und man muß sich nur die Kopfreihe merken und hat das System im Griff: a, ka, sa, ta, na, ha, ma, ya, ra, wa. Die letzte Silbe, die einsam an dieser in Reih und Glied stehenden Kolonne hängt wie ein überzähliges Rad am Wagen, ist das *n*, die einzige Silbe, die keinen Vokal umfaßt.

Das n kann auch vor den Vokalen vorkommen, und dann bildet es Silben wie alle anderen Konsonanten. Im Wort *nambanjin* (»Barbaren aus dem Süden«) taucht das einzelne n dreimal auf: Am Anfang steht die Silbe *na* und nach ihr die Silbe *n*, die vor *b* wie *m* ausgesprochen wird. Dann folgt die Silbe *ba* und erneut die Silbe *n*. Also ist das Wort *namban* viersilbig. Zum dritten Mal erscheint die Silbe *n* nach der Silbe *ji* – weshalb das uns dreisilbig anmutende Wort *nambanjin* nach japanischen Regeln sechs Silben zählt.

Die Konsonanten als Anlaute der Silben können variiert werden. Auch wenn man im Silbenalphabet vergebens das *g*, *d* und *b* sucht, kommen diese Laute mit Hilfe eines kleinen Tricks zum Einsatz. So wie wir durch zwei Pünktchen aus dem *a* ein *ä* machen, so verwandeln die Japaner durch zwei oben rechts angebrachte Strichlein *ka* zu *ga*, *ta* zu *da* und *to* zu *do*, aber auch ein scharfes *s* in ein weiches *s* (wie in »Sage«). Außerdem kann durch die zwei Strichlein aus dem *ha* ein *ba* werden; ersetzt man sie durch einen kleinen Kringel, entsteht *pa*.

Das japanische Silbenalphabet wird auch *gojûonhyô*, **»Fünfzig-Laute-Tafel«**, genannt. Diese Berechnung beruht auf den fünf Vokalsilben, zu denen neun (jeweils mit ihnen kombinierte) Silbengruppen mit den Anlauten *k, s, t, n, h, m, y, r, w* treten. Obgleich man einige ungebräuchliche Silben (z.B. *yi, ye, wi, wu, we*) heute »unter den Tisch« fallen läßt, spricht man weiterhin von den fünfzig Lauten.

Leider beherzigt auch die so ordentliche Fünfzig-Laute-Tafel die Erkenntnis, daß eine Regel **Ausnahmen** hat. Die zweite Silbe der s-Reihe heißt entgegen dem Schema nicht *si*, sondern *shi*. Denn Japanern bereitet die Aussprache des *s* vor dem *i* Probleme; in ihrem Mund klingt *si* ähnlich wie »schi« (also das Fremdwort »Sinfonie« wie »Schinfonie«), das in der Umschrift als *shi* wiedergegeben wird. In der *t*-Reihe lauern zwei Ausnahmen: Vor *i* wird das *t* nicht *ti*, sondern »tschi« ausgesprochen, geschrieben *chi*; ebenso wird *t* vor *u* zu *tsu* (gesprochen »zu« mit kurzem u). In der *h*-Reihe wiederum entdeckt man statt des *hu* ein *fu*. Auch hier ist japanischer Zungenschlag der Grund: Er macht aus »hu« unweigerlich »fu«.

Die oben erwähnten zwei Strichlein weisen bei diesen abweichend vom System ausgesprochenen Silben auf eine weitere phonetische Nivellierung

———— *Selbstverständnis der Japaner* ————

Umschriften japanischer Wörter im amerikanischen Hepburn-System (hebonshiki). Dabei wird das sh als »sch« und das s scharf ausgesprochen.

hin: Sie deuten an, daß die Silben *shi* und *chi* als *ji* (gesprochen »dschi«), *tsu* als *zu* (gesprochen mit weichem *s* wie »suchen«), *fu* als *bu* auftreten.

Tips: Aussprache der lateinischen Umschrift

Wir folgen hier der im Westen verbreiteten **Hepburn-Umschrift**, japanisch *hebonshiki* genannt. Sie heißt nach dem amerikanischen Missionar Hepburn, der ihr bei den Vokalen zwar die im Lateinischen übliche Schreibweise und Aussprache, bei den Konsonanten aber jene des amerikanischen Englisch zugrundegelegt hat. Daher gibt die Hepburn-Umschrift einige Laute anders wieder, als deutsche Sprecher es täten. **Besonders aufpassen heißt es bei folgenden Buchstaben:**

- Deutsche Zungen sprechen **s** und **z** meist falsch aus. Die Regel lautet: Das z steht für das weiche s, das s stets für das scharfe s – das s in Sapporo und Suzuki wird also nicht wie in »Samt und Seide«, sondern wie in »Gruß und Kuß«, das z in Suzuki wie in »Sahne« ausgesprochen.
- Die Buchstabenkombination **sh** wird »sch« ausgesprochen.
- Wo die Hepburn-Umschrift ein **j** setzt, sprechen wir ein »dsch« (also Fuji wie »Fudschi«) aus.

137

Selbstverständnis der Japaner

Das Problem der Umschrift stellt sich für Japaner selbstredend anders dar. Mit der **offiziellen japanischen Umschrift**, *kunrei* genannt, können wir leider wenig anfangen, da sie sich am System der Fünfzig-Laute-Tafel orientiert. Gehört eine Silbe in die h-Reihe, so wird sie ohne Rücksicht auf die Aussprache mit h geschrieben (z.B. »fu« alshu). In der Annahme, jeder wis-

---

Hinweise: Grammatik und Denken

Anhand deutscher Redewendungen seien hier einige **Grundsätze des japanischen Satzbaus** demonstriert. Sinn dieser »Übung« ist es nicht, Ihnen Grammatikregeln unterzujubeln. Vielmehr geht es darum, beispielhaft aufzuzeigen, daß Denkstrukturen sich auch grammatikalisch niederschlagen.

- **Das Verb steht im japanischen Satz immer am Ende.** Japaner würden wortwörtlich sagen: »Der Apfel nicht weit vom Stamm fällt.«
- **Es gibt im Japanischen weder einen Artikel (wie der, die, das) noch eine Mehrzahl.** Es müßte demnach heißen: »Apfel nicht weit von Stamm fällt.«
- **Die Verneinung wird nur im Verb ausgedrückt.** Statt »Ich habe kein Buch« sagen Japaner: »Ich Buch nicht habe.« Und weil die Verneinung in der Endung des Verbs erfolgt, wird daraus: »Ich Buch habe nicht.«
- **Substantive werden in die vier Fälle gesetzt, indem man eine Partikel anhängt.** *Ga* ist die Partikel für ein Subjekt, *no* für einen Genitiv, *ni* für einen Dativ und *wo* für einen Akkusativ. Angewandt auf das Sprichwort »Gottes Mühlen mahlen langsam« ergäbe sich: »Gott *no* Mühle *ga* langsam mahlen.«
- **Personalpronomen (ich, du, er usw.) sind im Japanischen Substantive und werden wie diese verwendet.** »Mein Hut, der hat drei Ecken« würde also umgebaut zu: »Ich *no* Hut *ga* drei Ecke *wo* hat.«
- **Adjektive wie »gut«, »schön« oder »alt« gelten als Verb.** Statt »Das Haus ist groß« genügt die Aussage: »Haus *ga* groß.«
- Uns bereitet das Verständnis japanischer Texte oft Probleme, weil **vieles nicht unbedingt ausgesagt werden muß, wenn der Zusammenhang es erklärt**. Man kann manches schlichtweg auslassen. Hat man z.B. am Textanfang klargestellt, um wen es geht, muß man nicht allzeit wiederholen, wer dies oder jenes tut. Daher gibt es – im Deutschen undenkbar – **Sätze ohne Subjekt**.

Dadurch können Ungenauigkeiten aufkommen, die uns das Verstehen und Übersetzen japanischer Texte erschweren. Dabei können Japaner, z.B. für wissenschaftliche Zwecke, durchaus präzise formulieren. Doch man empfindet solche Texte nicht als schön – nach der Devise: Ein bißchen Unklarheit sollte sein.

se, daß h vor u als f gesprochen wird, ziehen Japaner es vor, bei der Schreibweise am »System« festzuhalten. So kommt es, daß Japans bekanntester Berg im *kunrei* Huzi geschrieben wird. Daß Huzi sich »Fudschi« ausspricht, weiß nach Meinung japanischer Behörden jedes Kind. Nur vergessen die Behörden darüber, daß dieses Kind ein japanisches sein muß.

Diese Beispiele deuten an, daß wir umdenken müssen, um in das Japanische einzusteigen. Der Einstieg in die gesprochene Sprache ist eine spielerische Kür, vergleicht man ihn mit den Hürden, die beim Erlernen der japanischen Schrift zu bewältigen sind.

Die japanische Schrift

Vermutlich haben Sie schon einmal einen fernöstlichen Text gesehen und sich gefragt: Ist das nun Japanisch oder Chinesisch?

Uneingeweihte haben oft Mühe, die beiden Schriften auseinanderzuhalten. Und in der Tat: ein großer Teil der **chinesischen Schriftzeichen** wird im Japanischen verwendet – im Koreanischen übrigens auch. Im Japanischen nennt man diese Ideogramme *kanji*.

Japaner wie Koreaner kommen jedoch wegen der andersgearteten Struktur ihrer Sprache nicht mit den chinesischen Schriftzeichen aus, sondern benötigen **zusätzliche, phonetische Zeichen**. Dafür haben die Japaner eine Silbenschrift, die Koreaner eine Buchstabenschrift entwickelt.

Während das Japanische und Koreanische also **Mischschriften** sind, setzt das Chinesische ausschließlich Schriftzeichen ein. Wenn ein Chinese das Zeichen für einen bestimmten Begriff nicht kennt, so kann er diesen auch nicht schreiben. Er muß dann im Text eine Lücke lassen oder einen anderen Begriff wählen. Ein Japaner oder ein Koreaner könnte ein Wort, dessen chinesisches Zeichen er nicht kennt, in der Silben- bzw. Buchstabenschrift schreiben, und es wäre auch lesbar.

Die **japanische Silbenschrift** umfaßt die fünfzig Silben der Fünfzig-Laute-Tafel. Sie tritt – ähnlich wie wir eine Druck- und Schreibschrift benutzen, die teils erheblich voneinander abweichen – in zwei Schreibweisen auf: *hiragana* und *katakana*. Mit ***katakana*** werden ausschließlich Fremdwörter, botanische und geographische Namen wiedergegeben sowie Telegramme übermittelt. Dadurch kann man auf einen Blick die Fremdwörter in einem Text ausmachen. Ausländer, die die Silbenschrift beherrschen, können oft anhand der *Katakana*-Zeichen das Thema eines japanischen Textes erfassen, indem sie die Fremdwörter phonetisch rückübersetzen.

Die gebräuchlicheren ***Hiragana***-Silbenzeichen sehen rundlicher und eleganter aus als *katakana*. Sie werden für die grammatischen Elemente wie Endungen und Partikel verwendet. *Hiragana*, *katakana* und *kanji* wechseln sich im Text ab.

Selbstverständnis der Japaner

Je komplizierter die *kanji*, desto schwerer ist ein Text zu lesen. Ersetzt man aber zu viele *kanji* durch *hiragana*, wird das Geschriebene ebenfalls unverständlich. Der Autor kann durch die Verwendung von *kanji* den **Schwierigkeitsgrad eines Textes** recht genau bestimmen: Für eine weniger gebildete Zielgruppe wird er schwierigere *kanji* durch *hiragana* ersetzen oder zumindest kleine *Hiragana*-Zeichen als Lesehilfe (*furigana*) an den Rand setzen. Ein einfacher Zeitungsartikel zählt etwa zwei- bis dreimal so viele *Hiragana*-Silbenzeichen wie *kanji*.

Die Verwendung von *katakana* war in klassischen Texten selten. Mit Japans Öffnung zum Westen hat sie geradezu schlagartig zugenommen. Manche moderne Texte enthalten mehr *Katakana*-Zeichen als *kanji* – was jedoch nicht heißt, daß die Zahl der Fremdwörter überwiegt. Denn wie im Kapitel »Fremdwörter im Japanischen« geschildert, bedarf es zur Wiedergabe einer einzigen deutschen oder englischen Silbe oft mehrerer japanischer Silben. Auch hierzu eine im Internet aufgefangene Beobachtung:

»Du merkst, daß du schon viel zu lange in Japan bist, wenn du anfängst zu überlegen, wie viele Silben ein Wort wie ›building‹ hat: im Englischen zwei, im Japanischen sieben.«

Die Kunst des Lesens und Schreibens ist bei Buchstabenschriften wie der unseren eine Frage des Entweder-Oder: Entweder kann man das Alphabet lesen und schreiben und somit – zumindest theoretisch – alles lesen und schreiben, oder man kann es nicht. Anders bei Chinesen, Japanern und Koreanern: Wer 800 Zeichen beherrscht, kann ebenso sagen, lesen und schreiben zu können, wie jemand, der ihm mit einer Kenntnis von 10.000 Schriftzeichen de facto haushoch überlegen ist. Chinesen haben es besonders schwer, das Schreiben zu erlernen, da sie auf keine Lautschrift ausweichen können. Deshalb und wegen der mangelhaften Versorgung ländlicher Gegenden mit Lehrern liegt die Zahl der »Analphabeten« in China relativ hoch. **In Japan kann trotz der komplizierten Schrift fast jeder wenigstens die Zeitung lesen.**

Hiragana, *katakana* und *kanji* lernt man leicht unterscheiden. Die Mischschrift erklärt, weshalb viele Japaner **Meister im Schnellesen** sind. Sie überfliegen einen Text, indem sie die vielen *Hiragana*-Zeichen ignorieren und nur die *kanji* wahrnehmen. Geübte erfassen die Bedeutung eines *kanji* auf einen Blick und damit weit schneller, als es bei einem Text in lateinischen Buchstaben möglich wäre.

Obwohl Silbenzeichen und *kanji* unterschiedliche Strichzahlen aufweisen, manche simpel, andere sehr kompliziert sind, hat jedes Zeichen den gleichen Raum einzunehmen. Dieser Raum ist ein gedachtes Quadrat. Im **Schriftbild** reihen sich Zeichen gleicher Größe in gleichem Abstand aneinander.

Die **Schreibrichtung** verlief traditionell in Zeilen von oben nach unten und rechts nach links, weshalb man alte Bücher »von hinten« liest. Der westliche Einfluß hat bewirkt, daß man zunehmend in waagerechten Zeilen und von links nach rechts schreibt. Dadurch lassen sich, z.B. bei Zitaten oder Litera-

Selbstverständnis der Japaner

Firmenwerbung für ein »etwas anderes Restaurant« in **Hiragana-Silbenschrift.**

turangaben, lateinische Buchstaben in japanische Texte integrieren, ohne die Schreibrichtung zu wechseln. Auch Japaner müssen sich zunächst orientieren, wo ein Text beginnt und ob er von »vorn« oder von »hinten« zu lesen ist.
Unsere Schreibschrift macht es unmöglich, die Buchstaben untereinander anzuordnen. Sie baut darauf auf, Schriftzüge von links nach rechts zu verketten. Japanische *Hiragana*-Zeichen können zwar ähnlich fließend, aber nur von oben nach unten verbunden werden.
Da ein Kind bei Schuleintritt die Fünfzig-Laute Tafel beherrschen soll, wird schon in Kindergarten und Vorschule Schreiben und Lesen geübt. Kinderbücher verwenden ausschließlich *hiragana*. Im ersten Schuljahr müssen Kinder außer *hiragana* und *katakana* 76 chinesische Schriftzeichen lernen, zunächst einfache *kanji*, z.B. für Sonne und Mond, Himmel und Erde, Feuer und Wasser. Pro Schuljahr kommen etwa 140 *kanji* hinzu. **Nach zwölf Schuljahren sollen japanische Kinder mindestens 2000 *kanji* beherrschen.**

Die chinesischen Schriftzeichen

Die chinesischen Zeichen sind etwa 5000 Jahre alt. Ihre **Entstehung** ist nicht genau bekannt. Einige Zeichen, z.B. jene für Sonne und Mond, Berg und Fluß, lassen heute noch erkennen, daß am Anfang **einfache Bilder** standen.

Selbstverständnis der Japaner

Später kombinierte man solche Zeichen zu **graphischen Symbolen** für Begriffe, die sich nicht unmittelbar abbilden lassen: Die Sonne neben dem Mond meint »hell«, ein Baum neben einem Menschen »ausruhen«.

Alsdann flossen auch **lautliche Elemente** in die Piktogramme ein. Um auf die Aussprache des Zeichens für Überfluß, nämlich »yu«, zu verweisen, fügte man ihm das gleichlautende Zeichen für Fisch hinzu. So erhielten viele Schriftzeichen neben dem sinntragenden einen Lautbestandteil.

Fremde Begriffe verleibte das Chinesische sich ein, indem es sie rein phonetisch durch ähnlich lautende Zeichen oder sinngemäß durch neue Kombinationen des vorhandenen Wort- und Zeichenschatzes wiedergab. Im ersten Fall wurde so aus »Aspirin« *asipilin*, im zweiten aus »Flugzeug« *feiji*, aus »Flugplatz« *feijichang* (*fei* = »fliegen«, *ji* = »Maschine«, *chang* = »Platz«). Von den schätzungsweise 50.000 chinesischen Schriftzeichen sind viele nur einigen Fachleuten bekannt. Eine bildliche Darstellung erkennt man nur noch bei wenigen.

Die weitaus meisten Schriftzeichen sind aus mehreren Elementen zusammengesetzt und lassen sich in einen **sinn- und lautangebenden Hauptbestandteil** zerlegen. Lexika klassifizieren die Zeichen nach den sogenannten (heute meist 114) **Radikalen**, sinntragenden Grundelementen. Jedes Zeichen besitzt einen Radikal. Die einfachsten Radikale (z.B. für die Zahl eins) bestehen aus einem einzigen Strich, die kompliziertesten aus 17 Strichen. Kombiniert mit anderen Elementen, können »Hieroglyphen« von 27 Strichen entstehen. Reihenfolge und Richtungsverlauf der einzelnen Striche sind übrigens nicht beliebig.

Über Jahrhunderte verwandte man in China, Japan und Korea identische Schriftzeichen. Schriftkundige erfaßten zumindest, wovon ein Text der anderen Sprachen handelte, mochten sie auch aufgrund mangelnder Kenntnisse der Grammatik, japanischen Silben- oder koreanischen Buchstabenschrift die Feinheiten nicht verstehen. So ermöglichten die chinesischen Schriftzeichen immerhin eine minimale Verständigung.

Anfang des 20. Jh. entschloß sich Japan, häufig vorkommende Schriftzeichen zu vereinfachen. Es erstellte eine Liste von ca. 2000 **vereinfachten Zeichen**, *tôyô-kanji* genannt, die jeder japanische Schulabgänger beherrschen sollte. Tatsächlich hat diese Schriftreform einen Grundstein für den außerordentlich hohen Bildungsstand gelegt.

China und Korea machten diese Schriftreform nicht mit. Erst später führte die Volksrepublik China die sogenannten, noch etwas stärker vereinfachten Kurzzeichen. Da dies ebenfalls nicht in Abstimmung mit anderen Ländern geschah, verwenden die Volksrepublik China und Japan heute unterschiedlich vereinfachte Schriftzeichen, Taiwan, Hongkong und Südkorea hingegen die herkömmlichen »Langzeichen«. Nordkorea wiederum hat die chinesischen Schriftzeichen vollkommen abgeschafft.

Wir wundern uns oft, weshalb die ostasiatischen Kulturen nicht Buchstabenschriften einführen. Gegen das Argument, daß das Erlernen der

142

Selbstverständnis der Japaner

Traditionelles Teegeschäft mit rein chinesischer Firmenbezeichnung.

komplizierten Schriftzeichen kostbare Energien abschöpft, werden gewichtige Gründe ins Feld geführt. Zum einen wäre die gesamte **alte Literatur** nur mehr einem kleinen Gelehrtenkreis zugänglich und die Mehrzahl der Bevölkerung auf moderne Übertragungen angewiesen, die trotz noch so hohen technischen und finanziellen Aufwands einen nur sehr unvollkommenen Ersatz böten. Zum anderen gibt es im Chinesischen und Japanischen viele **gleichklingende Wörter**, die eindeutig nur anhand der Schriftzeichen zu unterscheiden sind. Daher kann man bei Gesprächen zuweilen beobachten, daß Japaner (und Chinesen) in Zweifelsfällen mit dem Finger ein Schriftzeichen in die Handfläche kritzeln, worauf der andere nickt oder seinerseits etwas Unsichtbares pinselt.

Ein weiterer, wahrhaft praktischer Grund für die Beibehaltung des japanischen Schriftsystems mag erstaunen: Wer es beherrscht, kann Texte in einem Tempo »diagonal« lesen, das bei einem Wald von Buchstaben nie möglich wäre. In diesem Punkt sind uns Japaner also geradezu himmelhoch überlegen.

Und nicht zuletzt betrachten die ostasiatischen Länder die Schrift als **unverzichtbaren Teil ihrer Kultur**. Die Schrift aufgeben hieße das ästhetische Selbstverständnis in Frage stellen. Selbst im kulturrevolutionären China, das traditionelle Werte und Schätze bedenkenlos auf den Scheiterhaufen warf, blieb die Schrift, wenngleich vereinfacht, ein unangetastetes Gut. Und so gern man dort heute die Tradition dem Wirtschaftswachstum unterordnet, so wenig geht der Utilitarismus dahin, die Schriftzeichen ernsthaft abschaffen zu wollen.

Selbstverständnis der Japaner

Übrigens hat die **moderne Technik** kräftig zum Erhalt der Schriftzeichen beigetragen. Schreibmaschinen waren bereits ein Fortschritt, aber sehr kompliziert. Denn man mußte die 114 Radikale nicht nur als eigenständiges Zeichen, sondern auch als verkleinertes, horizontal oder vertikal verkürztes Teilelement anderer Zeichen anwählen können. Zunächst erfanden die Japaner den »Wapuro«, den Word processor, eine Art Computer, dessen Tasten statt Buchstaben die Silbenzeichen unterlegt waren. So konnte man in *hiragana* ein Wort eingeben. Tippte man z.B. die Silben *ka* und *mi*, zeigte ein Display auf Knopfdruck alle »kami« ausgesprochenen Schriftzeichen. Hatte man das gewünschte Zeichen ausgewählt, baute der Computer es in den Text ein.

Moderne Computerprogramme basieren auf demselben Prinzip. Dies hat zur Folge, daß viele junge Japaner die Schriftzeichen nur unvollkommen schreiben lernen. Sie können wohl alle notwendigen *kanji* erkennen, beherrschen die meisten aber nur noch passiv. Das ist kein Problem, solange Computer zur Verfügung stehen.

Die verbesserte Leistungsfähigkeit der Computer macht möglich, auch die **Ästhetik des Schriftbilds** zu berücksichtigen. Man hat die Wahl zwischen vielen Zeichensätzen. Manche moderne Computerschriften sind nur durch ihre Vollkommenheit von einer gepinselten Kalligraphie zu unterscheiden – eine Neubelebung der traditionellen Schönschreibkunst am Bildschirm.

Absolute und relative Selbstdefinition

Wenn wir einem Unbekannten gegenübertreten, müssen wir manchmal im Bruchteil einer Sekunde entscheiden, ob wir ihn **duzen** oder **siezen**. Wir reagieren meist nahezu mechanisch. Engländer und Amerikaner hingegen, die in ihrer Muttersprache nicht zwischen Du und Sie unterscheiden, bereitet dieses »Problem« der deutschen Sprache und Umgangsweise oft Mühe. Wir wissen, daß man Kinder, Verwandte und Freunde, aber zunehmend auch gleichaltrige Fremde duzt, alle anderen Unbekannten siezt. Die **Vertrautheit** zwischen den Gesprächspartnern spielt eine wesentliche Rolle. Das war früher nicht so. Gut hundert Jahre ist es her, daß Wilhelm Busch Max und Moritz ihren Onkel fragen ließ: »Haben Sie auch gut geschlafen?«

In Japan müßten Max und Moritz heute noch nicht nur zwei, sondern **etliche Formen der Anrede** – und **Selbstbezeichnung!** – kennen und beherrschen. Diese richten sich danach, ob der Gesprächspartner dem Redner über- oder untergeordnet ist. Dieses Verhältnis fällt ungleich stärker ins Gewicht als Vertrautheit.

An dieser Stelle sei Takao Suzuki das Wort überlassen, der im folgenden Auszug seines Buches *Eine verschlossene Sprache, Die Welt des Japani-*

144

─────── *Selbstverständnis der Japaner* ───────

Im Kaufhaus (Nihombashi Mitsukoshi) ist das soziale Rangverhältnis eindeutig und schematisiert – »der Kunde ist König«.

schen zu den **komplizierten Höflichkeitsstrukturen des Japanischen** und ihren Ursachen treffend bemerkt:

> »Die japanische Ego-Struktur ... hängt meiner Ansicht nach eng damit zusammen, wie wir die zwischenmenschlichen Beziehungen auffassen. Das liegt daran, daß Japaner dazu tendieren, ihr Ich in Abhängigkeit vom Gegenüber zu identifizieren ...
> Sehen wir uns ... einmal an, wie viele verschiedene Bezeichnungen für die eigene Person ein einzelnes Individuum im täglichen Leben gebraucht.
> Ein vierzigjähriger Grundschullehrer hat Frau und Sohn sowie einen Bruder, der noch Student ist. An nahen Verwandten besitzt er noch einen Vater und einen älteren Bruder, die beide auswärts wohnen. Dieser Lehrer bezeichnet seine Person auf mindestens sieben verschiedene Arten. Gegenüber seinem eigenen Kind nennt er sich *otôsan* (›Vater‹), gegenüber dem jüngeren Bruder *nîsan* (›älterer Bruder‹), im Gespräch mit seiner Frau nennt er sich *ore* (familiäre, ausschließlich männliche Bezeichnung für ›ich‹, nur gegenüber sozial Gleich- oder Niedriggestellten verwendbar), gegenüber seinem Vater (›ich‹, s.o.) und ebenso gegenüber seinem älteren Bruder. Zum Nachbarskind spricht er von sich als *ojisan* (›Onkel‹), gegenüber seinen Schülern in der Schule nennt er sich *sensei* (›Lehrer‹), gegenüber Kollegen *boku* (›ich‹, s.o.) und gegenüber dem Schuldirektor *watashi* (›ich‹, s.o.).

145

Selbstverständnis der Japaner

Das Individuum stellt zuerst fest, wer der Gesprächspartner ist, welchen Status er hat und in welchem Verhältnis er zu der eigenen Person steht und wählt dann den dieser Situation angemessensten Terminus. Das heißt, die Eigenschaften des Gesprächspartners spiegeln sich direkt in der Perspektive, in der man die eigene Person sprachlich definiert. Man könnte sagen, die Frage ›Wer bin ich?‹ hängt unmittelbar ab von der Frage: ›Wer ist mein Gegenüber?‹ Bemerkenswerterweise ist eine solche Relativität der sprachlichen Ich-Definition in westlichen Sprachen nicht anzutreffen.

In den europäischen Sprachen, etwa im Englischen, Deutschen, Französischen, ist die Perspektive, aus welcher der Sprecher sich sprachlich selbst bezeichnet, unveränderlich festgelegt; er verwendet dafür ausschließlich das Personalpronomen der ersten Person. Ich bezeichne diese Form als ›**absolute Selbstdefinition**‹ im Gegensatz zur japanischen, die ich ›**relative Selbstdefinition**‹ nennen möchte.«

Uns verunsichert die Vorstellung, je nach Gegenüber ein anderes Wort für »ich« benutzen zu müssen. Schließlich ist nicht immer leicht auszumachen, ob der andere »über« oder »unter« einem selbst steht. Welche Kriterien zählen? Beruflicher Erfolg? Herkunft? Einfluß und Macht? Alter?

Daher ist es in Japan ungemein wichtig, so viel wie möglich über den Gesprächspartner in Erfahrung zu bringen, ehe man ihm entgegentritt. **Weiß man nicht, wer der andere ist, so kann man im Grunde gar nicht mit ihm reden.** Jemandem eine unangemessen hohe Stellung zuzuordnen ist peinlich, da spätere Korrekturen kaum mehr möglich sind. Stuft man ihn zu niedrig ein, begeht man einen noch ärgeren Fauxpas.

Dieser Grund macht **Visitenkarten** unentbehrlich! Die Visitenkarte dient als erster, entscheidender Anhaltspunkt. Je mehr sie über den Inhaber aussagt, z.B. über Rang in der Firma oder Universität, Mitgliedschaft, vielleicht gar Vorsitz, in Verbänden, um so leichter fällt die schwierige **Einstufung des Unbekannten.**

Vor Jahren stellte ich an einer deutschen Universität einen japanischen Professor seinen neuen Kollegen vor. Der Japaner hielt sich dabei vorsichtig im Hintergrund, um mir einige Male leise zuzuzischen: »*Pojishon?*« (»Position?«) Er benötigte Aufschluß über die Stellung der Kollegen in der Hochschulhierarchie, um mit ihnen ins Gespräch treten zu können.

Das Verhalten dieses Professors ist eines von vielen Indizien für die **hierarchische Struktur der japanischen Gesellschaft**. Wir als Mitglieder einer horizontal gegliederten Gesellschaft streben danach, uns mit Gesprächspartnern auf eine Stufe zu stellen. Ein hierarchisches Gefälle zwischen uns und dem Gesprächspartner verbreitet in der Regel Unbehagen. Wir fühlen uns im Kreis von Freunden oder ebenbürtigen Kollegen eher wohl als in Gegenwart von Vorgesetzten oder Untergebenen.

Während wir das Prinzip der Gleichheit schätzen, schreckt es Japaner eher ab. Sie sind von Kindesbeinen gewöhnt, Abstände zwischen sich und ande-

146

ren abzumessen und sich den Platz zuzuordnen, der ihnen jeweils im Vergleich zum anderen zukommt. Japaner fühlen sich verflochten in ein sehr dichtes Netz hierarchischer Abstufungen.

Aus diesem Grund wirken Japaner beim **Kontakt mit Fremden** manchmal abweisend oder schüchtern. Und aus diesem Grund wenden sich einige ab, wenn Sie sie auf der Straße nach dem Weg fragen. Japaner können Menschen, über die sie nichts wissen, nicht zu sich in Beziehung setzen, also auch nicht mit ihnen sprechen – bereits die Formulierung der Aussage »Ich weiß nicht« hängt vom Gefälle zwischen den Gesprächspartnern ab. Wenn Sie in Japan nach dem Weg fragen, werden Sie bemerken, daß **Frauen im allgemeinen zugänglicher sind als Männer**. Denn von Frauen wird grundsätzlich mehr Höflichkeit erwartet als von Männern, weshalb es Frauen auch leichter fällt als Männern, Gesprächspartner etwas höher einzustufen als sich selbst.

Höflichkeit

»Im Deutschen lügt man, wenn man höflich ist.«

Die Worte des Bakkalaureus in *Goethes Faust II* zeigen bereits eine **kulturspezifische Einstellung zur Höflichkeit**. Wie steht es mit der Höflichkeit der Japaner?

Trotz nationaler Eigenheiten der Höflichkeit läßt sich allgemein festhalten: Die Höflichkeit besteht überall aus einer **Vielzahl von Verhaltensempfehlungen und -normen**, die das Zusammenleben einer Gesellschaft geschmeidiger machen, Konflikten vorbeugen und damit harmonischer gestalten. Für die Einsatzbereiche der Höflichkeit (Begrüßung, Verabschiedung, Wunsch, Bitte, Dank, Entschuldigung, Anteilnahme etc.) bestehen fast rituelle Verhaltensregeln und Sprachwendungen. Diese Ritualform wandelt sich selbstverständlich mit der Veränderung der Gesellschaft. Ein Beispiel: In meiner Kindheit lernten die Mädchen, einen Knicks zu machen, die Jungen einen »Diener«. Diese Höflichkeitsgesten wirken heute verkrampft, gar lächerlich.

Wenn ich mit Japanern spreche, höre ich manchmal: »Sie drücken sich aber höflich aus!« Ich habe zu einer Zeit Japanisch gelernt, als Höflichkeit auch dort noch eine andere Bedeutung und Ausprägung besaß als heute. Sprachwendungen, die vor einigen Jahren noch als höflich (und damit angeraten) galten, sind heute »total out«. Wenn ich so spreche, wie ich es damals gelernt habe, falle ich – für manche immerhin noch angenehm – auf.

Höfliche Redewendungen sind im Japanischen so vielfältig wie in kaum einer anderen Sprache. Grundsätzlich gilt: **je höflicher die Redeweise, um so länger die Wortwendungen, Sprechblumen und Sätze**. Kurze, abgehackte Sätze dienen lediglich der Information und Kommunikation, aber

Selbstverständnis der Japaner

nicht der Höflichkeit. Ein Vorgesetzter wird gegenüber dem Untergebenen, ein Gast gegenüber dem Ober, ein Student gegenüber seinem Kommilitonen diese zwar funktionelle, doch höflichkeitsarme Form verwenden. Sie entspricht stilistisch etwa der nüchternen Wendung *ore* **für** »ich« (siehe Kapitel »Absolute und relative Selbstdefinition«). *Ore* wird nur von Männern und zudem nur gegenüber gleich- oder niedrigergestellten Menschen verwandt. Wer von sich als *ore* spricht, verzichtet in den folgenden Worten auf höfliche Formen. Anders bei der **Ich-Form** *boku*. Wer von sich als *boku* spricht, kann höfliche Endungen anbringen – muß es aber nicht. Wer sich allerdings als **watashi** bezeichnet, wird bei all seinen Satzverben die Höflichkeitsendung *-masu* anhängen.

Die **Vorsilbe** *o-*, die einigen Substantiven vorangestellt wird, kann ebenfalls dazu verwendet werden, das Höflichkeitsniveau zu erhöhen. Wer sein Gegenüber ehren will, erniedrigt sich selbst und erhebt den anderen. Wir kennen dies von dem meist ironisch gemeinten Ausdruck »meine Wenigkeit«. Japaner belassen es nicht bei der bereits stilisierten Frage: »Wie ist Ihr Befinden?«, sondern drechseln die Worte noch feiner: »Wie ist das verehrte Befinden (*o-genki*)?«

Das **Verb** »geben« bietet besondere Möglichkeiten der sprachlichen Höflichkeit. Während im Deutschen »geben« sowie »überreichen« und »nehmen« horizontale Begriffe sind, werden im Japanischen dafür zwei vertikale – von den Wörtern »hinauf« und »herab« abgeleitete – Verben verwandt. Von mir zum anderen wird immer hinaufgegeben, *ageru*. Der andere, Höhergepriesene gibt stets hinab zu mir, *kudasaru*.

Tips: Höflichkeit

Grußformen

Die im Deutschen üblichen und alltäglichen höflichen Grußformeln finden Sie entsprechend im Japanischen.

- »**Guten Tag**« heißt *konnichi wa*. (Diese Formel ist rumpfartig verkürzt und bedeutet: »Was den heutigen Tag betrifft ...«).
- »**Guten Abend**« lautet japanisch: *Komban wa!*
- Die Formel »**Guten Morgen**« gibt es in zwei Kultivierungsstufen. Sehr höflich klingt sie: *O-hayô gozaimasu!* Wörtlich übersetzt: »Sie sind früh!« Wenn Männer von sich als *ore* oder *boku* sprechen, wird der Satz verkürzt zu: *O-hayô!*
- Sie können sich mit dem international bekannten Wort *sayônara* **verabschieden**. (Bei uns wird häufig die dritte Wortsilbe betont, während Japaner keine der Silben hervorheben.) Junge Leute und Kinder rufen sehr häufig auch nur »baibai!« (entsprechend dem englischen *bye-bye*).
- Am Abend verabschiedet man sich mit *o-yasumi nasai!* »**Gute Nacht!**« (Wörtlich: »Ruhen Sie gut!«)

148

Selbstverständnis der Japaner

Die Teezeremonie ist die erhabenste Stilübung im japanischen Verhaltenskodex.

- Zu den zahlreichen **höflichen Abschiedsformeln** zählen: *o-genki de* (»Bleib gesund!«), *o-ki wo tsukete* (»Nehmen Sie Ihren Geist in acht!«) oder *o-daiji ni* (»Passen Sie gut auf sich auf!«, wörtlich: »Nehmen Sie sich wichtig!«).
- Fragt Sie jemand nach dem **Befinden**: *O-genki desu ka?*, dann antworten Sie: *O-kage sama de ...*, was bedeutet: »Dank des verehrten Schattens ...« und auf höhere Mächte verweist, die Sie vor Unheil bewahrt haben.

Bitten & Danken

Recht schwierig ist die Formulierung von »bitte« und »danke«. »Bitte« können die Japaner nur im ganzen Satz verwenden – und zwar im Zusammenhang mit dem Verb *kudasai*, »heruntergeben«.
- Eine sehr höflich formulierte **Bitte** lautet: *O-negai shimasu*.
- Beim **Danken** bieten sich zahlreiche Abstufungen an – wie im Deutschen vom einfachen »Danke« bis hin zu: »Ich danke Ihnen sehr herzlich!« Im Japanischen lautet die **vollständige, sehr höfliche Dankformel**: *Dômo arigatô gozaimasu!* Sie können die Höflichkeitsintensität abschwächen, indem Sie entweder das erste oder das letzte Wort auslassen. Der **schlichteste Dank** wird durch bloßes *dômo* oder *arigatô* ausgedrückt.
- Die vielfältigen Möglichkeiten des Dankens ergeben sich auch aus dem möglichen **Vergangenheitsbezug**. Verlassen Sie z.B. ein Kaufhaus, vernehmen Sie von den uniformierten Empfangs- und Abschiedsdamen: *Dômo arigatô gozaimashita!* Da Sie bereits gekauft haben, zielt der Dank in die Vergangenheit.

Selbstverständnis der Japaner

- Der Erwiderung **»Nichts zu danken!«** oder »Keine Ursache!« entspricht im Japanischen: *Dô itashimashite!*

»Mahlzeit«

- Beim **Essen** wünscht man in Japan nicht dem Tischbarn **guten Appetit**, sondern bemerkt: *Itadakimasu,* »Ich nehme (das Essen) dankend an.« Nach dem Speisen bedankt man sich mit der Redensart: *Go-chisô sama deshita!*
- Die japanische Hausfrau fordert ihre Gäste zum Zeichen der Höflichkeit mehrmals auf: *Takusan tabete kudasai,* **»Bitte essen Sie viel!«** Ihnen mag diese Ermunterung seltsam erscheinen, denn Sie wollen schließlich nicht als Vielfraß (verschönernd: Gourmand) gelten – zumal wenn Sie gegen überzählige Körperpfunde kämpfen. Aber in Japan bedeutet diese Floskel ganz einfach, daß man Ihr leibliches Wohl im Sinn hat.
- Wenn Sie wirklich satt sind, man Ihnen aber weiterhin zu essen und zu trinken anbietet, können Sie **dankend ablehnen**: *Kekkô desu,* »Es ist genug.«

Abschied & Ankunft

- Sollten Sie das Privileg erfahren, von Japanern nach Hause eingeladen zu werden, heißt der **Abschiedsgruß an die Gastgeber** nicht *Sayônara,* sondern *Itte mairimasu,* »Ich gehe jetzt!« Die **Antwort des Zurückbleibenden**, meist der Hausfrau, lautet: *Itte irasshai,* »Es ist recht, daß du gehst!«
- Bei der **Rückkehr ins eigene Heim** ruft man beim Öffnen der Haus- oder Wohnungstür: *Tadaima,* »Ich bin wieder da!« Dann antwortet – wer immer mit Ihnen die Wohnung teilt – nach japanischer Sitte: *O-kaeri nasai,* »Gut, daß du zurück bist!«

Entschuldigung

Im Deutschen dienen die Signalwörter »Entschuldigung« oder »Verzeihung« für fast alle Situationen des Bedauerns. Im Japanischen bestehen vielfältigere formelle Vorschriften.

- Wollen Sie **Aufmerksamkeit oder vorbeugend Nachsicht erwirken**, sagen Sie: *Go-men kudasai,* »Wenden Sie mir Ihr Gesicht zu!«
- Wollen Sie sich **für einen Fehler entschuldigen**, bitten Sie: *Sumimasen,* »Beenden Sie nicht (Ihren Kontakt zu mir).«
- **Vor einer möglichen Störung warnen** Sie den anderen stilvoll: *Shitsurei shimasu,* »Ich begehe jetzt eine Unhöflichkeit!« Diese Formel können Sie, z.B. wenn Sie ein Gespräch durch eine Frage unterbrochen haben, auch in der **Vergangenheitsform** verwenden: *Shitsurei shimashita,* »Ich habe etwas Unhöfliches getan.«

»Prost!«

- »Prosit« lautet übersetzt *kampai.* Diese Aufforderung, das Glas leer (wörtlich: »trockenvoll«) zu trinken, wird heute in Japan nicht mehr ganz ernst

150

―――― *Selbstverständnis der Japaner* ――――

»Kampai«

genommen (im Gegensatz zu China, wo *ganbei*, mit denselben Schriftzeichen geschrieben, wirklich zum Ex-Trinken »nötigt«).

Versagen & Verzagen
- Wenn Sie etwas als vergeblich oder verloren ansehen, nutzen Sie die Wortformel: *Shikata ga nai,* »Da ist nichts zu machen!«

Verspätung & Bitte um Geduld
- Wer zu spät kommt, kann sich durch *o-matase shimashita* höflich entschuldigen.
- Wollen Sie jemanden bitten, einen Augenblick zu warten, sagen Sie: *Chotto matte kudasai!*

Gratulation & Mitgefühl
- Sie gratulieren am einfachsten mit der Formel: *O-medetô gozaimasu!*
- Mitgefühl (bei Mißgeschick oder Mißerfolg) drücken Sie so aus: *O-ki no doku desu,* »Das ist Gift für Ihren Geist!«

Telefon-Etikette
- Am Telefon wiederholen Japaner häufig die Signalworte **moshi moshi** (etwa: »hallo«, »nämlich«, »wissen Sie«, »bitte« ...) – vor allem wenn der Gesprächspartner längere Zeit schweigt (solches Schweigen gilt übrigens als unhöflich). Japaner versichern dem unsichtbaren Telefonpartner (es gibt bereits Sichttelefone) fortlaufend, daß sie noch an der Muschel hängen,

151

Selbstverständnis der Japaner

indem sie die Worte des anderen mit *haihai* (»ja, ja!«) akkustisch – nicht unbedingt inhaltlich! – bestätigen.
- Auch für **Zustimmung** gibt es verschiedene Höflichkeitshochstufungen. Das verbindliche *sô desu* kann zum sehr höflichen *ossharu tôri* (»Wie Sie sagen!«) gesteigert werden.

Ein weiterer Internet-Spruch, auf den ich beim Surfen gestoßen bin, lautet: *»Du bist schon viel zu lange in Japan, wenn du beim Telefongespräch mit deinem Freund in der Heimat immer wieder ›moshi-moshi‹ rufst und fragst, ob er noch da sei.«*

Höflichkeit ist eine Zier,
Doch es geht auch ohne ihr.
Nicht in Japan! Hier spielen neben der sprachlich bekundeten Höflichkeit zusätzlich die wortlosen Spielarten eine wichtige Rolle. Die wichtigste Form der durch Gesten ausgedrückten Courtoisie ist die **Verbeugung**.

Tips: Die Verbeugung

- Früher verbeugte man sich kniend – also doppelt ehrerbietig. Bei einer tiefen Verbeugung berührte deshalb die Stirn beinahe den Boden. Heute entfällt der Kniefall, dafür muß der Rücken immer gestreckt bleiben. Die **tiefste Verbeugung** bildet so einen rechteckigen Winkel.
- Wenn Sie zwei Japaner beobachten, die sich voreinander verbeugen, wird Ihnen manchmal auffallen, daß der eine vorsichtig von unten heraufblinzelt, um zu prüfen, ob der andere sich bereits wieder aufgerichtet hat. Denn die **Verbeugung des Rangniederen** muß nicht nur der Waagerechten näher kommen, sondern auch länger dauern. Deshalb will z.B. der Angestellte sicher sein, daß der Chef seine Verbeugung beendet hat, ehe er sich wieder streckt.
- Übrigens: Man verbeugt sich auch am **Steuer eines Autos**, wenn einem ein anderer Fahrer die Vorfahrt gewährt!

Selbstredend gibt es auch zum Thema Verbeugung eine Internet-Erkenntnis: *»Du bist schon viel zu lange in Japan, wenn es dir gelingt, dich gleichzeitig zu verbeugen und die Hand zu schütteln.«*

Herausgestellt sei noch eine Besonderheit der japanischen Höflichkeitsregeln:
Von **Frauen** wird erwartet, daß sie sich noch formeller und höflicher verhalten als Männer. Mädchen werden von Kindheit an getrimmt, mit **bemüht hoher Stimme** zu sprechen, die in unseren Ohren sehr gekünstelt klingt. Da außerdem viele Ausdrucksweisen als unschicklich für Frauen gelten, hat

152

―――――― *Selbstverständnis der Japaner* ――――――

Sich verbeugende Empfangsdame im Kaufhaus (Nihombashi Mitsukoshi).

sich eine teils stark voneinander abweichende **Männer- und Frauensprache** herausgebildet.

Vor einiger Zeit veröffentlichte die *Asahi Shimbun*, eine der größten Tageszeitungen des Landes, einen Leserbrief unter der Überschrift »Männersprache vertreibt Grabscher«. Die 56jährige Verfasserin schilderte einen Vorfall, der sich in Yokohama mittags in einer vollen U-Bahn zutrug: Eine junge Frau wehrte sich laut und in »brutaler Männersprache« gegen einen Mann, der sie unsittlich angefaßt hatte. Der an den Pranger gestellte Täter schämte sich offenbar zutiefst und bestritt mit betont leiser Stimme den Vorwurf. Doch die junge Frau hatte bereits ihr Ziel erreicht. Indem sie das Geschehene lautstark aussprach, hatte sie den Angreifer entwaffnet und öffentlich bloßgestellt. Danach entschuldigte sie sich in höflichster Frauensprache leise bei den Umstehenden für die Störung. Die Leserbriefschreiberin versuchte anhand dieser Beobachtung, junge Frauen gegen die häufig vorgetragene Beschuldigung zu verteidigen, sie sprächen einen brutalen Jargon. Sie selbst, so schrieb sie, habe früher ähnliches in ohnmächtiger Wut und Verzweiflung hinnehmen müssen. Sie begrüßte, daß Frauen heute selbstbewußter auftreten und sich zur Wehr setzen. Und dafür sei auch das Mittel recht, in »unweiblicher Weise« deftige Männerworte in den Mund zu nehmen.

Der Abdruck dieses Leserbriefs in einer tonangebenden Zeitung läßt ahnen, daß es bei der Diskussion um die Männer- und Frauensprache um mehr geht als um Finessen des Ausdrucks und der Höflichkeit. Die deutliche, unverblümte Sprache vieler junger Frauen zeigt an, daß sie die historisch zugewiesene Rolle ablehnen und sich das **gesellschaftliche (Un)gleichgewicht zwischen Männern und Frauen** verändert hat.

Der schöne Schein

Japaner sind Verpackungskünstler: Ein Geschenk ist kein Geschenk, wenn es nicht in einer möglichst aufwendigen Verpackung daherkommt. Manches Mal ist die Hülle wertvoller als der Inhalt. Kaufhäuser bieten z.b. ein Pfund Zucker als Geschenkpackung an: ein ästhetisches Arrangement regenbogenfarbener Zuckertütchen im reichverzierten Karton. Solche Zuckerpackungen sind ein durchaus angemessenes Geschenk zum Neujahrstag oder einem Jubiläum. Auch Trockenfrüchte, Stück für Stück in Klarsichthülle verschweißt und in ein metallenes Kästchen gebettet, gelten als ideale Gabe für viele Anlässe. Manchmal verleiht die Verpackung selbst den alltäglichsten Dingen Exklusivität: Im Supermarktregal können Sie liebevoll einzeln verpackte Äpfel oder gar Kartoffeln entdecken.

Kein Wunder, daß die japanische Verpackungsindustrie floriert. Mehr noch: **Verpacken gilt als eine Form des Kunsthandwerks.** Wie wichtig es den Japanern ist, belegt die Internet-Bemerkung:

»Du bist schon viel zu lange in Japan, wenn dir eine vierfache Verpackung für einen einfachen Gegenstand vernünftig erscheint.«

So wie die Verpackung oft wichtiger ist als das eigentliche Geschenk, so betonen Japaner auch im sozialen Leben das Äußere mehr als das Verborgene – wir würden sagen: **Der Schein zählt mehr als das Sein.** Bildhaft gesprochen, scheint die Fassade eines Hauses ihnen häufig wichtiger als die Menschen, die in seinen vier Wänden wohnen. Auf jeden Fall muß jeder dafür sorgen, seine Fassade möglichst makellos zu erhalten.

Zur Fassade zählt auch die **Kleidung**, neudeutsch treffend »Outfit« genannt. Heute erleichtert ein reichbestückter Kleiderschrank den meisten Japanern und Japanerinnen das notwendige gepflegte Auftreten. In der Nachkriegszeit aber besaßen viele nur eine »gute« Garderobe, die allabendlich gewaschen und gebügelt wurde, um anderntags »wie aus dem Ei gepellt« aufscheinen zu können.

Das Motto »Kleider machen Leute« erhebt auf dem sportiven Parkett jeden Ansatz einer Leibesübung zum Überlebenstraining. Wer sich einen **Sport** – Golf, Skilaufen, Bergsteigen, Tennis … – in den Kopf setzt, kleidet sich von Kopf bis Fuß in einem Spezialgeschäft ein, ehe er sich auf Pisten, Gipfel, Rasen oder ins Fitneßstudio wagt. Anders als bei uns, schmunzelt in Japan niemand darüber, daß blutige Laien im Profidreß von Markendesignern antreten: Der Schein ist akzeptierter Ausdruck des Bemühens.

Das Wahren des schönen Scheins ist ein Leitmotiv der Verhaltensweisen der Japaner. Jeder Japaner versucht nach Kräften ein lächelndes

Selbstverständnis der Japaner

»Der schöne Schein« – auch bei diesem Picknick-»Henkelmann« zählt die Verpackung mehr als der Inhalt.

Gesicht vorzuzeigen. Damit kann sein Lächeln ebensogut Ausdruck von Freundlichkeit oder entspannter Zufriedenheit sein wie ein Mantel, der spontane Emotionen verbirgt. Ausländer, die dieses »unergründliche« Lächeln ausloten wollen, führen es gern darauf zurück, daß Japaner andere nicht mit ihren Sorgen und Gefühlen behelligen möchten. Doch das ist eine westliche, ungenügende Interpretation: **Das Lächeln dient vor allem dem Erhalt der eigenen Fassade.** Dieses Bestreben ist ungleich wichtiger als die Meinung des anderen. Ein japanisches Sprichwort stellt fest: »Wichtiger als gelobt zu werden ist es, untadelig zu sein.« Wer Gefühle äußert, Überraschung, Zorn, Unmut, Verdruß und Ärger mimisch verrät, »verliert das Gesicht«.

Die Fassade spielte bei den Heiratsvermittlungen eine entscheidende Rolle – und tut es weiterhin auch bei nicht arrangierten Ehen. Die Devise, daß jedes Individuum stets seine beste Seite hervorzukehren und Launen oder negative Charaktereigenschaften zu vertuschen hat, gilt gleichermaßen für die Familie. **Jede Familie wendet die weiße Seite ihrer Weste nach außen** und die Flecken – z.B. charakterliche, körperliche oder geistige Mängel von Mitgliedern – nach innen.

Da nun einmal jeder in Japan eine solche «Wendejacke» trägt, ist jeder mit gutem Recht argwöhnisch – und erpicht, vor **Eheschließungen** hinter die Fassade der »gegnerischen« Familie zu spähen, um ein böses Erwachen nach der Hochzeit zu vermeiden. Wer seinen Sohn eine Frau heiraten läßt, die zur Eifersucht oder Schlampigkeit neigt, fügt ihm Schaden zu. Heiratet die Tochter in ein Haus ein, in dem ein chronisch Kranker oder Behinderter lebt, hat sie die Last der Pflege zu tragen. Derlei Geheimnisse rechtzeitig aufzudecken verlangt einiges detektivische Gespür und fällt traditionell in den Aufgabenbereich der Heiratsvermittler; wo sie heute nicht mehr auftauchen, strecken Familienmitglieder und Freunde ihre Fühler aus. Hat man die Fassaden der Kandidatenfamilien durchleuchtet, gilt es die Vor- und Nachteile einer Ehe abzuwägen. Da zum Glück jede noch so gute »Partie« ihre Schattenseiten hat, finden schließlich doch alle, die willig sind, ihren Partner. Im Wissen, daß niemand perfekt ist, möchte man zumindest darüber im Bilde sein, was einen erwartet.

Das oft harte Los der solcherart Verkuppelten, insbesondere der **Frauen**, ist ein unerschöpfliches Thema der japanischen Literatur. In Yasunari Kawabatas Roman *Ein Kirschbaum im Winter* hält die Tochter ihrem Vater bitter vor, daß er sie mit einem treulosen Trunkenbold verheiratet hat. Und der Vater wehrt ihre Vorwürfe nicht ab. In Seichô Matsumotos Kriminalgeschichte *Achtzehn Monate Wartezeit* schlägt der Ehemann Frau und Kinder. Trotzdem und obwohl er überdies ihre Kleider versetzt, um sich eine Geliebte halten zu können, wahrt die Frau über Jahre den äußeren Anschein einer intakten Familie. Dieses Verhalten trägt ihr Bewunderung ein. Denn damit erfüllt sie das ungeschriebene Gesetz, unter allen Umständen die Fassade aufrechtzuerhalten. Eine Ehefrau, die Familienprobleme nach außen trägt, befleckt ihren eigenen Ruf und den der Familie. Sie hat nach Kräften den Schein zu wahren.

Kehrseite der Medaille ist, daß die Sorge um das Ansehen oft vor der eigenen Fassade endet. An den Bahnhöfen befreit das Reinigungspersonal die Waggons körbeweise von Unrat – Dosen, Zeitungen, Proviantverpackungen –, den die Passagiere liegenlassen, wo und wie es ihnen beliebt. So wie der einzelne sein Äußeres auf Hochglanz poliert, so selbstverständlich betrachtet er es als Aufgabe der Bahngesellschaft, ihr Image zu pflegen und die Züge sauberzuhalten. Auch auf den Straßen bemerkt man, daß Reinlichkeit meist an der eigenen Haustür haltmacht.

Im Zeichen des guten *kimochi:*
Wesenszüge japanischen Verhaltens

Kimochi bedeutet wörtlich »Geist-tragen«, etwas freier übersetzt »wie man seinen Geist trägt«, und umfaßt die Bandbreite der Begriffe Gefühl, Empfindung, Stimmung, Befinden.

Sagt jemand: *Kimochi ga warui* (*warui* = »schlecht«), so meint er schlichtweg: »Mir ist schlecht«.

Sagt er hingegen: *Kimochi ga ii* (*ii* = »gut«), so schwingt darin eine Fülle von Empfindungen des Wohlbefindens mit: »Mir geht's gut«, »Ich fühle mich wohl«, »Hier gefällt's mir.«

Ein gutes *kimochi* ist es, nach dem Japaner streben: beim Ausruhen nach einem anstrengenden Tag, beim Bad in einer heißen Quelle, beim Umtrunk mit Kollegen. Wenn es heißt *ii kimochi*, dann ist alles gut.

Immer noch gilt es gemeinhin als wichtigste Pflicht der **Ehefrau**, dafür zu sorgen, daß sich der Mann zu Hause wohlfühlt. Sie tischt ihm Speisen nach seinem Geschmack auf, sie bereitet ihm nach der Arbeit das Bad, sie hält Probleme nach Kräften von ihm fern.

Noch ausschließlicher als die Ehefrau ist die **Geisha** dafür zuständig, daß sich ein Mann in ihrer Gegenwart wohlfühlt. *Geisha* heißt wörtlich »Kunst-Person«. Der hochangesehene Beruf der Geisha hat ursprünglich nichts mit Prostitution zu tun. Eine Geisha lernt in ihrer langjährigen Ausbildung die wahrhaft schwierige Kunst, es zu bewerkstelligen, daß ein Mann sich wohlfühlt. Dazu muß sie vieles können: tanzen, singen, musizieren, Tee und Alkohol servieren, Unterhaltungsspiele beherrschen, gepflegte Konversation betreiben, fragen, schweigen … Vor allem muß sie intuitiv das Befinden des Mannes erfassen: ob er beruflichen oder familiären Ärger hat, ob er abgespannt, gelangweilt, übermütig ist … Je nach Stimmung setzt sie ihre Künste ein, lenkt ab, steuert gegen, hört zu, tröstet, bewundert, baut auf, entspannt. Ziel all ihrer Bemühungen ist das »gute *kimochi*«.

Es wundert nicht, daß eine solche Profession im Zeitalter der Emanzipation ausstirbt. Geisha gibt es nur noch sehr wenige, und sie sind so teuer, daß sich der *sarariman*, der kleine Angestellte, sich diesen Luxus nicht leisten kann. Die Aufgabe der Geisha übernehmen zunehmend die *mama-san*, die Hostessen in Bars und Restaurants. Auch wenn sie nicht darin ausgebildet sind, entwickeln viele doch durch Erfahrung Gespür für die Wünsche der Kunden – vor allem hören sie zu.

Wesenszüge japanischen Verhaltens

Das Streben nach Wohlbefinden spielt nicht nur in der Freizeit eine Rolle. Auch im **Geschäftsleben** trachtet man nach einem »guten kimochi«. Jedes geschäftliche »Anbandeln« beginnt damit, eine angenehme Atmosphäre herzustellen. Eine Kooperation mit einem Partner, den man fürchtet oder nicht einschätzen kann, gilt als wenig erfolgversprechend. Westliche Manager, die es schätzen, ohne Umwege das Ziel anzusteuern, verscherzen sich oftmals mangels psychologischer Kenntnisse, Geduld oder Einfühlungsvermögen wertvolle Kontakte. Sie halten, nach dem Motto »Zeit ist Geld«, die einleitende Phase des persönlichen Abtastens für Verschwendung. Ist am zweiten oder dritten Tag das Geschäftliche immer noch kein Thema und erst recht kein Abschluß in Sicht, drängen sie auf das ihrer Meinung nach »Wesentliche«.

Ungeduld ist in Japan keine Tugend. Wem es nicht gelingt, sie zu zügeln oder zumindest geschickt zu vertuschen, kreiert unweigerlich eine unbehagliche Atmosphäre. Japaner unter Druck zu setzen oder gar zu kritisieren, dies tötet im Keim jede Aussicht auf ein »gutes *kimochi*« und lukratives Geschäft. Denn bei Geschäftspartnern, bei denen man noch nie ein »gutes *kimochi*«, ein gegenseitiges Einvernehmen, empfand, gäbe es im Falle von Meinungsverschiedenheiten stets einen Gewinner und einen Verlierer. Und damit wäre das Scheitern der Geschäftsbeziehung vorprogrammiert. Hat man hingegen die **harmonische Stimmung** hergestellt und erkannt, daß man sich in Gegenwart des anderen entspannen kann, dann sind Geschäfte mit ihm nicht nur möglich, sondern laufen wie von selbst. Denn nun ist man sicher, im Konfliktfall ein beschädigtes »gutes *kimochi*« wieder renovieren zu können.

Tips für Geschäftsleute

Ein »gutes *kimochi*« ist der Schlüssel zu allen Geschäftsbeziehungen. Grundvoraussetzung für Sie als Ausländer ist es daher, den Wunsch Ihrer japanischen Partner nach »gutem *kimochi*« zu **respektieren**. Sodann werden Sie sich die Frage stellen: **Wie erreicht man diese positive Atmosphäre?**

• In der Regel **nicht, indem Sie gute Stimmung vortäuschen** – in dieser Hinsicht sind die Sinne der Japaner hellwach.

• Entspannung ist das oberste Gebot. **Legen Sie Erfolgsdruck, Ungeduld und Verschlossenheit ab.**

• **Bringen Sie außer Interesse und Achtung für Ihre Partner die Bereitschaft mit, sich einzubringen.** Wer meint, seine Person ginge nur ihn allein etwas an, und sich nicht »von Mensch zu Mensch« öffnen will, ist im japanischen Geschäftsleben fehl am Platz. Offenheit und Bereitwilligkeit, bei scheinbar rein privaten Geselligkeiten mitzumachen, sind unerläßliche Bedingungen für ein »gutes *kimochi*«.

―――― *Wesenszüge japanischen Verhaltens* ――――

Jeder geschäftliche Kontakt beginnt damit, eine gute »Atmosphäre« (kimochi) herzustellen. Dazu gehören »Dienstessen« – denn gutes kimochi kommt nicht zuletzt aus dem Bauch.

- Ob Sie mit Ihrem japanischen Gesprächspartner ins öffentliche Bad oder in eine Bar gehen, ob Sie ungezwungen an einer fröhlichen Runde teilnehmen – die **Art des Gemeinschaftserlebnisses** ist letztendlich unwichtig. Vielmehr zählt das Ergebnis: Sie können es als Erfolg verbuchen, wenn Ihr Partner dabei erfährt, daß er sich in Ihrer Gegenwart wohlfühlen kann.
- **Tun Sie keinesfalls japanische Formen der Geselligkeit als albern ab.** Dies ist der ärgste Fehler, den Sie begehen können. Ich habe erlebt, wie ein deutscher Geschäftsmann die Aufforderung, ein Lied oder einen Tanz aus seiner Heimat zum besten zu geben, indigniert ablehnte. »Ich mach' doch nicht den Affen«, empörte er sich. Der Abend ging ohne sein aktives Zutun weiter, aber mit dem Busineß war es aus und vorbei …
- Falls es Ihnen – durchaus verständlich – lächerlich oder »affig« erscheint, Ihre japanischen Geschäftspartner mit *Am Brunnen vor dem Tore* oder einem Schuhplattler in Socken zu unterhalten, seien Sie getröstet: So weit müssen Sie sich nicht exhibitionieren. **Vermeiden Sie aber unbedingt ein bündiges »Nein«!** Machen Sie es statt dessen wie die Japaner, und sagen Sie: »Singen kann ich leider nicht, aber dafür …« Irgendetwas wird Ihnen mit Gewißheit einfallen, sei es auch »nur« ein Schnellsprechvers, den Sie der Runde beizubringen versuchen. Wenn sich jeder an »Die Katze tritt die Treppe krumm« die Zunge zerbricht, haben alle ihren Spaß, und Sie können sich beruhigt zurücklehnen. Man wird Sie in den Kreis der guten Mitspieler aufnehmen. Dafür zählt nicht, ob jemand singen, spielen oder tanzen kann.

Wesenszüge japanischen Verhaltens

Ausschlaggebend ist allein, daß Sie mitmachen und so dem anderen zeigen: Ich bin kein Spielverderber, auch ich will mich in deiner Gegenwart wohlfühlen.

Wo sitzt die Seele?
Hara und *kokoro:* Bauch und »Herz«

Die Worte *hara* und *kokoro*, Bauch und Herz, sind – wie auch im Deutschen – **geistige und körperliche Schlüsselbegriffe**. In typisch asiatischem Sinne ist die Bedeutung des Bauchs in Japan allerdings noch stärker ausgeprägt. Die Silben *hara* kennen Sie aus dem Wort **Harakiri** (*hara-kiru* = »Bauch aufschneiden«). *Hara* meint also »Bauch«, kann aber auch »Herz«, »Geist« oder »Seele« bedeuten.

Kleines Bedeutungslexikon des Wortes hara = »Bauch«

- *Hara* ist eindeutig der **Männersprache** zugeordnet. Frauen nehmen dieses Wort in der Regel nicht in den Mund. Bei ihnen heißt der abdominale Bereich *o-naka*, die »verehrte Mitte«.
- Frauen und Mädchen bekunden statt »Ich habe Hunger«: *O-naka suita* (»Die verehrte Mitte ist leer«).
- Männer sagen hingegen (untereinander): *Hara heta* (»Der Bauch ist geschrumpft«).
- In bezug auf Frauen bedeutet *hara* immer **Schwangerschaft**.
- *Hara ni aru ko* ist das ungeborene Kind.
- *Harachigai no kyôdai* sind Stiefgeschwister, also von jeweils einem anderen Bauch geborene Kinder.
- Sehr viele Redewendungen werden mit *hara* gebildet, aber gewöhnlich beziehen sie sich nur auf **Gefühle und Eigenschaften von Männern**. *Hara ga tatsu* heißt wörtlich »der Bauch steht auf« – damit ist der quellende **Ärger** eines Mannes gemeint. Wir sagen entsprechend: »Er hat Wut im Bauch.«
- *Hara ga suwatte iru*, wörtlich »der Bauch hat sich gesetzt«, bedeutet, daß jemand gelassen ist, daß er sich nicht aus der **Ruhe** bringen läßt.
- *Hara ga ôkii hito* ist ein Mann »mit großem Bauch«, will heißen, er ist **großzügig**.
- *Hara ga kirei na hito*, ein Mensch/Mann »mit schönem Bauch«, ist jemand, der Vertrauen verdient, ein **sauberer Charakter**.
- Als *hara-guroi*, »schwarzbäuchig«, gilt ein Mensch mit **böser Absicht**.
- *Haragei*, »Bauchkunst«, heißt die Fähigkeit, sich ohne Worte zu verstehen, die Gefühle des anderen zu erahnen, miteinander still zu **harmonisieren**.

Wesenszüge japanischen Verhaltens

Es werden zahlreiche Redensarten und Wortblumen mit *hara* gebildet: sich die Taschen füllen, sich ein Herz fassen, in eines Menschen Herz blicken, im Grunde des Herzens ehrlich sein, im Innersten denken, zu Kopf steigen, es wurmt mich.

Sie haben es bemerkt? Ja, es ist kein Zufall, daß viele dieser deutschen Entsprechungen den Begriff **Herz** enthalten. Bei Japanern gilt der Bauch als das, was wir sinnbildlich als »Herz« bezeichnen. So erklärt sich auch, warum der Lachende Buddha oft mit riesengroßem Bauch dargestellt wird.

Das Japanische kennt jedoch ebenfalls ein eigenständiges Wort für »Herz«. Doch nicht der anatomische Begriff ist damit gemeint. Der wird mit dem Fremdwort *herutsu* (vom deutschen »Herz«) wiedergegeben. Das **Herz im Sinne von Herz & Schmerz** heißt *kokoro*. Dieses Wort wird vorwiegend für Gefühle und Eigenschaften von Frauen verwandt. *Kokoro* kann im weiteren Sinn auch als **Seele, Geist** oder **Gemüt** verstanden werden.

Redewendungen und Wortblumen, in denen das Wort *kokoro* enthalten ist, kommen noch vielfältiger vor als solche mit *hara*. Wankelmütig sein, in der Seele leiden, sich aufregen, sich angesprochen fühlen, sich hingezogen fühlen, sein Gefühl unterdrücken, Angst verspüren, sich aufraffen, sich beruhigen, hingerissen sein, Lust empfinden, Vertrauen schenken, sich etwas vorstellen, nicht aus dem Sinn verlieren, sich von seinem Gefühl leiten lassen, den Teufel an die Wand malen, traurig sein, etwas heimlich tun, geistesabwesend sein ... – all diese Redewendungen und Wortblumen werden im Japanischen mit dem Wort *kokoro* gebildet.

Kleines Bedeutungslexikon des Wortes kokoro = »Herz«

- *Kokorogakeru*, »das Herz daranhängen«, heißt: **aufmerksam** oder gewissenhaft sein.
- *Kokorobosoi*, »ein dünnes Herz haben«, bedeutet: sich **einsam** und verlassen fühlen.
- *Kokorozuku*, »etwas ans Herz heften«, bedeutet: **sich erinnern**.
- *Kokorojôbu*, »im Herzen robust sein«, meint: sich **sicher fühlen**. *Kokoronai*, »kein Herz haben«, heißt: **gefühllos** sein.

Streben nach Harmonie

Harmonie bedeutet in Japan Wohlordnung, Ebenmaß, Übereinstimmung, Eintracht ...

Das Harmoniestreben der Japaner gilt geradezu klischeehaft als Kulturgut des Landes, das die runde – ästhetisch formvollendete und *yin* wie *yang* einschließende – Sonne zum nationalen Sinnbild gewählt hat.

Wesenszüge japanischen Verhaltens

Für Japaner bedeutet Harmonie nicht etwa Freizeitmuße als Ausgleich für ein hartes Arbeitsleben, nicht die alpenländische Feierabend-Försteridylle – vielmehr einen **allumfassenden Zustand**. Harmonie herrscht, wenn alles so ist, wie es sein soll, also: wohlgeordnet, ebenmäßig, einträchtig. Auch die Gegensätze (*yin* und *yang*) und Widersprüche sind Teil einer harmonischen Einheit.

Das allumfassende Harmoniekonzept der Japaner unterscheidet sich grundlegend von unseren (häufig nur) naturidyllischen, sozialschmusigen und psychisch entlastenden Harmonievorstellungen. **Für Japaner bildet feste Ordnung die Grundlage und das Gerüst für Harmonie.** So wie der Mensch in der Hierarchie aller Wesen einen festen Platz einnimmt (wenn vertikale statt horizontaler Wertordnungen zu Ihrem Weltbild gehören), so wie der Japaner von jedem Mitmenschen weiß, ob er über oder unter ihm steht, so erkennt er in allem ein Gerüst aus Über-, Unter- und Zuordnung, das jedem einzelnen Menschen Halt und Sicherheit verleiht.

Das Urmotiv für das Harmoniebedürfnis der Japaner finden wir in der **Mythologie**. Wie bereits geschildert, hatte die Sonnengöttin Amaterasu sich aus Ärger über ihren Bruder, den Sturmgott Susanô, in eine Felsenhöhle zurückgezogen und damit die Erde verfinstert. Das durfte nicht sein! Schließlich gehörte die Sonne an ihren Platz am Himmel. Und deshalb überlegten die anderen Götter, wie sie die verlorengegangene Ordnung wiederherstellen könnten.

Erinnern Sie sich an die **Bedeutung der Jahreszeiten** für Japaner? Jeder Saison sind bestimmte Kleidungs- und Eßgewohnheiten zugeordnet. Ein Winterkleid im Frühling, mag er noch so kühl sein, wirkt wie ein falscher Ton in einem Akkord. Es erzeugt Disharmonie und Spannung. Deshalb empört sich die Mutter, wenn ihre Teenage-Tochter Kleidung trägt, die nicht der Jahreszeit entspricht oder aus nicht zueinander passenden Teilen besteht. Die Harmonie ist aus dem wohlgefügten Maß und Muß geraten.

Eine atmosphärische Störung der (Leibnizschen) »Sphärenharmonie« entsteht auch, wenn z.B. in einer Bahn ein Ausländer zusteigt. Die vertraute Eintracht ist gestört, weil man nicht mehr »unter sich« ist.

Zum Harmoniebild der Japaner gehören durchaus Gegensätze, die in europäischen Augen als Disharmonien erscheinen – etwa wenn Kinder kurze Hosen oder Röckchen tragen, weil nach dem Kalender der Frühling eingekehrt ist, die Natur sich aber schnöde nicht an diesen Termin hält. Den Japanern ist klar, daß die Natur willkürlich und unbändig die ihr zugedachte Ordnung bricht. **Beherrschbar und zur Ordnungstreue verpflichtbar sind nur die Menschen.** Sie müssen das Prinzip der harmonischen Ordnung auch gegen die Launen der Natur durchzusetzen versuchen. Die Kinder müssen so gefestigt und gestärkt werden, daß sie der unbotmäßigen Natur die Stirn bieten können.

Wir entdecken beim Surfen im Internet eine weitere Erkenntnis:
»Du bist schon viel zu lange in Japan, wenn du meinst, es sei richtig, daß

Wesenszüge japanischen Verhaltens

In der Harmonie heben sich die Gegensätze **yin** + **yang** *auf, werden zur verschlungenen Einheit (hier: Türvorhang eines alten Hauses in Kyôto).*

Kinder bei Frost in kurzärmeligen Hemden und Shorts herumlaufen, damit sie stark werden.«
Die harmonische Ordnung schenkt Sicherheit und Halt, indem sie dem, der sie einhält, Gewißheit verleiht, dem richtigen Pfad zu folgen. Dagegen ist die Natur launisch, trügerisch und harmoniestörend. Dieses **Naturbild der Japaner** unterscheidet sich von dem naturverinnernden des chinesischen Daoismus. Was Wunder in einem Inselreich an der tektonischen Bruchnaht des Pazifik, das im Verlauf seiner Geschichte von unzähligen Erd- und Seebeben heimgesucht wurde und wird.
In der japanischen **Gartenarchitektur** zeigt sich der Gegensatz von Mensch und Natur auf symbolische Weise. Der rechte Winkel, die Gerade, die Rundung etc. sind geometrische Formen und Linien, die vom Menschen beherrscht werden. Dagegen sind die natürlich gewachsenen Formen scheinbar chaotisch. Kein Ast ist gerade, kein Stein wirklich rund, kein Blatt gleicht einem anderen. Der Mensch setzt sich gartenarchitektonisch (also gartenb a u l i c h) in Gegensatz und Widerstand zur Natur, indem er Formen einsetzt und so eine Ordnung herstellt.
Spontaneität, Unwillkürlichkeit, impulshafter innerer Antrieb erscheint den Japanern als Unordnung und Chaos. Selbstbeherrschung führt zu Ordnung und Sicherheit. Zu wissen, wie alles sein soll, ist Voraussetzung dafür, daß »alles seine Ordnung hat«. Unsicherheit birgt für Japaner Chaos. Chaos bedeutet nicht fruchtbare Urmasse (wie das griechische Wort), nicht folgen-

Wesenszüge japanischen Verhaltens

reiche Vielfalt, auch nicht schöpferisches Ungestüm. **Chaos bedeutet schlichtweg Gefahr.**
Man wirft den Japanern gern vor, sie seien nicht kreativ. Eine Ursache dafür könnte im japanischen Harmoniekonzept liegen. Wer schöpferisch tätig sein will, muß auch »chaotisch« sein, sich selbst und alles in Frage stellen können, muß den Glauben an Normen zerstören. Aber eben dies fällt den Japanern aus guten Gründen schwer.
Dennoch gab es in Japan sehr kreative Epochen – z.B. in der Genroku-Zeit (1688–1704), der frühen Meiji-Ära und nach dem II. Weltkrieg. Dies waren jeweils Zeiten, in denen äußere Einwirkung die Harmonie schwer erschüttert hatte und das Chaos eine fruchtbare Umgestaltung der Gesellschaftsordnung bewirkte.
In solch radikalen Umbruchsituationen kann sich die schöpferische Kraft der Japaner entfalten. In der Regel aber gilt: Wer die Ordnung stört, wer sich nicht an den Kodex hält, wer sich nicht beherrschen kann oder will, der muß mit Sanktionen rechnen. Harmonie gilt eben als hohes Gut in Japan, das anzustreben allen auferlegt ist.

»Humor ist, wenn man trotzdem lacht«
Humor, Lächeln und Lachen

Vom Erhabenen zum Lächerlichen ist nur ein Schritt,
vom Lächerlichen zum Erhabenen führt keiner.«
(Frei nach Napoleon)

Napoleons frei fortgeführter Satz zeigt, wie gefährlich das Lachen sein kann. Das wissen die Japaner. Sie gelten in der Welt als **humorlos.** In der Öffentlichkeit zeigen sie sich meist ernst oder gar um Würde bemüht. Selten sieht man sie lachen.
Wer allerdings einmal an einer fröhlichen Runde teilgenommen hat, in der sich Japaner »unter sich« fühlen, der gewinnt ein anderes Bild.
Wir haben im Kapitel »Das Selbstverständnis der Japaner« zwischen dem »öffentlichen« und dem »privaten« Selbst der Japaner unterschieden. In der Öffentlichkeit spielt ein Japaner die Rolle, die von ihm erwartet wird. Er bietet die Ansicht (im doppelten Wortsinn), die ihn von der besten Seite zeigt: ernst und kontrolliert. Lachen dagegen entsteht meist spontan und somit unkontrolliert. Kontrolliertes Lachen gibt es zwar, es birgt aber die Gefahr, aus dem Gleis zu laufen, zu explodieren, kindisch zu wirken o.ä. **Daher gehört das Lachen in den geschützten privaten Bereich** und ist somit für Außenstehende nur selten wahrnehmbar.

Wesenszüge japanischen Verhaltens

Im Gegensatz zum identifikativen und verinnernden Naturbild des chinesischen Daoismus greifen Japaner stark gestaltend in die Natur ein, »geometrisieren« sie sogar (hier: Garten im Tempel Ryôanji, Kyôto).

Das natürliche, nicht verbitterte oder zynische Lachen entsteht, wenn der Mensch entspannt ist und sich wohlfühlt – wenn das *kimochi* gut ist. Japanischer Humor und Spaß entfalten sich im privaten, geschützten Bereich: in der vertrauten Runde von Kollegen, im Bad, bei einem Betriebsausflug, bei Volksfesten – also immer dann, wenn nicht das Rampenlicht der Öffentlichkeit grell strahlt und die öffentliche Verhaltensmoral schwer in der Luft liegt.

Uns scheinen die Witze, über die Japaner lachen, manchmal »von holder Einfalt und schlichter Größe« zu sein. Es sind oft **simple Wortspiele**, die ein berstendes Lachen auslösen. Beispielsweise erregt ein Witz große Heiterkeit, der mit der Frage beginnt: »Was haben ein Koffer und eine schöne Frau gemeinsam?« Die Antwort lautet: Beide sind *mottenai*, was soviel heißt wie »schwer zu tragen« bzw. zu ertragen und klanglich an *mottainai* erinnert, das sich mit »nutzlos« oder »schade drum« übersetzen ließe.

Ähnlich einfach gestrickt ist der Wortwitz, der von der Schwierigkeit handelt, ausländische Wörter korrekt zu artikulieren. Ein Japaner, der geschäftlich in Düsseldorf war, wurde zum Umtrunk eingeladen und hörte die deutschen Gastgeber beim Erheben des Glases »Zum Wohl!« prosten. Später notierte er sich diesen Ausdruck – natürlich in der japanischen Silbenschrift *katakana*, wodurch »Zum Wohl« zu »tsum boru« mutierte. Als sich dann die deutschen Geschäftspartner in Japan aufhielten und er mit ihnen bei einer Runde *sake* feierlich auf die neue Geschäftsverbindung anstieß, wollte er aus

Wesenszüge japanischen Verhaltens

Gastgeberhöflichkeit den Toast auf Deutsch ausbringen. Da er sich aber nicht mehr genau an die Aussprache der notierten Worte erinnern konnte, klang sein Prosit wie »Tsumbo! Tsumbo!« Die japanischen Teilnehmer unterdrückten mühsam ein Lachen. Denn er hatte geprostet: »Taub! Ihr seid taub!«

Ausgeklügelten Achtersinn, der z.B. den jüdischen Witz prägt, schätzen Japaner wenig. Ein solch verschlungener Pfad zur Pointe verlangt ernsthaftes Nachdenken. Und diese Anstrengung gehört wiederum eher in den Bereich der Arbeit und des öffentlichen Selbst. Wer sich entspannen will, sucht eine lockere Atmosphäre, ein leichtes Lachen. In dieser fröhlichen, von den Zwängen der Selbstkontrolle befreiten Leichtigkeit liegt Lachen in der Luft. Da genügt der geringste Anstoß, um anhaltende Heiterkeit auszulösen.

Nach dem Motto »Humor ist, wenn man trotzdem lacht« stellt bei Kontakten mit ausländischen Gästen, vor allem Geschäftsleuten, das **Lachen ein ernstzunehmendes interkulturelles Problem** dar. Engländer, Amerikaner und Franzosen amüsieren sich häufig während der Geschäftsverhandlungen mit eingestreuten humorvollen Anekdoten, Redewendungen oder Wortblumen. So werden Spannungen und Interessenkonflikte kunstvoll nebenbei abgebaut, ohne daß es dazu eines besonderen Rituals, wie etwa Zuprosten mit Alkohol, bedarf. **Japaner trennen sauber zwischen Ernst und Spaß.** Dienst ist Dienst, und Schnaps ist Schnaps (im wahrsten Wortsinn).

Selbstverständlich sind die nationalkulturellen Ansprüche an die Witze weltweit unterschiedlich. Bei den Engländern, die bekanntlich hintergründigen Humor schätzen, liegt die Anspruchslatte wohl höher als bei den Deutschen, die ja nicht gerade als besonders humorvoll gelten. Dafür ist es den Engländern gleich, in welcher Situation ein guter Witz geäußert wird, wenn er nur geistreich formuliert ist und die Pointe überrascht. Japaner stellen vergleichsweise geringe Ansprüche an die Reize, die über das Gehirn den Lachreflex auslösen – aber **die Situation, in der Lachen möglich und ungefährlich ist,** wägen sie sehr wohl ab.

Ende der 1980er Jahre erschienen in Japan etliche Bücher, die sich dem **Humor der Ausländer** widmeten. Einige Werke erklärten mühselig die Pointen fremdländischer Witze. Ausgelöst wurde dieser Boom der »Humor-Knigges« dadurch, daß sich die Japaner verstärkt mit ihrem Image in der Welt beschäftigten. Natürlich wollte kein Japaner als humorlos gelten, und wenn z.B. amerikanische oder europäische Gäste, Bekannte oder Geschäftspartner lachten, wollte man auf sie eingehen und mitlachen. Von Herzen aber kam dieses Lachen nicht. Es entsprang vielmehr einer Verpflichtung à la »Knigge«.

Den deutschen Gästen und Geschäftsleuten ergeht es in Japan ähnlich. Viele finden die japanischen Späßchen kindisch, möchten dies aber nicht zeigen und ringen sich ein gequältes Lächeln ab. Dabei könnten sie sich so einfach wie Bolle amüsieren, wenn sie sich nur von der Vorstellung lösten, Humor

Wesenszüge japanischen Verhaltens

Das »öffentliche Ich« ist für Japaner/innen eine anstrengende, weil formelle, typenhafte, gar maskenhafte Selbstinszenierung. Lachen gehört daher in den geschützten privaten Bereich.

beginne erst bei einem bestimmten Niveau. **Humor** bedeutet in Japan vor allem – und in geradezu physischem Sinne – **Entspannung, Entlastung und naives Ausleben in geschützter Atmosphäre**.

Zugleich aber besitzen auch die Japaner – oder zumindest viele von ihnen – einen kulturell und künstlerisch **verfeinerten Sinn für Humor**. Diesen können Sie u.a. in der klassischen Malerei erkennen. Zahlreiche Bilder von Hokusai, dem berühmten Holzschnittkünstler des 18. Jh., offenbaren dem intensiven Betrachter einen augenzwinkernden Humor, der ohne Worte zu verstehen ist. Auch einige Episoden des Kopfkissenbuchs der Sei Shônagon aus dem 11. Jh., das die Ereignisse am Kaiserhof aus der Sicht einer Hofdame schildert, beweisen hintergründige Ironie und witzige Kritik an den darüber nur scheinbar erhabenen Adligen.

Zeitungskarikaturen erscheinen in Japan häufig in der Form von Comic Strips. Man lacht etwa über folgenden »Witz«:

Ein Büroangestellter hört, daß all seine Kollegen und Kolleginnen in der »Goldenen Woche« (der mit mehreren Feiertagen einhergehenden ersten Maiwoche, in der ganz Japan auf Reisen ist) eine Urlaubsreise unternehmen. Als er fragt, warum sie denn allesamt ausgerechnet an diesem Termin verreisen, führen sie übereinstimmend die um diese Zeit besonders günstigen Sonderangebote der Reisebüros an. Als sie nach dem Urlaub mit langen Gesichtern wieder im Büro aufscheinen, erkundigt er sich, wie die Reise war. Alle erzählen, Bahnen und Busse am Urlaubsort seien so überfüllt gewesen, daß sie sich meist im Taxi voranbewegen mußten. Und weil auch die Lokale schier aus den Nähten platzten, mußten sie, um nicht zu verhungern, auf kostspielige Hotelrestaurants ausweichen. Auf diese Weise kam das »Sonderangebot« sie weit teurer zu stehen als ein Urlaub zum Normaltarif. Der Kommentar des zurückgebliebenen Kollegen: »Gut, daß ich erst nächsten Monat fahren werde.«

In solchen harmlos wirkenden Spaßgeschichten schwingen unterschwellig meist persönliche Dramatik (Häme, Zynismus, Neid, Egoismus und andere menschliche Schwächen) sowie Sozialkritik mit.

Ehe wir Japaner als humorlos brandmarken, sollten wir uns bewußt machen, daß wir gewöhnlich nur ihr »öffentliches Selbst« erfahren, das vom **Lächeln**, also von der Fassade, und nicht vom **Lachen**, der »Innenarchitektur«, bestimmt wird.

Das **Kichern** der jungen Japanerinnen, das ausländischen Besuchern oft albern, gelegentlich aber auch reizend erscheint, hat weder mit herzlichem Lächeln noch herzhaftem Lachen das geringste zu tun. Das Kichern ist lediglich ein Ausdruck von Unsicherheit. Vieles in Japan, was peinlich wirkt oder persönlich berührt, wird mit einem Kichern oder verlegenen Lachen entschärft. Wenn Sie z.B. Japaner in einer öffentlichen Situation lachen sehen, hat vielleicht ein Anwesender gerade einen Fauxpas begangen, der mit Worten nicht zu entschuldigen gewesen wäre.

Daß das persönliche, herzhafte Lachen in der Öffentlichkeit ungehörig ist, erkennt man am Benehmen älterer Frauen. Sie halten sich dabei die **Hand vor den Mund**. Es ziemt sich nicht, beim Lachen den offenen Mund sehen zu lassen und so »Einblick in das Innere« zu gewähren.

Auch schwer Erträgliches wird durch Lachen oder Kichern leichter. Als wir in Hiroshima das Museum besuchten, das an den Atombombenabwurf erinnert, fiel Kristina eine Gruppe alter Frauen auf, die laut kichernd, Hände sittsam vor dem Mund, vor dem Bild eines Massengrabes standen. Kristina war entsetzt. Doch vermutlich waren die Frauen lediglich unschlüssig, welches Verhalten sich angesichts einer solchen Ungeheuerlichkeit ziemt – und Kichern wirkt gewöhnlich neutral und nicht tadelnswert.

Die Kunst des Ignorierens

Vielleicht haben Sie schon einmal eine japanische Familie in einem Restaurant beobachtet und sich gewundert, wie still und brav die Kinder bei Tisch saßen. Dies ist kein Einzelfall, sondern die Regel: Selten tollen japanische Kinder im Lokal herum, quengeln lauthals und belästigen andere Gäste.

Das **disziplinierte Betragen japanischer Kinder** in der Öffentlichkeit ist bemerkenswert. Selbstverständlich ist es den Kindern nicht in die Wiege gelegt, sondern Ergebnis der Erziehung. Diese beruht – bis auf seltene Aus-

Wesenszüge japanischen Verhaltens

Das »öffentliche Selbst« läßt kein Lachen zu, nur ein schützendes formelles Lächeln. In kultivierter und geradezu ritualisierter Form lächelt diese maiko *(Geisha-Azubi).*

nahmen – nicht auf Schelte oder Schlägen, sondern vielmehr auf dem strategisch eingesetzten **Prinzip des Ignorierens**. Benimmt ein japanisches Kind sich ungehörig, werden Sie beobachten können, daß die Eltern tun, als hätten sie es nicht bemerkt. Sie reagieren auch dann nicht, wenn das Kind ihnen erneut den Fehdehandschuh zuwirft. Sie ignorieren beharrlich »Täter« und »Delikt«. Will der Quälgeist die Aufmerksamkeit seiner Eltern wieder auf sich ziehen, hilft ihm weiteres »Nerven« gar nichts. Irgendwann begreift er, daß er sich »artig« benehmen muß, damit ihn die Eltern wieder wahr- und annehmen.

Die Kunst des Ignorierens ist in Japan nicht *l'art pour l'art*, sondern sozial **lebensnotwendig** in diesem Land, in dem viele Menschen auf engstem Raum leben. Schon früher standen in den Städten die traditionellen Holzhäuser so dicht, daß man ungewollt am Leben der Nachbarn teilnahm. Wollte man friedlich zusammenleben, mußte man nach Kräften ignorieren, was nicht für die eigenen Ohren bestimmt war. Ebenso verhalten sich die Bewohner der hellhörigen modernen Wohnsilos: Man ignoriert, was man nicht hören oder sehen will.

Die Kunst des Ignorierens hat ihre Kehrseite: Während unsere Gesellschaft – zumindest idealiter – vom einzelnen ein hohes Maß an Gemeinsinn erwartet, herrscht in Japan der Konsens vor, daß jeder für sich selbst verantwortlich zu sein und sich nicht in das Leben des anderen einzumischen hat.

Und damit macht **Reinlichkeitsbewußtsein** an der eigenen Wohnungs- oder Haustür, im Zug an der Grenze zum Sitznachbarn halt.

Hart geübt im Ignorieren, nehmen die Japaner auch konstante **Lärmbelästigungen** hin, die für die meisten von uns unerträglich wären. Politische Agitatoren beschallen ebenso unbekümmert wie Sektenführer und Volkserzieher von plärrenden Lautsprecherwagen aus die Anwohner ganzer Straßenzüge, ohne daß sich jemand über die »Ruhestörung« aufregt. Verkaufswagen, die auf dem Land von Ort zu Ort fahren, kündigen mit phonstarken Lautsprechern ihr Kommen an.

Auch unser No-Name-Internet-Autor litt offenkundig unter der unablässigen akustischen Berieselung:

»Du merkst, daß du schon viel zu lange in Japan bist, wenn dich aus einem Lautsprecherwagen Politparolen andröhnen und du denkst: Da kann man nichts machen.«

Freundschaften

Ausländer klagen oft, es sei sehr schwer, mit Japanern Freundschaft zu schließen. Viele, die längere Zeit in Japan gelebt haben, berichten, nie in eine Privatwohnung eingeladen worden zu sein. Und wer einmal in einer japanischen Wohnung zu Gast war, erzählt nicht selten, daß er mit der Gattin des »Freundes« kaum ein Wort gewechselt habe, ehe sie sich eilig wieder in die Küche zurückzog.

Freundschaft unterliegt in Japan anderen Voraussetzungen als hierzulande. Die grundlegenden Unterschiede zwischen unserer und der japanischen Kultur wirken sich auch auf das Verständnis von Freundschaft aus.

Es ist vor allem die **vertikale Ordnung der japanischen Gesellschaft**, die ein unbedarftes Knüpfen von Freundschaften behindert. Japaner ordnen den Mitmenschen nicht neben, sondern stets über oder unter sich ein. Unsere horizontal ausgerichtete Sozialstruktur hingegen erleichtert es, spontan Freundschaften einzugehen, die wir in der Regel als Beziehungen unter Gleichen begreifen.

Ferner ist Freundschaft in Japan weder dem »privaten« noch dem »öffentlichen« Bereich eindeutig zuzuordnen. **Im öffentlichen Bereich, insbesondere im Berufsleben, gibt Hierarchie den Ton an.** In der Arbeitswelt finden sich zu Freunden vorzugsweise Kollegen zusammen, die im selben Jahr in das Unternehmen eingetreten sind und gemeinsam die Lehrzeit verbracht haben. In diesem Kreis annähernd Gleichgestellter findet man tatsächlich tiefe, dauerhafte Freundschaften. Wer dagegen schon länger zur Firma gehört, gilt als *sempai*, als Übergeordneter. Zwar kann auch ein *sempai* mit einem *kôhai*, später Eingetretenen, Freundschaft schließen – aber auf gleicher Stufe werden beide, so sehr sich der Unterschied in späteren Jahren ver-

Wesenszüge japanischen Verhaltens

Ausländer/innen, die von japanischen Freunden nach Hause eingeladen werden, erfahren eine große Ehre, die sie im Gegenzug zur Pflege der Freundschaft verpflichtet.

wischen mag, niemals stehen. Unter den Berufsanfängern eines Jahrgangs fällt nicht zuletzt die Universität, an der sie studiert haben, in die soziale Waagschale. Das Renommee der Universität trägt zu den Rangunterschieden bei, die ein Nebeneinander erschweren.

Unter solchen Vorzeichen kommt es sehr wohl zu guten **Männerfreundschaften**, die lange Bestand haben. Diesen ist gewöhnlich – im Gegensatz zum westlichen Freundschaftsbegriff – die Akzeptanz einer zwischen den Freunden bestehenden hierarchischen Abstufung eigen.

Bei **Frauenfreundschaften** spielt die Hierarchie eine weniger bedeutende Rolle. Entscheidend sind vielmehr gemeinsame Interessen. Für Freundschaften aus der Schul- oder Studentenzeit bedeuten Heiraten zwar oft eine Zerreißprobe, aber wenn sie diese bestehen, dann halten sie oft ein Leben lang. Da das Berufsleben japanische Männer intensiv in Anspruch nimmt, können Ehefrauen sich ihren Tag zumeist sehr frei einteilen und somit Interessen und Freundschaften pflegen.

Freundschaftliche Beziehungen zwischen Männern und Frauen sind selten. Denn noch immer sind die Sphären von Männern und Frauen deutlich getrennt. Männer leben in einer Welt, die vom Beruf bestimmt ist und an der sie Frauen, trotz der hohen Zahl weiblicher Arbeitskräfte, wenig Anteil haben lassen. Die verbreitete Bezeichnung »Büroblume« deutet an, daß selbst die berufstätige Japanerin keine gleichberechtigte Wertschätzung erfährt.

Wesenszüge japanischen Verhaltens

Japaner lernen frühzeitig, ein Gespür für die soziale Hierarchie zu entwickeln. Schon im Kindesalter wird das Über- und Unterordnen eingeübt. Daher sind auch **Freundschaften unter Kindern** nicht frei von sozialen Zwängen. Oft sind sie überschattet vom Konkurrenzverhalten, das Eltern schüren, indem sie ihre Kinder zu Bestleistungen antreiben.

Freundschaften zwischen Japanern und Ausländern liegen durchaus nicht in solch unerreichbarer Ferne, wie es manchem erscheinen mag. Allerdings sollte, wer eine freundschaftliche Beziehung zu Japanern aufbauen will, verschiedene Punkte beachten.

Allem voran sollten Sie zwischen **Geschäftsbeziehungen** und **persönlichen Freundschaften** trennen. Erwarten Sie nicht, daß sich das gute geschäftliche Einvernehmen zwischen Ihnen und einem Japaner ohne weiteres auf die Privatspäre übertragen läßt.

Setzen Sie ferner nicht als selbstverständlich voraus, von einem Freund nach Hause eingeladen und mit seiner Familie bekannt gemacht zu werden. Dies geschieht zwar häufiger als vor zwanzig Jahren, ist aber noch immer nicht die Regel.

Mit einer Freundschaft geht man stets auch eine gegenseitige **Verpflichtung** ein. Wer sich als kleinlich oder geizig erweist, wird schwerlich Freunde finden.

Freundschaften mit Japanern wollen gepflegt werden. Achten Sie darauf, daß zwischen den Kontakten nicht zu große Abstände liegen.

Wenn Japaner mit Ausländern einen feuchtfröhlichen Abend in einer Bar verbringen, kann sehr ausgelassene Stimmung aufkommen und man sich wohl und entspannt fühlen wie in der Gegenwart guter Freunde. Aber es wäre ein schwerer Irrtum, die **Formlosigkeit und Unbekümmertheit** als **Beweise von Freundschaft** auszulegen: Anderntags geht es wieder so förmlich zu wie zuvor, und im Verhalten Ihres japanischen Geschäftspartners wird nichts an die lässige Atmosphäre des Vorabends erinnern. Wer dies »nicht spannt« und wohlmeinend den lockeren Ton in die Geschäftsverhandlungen hineintragen will, der erschüttert das erzielte »gute *kimochi*«. So wie Sie die alkoholumnebelte Ungezwungenheit genießen können – ja sollen –, so müssen Sie tags darauf über das gemeinsam Erlebte und jeden Anflug von Vertraulichkeit den Mantel des Vergessens decken.

Tun & Lassen

- Sie ersparen sich Frustrationen, wenn Sie grundsätzlich **zwischen guten Geschäftsbeziehungen und persönlichen Freundschaften trennen**.
- **Erwarten Sie nicht, daß japanische Freunde Sie nach Hause einladen.** Dies ist in Japan unter Freunden nicht zwangsläufig üblich und damit nicht als Vorbehalt Ihnen als Ausländer gegenüber zu verstehen. Erschwe-

Wesenszüge japanischen Verhaltens

rend kommt hinzu, daß häufig der Wohnraum arg begrenzt ist und manche Ehefrauen aufgrund mangelnder Erfahrung befürchten, sich Ausländern gegenüber »falsch« zu verhalten.

• **Ist es Ihnen gelungen, Freundschaften aufzubauen, sollten Sie sie auch pflegen:** Wenn Sie die Kontakte einschlafen lassen, riskieren Sie, Ihre Freunde auf immer zu verlieren.

• **Begrenzen Sie die lockere Stimmung eines feuchtfröhlichen Abends unter Geschäftsleuten auf diese eine Gelegenheit.** Geben Sie sich ihr hin im genüßlich befreienden Gefühl, erfolgreich zu einem »guten *kimochi*« beigetragen zu haben. Doch stehen Sie am Morgen danach mit klarem Kopf auf, und treten Sie Ihren Geschäfts»freunden« so korrekt und förmlich entgegen, als hätte der Abend, selbst wenn Sie sich weinselig in den Armen lagen, nie stattgefunden.

Ja und nein

Zustimmung und Ablehnung sind in fast allen Kulturen durch Worte auszudrücken. Die Wörter »ja« und »nein« gehören zu den Grundlagen jeder Kommunikation. Wieso können gerade sie Anlaß für Mißverständnisse zwischen Sprechern verschiedener Kulturen liefern?

Wir sagen ungefähr ebenso oft »nein«, wie wir »ja« sagen. Beide Wörter sind im deutschen Sprachgebrauch etwa gleich stark vertreten. Anders im Japanischen: Das Wörtchen *hai* (»ja«) fällt täglich in unendlich vielen Situationen, das bündige *iie* (»nein«) so gut wie nie.

Japaner sagen ungern »nein«. Eine Ablehnung klingt hart und wirkt unhöflich. Sie stört die Harmonie. Daher vermeiden Japaner es nach Kräften, ein »Nein« auszusprechen.

Selbstverständlich können aber auch Japaner oft nicht umhin, eine Bitte abzuschlagen. In solchen Fällen umgehen sie das direkte »Nein« auf vielen verschlungenen Umwegen. Sie greifen zu dem, was wir als **Ausflüchte** oder **Ausreden** bezeichnen. »Lassen Sie uns noch einmal darüber nachdenken«, so lautet eine höfliche Absage in Situationen, in denen wir vielleicht schlicht und einfach »nein« sagen würden.

Eine andere Möglichkeit, Ablehnung auszudrücken, ist das **Ignorieren** – man könnte auch sagen: Man stellt sich tot. Hier ein Beispiel für diese diplomatische Vogel-Strauß-Politik:

Sie schreiben einem japanischen Freund, daß Sie demnächst Gelegenheit haben, nach Japan zu reisen. Sie drücken Ihre Freude aus, ihn wiederzusehen, und fragen an, ob er Sie vielleicht einige Tage bei sich aufnehmen könnte. In seiner Antwort bekundet auch er seine Wiedersehensfreude. Er läßt sich darüber aus, was er mit Ihnen gemeinsam unternehmen möchte. Die Unterbringung jedoch erwähnt er mit keinem Wort. Dies ist als höfliche

173

Wesenszüge japanischen Verhaltens

Ablehnung zu verstehen! Sollten Sie irrtümlich meinen, er hätte Ihr Anliegen schlichtweg vergessen, und es erneut ansprechen, so bringen Sie Ihren Freund in arge Verlegenheit. Denn damit nötigen Sie ihn, klipp und klar »nein« zu sagen – was ihm, zumal er mit Ihnen befreundet ist, ungemein peinlich wäre. In diesem heiklen Fall kommt das Ideal der **Verständigung ohne Worte** (*haragei*) besonders zum Tragen.

Ich werde nie den Ausdruck des Entsetzens vergessen, der sich in folgender Situation in den Gesichtern zweier meiner japanischen Studentinnen spiegelte: Ich unterrichtete eine bunt zusammengewürfelte Gruppe von Japanern, Amerikanern und anderen Ausländern. Ein Student japanischer Abstammung aus Hawaii – von den Kommilitonen wegen seines überzogenen Selbstbewußtseins »Pineapple-King« genannt – hatte sich in die Schönste des Kurses verliebt. Eines Tages ging er nach dem Unterricht auf seine Flamme zu und lud sie ein, am Nachmittag mit ihm ins Kino zu gehen. Das Mädchen, dem er wohl schon öfter lästig geworden war, sagte kurzerhand »nein«. Dies wirkte auf die erwähnten beiden Studentinnen wie ein schwerer Schock. »Wie kann ein Mädchen einfach nein sagen?« fragten sie fassungslos.

So unangenehm es ist, Ablehnung zu äußern, so bedenkenlos kann man in jeder Situation »ja« sagen. Allerdings kann dieses »Ja« ebenfalls erhebliche Mißverständnisse auslösen. Wir gehen davon aus, daß das Wort »ja« Zustimmung zu einer Meinung oder Absicht bedeutet. **Japaner hingegen bestätigen mit »ja« lediglich, daß sie vernommen haben, was der andere sagt. Zustimmung in der Sache äußern sie anders.** Schon so mancher westliche Ausländer hat sich vom japanischen Ja in die Irre führen lassen, indem er es wörtlich nahm. Wer es bei Geschäftsverhandlungen als Zustimmung zu seinen Vorschlägen auslegt und meint, nun zum nächsten Punkt übergehen zu können, sieht sich unvermittelt ernüchtert, wenn erst nach dieser »Anhörung« die Beratung einsetzt.

Beim **Telefonieren** verlangen die Regeln der Höflichkeit, daß der Zuhörende in kurzen Abständen »hai, hai« wiederholt. Damit signalisiert er dem Sprecher, daß er noch am Apparat ist und aufmerksam lauscht. Sein »hai, hai« bedeutet so viel wie »Roger« im internationalen Funksprechverkehr: »Nachricht erhalten und verstanden.« Bleibt diese regelmäßige Rückmeldung aus, wird der Gesprächspartner nach kurzer Zeit seine Rede unterbrechen und fragen: »Moshi-moshi?« *Aizuchi*, so nennt man das Wechselspiel zwischen zwei an einer Unterhaltung Beteiligten. Hall und Widerhall sollen aufeinanderfolgen wie bei zwei Schmieden, die abwechselnd mit dem Hammer auf den Amboß schlagen.

Im **vertrauten Gespräch unter Männern** ähnelt das »hai« häufig einem Grunzlaut. Es ist dem »hmm« vergleichbar, mit dem wir Aufmerksamkeit signalisieren.

Der beschriebene Telefon-»Tick« ist so typisch japanisch, daß sich im Internet auch dazu ein Aperçu fand:

174

Wesenszüge japanischen Verhaltens

Beim Telefonieren verlangen die Regeln der Höflichkeit, daß der Zuhörende in kurzen Abständen »hai, hai« wiederholt. Hemmungsloses Bejahen und Bestätigen ist die Kehrseite der Qual, »nein« sagen zu müssen.

»Du bist schon viel zu lange in Japan, wenn du mit deinem Vater telefonierst und er dich mit einemmal fragt, warum du seine Rede dauernd mit einem Grunzen unterbrichst.«

Mimik und Gestik

Mimik

Die Mimik beschränkt sich im »öffentlichen« Bereich auf das Lächeln. Eine andere Mimik ist nicht erwünscht. **Empfindungen, sei es Überraschung, Zweifel, Ärger oder Furcht, im Gesichtsausdruck zu verraten, dies ist Japanern peinlich und tunlichst zu vermeiden.**
Um so herzlicher können Japaner über die Mimik anderer lachen. Fernsehsendungen, die mit versteckter Kamera die mimischen Reaktionen von Menschen in unvorhergesehenen Situationen einfangen, sind sehr beliebt. So stark die unfreiwillige Komik anderer die Lachmuskeln des unbeteiligten Beobachters reizt, so angestrengt bemüht man sich, das eigene Mienenspiel in öffentlichen Situationen nicht »entgleisen« zu lassen.
Der Sorge, innere Regungen äußerlich unter Kontrolle zu halten, entspringt u.a. die japanische Gewohnheit, **Geschenke nicht vor den Augen des**

175

Wesenszüge japanischen Verhaltens

Gebers auszupacken. Diese Sitte befreit sie von der Gefahr, sich angesichts des Inhalts Überraschung oder gar Enttäuschung anmerken zu lassen (und dem bei uns bestehenden Zwang, Freude selbst dann zu bekunden, wenn die Enthüllung nichts auslöst als die fixe Idee, das Objekt schnellstmöglich umweltfreundlich zu verschrotten oder bei der Hochzeit des besten Feindes als Mit»gift« zu recyclen). Das Auspacken eines Geschenks fällt in den privaten Bereich, und der Vorhang zu diesem hebt sich erst wieder, nachdem der Gast gegangen ist. Seien Sie also nicht enttäuscht, wenn japanische Freunde Ihr so liebevoll ausgewähltes Mitbringsel scheinbar achtlos beiseite legen. Dies bedeutet keine Mißachtung Ihres Geschenks oder Ihrer Person. Man wird das Geschenk öffnen, sobald Sie sich verabschiedet haben, und Ihnen bei nächster Gelegenheit herzlich dafür danken.

Auch wenn, wie bereits erwähnt, **Japanerinnen beim Lachen die Hand vor den Mund halten**, geht es nicht darum, schlechte Zähne zu verdecken, sondern die Mimik zu zügeln. Lachen ist eine der Privatsphäre vorbehaltene spontane Gefühlsäußerung, die sich in der Öffentlichkeit möglichst unauffällig vollziehen sollte.

Männer pflegen bei **Verlegenheit** die Luft hörbar durch die Zähne einzuziehen. Wenn sie **beim Sprechen überlegen**, halten sie oft die letzte Silbe bzw. den letzten Vokal lange fest; in fremden Ohren klingt ihre Rede dann wie eine Komposition aus langgezogenen »Ahs« und »Ohs«. Diese Gewohnheit entspricht ungefähr dem »äh«, mit dem wir Stockungen im Redefluß zu überbrücken versuchen.

Auch **Trauer** sollte öffentlich nicht hervorgekehrt werden. Wer traurig ist, lächelt. Denn Lächeln ist die öffentlich einzig akzeptable Mimik – und damit ein Schleier, der die unterschiedlichsten Gemütsregungen verhüllt. Kein Wunder, daß das Lächeln der Japaner Ausländern unergründlich und rätselhaft erscheint.

Und kein Wunder, daß insbesondere **Zorn** oder **Ärger** niemals das Gesicht verzerren sollten. Wer jähen Unwillen nicht beherrschen kann, gilt als kindisch. Eine typische Reaktion auf Wutausbrüche ist – Sie dürfen nur einmal raten – Lächeln.

Gestik

Während das »offizielle« Mienenspiel der Japaner so wenige Variationen gestattet, daß wir es zuweilen als maskenhaft empfinden, ist das **Repertoire der »typisch japanischen« Körpersprache** breiter.

Zu den wichtigsten kommunikativen Handlungen der Japaner zählt das **Verbeugen**. Japaner verneigen sich an so vielen Orten und Gelegenheiten, daß es unmöglich ist, diese hier aufzuzählen.

Außer der hierzulande vielkarikierten Verbeugungs-»Manie« wirken viele andere Gesten auf uns mitunter komisch. Mit verblüfftem Schmunzeln regi-

Wesenszüge japanischen Verhaltens

Das Repertoire der japanischen Gestik darf sich breiter entfalten als das des Mienenspiels, das eher maskenhaft beschränkt wirkt.

strieren viele Ausländer die Geste, mit der Japaner **ein Nein ausdrücken**: durch Wedeln mit der rechten Hand vor dem Gesicht. Diese Geste gilt als durchaus höflich und wirkt vor allem weniger schroff als das verbale Nein. Und weil Japaner Ablehnung nur in höchster Not mit Worten ausdrücken, wedeln sie um so häufiger mit der Hand – so oft, daß es dem Internet-Autoren die Warnung wert war:
»Du bist schon viel zu lange in Japan, wenn du bei deinem Nein mit der Hand vor dem Gesicht wedelst.«
Oft belächelt wird auch die Geste, mit der Japaner im Gespräch unterstreichen, daß sie **die eigene Person meinen**: Während wir mit dem Finger auf unsere Brust deuten, zeigen Japaner auf ihre Nase.
Wenn wir jemanden **heranwinken**, so halten wir die Handfläche nach oben, als wollten wir den anderen herbeischaufeln. Japaner winken mit der Handfläche nach unten, als wollten sie den anderen über den Boden zu sich schieben.
Ganz besonders ungewohnt wirkt auf uns eine Geste, für die unsere Körpersprache kein Pendant kennt: Will man **zwischen zwei einander zugekehrten Menschen hindurchgehen**, so zieht man die ausgestreckte Hand senkrecht von oben nach unten, als wollte man sich zwischen den beiden einen Weg schneiden. Diese Geste warnt vor der Störung und ist sehr höflich. Sie wird gewöhnlich von der Entschuldigung begleitet: *Shitsurei shimasu!*

Wesenszüge japanischen Verhaltens

Schenken auf Gegenseitigkeit

Ausländer bezeichnen die Sitte des **freigebigen Schenkens und Spendens** oft als **soziales Kapital** der Japaner. Japaner schenken, um ihre Zugehörigkeit zur Gemeinschaft zu dokumentieren und ihren Platz in dieser zu sichern. Wer gibt, weiß, daß die anderen auch ihm bei traurigen wie glücklichen Anlässen durch Geschenke ihre Anteilnahme beweisen.

Die **Geldspende** dient dazu, eine finanzielle Belastung auf viele Schultern zu verteilen. Wer einen Angehörigen verliert, wer unverschuldet in Not gerät, wer eine Reise tut, wer eine Hochzeit ausrichten muß, der kann mit der Solidarität der Gemeinschaft rechnen. Es mag vorkommen, daß der eine odere andere Spender ein wenig zu eigenen Gunsten schummelt. Ausschließen aber kann sich niemand.

Das Geld wird gewöhnlich in einem **Schmuckumschlag** überreicht. Es sollte nicht sichtbar von Hand zu Hand wechseln. Bei **Bestattungen** steht vor dem Haus meist ein Tisch, an dem die Trauergäste ihren Beitrag abliefern. Auch bei Hochzeitsfeiern geben die Gäste an einem Tisch am Eingang ihr Scherflein ab. Weniger formell ist die Übergabe der Spenden, wenn jemand auf Reisen geht. Bei einem Krankheitsfall sammelt einer der Nachbarn das Geld ein.

Ein Geschenk verlangt ein **Gegengeschenk.** Wer Geld gespendet hat, erhält vom Empfänger ein Präsent. Dieses besteht bei einer Trauerfeier in guter Bewirtung. Reisende erstehen unterwegs Souvenirs der besuchten Orte, die dazu dienen, die Spender am Erlebten teilhaben lassen. Hochzeitsgäste wiederum kehren mit einem Geschenk von der Feier heim. Sehr üblich sind eine Dose Gebäck oder ausgesuchte, in ein Wickeltuch (*furoshiki*) gebundene Früchte.

Selbstverständlich fällt das Gegengeschenk im Wert geringer aus als die Geldspende. Schließlich könnte man einander leicht in den Ruin treiben, wenn man sich von Mal zu Mal übertreffen will. Die **Faustregel** lautet: Gegengeschenke bzw. Reiseandenken sollten etwa die Hälfte einer Geldspende wert sein.

Sprichwörtlich Japanisches

Wie überall in der Welt stößt man auch in Japan auf eine Fülle althergebrachter **Sprichwörter** und **Redensarten**. Und wie bei allen Kulturen kann man mit Sprichwörtern nichts beweisen, denn in der Regel findet sich für jede sprichwörtliche These die Antithese. Gleichwohl fangen Sprichwörter wie Brenngläser etliche Facetten der komplexen Natur der Menschen ein, die sie verwenden.

Wesenszüge japanischen Verhaltens

Vorangestellt seien hier, weil sie in dieser Konstellation einzig und allein in Japans natürlicher und sozialer Umwelt sprichwörtlich zusammengefaßt werden konnten, jene (an anderer Stelle bereits erwähnten) **vier Gefahren, die ein Japaner am meisten fürchtet**: *Jishin*, das Erdbeben, *kaminari*, das Gewitter, *kaji*, die Feuersbrunst und *oyaji*, die eigenen Eltern.

Ein unbestritten grundlegender Wert der japanischen Gesellschaft kommt bildhaft zum Ausdruck in dem Sprichwort: *Deru kugi wa utareru.* »Ein herausstehender Nagel muß eingeschlagen werden«, diese hemdsärmelige Redensart steht dafür, daß **der einzelne sich der Gruppe einzuordnen hat**. Wer sich persönlich profilieren will, kann dies nach japanischer Überzeugung nur auf Kosten des Gruppenwohls tun – weshalb Japaner Individualismus als Ausdruck von Egoismus und willentliche Störung der sozialen Harmonie interpretieren.

Es liegt in der Natur von Sprichwörtern, daß sie Erfahrungen, Ideale und Werte der Vergangenheit festhalten – wobei in Japan selbstredend die **Samurai-Ethik** nicht zu kurz kommt. Eines von vielen Sprichwörtern über den »Weg des Kriegers« (*bushidô*) lautet: *Heike wo horobosu wa Heike.* »Wer einen Heike besiegen will, muß selbst ein Heike sein«, dieser Leitspruch erinnert Japaner daran, daß Renommee und Rang den Heike, so der Name einer der großen Samurai-Familien, nicht in den Schoß fielen, sondern durch Leistung verdient waren. Man mag darüber streiten, ob und inwieweit der »Weg des Kriegers« die moderne japanische Arbeitsmoral geprägt hat und noch prägt – ein Indiz dafür, daß **Disziplin** und **Leistungswille** in Japan Tradition haben, ist dieses Sprichwort allemal.

Daß **Ausdauer** und **Zähigkeit** ans Ziel bringen, verheißt das – aus China stammende – Sprichwort: *Senri no michi mo ippô yori suru.* »Auch ein Weg von tausend Meilen beginnt mit einem Schritt.«

Die herkömmlichen **Geschlechterrollen** sind Aufhänger etlicher Sprichwörter. *Muko wa zashiki kara, yome wa niwa kara*, »Den Schwiegersohn aus dem Herrenhaus, die Schwiegertochter aus dem Hinterhof«, nach dieser Devise versuchten viele Familien, ihre Töchter und Söhne zu verkuppeln: Ein Schwiegersohn sollte möglichst aus einem Herrenhaus stammen, um Würde und Ansehen der Brautfamilie zu erhöhen, die Schwiegertochter hingegen aus dem »Hinterhof«, einem bescheideneren Haushalt, der sie Fleiß und Anspruchslosigkeit gelehrt hatte.

Vermutlich haben Sie schon einmal eine Abbildung von drei Affen gesehen, auf der einer sich die Augen, der zweite die Ohren und der dritte den Mund zuhält. Ihr entspricht die japanische Redewendung: *Mizaru*, »nichts (Böses) sehen«, *kikazaru*, »nichts (Böses) hören«, *iwazaru*, »nichts (Böses) reden«. Hier spiegelt sich die **Kunst des Ignorierens** in Wort und Bild.

On wo ukeru wa jiyû wo uru nari, »eine Wohltat annehmen heißt die Freiheit verkaufen«, diese Erkenntnis hilft die japanische Auffassung von **Hilfsbereitschaft** verstehen. Wer in Not gerät, kann sich der Unterstützung von Nachbarn, Freunden und Verwandten gewiß sein. Zugleich ist er sich stets

Wesenszüge japanischen Verhaltens

bewußt, daß dieses System der gegenseitigen Hilfeleistung ihn verpflichtet. Und **Verpflichtungen** sind nach buddhistischer Auffassung Bindungen an andere, die unfrei machen.

Der Gegensatz von arm und reich ist ganz gewiß kein ausschließlich japanisches Sprichwortthema, ebensowenig die Tatsache, daß in Antwort darauf **Bescheidenheit** und Genügsamkeit zur Tugend erhoben wurden. »Typisch japanisch« sind solche Sprichworte vielmehr durch die konkreten Lebenssituationen, auf die sie sich beziehen. Wo wir cool modern sagen würden: »Man kann nicht mehr, als jeden Tag Kaviar fressen«, stellt ein altes japanisches Sprichwort fest: *Senjôjiki de nete mo tatami ichi mai.* »Auch wenn du in einem Anwesen von tausend Matten schläfst, bedeckst du nur eine einzige *tatami.*«

Diese Weisheit konnte so formuliert nur in Japan aufkommen, wo eine *tatami*, eine Bodenmatte aus Stroh in der Größe von 90 x 180 cm, die genormte Maßeinheit von Wohnbauten darstellte. Eine *tatami* entsprach dem Raum, den eine Person als Schlafplatz benötigte.

Für **überflüssiges Tun** gibt es überall auf der Welt geflügelte Worte. Unser »Eulen nach Athen tragen« heißt in Japan: *Kappa ni suiei wo oshieru*, »dem Wassergeist das Schwimmen beibringen«. Wassergeister sind in japanischen Märchen und Sagen übermütige gute Geister, die mit diebischer Freude die Menschen foppen. Sie leben in Bächen und Flüssen und schwimmen besser als Fische.

Ihren **Sinn für Pragmatik** bekunden Japaner mit der Redensart *Hana yori dango*, »lieber Klöße als Blumen«. Politische und geschäftliche Pragmatik spricht aus der Erkenntnis *Kateba kangun, makereba zukugun*, »der Sieger in die kaiserliche Armee, der Verlierer ist der Verräter«. Will heißen: der Erfolg entscheidet letztlich und grausam, ob jemandes Sache als gut oder gerecht beurteilt wird. *The winner takes it all*, würde man im Englischen sagen.

Daß es **Glück im Unglück** gibt, damit trösten sich auch die Japaner. *Ningen banji Saiô no uma.* »Mit dem Leben des Menschen ist es wie mit dem Pferd des Saiô«, dieses geflügelte Wort geht auf eine bekannte chinesische Legende zurück: Der Bauer Saiô besaß ein wunderschönes Pferd. Dieses verschwand eines Tages spurlos, und Saiô weinte dem Verlust nach. Doch schon bald kehrte das Pferd zurück, bei sich eine prächtige Stute. Saiô freute sich über die Maßen, hatte er doch nun zwei Pferde im Stall. Kurz darauf aber ereilte ihn erneut das Unglück: Sein Sohn brach sich beim Versuch, die Stute zuzureiten, ein Bein. Die Leute trösteten den klagenden Saiô mit den Worten: »Wer weiß, wozu es gut ist ...« Wenig später tauchten die Häscher des Kaisers auf, um ein Heer auszuheben. Sie rekrutierten alle jungen Männer des Dorfes. Einzig Saiô durfte seinen krank darniederliegenden Sohn bei sich behalten. Angewendet auf Fälle, in denen vermeintliches Unglück sich zum Guten wendet, lebt die Sage als sprichwörtliche Volksweisheit ungebrochen fort.

Wesenszüge japanischen Verhaltens

»Mizaru, kikazaru, iwazaru« – die Kunst des Ignorierens, um die Harmonie nicht zu stören (hier dargestellt in den drei Affen des Toshogû-Schreins, Nikkô).

Wo bei uns **der Bock zum Gärtner** gemacht wird, bemerken Japaner: *Neko ni katsuobushi wo azukeru yô,* »als gäbe man der Katze die getrockneten Fische zum Bewachen«. *Katsuobushi*, Lieblingsfraß von Katzen, sind Späne aus Trockenfisch, die man besonders gern für Suppen verwendet.

Familie

Die althergebrachte Familienstruktur hat sich bei uns und in allen hochentwickelten Industrienationen stark verändert. An die Stelle der Großfamilie ist die Kernfamilie von zwei Generationen getreten. Dabei blieben die alten Menschen oft allein zurück und mußten versuchen, für den Ruhestand neue Lebensformen zu suchen.

Dieser Wandel ist inzwischen auch in Japan abgeschlossen. Dort setzte er später ein als bei uns: Noch bis zur Mitte des 20. Jh. lebten gewöhnlich drei Generationen unter einem Dach. Die Auflösung dieser Gemeinschaft hatte insbesondere drei Ursachen: die **Empfängnisverhütung** und dadurch verringerte Kinderzahl, die **gestiegene Lebenserwartung** und somit verlängerte Lebensphase nach Flüggewerden des jüngsten Kindes sowie den **wachsenden Wohlstand**, der mehr Wohnraum und dadurch den Kindern die Gelegenheit zur (und den Anspruch auf) Erweiterung des persönlichen Freiraums einräumte.

Die häufigste Form familiären Zusammenlebens im heutigen Japan ist die **Kleinfamilie**, bestehend aus dem Ehepaar und seinen noch nicht erwachsenen Kindern. Die Alten wohnen nicht mehr mit Kindern und Enkeln unter einem Dach. Kinder beziehen spätestens mit der Heirat eine eigene Wohnung.

Japanerinnen sind heute durchschnittlich 27, Japaner 29 Jahre alt, wenn sie eine Ehe eingehen. Gewöhnlich scheidet die Frau vor der Geburt des ersten Kindes, die meist nicht lange auf sich warten läßt, aus dem Arbeitsleben aus, um sich ganz der Familie zu widmen.

Die **statistische Idealfamilie** zählt zwei Kinder, die kurz nacheinander zur Welt kommen. In den ersten Jahren kümmert sich die **Mutter** intensiv um die Kleinen. Ab der Kindergartenzeit ist sie damit beschäftigt, die Termine von Kindergarten, Musikschule, Freizeitaktivitäten und eventuell Nachhilfeschulen zu koordinieren, sich um den Transport zu kümmern und Hausaufgaben zu beaufsichtigen. Erst wenn die Kinder die höhere Schule besuchen und ihren Alltag allein organisieren können, hat sie wieder Zeit, sich ihrer Karriere zuzuwenden.

Wenn sie eine Stelle finden, gehen viele Frauen zurück in den Beruf – und haben nun, da sie nicht mehr zwischen Familie und Beruf hin- und hergerissen sind, bescheidene Aufstiegsmöglichkeiten. Allerdings bleiben auch in

Familie

Großeltern spielen in der neuzeitlichen Kleinfamilie kaum mehr eine Rolle. Während die Alten auf dem Land wohnen, leben die Jungen in beengten Großstadtwohnungen.

diesem Lebensabschnitt die **Welten der Männer und Frauen** weitgehend getrennt.
Sind die Kinder aus dem Haus, hat sich die Mutter gewöhnlich beruflich und im privaten Bekanntenkreis Anerkennung verschafft. Wird nun ein Ehemann, der sich bislang ausschließlich seiner Arbeit gewidmet hat, pensioniert, kommt es häufig zu **Ehekrisen**, die nicht selten in Scheidungen enden.
Großeltern spielen in der Familie nur mehr eine Nebenrolle. Die räumliche Trennung der älteren von den jungen Familienmitgliedern reduziert Gemeinsamkeiten und Kontakte auf einige wenige Besuche im Jahr, wenn die Jungen in die Stadt ausfliegen und ihre Eltern das ländliche Nest hüten.
Die Familie ist die Gruppe, in die der einzelne hineingeboren wird und in der er aufwächst. In ihr lernt er die Grundregeln des Zusammenlebens, der gegenseitigen Rücksichtnahme und insbesondere der **Hierarchie**. Sie lehrt ihn, den älteren Bruder respektvoller anzureden als den jüngeren Bruder oder die jüngere Schwester. Sie lehrt ihn, daß er einen bestimmten Platz zwischen den Rängen seiner Geschwister besetzen darf. Sie lehrt ihn, daß selbst die intimste soziale Einheit, die Familie, sich nicht auf Nebeneinander, sondern Über- oder Unterordnen gründet.
Das komplizierte interfamiliäre Beziehungsgeflecht schlägt sich sprachlich nieder. Das breite Vokabular der **Verwandtschaftsbezeichnungen** unterscheidet, ob sich der Sprecher direkt an ein Familienmitglied wendet oder es im Gespräch mit einem Dritten erwähnt: Ein Kind spricht seine Mutter *okâ-*

Familie

san an, um sie vor anderen *haha* zu nennen. Entsprechend heißt der Vater hier *otôsan*, dort *chichi*. Damit nicht genug: alle Anverwandte – ältere und jüngere Brüder und Schwestern, Großeltern, Onkel, Tanten ... – haben Anrecht darauf, je nach Situation korrekt »betitelt« zu werden. So lernen japanische Kinder mit dem Sprechen, daß Rang und Namen wichtig sind. Verglichen mit ihrem Pensum ist das unserer Sprößlinge, die in der Hauptsache zwischen Duzen und Siezen unterscheiden lernen müssen, geradezu ein »Kinderspiel«. Lohn für die Mühe ist, daß der einzelne einen weit stärkeren **Familienzusammenhalt** erfährt. Immer noch ist in Japan die Familie ein Ort, an dem man sich gehen lassen, vom anstrengenden öffentlichen Alltag erholen kann. Die Familie schenkt jedem einzelnen Mitglied Halt und Sicherheit.

Der **älteste Sohn** genießt traditionell eine Vorzugsstellung in der Familie. Er sorgt für den – vor allem aufgrund der shintôistischen Überlieferung – so wichtigen Erhalt der Ahnenreihe. Im alten Japan war es durchaus üblich, daß sohneslose Familien einen männlichen Sprößling (oft den Ehemann der ältesten Tochter) adoptierten, der seinen Familiennamen und Stammbaum aufgab und die Ahnenreihe seiner Adoptionsfamilie fortsetzte. Obwohl diese Sitte heute ebenso selten wie die Ein-Kind-Familie häufig ist, gilt eine Familie ohne einen männlichen Nachkommen nach wie vor als unvollständig. Zumindest ein Sohn, dies ist der Wunsch fast aller Paare und Familien.

Die Sonderrolle der ältesten bzw. einzigen Söhne hat eine moderne Kehrseite: Sie sind als Ehemänner wenig begehrt. Denn von ihren Ehefrauen wird erwartet, sich um die gealterten Schwiegereltern zu kümmern – eine Pflicht, die viele junge Japanerinnen abschreckt. Ein weiterer Grund, weshalb sie bei selbstbewußten modernen Japanerinneren schlecht »ankommen«, mag darin liegen, daß sie oft sehr verwöhnt sind und daher überzogen selbstherrlich auftreten.

Glückliche Kinderzeit

Die wohl **glücklichste Zeit** im Leben von Japanern ist die **frühe Kindheit**. Seine ersten Lebensjahre verbringt das Kind in engem Kontakt zur Mutter. Da die Mutter dann meist nicht berufstätig und der Mann nur wenig zu Hause ist, kann sie sich viel Zeit für das Kind nehmen und muß dieses seine Mutter nicht mit dem Vater teilen.

Die enge Mutterbindung entsteht u.a. durch die **körperliche Nähe**. So schläft z.B. das Kind gewöhnlich nicht in einem abgesonderten Bettchen, sondern neben der Mutter auf demselben oder allenfalls einem eigenen *futon*. Früher riß der Körperkontakt nahezu nie ab, da die Mutter das Kleinkind tagsüber, auch bei der Arbeit, auf dem Rücken trug. Heute geht ein Teil der körperlichen Nähe dadurch verloren, daß moderne Japanerinnen ihre Kleinen im Kinderwagen transportieren.

184

―――――――――― *Familie* ――――――――――

Familien mit mehr als zwei Kindern findet man kaum noch. Dabei mag das Streben nach Anpassung an die Norm mitspielen; eine Familie mit drei oder mehr Kindern nimmt eine Außenseiterrolle auf sich. Auf diese Weise müssen Kinder heute nicht mehr die Zuwendung der Mutter mit vielen Geschwistern teilen.

Kinder stehen im Mittelpunkt der sozialen Aufmerksamkeit.

Kinder stehen im Mittelpunkt der sozialen Aufmerksamkeit. Da die Gesellschaft es in shintôistischer Tradition weiterhin als wichtigste Aufgabe der Frau ansieht, für Nachwuchs zu sorgen, sind Kinder sichtbarer Beleg weiblicher Pflichterfüllung. Während bei uns manch eine Frau, die sich »für ein Kind entschieden« hat, unter Rechtfertigungszwang gerät, pflegt die japanische Gesellschaft eine ungebrochen **positive Haltung gegenüber Kindern und der Mutterschaft**. Kinder erhöhen das Selbstbewußtsein und soziale Ansehen der Japanerin und sichern ihr gesellschaftliche Akzeptanz. Eine kinderlose Frau gilt als Versagerin.

Familie

Da Japaner es gewöhnt sind, Geräusche zu ignorieren, empfinden sie auch – und erst recht – Kindergeschrei nicht als »Lärmbelästigung«. Sie sind äußerst **kinderlieb**, wenngleich sie ihre Sprößlinge zur Rücksichtnahme auf die Bedürfnisse anderer anhalten. **In öffentlichen Verkehrsmitteln wird Kindern stets ein Sitzplatz freigemacht.** Und es ist ebenso üblich, daß Schulkinder fremden älteren Personen nicht ihren Platz überlassen.

Japanische Kinder werden von den Müttern sorgfältig »gestylt«. Jungen tragen im Sommer kurze, im Winter lange Hosen; Jeans sind inzwischen so beliebt wie bei uns, daneben aber auch dunkelblaues oder graues Tuch. Zum ordentlichen Outfit gehören unbedingt weiße Socken. Mädchen werden vorzugsweise mit Röcken herausgeputzt, die gern – wie auch die Söckchen – mit Rüschen oder Applikationen verziert sind. So herausstaffiert, sehen die kleinen Stars oft umwerfend niedlich aus – allerdings fragt man sich manchmal, ob der adrette Dreß spieltauglich ist. Mit Eintritt in den Kindergarten beginnt die Zeit der **Uniformen**. In vielen Kindergärten sind schlichte hellblaue Kittel und dazu kleine Hüte üblich, in manchen außerdem einheitliche Jacken oder Mäntel. Die Uniformen sollen das Gruppenbewußtsein stärken.

In japanischen Wohnungen können sich Kleinkinder sehr frei bewegen. Sie müssen nicht in Laufställchen gesperrt werden, denn beim Krabbeln auf dem recht weichen *Tatami*-Boden bestehen kaum Verletzungsgefahren. Gefährdet durch tapsige Kinderhände sind allenfalls die papierbespannten Schiebetüren und Wandschränke.

Fernsehen zählt zu den Lieblingsunterhaltungen japanischer Kinder. Schon für die kleinsten Knirpse gibt es ein breites TV-Progamm. Und da Japan außerdem das Land der **Videospiele** ist, kommen Freizeitaktivitäten, die Phantasie und Gemeinschaftserlebnisse fördern, oftmals zu kurz.

Weil viele Eltern möchten, daß ihre Kids schon bei Kindergarteneintritt den Altersgenossen voraus sind, haben **didaktische Spiele** Hochkonjunktur. Dies heißt nun nicht, daß Mütter unerbittlich mit ihren Kleinkindern pauken. Schließlich steht bei diesen Lernspielen tatsächlich das Spiel im Vordergrund. Und doch bereiten sie auf den Ernst des Lebens vor. Für die Eltern steht fest: Je mehr Kenntnisse das Kind bei Eintritt in das öffentliche Bildungssystem besitzt, desto höher stehen die Chancen für Aufstieg und Erfolg. Mit der Einschulung ist es dann mit der glücklichen Kinderzeit endgültig vorbei.

Die Examenshölle

Der »Ernst des Lebens« beginnt in Japan weit früher als bei uns. Schon der Kindergarten stellt ein Lernpensum auf, das nur mit äußerster Anstrengung und Disziplin zu bewältigen ist. In dieser Zeit haben die Kinder das fünfzig Schriftzeichen umfassende Silbenalphabet *hiragana* zu lernen, dessen Kenntnis bei Schulanfang vorausgesetzt wird.

Familie

Disziplinierung und Leistungsanforderungen beginnen bereits im Kindergarten (hier: Festumzug in Kôbe).

Wie die Schulen und Universitäten genießen auch die Kindergärten unterschiedliches Renommee. Dieses und die Einstufung der Kindergarten-»Absolventen« beeinflussen die Entscheidung darüber, in welche Schule das Kind einsteigen darf, ebensosehr wie das Abschneiden bei der Aufnahmeprüfung. Daher geht es schon im Kindergarten darum, möglichst gute Zensuren erzielen. Meist übt die Mutter daheim mit dem Kind, damit es unter den Besten des Jahrgangs rangiert.

Ab dem Schuleintritt nimmt der Leistungsdruck zu. Die Mütter überwachen sorgfältig die Hausaufgaben und halten zum Lernen an. Da dies oft nicht reicht, um die hohen Anforderungen zu erfüllen, besuchen viele Kinder zusätzlich eine Paukschule. Bescheidenheit gilt beim Streben nicht als Zier: Erster, nicht »bloß« Zweiter sein, so heißt das Ziel.

Im japanischen Schulsystem folgt der sechsjährigen Grund- die dreijährige Mittelschule und dieser die ebenfalls dreijährige höhere Schule.

Es gibt **öffentliche Schulen**, deren Besuch kostenlos ist. Im Grunde könnte jeder Japaner ohne einen einzigen Yen seine gesamte Schulausbildung absolvieren. Aber die öffentlichen Schulen haben oft keinen guten Ruf, und viele Eltern glauben es sich und ihren Kindern schuldig zu sein, sie auf angesehenere Schulen zu schicken.

Die – teilweise sündteuren – **Privatschulen** besitzen häufig ein sehr hohes Niveau, stellen aber zugleich sehr hohe Leistungsansprüche. Sie bereiten die Kinder speziell auf die Aufnahmeprüfungen für die nächsthöhere Schulstufe bzw. Universität vor.

Familie

Das umfangreiche Pensum läßt für kreatives oder spielerisches Lernen keine Zeit. Dieses ist zudem nicht erwünscht. In Japan heißt Lernen vor allem **Auswendiglernen.** Die Kinder sollen nicht fragen, sondern zuhören und sich die Worte des Lehrers einprägen. Grundvoraussetzung allen Lernens ist ein gutes Gedächtnis, und das wird ununterbrochen trainiert. Allein die Schriftzeichen bedeuten eine ständige Herausforderung des Erinnerungsvermögens.

Auf Fragen reagieren viele Lehrer verunsichert. Sie empfinden Fragen als Angriff ihrer Autorität. Außerdem laufen Fragen dem japanischen Gruppenverständnis zuwider: Wer individuelle Antworten auf Fragen verlangt, tut dies auf Kosten der Gruppe, weil er vorübergehend den Lehrer für sich beansprucht.

Japanische Kinder, die eine Zeitlang ausländische oder internationale Schulen besucht haben, finden nicht problemlos Aufnahme an japanische Regelschulen. Sie bringen den Unterricht durcheinander, lautet die offizielle Begründung. Vor allem aber fürchtet man, daß ihre Gewohnheit, zu fragen und individuell zu lernen, Mitschüler – und Lehrer! – »aus dem Konzept bringt«. So müssen solche Auslandsrückkehrer zunächst Vorbereitungsschulen besuchen, die ihnen das Fragen ab- und Disziplin angewöhnen.

In den meisten Schulen ist **Ganztagsunterricht** üblich. In der Mittagspause verzehren die Schüler gemeinsam ihr Lunchpaket, das *o-bentô*. Nach dem Unterricht müssen sie gewöhnlich ihren Klassenraum reinigen.

Nach Schulbeginn werden die Tore geschlossen, so daß verspätete Schüler – und Lehrer! – sich registrieren lassen müssen. Oft sieht man an der nächsten Straßenecke einen Lehrer, der trödelnde Schüler zur Eile anfeuert. Es ist geschehen, daß ein Mädchen beim Versuch, in allerletzter Sekunde durch das automatisch betätigte Tor zu schlüpfen, zu Tode kam.

Die meisten Schulen schreiben das Tragen von **Uniformen** vor. Diese uns altmodisch erscheinende Sitte ist in Japan auch in vielen Unternehmen und Kaufhäusern Vorschrift. Die Schuluniformen für Jungen ähneln den Kadettenuniformen aus der Wende vom 19. zum 20. Jh. Die wenig kleidsamen Schuluniformen lassen wenig Spielraum, individuellen Geschmack auszuleben: Ältere Schüler und Studenten tragen auch im Sommer lange Hosen zur meist marineblauen Jacke, Mädchen vornehmlich Faltenrock und weiße Bluse zur schmucklosen dunkelblauen Jacke. Der Einsatz von Kosmetik ist den Mädchen in der Schule verboten, den Jungen die Länge des Haarschnitts vorgeschrieben. Doch der Widerstand gegen die strenge Maßregelung wächst: Viele Jugendliche werfen sich gleich nach Schulschluß in ihre Designerklamotten.

Zum **Sitzenbleiben** kommt es in Japan so gut wie nie. Zeigen Schüler schwache Leistungen, sprechen die Lehrer mit den Eltern, die nun den Druck verstärken und, falls Nachhilfe notwendig ist, eine geeignete *juku*, eine **Paukschule**, suchen. Bringt auch dies keine wesentliche Besserung, ist spätestens beim nächsten Schulwechsel der Aufstieg beendet: Entweder

Familie

schafft das Kind den Übergang in die nächste Schulstufe gar nicht oder nur den in eine weniger angesehene weiterführende Schule. **Schulischer Abstieg ist eine Schande für die gesamte Familie**, weshalb Eltern alles daransetzen, ihn zu verhindern.

Die ausnahmslos privaten Paukschulen kosten viel Geld. Einige setzen Unterrichtsmethoden ein, die die Freude am Lernen erhalten bzw. wiederbeleben sollen. Letztendlich aber heißt es auch dort: auswendiglernen und üben, üben, üben.

Über den **wichtigsten Wendepunkt im Leben junger Japaner und Japanerinnen** entscheidet die Aufnahmeprüfung zur Universität. Die Eltern wählen nach Begabung, Schulabschlußzeugnis und Geldbeutel eine Universität aus. Die Medien verbreiten jährlich eine Ranking-Liste, der die auf Niveau und Ruf beruhende Hierarchie der Universitäten zu entnehmen ist. Alle Eltern versuchen, die nach Maß der Gegebenheiten bestmögliche Universität auszusuchen.

Die Vorbereitung auf die Aufnahmeprüfung nimmt oft ein volles Jahr in Anspruch. Wer schlau ist, bereitet sich auf mehrere Universitäten vor und wählt nach bestandenen Examina die jeweils beste. Wer sich auf eine Universität kapriziert und nicht mit einer »zweiten Wahl« begnügen will, kann im Falle des Scheiterns ein weiteres Jahr Vorbereitungsschulen besuchen und es dann erneut versuchen. Solche zwischen Schule und Studium in ein Loch gefallene junge Menschen nennt man, wie einst die herrenlos gewordenen Samurai, *rônin*.

Wer die Aufnahmeprüfung zur Universität geschafft hat, ist der Examenshölle entronnen und hat – vorerst – ausgesorgt. Die vier Studentenjahre kann man gemütlich angehen, ausgiebig Sport treiben, viel lesen und möglichst auch reisen. Wer das Aufnahmeexamen bestanden hat, hat den Abschluß so gut wie in der Tasche.

Dieses Schulsystem belastet psychisch und physisch die Kinder und Jugendlichen. Viele treibt es an den Rand der Erschöpfung, manche darüber hinaus. Schülerselbstmorde sind nicht selten. Auch von Gewalt gegen Mitschüler und Lehrer wissen die Medien zu berichten und immer häufiger von Aussteigern und Schulverweigerern.

Inzwischen haben sich auch in Japan Walldorf-Schulen etabliert, die den Schülern viele Freiheiten einräumen, Kreativität und Persönlichkeitsbildung fördern. Doch sie sind eine Randerscheinung, denn: Sie bereiten nicht auf die Realität des japanischen Berufslebens vor. Wer in einen der großen Konzerne Japans einsteigen will, der muß sich im Fegefeuer des Schulalltags für den Wettbewerb gestählt haben.

Erlebnisberichte: Kinder und Leistungsdruck

Ich fuhr, ziemlich müde von einem längeren Tagesausflug, in einer U-Bahn, als ein junges Mädchen mir gegenüber Platz nahm. Auf den Knien hielt es nervös einen großen braunen Umschlag. Immer wieder öffnete es ihn, über-flog die amtlich aussehenden Blätter und steckte sie zurück. Schon bald brach es in Tränen aus. Mir dämmerte, daß die Arme ein schlechtes Zeugnis bekommen hatte. Wir fuhren lange zusammen, und sie weinte ununterbro-chen. Ich wollte ihr gern helfen, aber wie? Noch lange nachdem ich ausge-stiegen war, mußte ich an dieses Mädchen denken und die hohen Erwartun-gen von Familie und Umfeld, die japanischen Schülern das Leben oft uner-träglich schwer machen.

Folgende Begebenheit erzählt Kristina:

»Wir hatten in Deutschland, ich war noch ein Kind, eine junge Japanerin als Au-Pair-Mädchen. In Japan, inzwischen Mutter einer zehnjährigen Tochter und eines dreijährigen Sohns, lud sie mich nach Hause ein. Sie und ihr Mann forderten die Tochter auf, mir auf der Geige etwas vorzuspielen. Die Kleine trug ein schwieriges Stück vor. Danach zeigte man mir Zeitungsausschnitte über einen Musikwettbewerb, bei dem die Tochter den ersten Preis davon-getragen hatte. Ich war entsetzt, als der Vater krittelnd kommentierte: »Sie ist noch nicht gut genug – sie muß noch viel üben!« Zwar schien die Tochter nicht unter übermäßigem Druck zu stehen, doch ein Funken mehr väterliche Anerkennung hatte sie meiner Ansicht nach verdient. Der kleine Kronprinz dagegen machte mir einen sehr verwöhnten Eindruck.

Kyôiku-Mama oder Mamagon (»Drachenmutter«)

Also lautet der Beschluß:
Daß der Mensch was lernen muß ...
Max und Moritz ihrerseits
Fanden darin keinen Reiz.

Manch japanisches Kind wäre wohl froh, mit einem vergleichsweise harm-losen Lehrer Lämpel antiautoritäre Streiche treiben zu dürfen (trotz der Moral von der Geschicht'). Denn die Lernzwänge in Japan sind so viel här-ter und zugleich subtiler. Vor allem deshalb, weil bei der Bewältigung des gewaltigen Lernstoffs für die Kinder die **Mütter** eine treibende Rolle spie-len.

Zunächst drillen sie schon die Kleinkinder in Disziplin und Selbstbeherr-schung. Dann planen sie die Schullaufbahn und suchen die besten Schulen aus, die sich die Familie leisten kann. Dabei bestimmen nicht allein Ehrgeiz und die Finanzen die Wahl – auch die Begabung des Kindes. Jede japanische Mutter geriete als Rabenmutter in Verruf, wenn sie die Begabung ihres Kin-des brachliegen ließe, das Kind also weniger förderte und forderte, als seine Fähigkeiten es zulassen. **Vielmehr tendiert die mütterliche Pädagogik**

Familie

Zum Schul- und Prüfungsstreß kommen häufig noch zusätzliche Lernpflichten (hier: Übungen in traditionellem Tanz).

allgemein dahin, dem Kind mehr abzuverlangen, als es schaffen kann.
Für freie und natürliche Entfaltung kindlicher Talente im Spiel bleibt so kaum Raum. Vielmehr richten sich die Hoffnungen und Energien der Mütter stets auf die nächsthöhere Stufe der kindlichen Karriere.
Der Erfolg des Kindes wertet die Eltern und die gesamte Familie auf. Wer (wenn auch unter fast halsbrecherischen finanziellen Wagnissen) sein Kind in einer guten Universität unterbringt, trägt erheblichen Prestigegewinn davon. Also setzen die meisten Mütter alles daran, ihr Kind zu Höchstleistungen zu treiben. Daß sie dabei die Kinder überfordern oder gar quälen, ist mancher Mutter wohl bewußt. Viele empfinden daher ein **schlechtes Gewissen**. Sie bemühen sich deshalb, alle Barrieren aus dem Weg zu räumen, die das Kind am karrieregerichteten Lernen hindern könnten. Sie erfüllen ihm zudem jeden Wunsch, damit es nur weiterbüffelt. Sie bringen nicht nur finanzielle Opfer, sondern widmen sich dem Kind auch so intensiv, daß sie in dieser Zeit ihre persönlichen Interessen ganz in den Hintergrund drängen. In den 1980er Jahren bildete sich für solche Mütter der Begriff *Kyôiku-Mama* (»Erziehungsmutter«). Später kam der Ausdruck *Mamagon* auf, eine Zusammensetzung aus »Mama« und den drei Endbuchstaben des englischen Worts *dragon*, »Drachen« – **Drachenmütter** also, eine dramatisierte Rollenform der Rabenmutter.
Unausweichlich lastet so auf den Kindern ein ungeheurer disziplinärer Druck. Hinzu kommt das Wissen der Kinder, daß ihre Eltern empfindliche Opfer bringen und große Hoffnungen, gar Lebensträume, auf ihnen lasten.

Familie

Sie fühlen sich deshalb ständig zu Höchstleistungen aufgefordert und getrieben.

Der extreme Streß löst nicht selten **psychische Entlastungshandlungen** aus, die leider auch die **kindliche Kriminalstatistik** bereichern. Seiichi Morimura erzählte schon 1969 in einer Kriminalgeschichte die Missetaten eines neunjährigen Schülers: Der Junge, der in fast allen Fächern einen guten zweiten Platz belegt, tyrannisiert die ihm überlegenen Klassenkameraden. Er zwingt sie durch Brandstiftung, Tierquälerei, Erpressung und Vergiftung, ihm den begehrten ersten Platz zu überlassen. Seine Eltern sehen in ihm das harmlose, fleißige, liebe Kind. Als er schließlich mit einem Gleichaltrigen den Geliebten seiner Mutter ermordet, kommt ihm die Polizei auf die Schliche. In den Augen der Gesetzeshüter ist jedoch nicht das Kind, sondern die ehrgeizige Mutter die eigentlich Schuldige.

Die Rolle des Vaters

Vater werden ist nicht schwer,
Vater sein ist's auch nicht sehr.

Wilhelm Buschs Erkenntnis mußten wir japanischen Verhältnissen anpassen. Denn **Väter spielen i n n e r h a l b der japanischen Familie eine nachgeordnete Rolle**. Sie tragen geringe, d.h. »nur« finanzielle, Lasten. Dafür gibt es verschiedene Gründe:

Der wichtigste ist die fast tägliche lange **Abwesenheit der Väter**. Die offizielle Arbeitszeit währt zwar nicht länger als bei uns, aber es werden häufig »freiwillige« Überstunden geleistet. Daran wird zur »Selbstbelohnung« mehrmals in der Woche eine gemeinsame Kneipentour mit den Kollegen gehängt. So treten berufstätige Männer oft erst nach 22 Uhr den Heimweg an. Die Fahrzeiten zwischen Wohnort und Arbeitsplatz dauern meist über anderthalb Stunden, so daß die Männer kaum vor Mitternacht ihr Heim erreichen – um im Morgengrauen zurück zur Arbeit zu hasten. An solchen Tagen sehen sie ihre Kinder gar nicht.

Ein weiterer Grund liegt in der Rollenverteilung zwischen Mann und Frau. **Der Mann vertritt die Familie nach außen**, er ist das »öffentliche Selbst und Wir« der Familie. Da will er nicht auch noch in seinen eigenen vier Wänden die anstrengende Rolle des starken Mannes spielen, sondern sich von seiner Frau verwöhnen lassen. Viele Japanerinnen sehen in ihrem Mann ein zusätzliches Kind, das versorgt werden will – ein sehr anspruchsvolles dazu. Manchmal wird sogar der formelle Autoritätsanspruch des Vaters gegenüber den Kindern von der Mutter durchgesetzt. So verbleibt dem Vater eine eher passive und **randständige Rolle**.

192

Familie

Immer im Hintergrund: die Mutter. Väter spielen innerhalb der Kleinfamilie eine nachgeordnete Rolle.

Die **Stellung der japanischen Mutter** läßt sich treffend mit dem chinesischen Äquivalent »innerer General« charakterisieren. So schwach und zart sich Japanerinnen in der Öffentlichkeit geben, so autoritär führen sie in der Familie das Regiment. Sie verwalten das Einkommen, planen die Schullaufbahn der Kinder und gemeinsamen Unternehmungen. Sie sind für die Kinder die vorrangige **Respektsperson**. Allerdings schreibt man ihnen auch die Verantwortung für Fehlschläge und -entwicklungen zu.
Die Erziehung ist weitaus geschlechtsspezifischer als hierzulande. Die **Mädchen** orientieren sich am Verhalten und der Rolle der Mutter. Sie lernen im Haus regieren sowie den (zukünftigen) Mann verwöhnen – und ihn im übrigen dirigieren, ohne daß er dies bemerkt.
Das Vorbild des Vaters für die Jungen besteht vor allem in der beruflichen Karriere. Die Welt der Arbeit erschließt sich ihnen durch die Erzählungen des Vaters als nahezu »exotisches« Erlebnis. Das Familienleben wird so streng vom beruflichen Bereich getrennt, daß kaum ein Jugendlicher in Japan je den Arbeitsplatz seines Vaters oder dessen Tagesablauf kennenlernt. So sehen die Söhne ihr zukünftiges Leben durch die Brille der väterlichen Berichterstattung. Auch erkennen Söhne zwangsläufig, wie der Vater von seiner Ehefrau verwöhnt, aber auch mütterlich manipuliert wird. Als Verheiratete fallen die jungen Männer gern in diese bequeme, **kindliche Fürsorgeerwartung** zurück. Eine enge **Vater-Kind-Beziehung** entwickelt sich auf diese Weise selten. Töchter und Söhne begegnen ihren Vätern eher innerlich distanziert. Um so inniger knüpft sich ihre Bindung an die Mutter.

Familie

Fällt der Mutter die Disziplinierung der Kinder schwer, versucht sie die Autorität des Vaters zu Hilfe zu rufen. Dabei zeigen Väter sich oft sehr hart und unnachgiebig, nicht zuletzt weil sie sich kaum in die kindliche Psyche versetzen können. Schulisch spornen sie ihre Sprößlinge ebenso zu Höchstleistungen an wie die Mütter. Schließlich hängt davon entscheidend das »öffentliche Selbst« der Familie ab.

Natürlich finden wir in Japan – wie überall – vielfältige charakterliche Unterschiede. Es gibt überaus **liebevolle Väter**, denen sehr an einer engen Beziehung zu den Kindern liegt. Sie aufzubauen, machen ihnen die gesellschaftlichen Rahmenbedingungen jedoch nicht leicht.

Alter

In der traditionellen **konfuzianischen Familienhierarchie** war der Mann stets der Frau, der Ältere dem Jüngeren übergeordnet. Der Respekt vor dem Alter verlangte, daß ein Sohn seinem Vater bis zu dessen Tod gehorchte. Danach übernahm er, auch wenn die Mutter noch lebte, die Rolle des Familienoberhaupts.

Frauen waren lebenslänglich untertan: in der Jugend ihren Eltern, in der Ehe ihrem Mann, im Alter ihrem Sohn. Die niederste Stellung innerhalb der Familie nahm die zuletzt eingeheiratete Schwiegertochter ein. Bei Tisch z.B. war ihr der Platz nächst der Küchentür zugewiesen; äußerte ein Familienmitglied einen Wunsch, hatte sie aufzustehen und das Verlangte zu holen. Viele Frauen halten dies heute noch so oder essen, wenn Gäste zu bedienen sind, in der Küche.

Alte Menschen genossen in der traditionellen Gesellschaft hohe Verehrung. Kinder und Enkelkinder schuldeten ihnen Respekt und Dankbarkeit. Die Alten waren Teil der Gemeinschaft. Sie blieben bei freier Kost und Logis im Haus und trugen, solange sie arbeiten konnten, zum Familieneinkommen bei. Vermochten sie sich nicht mehr selbst zu versorgen, wurden sie von der Schwiegertochter betreut.

Die **Auflösung der Großfamilie** hat dieses Verhältnis zwischen den Generationen weitgehend zerstört. Da junge Leute heute gewöhnlich bei der Heirat das Elternhaus verlassen, ist das Band zwischen Eltern und erwachsenen Kindern nur noch sehr lose. Zudem hat die räumliche Trennung der Generationen auch eine innere Ablösung bewirkt. So kommt es, daß viele Menschen im Alter unter Einsamkeit und oft auch finanziellen Sorgen leiden – ein Problem, dessen sich die moderne japanische Gesellschaft zunehmend bewußt wird.

Aufgrund der gestiegenen Lebenserwartung hat die ältere Generation viele Jahre des Alleinseins vor sich, wenn die Jungen ausgeflogen sind. Heute gehen viele Frauen dann zurück in den Beruf. Sie bauen sich eine beschei-

Familie

Dieses alte Ehepaar scheint sich auch nach dem Auszug der Kinder und der Pensionierung des Mannes noch zu verstehen. Viele japanischen Ehen werden im Alter geschieden.

dene Karriere und einen Bekanntenkreis auf. Dieser deckt sich fast nie mit dem des Mannes, weil sich das soziale Leben der Männer vornehmlich und unter weitgehendem Ausschluß der Ehefrauen auf Kontakte zu Kollegen reduziert.

Die Welten von Frau und Mann klaffen im Lauf der Jahre immer weiter auseinander. Für viele Männer bedeutet die Pensionierung den jähen Verlust ihres Lebensinhalts. Sie wissen die ungewohnte freie Zeit nicht auszufüllen. Kontakte zu den noch berufstätigen Kollegen beschränken sich auf deren knappe Freizeit. Die pensionierten Kollegen leiden ebenso unter der Leere wie man selbst und bieten wenig Aufmunterung. Überdies wohnen die Kollegen selten in erreichbarer Nähe.

Während Männer die Frustration des Alterns besonders hart trifft, haben Frauen oft einen ausgedehnten Freundeskreis und eigene Interessen. Sie waren es gewöhnt, viel allein zu sein und sich ihre Zeit einteilen zu können. Für sie wird der Ruhestand des Mannes oft zum Problem: Mit einemmal sitzt er tagtäglich daheim, mischt sich in alles ein und will an allen Aktivitäten beteiligt werden – **»Me-Too-Syndrom«** nennt man dieses Phänomen: »Ich will auch!«

Eine Japanerin berichtete Kristina, sie sei nach der Pensionierung ihres Mannes morgens mit einem Buch in die Yamanote-Line gestiegen und den ganzen Tag im Kreis gefahren, nur um ein bißchen »allein« zu sein. In diesen Lebensabschnitt fallen die meisten **Ehescheidungen**. Frauen wollen

Familie

ihre neugewonnene Selbständigkeit nicht mehr mit einem Partner teilen, von dem sie sich zunehmend entfremdet haben. Sie sind eher in der Lage, ihr Leben eigenständig auszufüllen, als die Männer, die mit dem Ruhestand ihren inneren und äußeren Halt verlieren. So trennen sich viele ältere Japanerinnen von ihren Ehemännern, um endlich ihre Freiheit zu genießen.

Besonders hart ist das Schicksal **pflegebedürftiger alter Menschen.** Töchter können die Pflege nicht mehr übernehmen, da sie, wenn ihre Kinder selbständig sind, wieder dem Beruf nachgehen. Sawako Ariyoshis Roman *Kôkotsu no hito* (»Menschen in Trance«) erzählt von einer Frau, die, als ihr geistig verwirrter Schwiegervater Witwer wird, ihre wiederaufgenommene Karriere abbrechen und den alten Mann pflegen muß. Ariyoshis wirklichkeitsnahe Schilderung rührte an einen empfindlichen Nerv der japanischen Leser. Fast jeden drückte die Sorge, sich früher oder später um ein altes Familienmitglied kümmern zu müssen. Das Buch wurde in den 1960er Jahren zum Bestseller, weil es das brennende, doch verdrängte Problem der Altenpflege endlich öffentlich aussprach.

Eine Zeitlang setzte man auf – teils nach deutschem Vorbild modellierte – **Altenheime.** Aber sie erwiesen sich als unerschwinglich: Rentner besaßen damals meist nichts als ihre Abfindung. So wie sie ihr Einkommen in die Ausbildung der Kinder investiert hatten, gaben diese ihrerseits der Schulbildung Vorrang gegenüber Ausgaben für Unterkunft und Pflege der Senioren. Auf der Suche nach billigeren Alternativen baute man Badehäuser – moderne Wohnungen mit eingebauten Bädern machten viele davon überflüssig – zu Altenheimen um. Aber es fehlte Personal, und die Bewohner mußten oft menschenunwürdige Bedingungen hinnehmen. Schließlich dachte man sogar darüber nach, vereinsamte Senioren in Länder mit niedrigen Lebenshaltungskosten und hoher Arbeitslosigkeit zu »exportieren«. Man hatte bereits mit Portugal und einigen südamerikanischen Staaten verhandelt, als öffentlicher Druck diese Pläne zunichte machte. Als **sozialer Wert** ist die Verehrung gegenüber dem Alter im allgemeinen Bewußtsein offenbar noch so heilig, daß sie durch nackte und schnöde Ökonomie allein nicht entweiht werden darf.

Erlebnisberichte: Alte Menschen – alte Sitten

In Hirosaki besuchte ich das Haus eines sehr wohlhabenden Japaners. Dort lebte im Kreis der Familie auch sein Vater. Dieser zeigte mir, dem ausländischen Ehrengast, sogleich den bezaubernden japanischen Garten und das angrenzende, traditionell gehaltene Tatami-Zimmer. Im Raum stand ein goldener Hausschrein, auf dem er jeden Morgen, so erzählte er mir, seiner verstorbenen Frau frisch gebrühten Tee und eine Schale Reis opferte. Sodann posierten wir für das obligatorische Erinnerungsfoto. Kurz bevor der Auslöser klickte, stürzte eine alte, unverheiratete Schwester, die uns bei der Besichtigung mucksmäuschenstill begleitet hatte, mit leisem Aufschrei

---

Familie

---

auf das Familienoberhaupt zu: Sein Ärmelaufschlag war umgekrempelt! Sie korrigierte diese Nachlässigkeit mit der Erklärung, auf einem Foto mit einem gaijin müsse alles seine Korrektheit haben.

Kristina erzählt:
In Kôbe lud mich eine Kollegin aus der Personalabteilung zum Essen nach Hause ein. Nach dem Mahl stellte sie mich verschiedenen Nachbarn vor. Alle begrüßten mich herzlich, so auch eine ältere Dame. Diese führte mich in ihr Tatami-Zimmer. Bei Betreten des Raums beging ich einen Fauxpas: Ich streifte die Hausschuhe, in die ich am Wohnungseingang geschlüpft war, nicht ab. Damals wußte ich noch nicht, daß man sich in Tatami-Räumen auf Socken bewegt. Doch sie nahm mir dies nicht übel, im Gegenteil. Sie zeigte mir, einer ihr vollkommen fremden Person, sogar ihr »Allerheiligstes«, den Hausschrein, an dem sie ihres verstorbenen Mannes gedachte.

Tod und Ahnenkult

Nach **shintôistischer Vorstellung** ist der Tod schmutzig und häßlich. In der Shintô-Mythologie erblickt Izanagi seine Frau Izanami, als er sie in der Unterwelt findet, im Zustand der Verwesung – ein drastischer Hinweis auf den Schrecken des Todes. Der **Buddhismus** dagegen kennt die Vorstellung von einem Leben nach dem Tod. Das »Westliche Paradies«, das in manchen buddhistischen Sekten eine zentrale Rolle spielt, ist Ausdruck der Sehnsucht nach Unsterblichkeit.

In Japan ist die **Feuerbestattung** nach buddhistischem Ritus üblich. Zum Friedhofsgelände vieler Tempel gehört ein Krematorium, in dem der Leichnam verbrannt wird. Aus der Asche dürfen die Angehörigen mit speziellen Stäbchen Knochenreste herauslesen, die sie mit der Asche in einer Urne eine Zeitlang zu Hause aufbewahren. Diese Urne wird schließlich auf dem Friedhof in einem Grab beigesetzt, dessen einziger Schmuck in einer schlichten Steinstele mit dem eingravierten posthumen Namen des Verstorbenen besteht.

Den **posthumen Namen** wählen die buddhistischen Priester der Sekte, der der Tote angehört hat, im Einvernehmen mit den Hinterbliebenen, möglichst auch den Wünschen des Verstorbenen, und verkünden ihn in einer Zeremonie. Die Namen, unter denen man die Toten zu Lebzeiten kannte, sucht man auf Friedhöfen vergeblich.

Gräber werden gewöhnlich nicht mit Blumen geschmückt. Man schickt zwar Kränze und Blumen in das Trauerhaus, aber sie werden bei der Einäscherung fortgeräumt und nicht ans Grab gelegt.

Hat jemand seinen letzten Atemzug getan, wird er meist, bei Hitze von Trockeneis umgeben, in dem Haus aufgebahrt, in dem er gelebt hat. Am **Tag**

Familie

vor der Einäscherung kommen die Verwandten zusammen. Nachts halten die engsten Familienangehörigen Totenwache. Die Angehörigen ziehen dem Toten weiße *tabi*, Stoffstrümpfe mit abgeteilter großer Zehe, und Sandalen an. Es ist wichtig, daß sie dem Verstorben diese letzte Ehre erweisen, muß er nach Shintô-Vorstellung doch einen weiten, beschwerlichen Weg zur Unterwelt zurücklegen.

Am **Tag der Einäscherung** treffen entfernte Verwandte und Freunde ein. An einer Art Theke vor dem Trauerhaus geben sie Umschläge mit **Geldspenden** ab, die der Familie helfen sollen, die **Bestattungskosten** zu bestreiten. Und diese können sich zu hohen Summen addieren. Zu bezahlen ist u.a. der Priester, der – was etwa eine Stunde dauern kann – vor dem Hausaltar die Totengebete spricht. Für diesen Dienst gibt es keine einheitliche »Gebührenordnung«, vielmehr richtet sich der »Spendenbeitrag« nach dem Kontostand der Hinterbliebenen. Die Kosten für den Grabplatz dagegen sind von den einzelnen Friedhöfen genau festgelegt – und oft unbezahlbar, weshalb manche die Urnen auf ländlichen Friedhöfen in der Heimat der Verstorbenen beisetzen lassen. Einige Tempel in Japans Ballungsräumen werden offen der Geldgier und Geschäftemacherei bezichtigt.

Wer seine Geldspende – die Höhe hängt vom Verwandtschaftsgrad, der Vermögenslage der Geber und Hinterbliebenen ab – abgegeben hat, kniet vor dem aufgebahrten Toten nieder und verharrt einige Augenblicke in stillem Gedenken, ehe er sich verabschiedet. Es findet keine Totenfeier vor der Einäscherung statt. **Der Einäscherung wohnen nur die Familie und vielleicht die engsten Freunde bei.**

Die Urne mit den Knochen und der Asche des Toten steht so lange auf dem Familienhausaltar, bis ein Grabplatz vorbereitet ist. An der **Urnenbeisetzung** schließlich nehmen im allgemeinen nur die allerengsten Familienangehörigen teil.

Die **Friedhöfe** in Japan sind oft mit Kirschbäumen bepflanzt und außerhalb der Ballungsräume landschaftlich reizvoll gelegen. In den Großstädten ist Friedhofsgelände sehr knapp und wegen der astronomischen Immobilienpreise fast unerschwinglich. Viele Großunternehmen haben Friedhofsparzellen gepachtet, um ihren Angestellten als weitere Sozialleistung einen Grabplatz anbieten zu können.

Japans »Unterhaltungs«-Industrie macht auch den Tod zu Cash: Käufliche Videokassetten führen Trauerfamilien und -gästen vor, wie sie sich in Wort und Tat zu verhalten haben.

Nach der Shintô-Vorstellung verweilen die Geister der Toten eine Weile in der Nähe der Lebenden, um sich dann immer weiter zu entfernen und endlich im Jenseits Ruhe zu finden. Hat jemand auf Erden eine Aufgabe nicht erledigt oder binden ihn ausgeprägte Leidenschaften wie Liebe, Haß oder Rache an das Diesseits, dann kann geschehen, daß er den Weg in die Unterwelt nicht findet und weiter in der Nähe der Lebenden herumspukt. Solch **ruhelose Totengeister** gefährden die Hinterbliebenen. Sie treten oft in Sze-

Familie

Jizô-Figuren zum Totengedenken. Jizô ist der Schutzpatron der Reisenden und soll verstorbene Kinder auf ihrem Weg in die Unterwelt begleiten.

nen von Nô-Theaterstücken auf, um einen Lebenden zu bitten, in ihrem Namen eine Aufgabe zu vollenden; andere Male werden buddhistische Priester gerufen, damit sie durch Gebete die wogenden Gefühle der Totengeister glätten.

Zu bestimmten Zeitpunkten, zum Beispiel 49 Tage sowie sieben Jahre nach dem Todestag, finden **Totengedenkfeiern** statt, bei denen Sutren und Gebete rezitiert und gesprochen werden, die den Geist des Toten beruhigen sollen.

Zum ***Bon*-Fest** im August kehren die Geister der Verstorbenen aus dem Totenreich zurück. Dann versammelt sich die Familie und stellt auf dem Hausaltar Opfergaben auf. Man opfert Schalen mit gekochtem Reis, in denen senkrecht zwei Eßstäbchen stecken, Orangen und andere Früchte, *mochi* (Reismehlklöße) oder auch *sake*. Am Abend des Totenfests setzt man an den Ufern von Flüssen und Meer kleine, mit Lampions geschmückte Boote aufs Wasser, um symbolisch die Seelen zurück ins Totenreich zu geleiten. Wegen Feuergefahr mußten die Lampionboote heute mancherorts leider verboten werden.

Zum Gedenken an **verstorbene Kinder** stellen Eltern in Tempelgeländen oder an Wegrändern kleine Jizô-Statuen und davor Opfergaben auf. Jizô ist der Schutzpatron der Reisenden, der die Kinder auf ihrem Weg in die Unterwelt begleiten und behüten soll.

Familie

Erlebnisbericht: Leben mit den Toten

Kristina erzählt:

Eine Freundin meiner ersten Japanischlehrerin lud mich ein. Sie war seit zehn Jahren Witwe. Ihre beiden Kinder studierten bereits. Sie hatte mit Mann und Kindern einige Zeit in Australien gelebt und war oft in den USA. Die Familie machte auf mich stets einen sehr westlichen, modernen Eindruck.

Zu dieser privaten Essenseinladung wollte ich, wie in Japan üblich, ein Geschenk mitnehmen. Ich entschied mich für einen Baumkuchen. Kulinarische Mitbringsel sind in Japan sehr verbreitet, und da Baumkuchen als deutsche Spezialität gilt, hielt ich die Wahl für eine gute Idee. Meine Gastgeberin bedankte sich herzlich – die hübsche Verpackung der Konditorei verriet, was sich darunter verbarg. Sogleich führte sie mich in den Tatami-Raum neben dem Wohnzimmer. Erstaunt beobachtete ich, wie sie den Kuchen auf dem Hausschrein »opferte«. Lächelnd erklärte sie mir, daß sie versuche, ihren verstorbenen Mann auf diese Weise an ihrem Leben teilhaben zu lassen. Sie wollte, fuhr sie fort, die Gabe eine Weile dort stehen lassen, an ihren Mann denken und später zusammen mit mir den Kuchen genießen. Die Entdeckung, wie tief diese so modern anmutende Frau der Tradition verwurzelt war, bewegte mich sehr.

Soziale Wurzeln in ländlichem Boden

Nahezu jede japanische Familie stammt ursprünglich vom Land. Diese Wurzel prägt auch die »Großstadtpflanzen«.

Meist wanderten nur die Jungen in die Städte. Die Alten blieben im Dorf. Deshalb fahren sehr viele Familien zu Verwandtschaftsfesten oder Beerdigungen aufs Land. So können die alten Leute immerhin einige Tage im Jahr ihre Familie in traditioneller Weise um sich scharen. Aber mit zunehmender Dauer und Abstand lockern sich die Bindungen. **Die Generationen entfremden sich allmählich einander.**

Dennoch bleibt stets das Gefühl, der Ursprungsgegend der Familie als **Heimat** anzugehören. Auch liegen die Familiengräber meist auf dem Land. Wer aus der Stadt zu Besuch kommt, besucht traditionell die Friedhöfe. Friedhöfe sind Mahnmale des Generationenvertrags.

Doch sind die meisten Japaner heute solch **eingefleischte Großstädter**, daß der Besuch auf dem Land häufig einen »exotischen« Reiz besitzt, besonders für die Stadtkinder. Die Kids entdecken die Bilderbuchwelt der traditionellen Bauernhöfe – von denen es leider immer weniger gibt, weil sich die Instandhaltung nur wenige Bauern leisten können. Auch auf dem Land wird also notgedrungen modernisiert.

Familie

Aus solchen alten, reisstrohgedeckten Bauernhäusern stammen ursprünglich die meisten Großstadtfamilien (hier: Toyama, Gassho Zukuri).

Immerhin leben die **Bauern** noch weitgehend nach dem Rhythmus der Jahreszeiten. Die Feldarbeit bestimmt den Tagesablauf. Die traditionellen Feste verschönen und erhöhen wie in alten Zeiten den produktiven Kreislauf des Jahres.

Wer auf Reisen geht, bringt den Daheimgebliebenen ein Souvenir mit, das belegt, wo er gewesen ist. *O-miyage*, das Wort für **Reiseandenken** oder Mitbringsel, wird mit dem Schriftzeichen für Erde gepinselt. Damit wird signalisiert, daß das Andenken bodenständig sein soll. Meist ist es denn auch ein Produkt ländlicher Handwerkskunst oder ein typisches regionales Gericht; vom Meer bringt man Fisch oder getrocknete Algen, aus anderen Gegenden Früchte oder auf besondere Weise eingelegte Gemüse mit.

Ein Internet-Spruch kommentiert liebenswert auch diese Sitte der Japaner: *»Du merkst, daß du schon viel zu lange in Japan bist, wenn du vor der Reise überschlägst, wieviel Geld du für* o-miyage *brauchen wirst, und den Mitbringseln automatisch genügend Platz im Koffer einräumst.«*

Die Tradition des *o-miyage* hat dafür gesorgt, daß das alte Kunsthandwerk überlebt. Wer eine Reise in traditionellem Geist unternimmt, trägt auch zum Erhalt von lokalen Kochkünsten und Feinhandwerk bei.

Mann und Frau

In den Augen moderner westlicher Beobachter/innen wirken die Rollen von Mann und Frau in Japan äußerst konträr und starr. Japanerinnen scheinen uns schwach, fügsam, unterdrückt. Die Männer dagegen geben sich tatkräftig, oft auch roh oder gar grausam. Mangel an körperlicher Kraft machen sie durch Disziplin und eisernen Willen wett.

Aus japanischem Blickwinkel stellt sich das Bild differenzierter dar. Gewiß kehren die Japaner ihre Männlichkeit hervor, während die Japanerinnen sich bewußt weiblich geben. Aber dies betrifft ihr öffentliches Selbst, die Fassade. Dahinter sieht es manchmal ganz anders aus.

So wie die Geschlechterrollen stark betont werden, so sind auch die Berührungspunkte zwischen den Geschlechtern anders verteilt als bei uns. Im Alltagsleben prägt sich deutlich ein Unterschied zwischen der Männer- und Frauenwelt aus.

Die Welt der Männer deckt sich mit der Arbeitswelt, in der Frauen keine Hauptrollen spielen. In Büros tätige Frauen werden als Statistinnen betrachtet. Im Beruf haben Frauen an Entscheidungsprozessen und am gesellschaftlichen Leben kaum Anteil. Männer fühlen sich bei der Arbeit auch im Beisein von Kolleginnen unter sich – ein Bravourstück ihrer Kunst des Ignorierens. Von ihren geselligen Abenden in der Stammkneipe schließen sie die Kolleginnen gewöhnlich aus. Die Frauen nehmen dies hin, indem sie möglichst unauffällig auftreten und nicht darauf drängen, in die Männerwelt einbezogen zu werden.

Die Männer haben wiederum im allgemeinen wenig Anteil am Familienleben, da sie selten daheim sind. Solange die Kinder klein sind, kümmern sich die Frauen fast ausschließlich um die Familie. Durch die lange Abwesenheit der Männer können sie recht frei über ihre Zeit verfügen. Sie verschaffen sich einen Freundeskreis und gehen, sofern der Terminplan der Kinder es zuläßt, vielfältigen Interessen nach.

Auch finanziell können Frauen sehr unabhängig schalten und walten. Sie verwalten das Familienbudget. Der Mann erhält in der Regel ein Taschengeld, während seine Frau als Finanzministerin für Ausgaben und Rücklagen verantwortlich ist. Die dabei entwickelte Selbständigkeit kommt den Frauen zugute, wenn sie nach den Jahren intensiver Kinderbetreuung in den Beruf zurückgehen.

Mann und Frau

Allmählich werden die geschlechterspezifischen Rollen schwächer betont als früher. Aber noch immer zeigen sich in der Erziehung von Mädchen und Jungen deutliche Unterschiede. Mütter, die aus eigener Erfahrung die sozialen Zwänge kennen, halten es für ihre Pflicht, die Kinder auf ihre künftigen Positionen in der Gesellschaft vorzubereiten, die **rollenkonformes Verhalten** erwartet. Dabei leiden sie oft unter einem inneren Zwiespalt. Denn sie erkennen sehr wohl, daß das traditionelle Rollenverhalten beiden Geschlechtern Einschränkungen auferlegt und die persönliche Entwicklung allzu einseitig prägt.

Es ist nicht zu übersehen, daß die junge Generation die klassischen Rollen zu überspielen versucht. Allerdings enden diese Bemühungen oft mit dem Eintritt ins Berufsleben und der Heirat.

Heiratsvermittlung heute und gestern

Die Tradition der Heiratsvermittlung ist durchaus nicht nur negativ zu sehen. Sie gründet auf der Überzeugung, eine Eheschließung sei viel zu schwerwiegend, um sie dem Entscheid zweier unerfahrener Menschen – deren klarer Verstand zudem von Verliebtheit getrübt ist – überlassen zu dürfen. Nach herkömmlichem Verständnis ist die Heirat ein Band, das zwei Familien verknüpft. Also haben in erster Linie die beiden Familien ein treffliches Paar zu bilden. Und also heißt es: **Liebe ist, was sich nach einiger Zeit von selbst einstellt.**

Heiratsvermittler kann jeder sein oder werden. Wer in seiner Verwandtschaft einen männlichen Single kennt, hält fast zwangsläufig im Bekanntenkreis Umschau nach einer passenden Partnerin. Wird er fündig, kann er sich als Vermittler anbieten oder gebeten werden, die Verbindung zur anderen Familie zu knüpfen.

Aufgabe des Vermittlers ist es, die Verhältnisse beider Parteien auszuforschen und das »Match« abzuwägen. Dabei hat er die individuellen Charakteristika der Partner ebenso wie die Vermögenslage ihrer Familien zu beherzigen. Verborgene Mängel sollte er tunlichst beizeiten aufdecken; fliegen sie erst nach der Hochzeit auf, fühlt sich ein Ehepartner betrogen und lastet dem Heiratsvermittler die »Schuld« an.

Der Heiratsvermittler ist bei den ersten Gesprächen zwischen den beiden Parteien anwesend. Er versucht, die »Talkshow« ein wenig zu lenken, um die Vorteile beider Kandidaten ins rechte Licht zu rücken. Bei der Hochzeit ist er der Ehrengast.

Die Hochzeit ist gewöhnlich ein sehr teures Vergnügen. Sie kostet die Partner ungefähr den gesamten Bonus beider Seiten von zwei Jahren. Die Hochzeit nährt eine florierende Gewerbebranche. Es gibt Hochzeitspaläste, die alles arrangieren, was Herz und Geldbeutel begehren: von der Ausleihe

203

des Brautkleids über die je nach Religion gewünschte Zeremonie und die
Gästebewirtung – inklusive der obligatorischen Geschenke der Gastgeber an
die Geladenen – bis hin zur Hochzeitsreise. Anhand der Kataloge dieser
Hochzeitspaläste können die Brautleute Menü, Blumenschmuck, Hochzeits-
torte sowie die Geschenke für die Gäste aussuchen. Die Brautkleider werden
gewöhnlich stundenweise ausgeliehen, denn Braut und Bräutigam ziehen
sich im Verlauf der Feierlichkeiten mehrmals um.

Mit der Hochzeit ist die Aufgabe des Vermittlers noch nicht erfüllt. Er
trägt im Grunde sein Leben lang Mitverantwortung für die Ehe. Kann ein
Paar eine Krise nicht bewältigen, kann jeder von beiden solo dem Vermittler
sein Leid klagen. Dieser holt die Meinung des anderen ein und versucht
dann, einen Kompromiß zwischen den Kontrahenten zu vermitteln. Solches
kann Jahre nach der Hochzeit geschehen.

Vorrangiger Sinn und Zweck der Ehe im traditionellen Japan war die **Fort-
führung der Familienlinie** durch männliche Nachkommen. Kinderlose
Frauen konnten ohne weitere Gründe verstoßen werden oder mußten eine
Nebenfrau im Haus dulden. Auch wenn sich heute manche Paare »gegen«
Kinder entscheiden, gilt die Familie mit zwei Kindern – vorzugsweise Sohn
und Tochter – als Vorbild.

**Heute suchen sich die meisten Japaner und Japanerinnen ihren Ehe-
partner selbst aus** – um in vielen Fällen einen »Vermittler« mit der
Abwicklung der Formalitäten zu beauftragen. Ist ein japanisches Individuum dermaßen reserviert oder von Hetero-Kontaktmöglichkeiten abgeschot-
tet, daß es die Vierteljahrhundert-Schallgrenze im Alleingang durchbrochen
hat, dann fühlt sich manch ein Abteilungsleiter, ein Freund oder eine Freundin der Familie bemüßigt, einen »Deckel für den Topf« zu suchen. Mitunter
ergreift gar der Vorgesetzte patriarchalisch die Initiative: »Wie ist es, Herr
X, wollen Sie nicht mal mit Fräulein Y aus der Abteilung Finanzen ausgehen?«

Ein **Singledasein** ist heute durchaus möglich, vielen aber sehr unbehaglich.
Ledige begegnen oft dem unterschwelligen Argwohn, mit ihnen könne
etwas »nicht stimmen«. Unverheiratete müssen immer wieder rechtfertigen,
weshalb sie »noch« keinen Partner gefunden haben, und sind oft Opfer gut-
meinend kuppelnder Freunde oder Vorgesetzter. Eine japanische Bekannte,
die einen etwa 40jährigen Australier zu Gast hatte, fragte in seiner Abwesenheit andere Ausländer, ob es in ihrer Heimat normal sei, daß jemand in
diesem Alter noch unverheiratet ist.

Vor einigen Jahren lief im japanischen Fernsehen eine Serie über fünf junge
Frauen, die in der Schulzeit beschlossen hatten, sich nicht verheiraten zu las-
sen. Eine nach der anderen gab auf den Druck der Gesellschaft hin nach –
Moral von der Geschicht': Gut, daß endlich alle wissen, wo ihr Platz ist.

Manche Japaner und öfter noch Japanerinnen glauben, dem sozialen Druck
ausweichen zu können, indem sie einen ausländischen Partner suchen. Darin drückt sich oft Protest gegen das allzu enge gesellschaftliche Korsett aus.

Mann und Frau

Traditionelle Hochzeit in Kumamoto: Erfüllung der gesellschaftlichen Normalbiographie. Familienstandsverhältnisse wie z.B. in München (mit 60 Prozent Single-Haushalten) sind in Japan noch ferne Utopie.

Allerdings wirft diese »Lösung« meist andere Probleme auf, die sich bei Heiraten unter Japanern nicht stellen.
Scheidungen sind in Japan heute kein Makel mehr. Statistisch unterscheidet sich Japan insofern von westlichen Kulturen, als die Zahl der spät, vor allem an der Schwelle zur Pensionierung, ausgesprochenen Scheidungen unvergleichlich höher liegt.
Geschiedene können juristisch problemlos eine neue Ehe eingehen. Allerdings ist die **Unterhaltszahlung** ein schwerwiegendes praktisches Problem; Frauen sind darauf angewiesen, da in der Regel die Männer verdienen und sie sich um die Kinder kümmern. Man hört vermehrt von geschiedenen Ehemännern, die untertauchen, um keinen Unterhalt zahlen zu müssen. Da in Japan keine Meldepflicht besteht, können Männer sich vergleichsweise mühelos mit einer neuen Partnerin niederlassen, ohne daß ihre Ex-Gattinnen davon erfahren.
In der traditionellen japanischen Gesellschaft schied die Braut mit der Heirat aus ihrer Familie aus und ging in jene des Mannes ein. Dies wurde durch Streichung ihres Namens aus dem elterlichen Familienregister besiegelt. Gelegentlich wird heute noch ein Schwiegersohn von der Brautfamilie adoptiert, wenn diese keinen männlichen Nachkommen hat. Dann nimmt der Ehemann den Familiennamen der Schwiegereltern an, statt seiner Frau seinen Namen zu geben.

—————————— *Mann und Frau* ——————————

Erlebnisbericht: Er liebt mich, er liebt mich nicht ...

Während meines Studiums in Japan fragte mich meine Freundin Satoko, ob ich Zeit hätte, mit ihr ins Café zu gehen. Sie hätte da ein Problem ... Im »Clover« hinter der Universität weihte sie mich ein:
Ihre Eltern seien sehr modern eingestellt, schickte sie voraus. Daher wollten sie Satoko und ihren vier Jahre jüngeren Bruder nicht wie bisher üblich »verkuppeln«, sondern sie ihre Ehepartner selbst aussuchen lassen. Satoko kam aus einer vornehmen, vermögenden Familie. Sie studierte seit drei Jahren und war 22 Jahre alt. Da sie noch immer keinen geeigneten Partner gefunden hatte, den sie ihren Eltern hätte vorstellen können, waren diese nun doch etwas unruhig geworden. Sie hatten Satoko gefragt, ob sie vielleicht doch einen Heiratsvermittler einschalten sollten. Nach Satokos Zustimmung hatten sie auf diesem Wege einen jungen Mann ausfindig gemacht, der ihnen zusagte und dessen Familienverhältnisse und Vermögenslage den Wunschvorstellungen annähernd entsprachen. Man hatte Fotos ausgetauscht: Satoko fand den Kandidaten akzeptabel und vice versa. Sodann kam es in einem großen Hotel zum ersten offiziellen Rendevous: Die beiden Hauptpersonen saßen einander gegenüber, daneben jeweils die Eltern. Fünfter im Bunde war der Heiratsvermittler. Das junge »Paar« wechselte kaum ein Wort, war sich jedoch nicht unsympathisch. Danach fragte man Satoko nach ihrem Eindruck. Da sie nicht viel sagen konnte, wurde ein zweites »Date« vereinbart, das ihr aber die Entscheidung ebensowenig erleichterte. Also schlugen Satokos Eltern den Schwiegereltern in spe vor, das Paar einmal allein ausgehen zu lassen. Gesagt, getan.
Inzwischen hatten sich die beiden schon dreimal ohne Anstandswauwau getroffen. Jetzt drängten Satokos Eltern: »Du mußt dich entscheiden. Wir können die Eltern des Mannes und den Heiratsvermittler nicht länger hinhalten. Je öfter ihr euch trefft, desto schwieriger die Absage. Kannst du immer noch nicht sagen, ob du ihn magst oder nicht?«
In dieser Situation fragte Satoko mich um Rat. Sie sagte: »Du bist Europäerin und gewöhnt, Entscheidungen zu treffen. Ich habe noch nie etwas Wichtiges entscheiden müssen. Und im Augenblick kann ich erst recht nicht klar denken. Ich habe so viel über Liebe gelesen und darüber, wie schön dieses Gefühl sei – aber wenn ich ›ihn‹ sehe, empfinde ich nichts. Ich kenne ihn ja gar nicht. Was soll ich bloß tun?«
Selbstverständlich war ich mir über die Tragweite, die ein Ja oder Nein in einem solchen »Fall« bedeutet, im klaren. Diese Entscheidung konnte nur Satoko fällen. Ich konnte ihr lediglich sagen, wie ich mich an ihrer Stelle verhalten würde. Also antwortete ich: »Wäre ich du, würde ich mich nochmals allein mit ›ihm‹ treffen und ihm das Problem genau so schildern, wie du mir es gegenüber dargestellt hast. Dann würde ich seine Reaktion abwarten. Meint er, solche Überlegungen seien nicht so wichtig und vergessen, sobald ihr verheiratet seid, wäre ich vorsichtig. Gibt er aber zu verste-

206

— *Mann und Frau* —

»Tugenden« wie Häuslichkeit, betont weibliches Aussehen und Gebaren sowie die Pflege alter Traditionen (hier: Teezeremonie) bestimmen immer noch das Rollenbild der Frau.

hen, daß er – vielleicht weil er selbst von Zweifeln geplagt wird – Verständnis für deine Ängste hat, dann würde ich es wagen.«
Kurz nach diesem Gespräch verließ ich Tokyo. Satoko und ich verloren uns für eine Weile aus den Augen. Als ich Satoko wiedersah, war sie mit besagtem Mann verheiratet. Voller Vorfreude packte sie gerade die Koffer: Seine Firma hatte ihren Mann in die USA abberufen, und sie reiste mit. Dort aber befiel sie solches Heimweh, daß der Mann ihr zuliebe den Auslandsaufenthalt abbrach. Sie bekamen zwei Kinder und sind bis zum heutigen Tage glücklich verheiratet. Allerdings hätte es auch ganz anders ausgehen können ...

Rollenspiele gestern und heute

Die japanische Gesellschaft übte einen solchen **Anpassungsdruck** auf jedes Individuum aus, daß der einzelne sich weitaus rollenkonformer verhielt, als es bei uns üblich war. Einfügung in die sozialen Hierarchien und Anpassung an die Gruppe werden heute noch verlangt. Innerhalb der Gruppe hat jeder eine gesicherte Position und damit eine fixe Rolle. Wer sich gegen den Gruppenzwang stellt, macht sich zum Außenseiter.
Diese Daumenschraube erwies – und erweist – sich als besonders wirksam bei der **Akzeptanz der Geschlechterrollen**. Eine Frau mit »unweiblichen«

Mann und Frau

Allüren wird von der Gesellschaft nicht anerkannt. Ein öffentlich »unmännlich« auftretender Mann katapultiert sich ins soziale Abseits.

Der ausgeprägte **Unterschied zwischen Männer- und Frauenrolle** wurde und wird auch durch das **äußere Erscheinungsbild** kultiviert. Dieses war am wenigsten geschlechterspezifisch in der breiten bäuerlichen Schicht. Die harte körperliche Arbeit stand dem femininen Modediktat entgegen. Frauen auf dem Land trugen bei der Arbeit Hosen, die zwar etwas anders als jene der Männer geschnitten waren, sich aber stärker vom weiblichen Kimono als der Arbeitskleidung der Männer abhoben.

Städtische und adlige Frauen dagegen hüllten sich in den **Kimono**. Der Kimono machte eine zarte und schmale Figur. **Üppige Formen waren in Japan nie ein weibliches Schönheitsideal.** Sie erweckten die negative Assoziation ungebärdiger Natur. Entsprechend wurden die Brüste durch ein eng um den Oberkörper gewickeltes Tuch abgeflacht. Zur Betonung der schmalen Gestalt ohne jede Rundung wurde auch die Taille möglichst überspielt: Der *obi*, der zum Kimono getragene breite Gürtel, ließ jede Andeutung einer Wespentaille verschwinden und verlieh dem Körper eine gleichmäßige, gerade Kontur.

Gelockte **Haare** galten als Accessoire der Tierwelt, also ebenfalls als Zeichen unkontrollierter Natur. Den Menschen stand glattes, glänzendes Haar an, das Frauen stets lang zu tragen hatten. Besaß eine Japanerin – ein seltener Fall – lockiges Haar, so tat sie alles, um die Haarpracht zu glätten. Etsuko Inagaki Sugimoto, gestraft mit natürlicher »Dauerwelle«, hat in ihrem Buch *Tochter der Samurai* die schmerzhafte, ihr aus der Kindheit in schrecklicher Erinnerung gebliebene Prozedur des Haareglättens beschrieben.

Fachgerecht um den Körper drapiert, läßt der Kimono keine ausholende **Gangart** zu. Auch die mit zwei Riemchen über den Zehen gehaltenen Sandalen erlaubten den Trägerinnen nur Trippelschritte. Und da der Kimono fast bis zum Boden reichte, ließen sich die Füße kaum heben, sondern mußten über den Boden schleifen. Zudem galt es als grazil, mit einwärts gerichteter großer Zehe zu gehen, was wir als »über den großen Onkel laufen« bespötteln. Junichirô Tanizaki beschreibt in seinem *Tagebuch eines alten Mannes* das Watscheln seiner Mutter, wenn sie einen Kimono angelegt hatte. Und Etsuko Inagaki Sugimoto sagt im oben genannten Buch, man könne Bäuerinnen von vornehmen Frauen allein dadurch unterscheiden, daß sie die Zehen nach außen kehren wie ein Mann. Sie erzählt, wie ihre Großmutter den Mördern ihres Mannes als Bäuerin verkleidet zu entfliehen versuchte und sich beinahe durch den einwärts gewandten Trippelgang verriet.

So wie die Frauen ihre Weiblichkeit unterstrichen, gaben sich auch die Männer durch Kleidung, Gang und Gehabe betont maskulin. Wie erwähnt bewegte sich die bäuerliche Alltagstracht eher in Richtung »Unisex«. Kaufmänner trugen oft einen *yukata*, einen Baumwollkimono, der allerdings etwas kürzer war als jener der Frauen. Bauarbeiter und Zimmer-

208

Mann und Frau

*Moderne und Tradition (hier: Hiroaki, Präfektur Aomori):
Bei jungen Leuten setzt sich allmählich der Trend zum
legeren Freizeitlook durch.*

mann legten Hosen an, die sie eng um die Waden wickelten und in kniehohe Stoffstiefel mit – wie bei den Stoffstrümpfen – abgeteilter großer Zehe steckten. Solche Stiefel kann man heute noch an Bauarbeitern sehen und in manchen Schuhgeschäften kaufen.
Bei festlichen Gelegenheiten trugen die Männer zum Kimono eine weite, in der Taille mit Bändern befestigte Rockhose (*hakama*). Im Winter streiften sie einen *haori* darüber, eine lange, gerade geschnittene Jacke.
Außer in der Kleidung unterschieden Männer und Frauen sich deutlich im **Verhalten**. Frauen traten zurückhaltend auf, mit leiser, mädchenhaft hochgedrückter Stimme. Frauen sollten nicht laut lachen, beim Gehen kleine Schrittchen machen und viele Male am Tag niederknien. In traditionellen japanischen Häusern sind die Türgriffe so niedrig angebracht, daß sie sich auf Knien bequem erreichen lassen. Servierte eine Frau ein Tablett mit Teetassen oder Speisen, hatte sie vor der Zimmertür niederzuknien, das Tablett abzustellen, die Tür zu öffnen, das Tablett innen abzustellen, auf Knien in den Raum zu rutschen und hinter sich die Tür zuzuschieben, ehe sie aufstehen und das Tablett zum Tisch tragen konnte.
So feminin die Frauen, so »machohaft« gebärdeten sich die Männer: Sie sprachen mit lauter, befehlender Stimme, gingen mit großen, auswärts gekehrten Schritten und kultivierten ausladende Gesten.
Weiblichkeits- und Männlichkeitskult drückten sich augenfällig auch in der **Art des Sitzens** aus: Frauen saßen mit untergeschlagenen Beinen, wobei der

Mann und Frau

Kimono nicht auseinanderklaffen durfte. Da sie diese Haltung schon als Kind durch stundenlanges Stillsitzen trainierten, verformten sich die Knochen, und man sah kaum eine Japanerin mit gerade gewachsenen Beinen. Männer mußten diese kniende Haltung nur bei sehr förmlichen Anlässen einnehmen. Im allgemeinen war ihnen der entspannte »Schneidersitz« erlaubt.

So betont weiblich die Frauen sich auch gaben: **Koketterie** gehörte nie zu ihrem Repertoire. Sie spielten die Hilfose, wenn sie männlichen Schutz erhofften, die Mütterliche, wenn ein Mann ihren Beistand suchte, aber die Kunst des Flirtens lag ihnen fern. Wohlerzogene Mädchen schlugen die Augen nieder, wenn sich ihnen ein Mann näherte.

Heute können Sie »das« traditionelle Weiblichkeits- und Männlichkeitsklischee am besten anhand der Samurai-Fernsehserien studieren: In ihnen werden die Geschlechterrollen überspitzt nachgezeichnet. **Im realen Alltag hat sich manches geändert:** Die Beine der Japaner und Japanerinnen sind so gerade wie die europäischer und amerikanischer Geschlechtsgenoss/innen. Japanische Kinder müssen meist nicht mehr stundenlang knien, sondern sitzen in der Schule wie daheim auf Stühlen.

Seit dem II. Weltkrieg tragen Japaner im Alltag fast ausschließlich **westliche Kleidung**, die Männer vorwiegend dunkle Anzüge mit weißen oder hellen Hemden, die Frauen im allgemeinen Kleider oder Rock und Bluse. Allerdings betont westlicher Schick oft unvorteilhaft fehlende weibliche Rundungen. Und da viele Japanerinnen davon eher zuwenig als zuviel haben, kann frau in Japan nur gefütterte Büstenhalter kaufen.

Allmählich setzt sich auch der Trend zum bequemeren **Freizeitlook** durch. Viele junge Japanerinnen tragen gern Hosen und T-Shirts, die jungen Leute stehen auf Jeans. Gleichzeitig macht gerade in diesem Bereich der Hang zu teurer Designermode dem Wunsch nach Bequemlichkeit den Garaus: Selbst im Freizeitoutfit will man die Fassade, den allzeit korrekten Schein wahren.

Zu einem Bestseller der frühen 1980er Jahren wurde Yasuo Tanakas Buch *Nantonaku kurisutaru* (deutscher Titel: *Kristall-Kids*). In einer Art Tagebuch brachte es das **Lebensgefühl der jungen Generation** zum Ausdruck. Es notiert einige Tage aus dem Leben einer Studentin, die in Tokyo ihre Zeit zwischen Spätaufstehen in der Studentenbude, Jobben und Einkaufen zubringt. Da werden, samt Adresse und Markennamen, die Geschäfte genannt, die gewisse Designerklamotten, Kosmetika, ausgefallene Delikatessen oder die neuesten CDs führen – ergänzt von Anmerkungen über Qualität und Geschmack, die fast so umfangreich sind wie der Buchtext.

Erotik und Sex

Die erotischen Klischees, die das **Bild der japanischen Frau** hierzulande prägen, sind eher vage, exotisch eingefärbt und wenn verheißungsvoll, dann

Mann und Frau

von laufenden Metern Kimonostoff umkleidet (Madame Butterfly) oder vom Dampf des brühendheißen Wassers in den Badehäusern (willfährige Badegespielin) umnebelt. Samurai- und *Ninja*-Mythen und die bemüht männlich grollenden Stimmen traditioneller japanischer Schauspieler bieten auf der anderen Geschlechterseite auch keine handfesten erotischen Verheißungen.

Die von Projektionen und exotischen Phantasien entrümpelte Wirklichkeit ernüchtert noch mehr:

Japanerinnen zeigen sich **betont weiblich**, aber eben **nicht erotisch**. Auch **japanische Männer** werden nicht gerade von einer erotischen Aureole umstrahlt. Sie geben sich nach außen kühl und reserviert und verströmen den Sexappeal eines Kühlschranks. Daß sie schon rein äußerlich wenig »männlich« wirken, mag daran liegen, daß sie meist zierlicher gebaut sind als Männer anderer Völker (die Ausnahme der Sumô-Ringer vermag uns nicht als erotischer Gegenbeweis zu dienen). Die erotische Wirkung der *latin lovers* baut auf ein Temperament, das die Japaner nicht besitzen– oder zwanghaft verbergen.

In der Öffentlichkeit geben sich Japaner äußerst zurückhaltend. Sie zeigen dem Partner kaum Zuneigung. Pärchen sehen Sie auch heute nur selten Hand in Hand gehen. **Küsse** in der Öffentlichkeit sind zwar weniger geächtet als früher, veranlassen aber immer noch die meisten Zeugen, den Kopf abzuwenden. **Umarmungen** in der Öffentlichkeit sind ebenso tabu.

Sex ist in Japan aus der Öffentlichkeit verbannt. In den **Medien** zeigt man sich zurückhaltend bis prüde. Auch im **Kino** sind Darstellungen von Sex verboten. Freizügigere ausländische Filme werden zensiert und »anstößige« Liebesszenen mit Weichzeichner entstellt. Szenen, die bei uns im Nachmittagsprogramm des Fernsehens laufen dürften, müssen in Japan so sittsam angepaßt werden, daß der »Teufel im Detail« nicht mehr zu erkennen ist. Kristina erzählt, daß Mitte der 1990er Jahre erstmals erlaubt wurde, in einem ausländischen Film einen nackten Busen ohne Weichzeichner zu zeigen, weil es dem Verleih gelang, die »anrüchige« Szene als rein künstlerische Darstellung zu erklären.

Auch **Zeitschriften** werden streng kontrolliert. Nach Japan importierte *Playboy*-Nummern müssen an delikaten Stellen geschwärzt werden. Kein Schamhaar darf zu sehen sein. Fotos, auf denen nackte Tatsachen erkenntlich sind, werden an intimen Teilen gnadenlos übermalt. Für diese Tätigkeit werden manchmal allerdings minderjährige Schüler angeheuert ...

Ein im wahren Wortsinn anderes Bild ergibt sich, wenn Sie die Flut von **Comics** betrachten. Im Comic bestehen keine Darstellungstabus. Gezeichnete Sexszenen – auch *Sado-Maso* und Vergewaltigung – sind keiner Zensur unterworfen. Die Comics werden in normalen Zeitschriftenläden frei gehandelt und überall ungeniert »gelesen«, vor allem während langer Fahrten in U- oder S-Bahnen. Durchgelesene und -gesehene Hefte werden »ex & hopp« einfach liegengelassen.

Mann und Frau

Wer morgens nach der Rushhour in öffentlichen Bahnen fährt, findet in den Gepäcknetzen neben den Tageszeitungen solche abgelegte Comics. Häufig entdecken Sie in diesen *strips* sehr derbe sexuelle Darstellungen. Zum Beispiel Vergewaltigungen *en detail* und äußerst *brutalo*, die panikverzerrten Gesichter der geschändeten Frauen ins Groteske verzerrt. Daß solche Hefte Kindern überall zugänglich sind, stört wenige. Nur gelegentlich beginnen Eltern und Lehrer eine Kampagne gegen Comics, doch nicht zielgerichtet gegen die *Sex&Crime*-Hefte, sondern weil die Comics angeblich das Interesse der Kids an »guter Literatur« verderben.

Die **japanische Prüderie** bezieht sich n i c h t auf Sex = Geschlecht im rein anatomischen und physiologischen Sinn, also auf Körperregionen oder Körperfunktionen in Nähe der Sexualorgane. Pinkeln in der Öffentlichkeit zum Beispiel gilt in Japan nicht einmal als Kavaliersdelikt. Dazu muß man(n) sich nicht einmal abwenden, man(n) tut es ohne Schamgefühl vor unzähligen Zeugen des vorbeiflutenden Verkehrs und ohne Furcht, als Exhibitionist beschuldigt zu werden. Ebensowenig empfindet eine Frau, die ihr Kind im Hochgeschwindigkeitszug Shinkansen an die Brust legt, die geringste Scham. Aber derselbe Mann, der sich ungeniert an der Straße erleichtert, und die Frau, die ihr Kind unter den Augen der Mitreisenden stillt, würden nicht wagen, Hand in Hand mit seiner/ihrem Liebsten über die Straße zu flanieren.

So wirkt die **Einstellung der Japaner zu Sex und Erotik** auf uns äußerst **widersprüchlich**. Denn auch in dieser Hinsicht drückt sich die Unterscheidung zwischen öffentlichem & privatem Ich & Selbst aus. Sex ist ein Lebensbereich, der der triebhaften, ungebändigten Natur zuzurechnen ist. Sex läßt sich nur schwer der Selbstkontrolle und gesellschaftlichen Norm unterwerfen. Daher wird er in die verriegelte Privatheit gedrängt. Im Schutz der »eigenen vier Wände« mag er sich verwirklichen. In der Öffentlichkeit ist durch Selbstkontrolle die Fassade aufrechtzuerhalten.

Ein Kind öffentlich stillen führt hingegen keineswegs zu Zweifeln an der **sexuellen Selbstkontrolle** der Frau, die immerhin ihr »sekundäres Geschlechtsmerkmal« Brust zeigt. Auch das öffentliche Pinkeln der Männer gilt lediglich als natürliche Befriedigung des Harn- und keines anderen Unterleibsdrangs. Aus dieser Grundeinstellung erklärt sich ebenso die sexuelle Freizügigkeit der Comics. Die Zeichnung gilt als etwas absolut Künstliches. Sie ist nur ein vom Menschen geschaffenes »Phantombild« (kein Abbild) und daher beherrschbar. Von einem gezeichneten Bild geht keine reale Gefahr aus. Ein **Foto** dagegen bildet die Wirklichkeit ab. Und – gedanklicher Zirkelschluß: realer Sex ist unberechenbar und unbeherrschbar und daher in den privaten Bereich, in die verborgene Welt des Privaten, zu verbannen.

Sex ist so privat und **verborgen**, daß alles damit Zusammenhängende unaussprechlich ist und – mehr noch – keine Worte kennt. Es gibt im Japanischen keinen Begriff für das erotische Spiel mit dem Ziel des Geschlechtsakts.

Man behilft sich mit dem romano-englischen Kürzel »Sex«. *Sekusu wo suru*, »Sex machen«, lautet der gängige »japanische« Ausdruck.

Japanerinnen geben sich betont weiblich – aber nicht erotisch.

Die **Wortlosigkeit** des Japanischen im sexuellen Bereich führt sogar zur Tatsachenleugnung, -verdrängung und -flucht. Sexuelle Aggressionen und Mißbrauch, die in Japan allerdings relativ selten sind, werden oft einfach verschwiegen. Eine Frau, die belästigt wird, versucht sich zu entziehen, aber sie wird nicht in der Öffentlichkeit klagen aus Furcht, dadurch ihren Ruf und ihr Selbst zu beschädigen.

Ähnlich wie die Belästigung von Frauen gehört auch die **Homosexualität** in den Privat- und Intimbereich und ist in der Öffentlichkeit tabu. Man munkelt zwar seit ehedem hinter vorgehaltener Hand darüber, daß viele japanische Schauspieler ihrem eigenen Geschlecht zuneigen. Schließlich spielten in den traditionellen Theaterformen wie *kabuki* und *nô* die Männer auch Frauenrollen. Sie lernten von klein auf, sich wie Frauen zu bewegen, und um

Mann und Frau

ihrer Kunst willen sollten und wollten sie sich auch in ihrem Privatleben möglichst weiblich geben. Daraus entwickelte sich manche gleichgeschlechtliche Beziehung zwischen Schauspielern. Doch dies führte weder zu einem »Outing« der Schwulen noch zu einer öffentlichen Erörterung der Homosexualität. In Japan gibt es keinen Rosa von Praunheim und keine Charlotte von Mahlsdorff.

Wie dem an anderer Stelle bereits angeführten Leserinnenbrief in der *Asahi Shimbun* zu entnehmen, wandelt sich die Gesellschaft Japans in ihren **Moralvorstellungen**, was den Frauen – und den sexuellen Minderheiten – zugute kommt.

Love Hotels

In den 1970er Jahren machte eine spezielle japanische Einrichtung im Ausland Schlagzeilen: die Love Hotels. Dies sind mit größter Diskretion betriebene **Stundenhotels**, die Paaren die Möglichkeit zum ungestörten Zusammensein geben. Dabei wird nicht an einem gewissen Luxus gespart. Die Zimmer sind teilweise mit viel Phantasie und Raffinesse eingerichtet. Man erkennt die Häuser oft schon von weitem an ihren auffällig, z.B. als Phantasieschloß oder Schiffsbug, gestalteten Fassaden, die keinen Zweifel an der Zweckbestimmung des Gebäudes aufkommen lassen.

Es war die Tatsache, daß diese Etablissements nicht für Schäferstündchen lediger Paare oder als ergänzendes Angebot zur Straßenprostitution bestimmt waren, die westliche Ausländer so sehr faszinierte. Vielmehr wurden sie vornehmlich von **verheirateten Paaren** aufgesucht. Eheleute erfüllten sich hier für Stunden den Traum der ungestörten Zweisamkeit. Die beengten japanischen Wohnungen ließen keinen Raum für Intimität. Zudem schliefen Kleinkinder oft im Elternzimmer, manchmal wohnten die Großeltern unter demselben Dach. Überdies waren die traditionellen Häuser wie auch die modernen Wohnungen so hellhörig, daß man sich vor den Ohren der Nachbarn hüten mußte. Das Love Hotel bot den seltenen Luxus, das Gefühl räumlicher Weite und des Ausschlusses unfreiwilliger Lauscher und Voyeure zu genießen.

Sex fällt in den privaten Bereich, aber die Lebensumstände gestatteten so gut wie keine **Privatheit.** Hier entdeckten die Betreiber der Love Hotels eine Marktlücke. Ihr Angebot schlug eine Brücke zwischen privatem und öffentlichem Ich, indem es eine Domäne am Rande der Öffentlichkeit zum privaten Territorium deklarierte. Die Garantie **absoluter Diskretion** war unabdingbare Voraussetzung dafür, daß es angenommen wurde.

Daß sich die Kundschaft über den Kreis der ursprünglichen Zielgruppe hinaus erweiterte, verwundert wenig. In gewisser Weise leisteten die Love Hotels auch einen **Beitrag zur sexuellen Emanzipation japanischer Ehefrauen**. Nachdem japanische Männer sich seit jeher die Freiheit außerchelicher Beziehungen herausgenommen hatten, war dies nun auch den Frauen logistisch erleichtert.

Seit einiger Zeit ist es um die Love Hotels still geworden. Es gibt sie noch, sie sind eine feste Institution – und daher zu selbstverständlich, um über sie noch große Worte zu verlieren. Da man moderne Wohnungen heute etwas großzügiger zuschneidet und meist Kernfamilien allein leben, ohne Furcht vor den Argusaugen der Schwiegermütter, verspüren junge Ehepaare seltener das Bedürfnis, ein Love Hotel aufzusuchen. Heute dienen Love Hotels vorwiegend als verschwiegene **Zuflucht für außereheliche Stelldichein und insbesondere unverheiratete junge Pärchen.**

Apropos **vorehelicher Sex**: In diesem Punkt wandelt sich die japanische Gesellschaft merklich. In einer im Fernsehen ausgestrahlten Umfrage bekundete nach anfänglichem Zögern ein großer Teil der interviewten ledigen jungen Japanerinnen, nicht mehr Jungfrau zu sein. Viele junge Männer hielten es für wichtig, das Ja fürs Leben auch von sexueller Harmonie abhängig zu machen. In diesem Sinne helfen die Love Hotels den Rat befolgen: »Drum prüfe, wer sich ewig bindet …«

Geisha und Samurai

Im Bild des Westens von der japanischen Gesellschaft stachen die Geisha und der Samurai so sehr hervor, daß diese beiden Begriffe als Fremdwörter in die westlichen Sprachen eingegangen sind. Sie stehen für zwei **ureigens japanische Rollen**. Diese Rollen waren **exklusiv geschlechterbestimmt**: Die Geisha besaß kein männliches, der Samurai kein weibliches Gegenstück. Geisha und Samurai verkörperten zwei verschiedene Welten, in der sie jeweils eine herausragende Stellung innehatten.

Der Samurai vertrat die öffentliche Welt. Samurai waren Krieger. Sie traten betont männlich auf, herrisch, selbstsicher und allzeit kampfbereit. Sie wurden nicht nur in allen Kampfkünsten ausgebildet, sondern vor allem auch auf Führungspositionen vorbereitet.

Es wundert wenig, daß die weibliche Ergänzung dieser öffentlichen männlichen Rolle im Ausland nicht bekannt geworden ist. Die **Frau des Samurai** gehörte in das Haus. Anstand und Tugend geboten ihr, sich zu bescheiden und das Licht der Öffentlichkeit zu meiden. Öffentliche Auftritte ziemten sich nicht für die Frau eines Samurai.

Für die **Geisha** galten andere Gesetze. Um Erfolg zu haben, mußte sie bekannt werden. Sie lebte **im Zwischenbereich von Öffentlichkeit und Privatheit** in der Welt des *ukiyo* (der »fließenden« oder »flüchtigen Welt«), dem Milieu der Vergnügungsviertel. Es war eine Welt, in der sich die offiziellen starren Rollenbilder und Umgangsformen zum Teil verwischten oder gar verkehrten. Männer, allen voran die Samurai, suchten sie oft heimlich auf, widersprach das Aufscheinen im *ukiyo* doch den gesellschaftlichen Erwartungen an die Rolle des Kriegers. In dieser Halbwelt war auch die **rigide Ständeordnung** in gewisser Weise aufgehoben. Jeder, der es sich leisten konnte, durfte sich im Freudenhaus amüsieren. Die Geisha fragte nicht, wer »mann« war; für sie zählte die Zahlungsfähigkeit des Gastes. Verliebte sie sich in einen Mann – und vice versa –, konnte sie eine exklusive Beziehung nur eingehen, wenn er in der Lage war, sie aus dem Teehaus freizukaufen. Andernfalls mußte er für gemeinsame Stunden weiterhin bezahlen.

In der Zeit des Tokugawa-Shôgunats (1603–1867) gelangte die Kaufmannschaft zu Reichtum. Die Samurai hingegen waren oft verarmt, nicht zuletzt wegen des kostspieligen Aufwands, den sie bei ihren regelmäßigen Pflichtbesuchen am Hof des Shôguns und damit einhergehenden Reisen zwischen ihrer Heimat und der Hauptstadt treiben mußten. Viele Samurai verschuldeten sich bei Kaufleuten. So zählten Samurai keineswegs zum zuverlässig finanzkräftigen Geisha-Klientel.

Die nunmehr begüterten **Kaufleute** hätten sich seidene Gewänder mühelos leisten können. Doch deren Tragen war ihnen wie andere Privilegien aufgrund ihrer sozialen Stellung untersagt. In der Welt der Geisha fanden sie reichlich Gelegenheit, ihre finanzielle Macht zu demonstrieren und sogar gegen die Samurai auszuspielen. Es war ihnen eine Genugtuung zu wissen, daß viele Samurai die Dienste einer Geisha überhaupt nicht bezahlen konnten.

Rührende Szenen des *kabuki* handeln von der Romanze zwischen einer Geisha, die durch hohe Schulden an ihr Teehaus gekettet ist, und einem mittellosen Lover, der die Ablösesumme nicht aufbringen kann. Diese Konstellation schafft dramatische Konfliktsituationen. Meist macht der Mammon eines ungeliebten Kunden (vorzugsweise aus dem Kaufmannsstand) die Hoffnungen des armen Freiers (er ist oft ein Samurai) endgültig zunichte. Andererseits rückt gerade die *Kabuki*-Bühne die Kaufleute in günstiges Licht, denn diese waren es, die die *Kabuki*-Theater finanzierten. Als Mäzene nutzten sie diese Kunstform als ein Mittel, ihrem Stand jene Pracht angedeihen zu lassen, die ihm im täglichen Leben aufgrund seiner niedrigen sozialen Wertschätzung verwehrt war.

Die **Geisha-Garderobe** war so kostspielig, daß sich manches Mädchen beim Eintritt in ein Geisha-Haus hoch verschuldete. Je perfekter eine Geisha ihre Künste beherrschte, desto aufwendiger mußte sie sich kleiden, um ihrem Renommee gerecht zu werden und reiche Kunden anzulocken. Gewöhnlich finanzierten Besitzer oder Besitzerin des Teehauses die Anschaffung neuer Gewänder vor; es kostete die Geisha Jahre, diesen Vorschuß abzuarbeiten.

Viele Mädchen traten nicht aus freiem Willen in die Geisha-Häuser ein, sondern wurden von ihren Eltern an diese verkauft. Verarmte Bauern, die ihre Pacht nicht zahlen konnten, versuchten sich so vor dem Verhungern zu bewahren. Gegen den Kaufpreis mußten ihre Töchter ein Leben lang arbeiten, wenn sie nicht das Glück besaßen, von einem vermögenden Geliebten ausgelöst zu werden.

Das von der Geisha verkörperte **Schönheitsideal** unterscheidet sich grund-

Zu dem – durch die Geisha verkörperten – Schönheitsideal zählen das erotische Nackendekolleté und der zur winzigen Lippenblüte geschminkte Mund.

legend von westlichen Leitbildern. Während bei uns ein schönes Dekolleté erotischen Reiz ausübt, kokettierten Geishas mit dem Rückenausschnitt des Kimonos und dem weiß geschminkten **Nacken**. Je tiefer der Rückenausschnitt, desto erotisierender die Wirkung. Brust und Busen dagegen wurden von der japanischen Kleidung nie betont, sondern schlichtweg ignoriert. Wie der Nacken, war auch das Gesicht weiß geschminkt. Der **Mund** hatte winzig zu sein; er wurde in leuchtendem Rot auf die Lippen gemalt. Zum guten Aussehen gehörte eine kunstvolle **Frisur**, die meist als Perücke, mit goldenen oder farbigen Kämmen und Spangen geschmückt, getragen wurde.

Mann und Frau

Der **Kimono** war kunstvoll und kostbar. Er verdeckte mehrere Unterkimonos, deren Schichten am Halsausschnitt sichtbar waren. Auch am Rocksaum blitzten diverse Lagen von Unterkleidern hervor, die den Wohlstand der Trägerin signalisierten. Die Art, wie der *obi*, der Kimono-Gürtel, gebunden war, verriet den Status der Geisha in ihrem Haus. Die Mutter des Geisha-Hauses, die *oiran*, trug auf der Vorderseite des Kimonos eine kunstvolle Schleife; bei allen anderen Geishas saß die Schleife im Rücken. Im breiten Gürtel ließen sich übrigens (ein Kimono besitzt keine Taschen) ebenso wie in den Ärmeln kleine Gegenstände wie Briefe oder Geld aufbewahren.

Heute gibt es nur noch sehr wenige Geishas, die diesen Namen verdienen. In Kyôto bilden noch einige Häuser junge Mädchen zur Geisha aus. Aber die Lehre ist langwierig, und das Stundenhonorar liegt so hoch, daß es sich kaum jemand leisten kann, eine Geisha zu engagieren.

Die **moderne Version der Geisha** nennt sich **Hosteß** und arbeitet in einer Bar. Hostessen tragen keine traditionellen Kimonos, sondern geben sich in Outfit und Konversation zeitgenössisch und aufgeschlossen. Ihre Aufgabenbestimmung indes entspricht jener der Geisha: Sie sollen – je nach Bedürfnis des Mannes – zuhören, unterhalten, aufbauen.

Der Stand der Samurai einschließlich ihrer Privilegien wurde in der Meiji-Zeit offiziell abgeschafft. Heute tituliert man mit dem Begriff »Samurai« zuweilen Führungskräfte aus Wirtschaft und Politik. Für einen Politiker kann es von Vorteil sein, einer traditionsreichen Samurai-Familie zu entstammen.

Okusan: Die Frau im Haus

Okusan ist die höfliche Anrede für die verheiratete Frau. *Oku* heißt »das Innere«, »das Hintere«, »das Verborgene« – ein unmißverständlicher Hinweis darauf, daß sich die Frau im Hintergrund zu halten hat. **Die Öffentlichkeit ist nicht die traditionelle Bühne der Japanerin.**
Allerdings faßt der Begriff nur die Regieanweisung, wohin die Frau gehört bzw. nicht gehört. Er sagt nichts darüber aus, welchen Part sie hinter den Kulissen spielt. Wir pflegen zumeist die Auffassung, das »Hausfrauendasein« bedeute zwangsläufig Unterwerfung unter den »Herrn des Hauses«. Dies auf Japan zu übertragen, wäre ein trügerischer Kurzschluß. **Hausintern besetzen Japanerinnen weder eine schwache noch untergeordnete Rolle.** Ganz im Gegenteil.
Japanerinnen haben es stets glänzend verstanden, im Haus zu herrschen bzw. zu »frauschen«. Sie tun dies auf eine Weise, die dem heimlichen Wunsch der Japaner (gegebenenfalls auch der Söhne anderer Nationen), bemuttert und umsorgt zu werden, entgegenkommt. **Japanerinnen sind Meisterinnen darin, den Mann glauben zu machen, sie kämen seinem**

218

Mann und Frau

*Im **oku**, dem häuslichen Bereich, ist die **okusan** »Herrin«.*

Willen nach – mit dem Ergebnis, daß »seine« Zufriedenheit subjektiv ebenso real ist, wie »sie« in Wirklichkeit nie ihr eigenes Ziel aus den Augen verliert.

Takeo Doi hat in seinem Buch *Amae – Freiheit in Geborgenheit* dargestellt, daß **japanische Männer sich meist nie vollständig von ihrer Mutter abnabeln**, sondern emotional lebenslänglich von ihr abhängig bleiben. Indem viele Japaner dieses gefühlsbetonte Mutterbild auf die Ehefrau übertragen, bieten sie im häuslichen Rahmen ein kindlich schwaches Bild, das den Gegensatz – bzw. die Kehrseite – des öffentlich kultivierten Images männlicher Stärke bildet.

Die Japanerinnen nutzen diesen wunden Punkt der männlichen Psyche äußerst geschickt zu ihrem Vorteil aus. Im allgemeinen wissen sie sehr genau, was sie wollen, und sind durch Emotionen weniger belastet als die meisten ihrer westlichen Geschlechtsgenossinnen. Ihre Taktik zielt darauf ab, den Mann in der vermeintlichen Gewißheit zu wiegen, alles geschehe nach seinem Wunsch und Willen. Läuft ihr Ziel seinem zuwider, wird sie sich nicht gegen ihn stellen. Vielmehr wird sie mit allen Mitteln – in der Regel erfolgreich – zu erreichen versuchen, daß er meint, ihr Wunsch sei sein Wille.

Während unsere emanzipierten Geschlechtsgenossinnen es durchaus auf einen Machtkampf ankommen lassen oder ihn sogar provozieren, um sich Männern gegenüber mit gleichen Waffen durchzusetzen, fragen Japanerinnen sich in ähnlichen Situationen zumeist: Wie kann ich mein Ziel erreichen,

219

Mann und Frau

ohne »ihn« zu verärgern? Wie erreiche ich, daß er dasselbe will wie ich – und dabei meint, er sei es, der entscheidet?

Ohnehin ist es zumeist die Frau, die Entscheidungen zu fällen hat. Sie ist den ganzen Tag allein, sie trägt die Verantwortung für die Kinder, sie verwaltet das Budget, und sie muß oft auch die Sorge für die Eltern des Mannes übernehmen. Grundsatzbeschlüsse, z.B. über größere Anschaffungen oder die Schullaufbahn der Kinder, versucht sie zusammen mit dem Ehemann herbeizuführen, aber oft genug muß sie aus der Situation heraus eigenständig entscheiden

Diese **Selbständigkeit und relative Freiheit der Frauen** ist im häuslichen Bereich, im *oku*, üblich, toleriert und sogar erwünscht. Solange dieser Rahmen nicht gesprengt wird und der Mann in seiner Welt lebt und dort in seiner Aufgabe aufgeht, funktioniert diese Rollenverteilung gewöhnlich gut. Grundsätzliche Probleme ergeben sich am häufigsten nach dem Ausscheiden des Mannes aus dem Arbeitsleben: Will dann der Mann seine im Beruf ausgeübte Rolle auf die häusliche Domäne übertragen und seiner Frau die gewohnte Selbständigkeit und Freiheit beschneiden, kann er auf Widerstand stoßen, der bis zur Scheidung führt.

Chakopi und Büroblume

Eine frischgebackene Absolventin der Fremdsprachen-Hochschule in Tokyo besuchte uns während der Europareise, die sie sich vor dem Einstieg ins Berufsleben leistete. Sie hatte ihr Examen als Dolmetscherin und Übersetzerin für deutsche Sprache mit Auszeichnung bestanden und eine Stelle in einem großen Unternehmen gefunden. Als ich sie fragte, welcher Art ihr Tätigkeitsbereich sein werde, meinte sie mit resigniertem Schulterzucken: »Es wird wohl nur chakopi *sein.«*

Das Wort ***chakopi*** setzt sich aus *cha* (»Tee«) und *kopi* (»kopieren«) zusammen – unsere junge Japanerin war also darauf gefaßt, als **»Büromäuschen«** eingesetzt zu werden, das den Herren Tee serviert und Unterlagen kopiert.

Auch **junge Männer**, die frisch von der Uni in eine Firma eintreten, dürfen üblicherweise zunächst keine verantwortungsvollen Aufgaben übernehmen. Sie werden durch alle Abteilungen geschleust, angelernt und begutachtet. Dabei weist man sie nicht zuletzt in die Kunst des sicheren und gewandten Auftretens ein; schließlich sollen Angestellte das Unternehmen jederzeit und überall würdig vertreten. Erst nach drei oder gar sechs Monaten wird »der Neue« gemäß seinen mutmaßlichen Fähigkeiten einer Abteilung zugeteilt, die Bedarf an jungen Mitarbeitern hat. Er selbst kann kaum darauf hinwirken, daß man ihn entsprechend seinen Neigungen einsetzt.

Noch schnöder setzt man sich über die Talente junger Berufsanfängerinnen hinweg. Da gibt es unzählige altgediente Mitarbeiter, die ein Anrecht darauf haben, daß jemand ihnen den Tee serviert und ihre Besucher

Mann und Frau

Elegant gekleidete junge Frauen mit ausgezeichneter Schulbildung als »dienernde« Empfangsdamen.

empfängt. Da gibt es all die Kaufhäuser, denen der Bedarf an Empfangsdamen, die sich vor den Kunden verbeugen und Auskünfte erteilen, nie auszugehen scheint. Dafür »eignen« sich junge Damen, die als dekorative Aushängeschilder das Firmenimage heben. Höhere Bildung ist für derlei »Aufgaben« zwar selten vonnöten, kann aber auch nicht schaden ...

Zudem gilt es als ausgemacht, daß junge Frauen nur wenige Jahre – bis zur Heirat – berufstätig sind. Daher »lohnt« es sich in den Augen der Arbeitgeber nicht, sie für diese begrenzte Zeit in verantwortungsvolle Aufgabenbereiche einzuführen. Statt dessen läßt man sie, obwohl sie im allgemeinen eine abgeschlossene Hochschulausbildung vorweisen, Tee servieren und kopieren oder reiht sie schmuck uniformiert in Kaufhäusern an den Eingängen und Rolltreppen auf, wo sie sich unablässig vor den Kunden verneigen. Aufstiegschancen haben diese jungen, unverheirateten Frauen selten. Und die Bezahlung fällt entsprechend niedrig aus.

Auf meine Frage, ob sie sich mit ihrer Rolle als Bürofräulein abfinden könne, entgegnete die oben erwähnte junge Japanerin, sie würde lieber in einem ausländischen Unternehmen arbeiten. Denn dort besäßen Frauen bessere Chancen. Aber auch diese Hoffnung trügt. Kristina stellte in den japanischen Niederlassungen eines amerikanischen und eines deutschen Konzerns fest, daß dort kaum mehr Chancengleichheit herrschte als in rein japanisch geführten Unternehmen. Eine weibliche Abteilungsleiterin gab es in keinem der beiden Häuser, und die weiblichen Bürokräfte wurden wesentlich schlechter entlohnt als ihre männlichen Kollegen.

Mann und Frau

Bescheidene Aufstiegsmöglichkeiten eröffnen sich Frauen erst, wenn sie nach der Familienpause in die Firma zurückkehren und nun eine längerfristige Beschäftigung anstreben können. Allerdings sind die männlichen Kollegen ihnen an Berufserfahrung und Firmenzugehörigkeit dann um Jahre voraus und damit unumstrittene Anwärter auf die freiwerdenden höheren Positionen.

Die besten Karrierechancen haben Frauen, die ungewöhnliche Wege einschlagen. Es gibt in Japan sehr wohl erfolgreiche Unternehmerinnen. Bieten Frauen Dienstleistungen oder Waren an, die es mit jenen der männlichen Konkurrenz aufnehmen können, werden sie in der Geschäftswelt akzeptiert und nicht aufgrund ihres Geschlechts diskriminiert.

Die meisten jungen Japanerinnen wissen, daß sie sich dem gesellschaftlichen Druck, zum »fälligen« Termin zu heiraten, kaum entziehen können. Ebenso ist ihnen bewußt, daß Familie und Beruf sich schwer miteinander vereinbaren lassen. Als Frau von Anbeginn zielstrebig für die Karriere zu leben oder gar einen ausgefallenen Berufsweg oder die Selbständigkeit zu wählen, dies setzt einen außergewöhnlich starken, unabhängigen Charakter voraus. Solche Persönlichkeiten stempeln sich selbst zu **Außenseiterinnen**, und davor schrecken viele Japanerinnen zurück.

So kommt es, daß die meisten jungen Frauen resignieren und nach Abschluß der Ausbildung die von der Gesellschaft gesteckten Etappenziele Heirat und Familiengründung ansteuern. Aus diesem Blickwinkel stellt sich die **voreheliche Berufstätigkeit** als kurze Übergangsphase dar. Und diese verbringt frau, so die allgemeine Übereinkunft, am besten als *chakopi*, »Büroblume« oder »O. L.« – Bezeichnungen, die unverblümt die männliche »Wertschätzung« von Kolleginnen ausdrücken. »Büroblume«, *jimusho no hana*, bekundet, daß mann die Frau im Büro als schmückendes, indes nutzloses Beiwerk erachtet. »O. L.« steht für »Office Lady« und wird ähnlich abwertend, wenngleich ironisch gewürzt, gebraucht. Die Blume am Arbeitsplatz verschönt den Alltag, aber man überträgt ihr weder Verantwortung, noch beteiligt man sie an Entscheidungsprozessen.

Die emanzipierte Frau

Emanzipation der Frau, dieser Begriff setzt das Bewußtsein oder die Überzeugung von einer auf Kosten des weiblichen Geschlechts männlich dominierten Welt voraus. Sich emanzipieren verlangt selbst in modernen westlichen Gesellschaften ein starkes Selbstbewußtsein, Unabhängigkeit des Geistes und Streben nach Selbstverwirklichung.

Im Bild des Westens herrscht heute noch der Eindruck vor, Japanerinnen seien zarte, schutzbedürftige Püppchen, die von den Männern unterdrückt und geknechtet werden. Doch dieser Eindruck ist ungerechtfertigt.

Mann und Frau

Japanerinnen sind in vieler Hinsicht weniger benachteiligt als zahlreiche Frauen in der westlichen Welt – und vor allem weniger, als manche Ausländer meinen. Im häuslichen Bereich besetzen sie eine sehr starke Position, die sie sehr wohl zu nutzen wissen. Ihre offenkundige Benachteiligung betrifft vornehmlich das Geschäftsleben und den öffentlichen Bereich.

Hierzulande bedeutete die untergeordnete Stellung der Frauen im Wirtschaftsleben, daß Frauen in der Regel keine Finanzhoheit besaßen und materiell am Gängelband der verdienenden Männer hingen. In Japan dagegen verwalten die Frauen das Familieneinkommen. Dadurch sind sie finanziell weitgehend frei und unabhängig. Eine Frau, die sich nicht daran stößt, daß »er« verdient – und sie weit weniger als männliche Kollegen –, kann in Japan vergleichsweise sehr gut leben. Wenn eine Japanerin heiratet – und dies ist die Regel mit seltenen Ausnahmen –, erringt sie das Recht, über das Einkommen des Mannes zu verfügen, als hätte sie es selbst erwirtschaftet. In diesem Punkt fühlen sich daher viele Japanerinnen nicht unterdrückt oder übervorteilt.

Im öffentlichen Leben allerdings war die Diskriminierung von Frauen durchaus erkennbar. Hier zählte bis in jüngste Zeit die Meinung der Frau nicht. Doch daran hat sich inzwischen viel geändert. Frauen nehmen aktiv teil an der Lokalpolitik, indem sie sich zu Gruppen oder Bürgerinneninitiativen zusammenschließen und ihren Einfluß geltend machen. Und für fähige, unabhängig denkende Frauen tun sich beruflich Karrieren auf, die vor einer Generation undenkbar waren.

Arbeitswelt

Labor omnia vincit improbus –
Unablässige Arbeit besiegt alles.

Dieser Spruch von Vergil scheint nationales **Leitmotiv Japans** zu sein. Der Beweggrund, der nach 1945 den schnellen Aufstieg des besiegten und gedemütigten Landes zur zweitgrößten Wirtschaftsmacht der Welt erklären könnte. Wie wahr ist dieser Spruch?

Ein Ameisenheer von uniform gekleideten Angestellten strömt morgens zwischen sieben und neun Uhr aus den Vorstädten in die Innenstädte und abends zurück. Die **Anfahrtzeit zur Arbeit** mit öffentlichen Verkehrsmitteln beträgt in den Ballungszentren Tokyo und Ôsaka manchmal zwei Stunden. **Der Durchschnitt der täglichen Fahrzeit liegt bei knapp drei Stunden.**

Ein Gerichtsurteil erklärte 1995 eine Fahrtzeit von einer Stunde und 43 Minuten für einen Weg als zumutbar und wies damit die Klage einer Frau gegen ihre Versetzung in eine entferntere Niederlassung ihrer Firma ab. Die Klägerin hatte in diesem Zusammenhang vorgetragen, sie müsse ihr kleines Kind täglich zum Kindergarten bringen.

Die lange Fahrt zum Arbeitsplatz wird von vielen Bahnbenutzern sinnvoll ausgefüllt. Viele lesen eine Zeitung oder ein Buch. Taschenbücher im Kleinstformat, ähnlich unseren Reclam-Heftchen, sind sehr praktisch zu handhaben und können nach dem Lesen wie eine Zeitung oder Illustrierte entsorgt werden. Auch Comics, oft pornographischen Inhalts, gehören zur Lektüre der Pendler. Sie landen nach der Lektüre meist im Gepäcknetz oder Papierabfall.

Viele andere Angestellte schlafen im Zug. Japaner besitzen die beneidenswerte Fähigkeit, ihre Umgebung vollkommen auszublenden und fast überall schlafen zu können, gleichgültig wie laut oder hektisch es um sie herum zugeht. Daher lautet eine unserer Internet-Weisheiten:

»Du bist schon viel zu lange in Japan, wenn dich nicht mehr kümmert, was um dich herum vorgeht, sobald du dich im Zug auf einen Sitz niedergelassen hast.«

Die tarifliche Arbeitszeit japanischer Angestellter entspricht etwa der unseren. Dennoch liegt die durchschnittliche Jahresarbeitszeit in Japan um

— *Arbeitswelt* —

Der Durchschnitt der täglichen Fahrtzeit zum Arbeitsplatz und zurück beträgt in Japan knapp drei Stunden (hier: Pendlerzug im Hafen von Kôbe).

etwa 20% höher als bei uns, auch weil die Urlaubszeiten der Arbeitnehmer weit kürzer sind. Obwohl den meisten Japanern inzwischen ein **Jahresurlaub** von 15 Tagen zusteht, nehmen ihn kaum 50% der Angestellten voll in Anspruch. Die Mehrzahl läßt ihn zumindest teilweise verfallen.
Der Achtstunden-Arbeitstag in Japan »endet« *open end*. Es werden **Überstunden** (ohne Zeitausgleich) angehängt, und/oder es geht danach mit Kollegen und Abteilungsleiter (auf Firmenkosten) in eine Bar. Erst spätabends kehren die Angestellten heim. Dann bleibt nur noch Zeit für das tägliche heiße Bad und einige Stunden Schlaf. Die Familie sieht den Familienvater an den Arbeitstagen selten. Unter japanischen Ehefrauen wird der bissige Spruch kolportiert: »Hauptsache, mein Mann ist gesund und abwesend.«
In den 1980er Jahren begann die jüngere Generation still gegen dieses Arbeitssystem aufzubegehren. Viele junge Leute bekundeten, aufgrund der kürzeren Arbeitszeiten und geringeren Überstunden lieber in einer Bank als in einem der großen produzierenden Unternehmen beschäftigt zu sein. Eine Bankanstellung ließe ihnen mehr Zeit für die Familie. Diese Einstellung wurde als ***mai-hômu-shugi*** (abgeleitet vom englischen »my home«) bezeichnet. Die älteren Generationen, die durch Fleiß und Genügsamkeit das Wirtschaftswunder bewirkt haben, empörte dieses Ausmaß an Egoismus.
Selbstverständlich sagt die Dauer der täglichen Arbeit noch nichts über den »Output« aus. Viele Ausländer fragen sich, ob die **Effizienz japanischer Angestellter** sich mit jener anderer hochindustrialisierter Länder messen

Arbeitswelt

kann. Entsprechende Vergleiche erbrachten sehr unterschiedliche Ergebnisse.

Es gibt in japanischen Unternehmen fast **keine Einzelbüros**. Jeder Beschäftigte ist ständig den Blicken seiner Kollegen und Vorgesetzten ausgesetzt, was zwar nicht für Bespitzeln zwecks »Mobbing« mißbraucht wird, aber allzeit offenbart, was der einzelne tut. Im Büro besteht ebensowenig »Persönlichkeitsschutz« wie in den engen Wohnungen. Diese gegenseitige Kontrolle erhöht indes keineswegs die Effizienz der Arbeit. Viel Zeit wird mit Teetrinken und Gesprächen vertan. Überdies erfordert das System der **Abstimmung aller Beteiligten vor einer Entscheidung**, auch *nemawashi* genannt, sehr viel Zeit. Bürger der ostdeutschen Bundesländer wird dies wohl an die »Gremienarbeit« in der DDR erinnern.

Der *sarariman*

Das Wort *sarariman* kommt ebenso aus dem Englischen wie *mai hômu* oder »O. L.« Es ist eine Zusammensetzung aus *salary* und *man*. Daß dieses Kompositum im Englischen unbekannt ist, tut nichts zur Sache.

Sarariman bezieht sich auf die **Angestellten der großen Konzerne**, auf die Mitarbeiter mit weißem Kragen, die Schreibtischtäter. Diese Angestellten können sich glücklich schätzen. Sie haben eine lebenslange Anstellung, werden nach dem Senioritätsprinzip regelmäßig befördert, beziehen gute Gehälter und beim Ausscheiden aus Altersgründen eine hohe Abfindung. Sie gehören in Japans Wirtschaftssystem zu dem **privilegierten Drittel der arbeitenden Bevölkerung**.

Die beiden anderen Drittel dagegen genießen weder eine Anstellungsgarantie noch die Vorteile guter Bezahlung. Wer als Fließbandarbeiter oder Teilzeitkraft angestellt ist oder in einem kleinen Betrieb arbeitet, muß auf diese Privilegien verzichten. Dies bedingt das vergleichsweise **starke Gefälle zwischen den diversen Einkommensgruppen**.

Allerdings gleicht sich das Bild aus, sobald man die **Ausgaben** berücksichtigt. Wer es sich leisten kann, schickt seine Kinder auf eine der kostspieligen Privatschulen und Privatuniversitäten. Das verschlingt so viel Geld, daß er sich letzten Endes finanziell nicht besser steht als ein Lagerarbeiter, der seine Kinder durch das staatliche Ausbildungssystem schleust.

Den *sarariman* erkennt man am gedeckten **Nadelstreifenanzug** und **weißen Hemd**. Das Hemd darf im Sommer auch ohne Jackett getragen werden – sogar »öffentlich« auf der Straße. Denn die Sommer sind schwül, und da jeder unter der Hitze leidet, hat sich diese Lockerung der Kleiderordnung durchgesetzt. Auch kurze Hemdärmel sind erlaubt. Farbige Hemden werden ebenfalls geduldet, aber seltener getragen als bei uns. So treten die *sarariman* zwar weniger uniform auf als in der Vergangenheit, doch weiterhin dezent: **Auffallen** wird nach wie vor **negativ** bewertet.

— *Arbeitswelt* —

Der Antityp des **sarariman:** *locker, leger, entspannt.*

Auch der **Haarschnitt** ist im allgemeinen unauffällig. Eine deutsche Angestellte eines japanischen Unternehmens in Düsseldorf – sie war nie in Japan – wurde gefragt, was ihr an den japanischen Kollegen am meisten auffalle. Sie antwortete, frisch in Deutschland eingetroffene Japaner trügen anfänglich sehr formelle Kleidung und Frisuren, um sich allmählich etwas lockerer zu geben und die Haare gelegentlich ein wenig länger wachsen zu lassen. Sobald sie aber zur Berichterstattung nach Japan reisen müßten, sei ihr wichtigster Gang kurz vor der Abreise der Weg zum Friseur.

Sarariman sind in der Regel stolz auf »ihr« Unternehmen und geben sich alle Mühe, es in der Öffentlichkeit stets würdig zu vertreten. Individuelle Nachlässigkeit in Benehmen oder Kleidung würde das Ansehen der Firma schädigen. Auch bei öffentlichen Meinungsäußerungen verstehen sie sich als **Repräsentant des Unternehmens** und vertreten die offizielle Linie des Hauses.

Economic Animal und *Workoholic*

Japaner spotten über sich, wenn sie die kritische angloamerikanische Bezeichnung *economic animal* auf den japanischen Angestellten und Werktätigen beziehen. *Economic animal* – der japanische Mensch ist angeblich ein im wirtschaftlichen Sinn konkurrierendes und aggressives Tier. *Homo oeconomicus japonensis homini lupus est.* So erkannten und brandmarkten

Arbeitswelt

in den 1970er Jahren selbst Japaner ihren Charakterzug, ausschließlich für den wirtschaftlichen Erfolg zu leben.

Der **Vorrang der Wirtschaft im japanischen Existenzbewußtsein** hat zwei wesentliche Ursachen: 1. die wirtschaftliche Zerstörung am Ende des II. Weltkriegs und den dadurch notwendigen Aufbau nahezu vom Nullpunkt an; 2. den unbedingten **nationalistischen** (wenn nicht gar chauvinistischen und rassistischen) **Willen**, die anderen Industrienationen einzuholen bzw. zu überrunden. *Japan an die Spitze!* – so lautete das Ziel des japanischen »Wirtschaftswunders«. Dafür verzichtete der japanische *homo oeconomicus* Jahrzehnte auf persönlichen Wohlstand, begnügte sich mit Liliputaner-Wohnungen, fuhr zunächst nur ein Honda-Moped, nahm kaum Urlaub (und wenn, dann fuhr er nur wenige Tage zu Verwandten aufs Land). Einmal im Leben ins Ausland, eine elftägige Europareise – das war für Japaner der Luxus, auf den sie Jahrzehnte hinarbeiteten.

Während im Nachkriegsdeutschland eine Folge von Konsumwogen die Freßwelle überrollte, konzentrierten sich die Japaner weiterhin auf das nationale Ziel und stellten persönliche Bedürfnisse und Ansprüche zurück. Da alle Söhne und Töchter Nippons das gleiche Ziel vor Augen hatten und scheinbar alle Verzicht leisteten, nahmen sie den Mangel an Lebensqualität hin. Doch endlich, zunächst allmählich, dann immer schneller, ging's bergauf. Entbehrung und Leistung trugen Früchte. Es fielen nicht mehr nur Lazarusbrocken vom reichgedeckten Tisch der Industrie ab. Sonst wäre dieser starke **nationale Leistungsdruck** sicher nicht über Generationen zu erhalten und ertragen gewesen.

Zur Anstrengung aller mit dem Ziel, Japan an die Spitze der Industrienationen zu setzen, gehörte, daß jeder *sarariman* freiwillig und gern (!?) seinen Extrabeitrag zum gemeinsamen Ganzen leistete: daß die Angestellten teils unbezahlte Überstunden absolvierten, zudem wochenends oft Arbeit nach Hause nahmen und auf ihren Urlaub zumindest teilweise verzichteten.

Fortdauernde **Überarbeitung** ist Ursache gesundheitlicher Probleme vieler japanischer Angestellter. Magengeschwüre treten in Japan häufiger als in anderen Ländern auf. Sie sind nicht nur Symptom körperlicher Überlastung, sondern auch von **Psychostreß**, den der Zwang zur Selbstbeherrschung und Unterordnung in der strengen Firmenhierarchie bewirkt. Erst in jüngster Zeit wurde endlich ein Phänomen öffentlich diskutiert und als Tatbestand anerkannt, über das man zuvor nur hinter vorgehaltener Hand gemunkelt hatte: *karôshi*, **Tod durch Überarbeitung**. Ausgelöst wurde die Debatte, als Hinterbliebene gegen die Firma des verstorbenen Familienvaters klagten. Sie führten ins Feld, er hätte monatelang unter Schlafmangel gelitten, selbst an Wochenenden, da er dann zu Hause angeblich dringende Arbeiten erledigt hatte. Sie erhielten Recht und eine Rente zugesprochen.

Gewiß kann man *karôshi*, was sich mit *workoholism*, also »Arbeitssucht«, übersetzen ließe, nicht allein den Unternehmen anlasten. Verursacher ist sicherlich auch die japanische Sozialethik, die es dem einzelnen erschwert,

228

— *Arbeitswelt* —

Karôshi-*Risikogruppe der* **workoholics** *(Auktion auf dem Tokyoter Fischmarkt).*

Arbeitsunfähigkeit glaubhaft und geltend zu machen. Die Erziehung zur Erfüllung gesellschaftlicher Anforderungen und Anpassung an den allzeit gewärtigen Gruppenzwang steht einem Ausscheren aus der Norm, um **individuellen Bedürfnissen** und Nöten nachzugeben, im Wege. Dieser unentwegte, äußere wie verinnerlichte, Druck stellt weniger gehärtete Charaktere unter den Streß, sich ständig zu überfordern.

Gruppe und Individuum

In Japan zählt die **Gruppe** – als sozialer wie ökonomischer Verbund – mehr als das **Individuum**. Das Sprichwort »Herausstehende Nägel werden eingeschlagen« hat uns die Kehrseite dieser Einstellung gezeigt. Aber sie hat durchaus auch positive Seiten.
Während wir uns dauernd gefordert fühlen (bzw. systemkonform so fühlen sollten), uns mit anderen zu messen, gegen jeden zu konkurrieren oder gar zu intrigieren (neudeutsch: »Mobbing«), umfaßt in Japan die Gruppe schützend ihre Mitglieder. Das Motto lautet nicht: Jeder gegen jeden, sondern **eine Gruppe gegen andere Gruppen**. Dies entlastet den einzelnen.
Auch in der **Wirtschaft** besteht solches Gruppenbewußtsein. Während in den westlichen Industrienationen jedes heimische Unternehmen nach der Parole »Viel Feind, viel Ehr'« sowohl gegen binnenländische wie ausländische Konkurrenz allein antreten muß, schließen sich in Japan Unternehmen

Arbeitswelt

zusammen, um vereint die ausländischen Rivalen zu schlagen. Der Begriff »Japan AG« charakterisiert dieses Gruppenverhalten im nationalen Rahmen.

Der japanische Staat nutzt das Denken in Gruppenstrukturen, indem er mit Hilfe des **MITI** (Ministerium für Internationalen Handel und Industrie) Japans Angebote auf dem Weltmarkt koordiniert und damit nationale Firmenkonkurrenz und Reibungsverluste mindert. Dies geht zwar zu Lasten der Entscheidungsfreiheit der einzelnen Konzernspitzen, verhilft aber der Wirtschaft insgesamt zum Erfolg. Eine solche, in etwa vergleichbare, staatlich dirigierte »konzertierte Aktion« gab es in der deutschen Wirtschaft letztmalig Anfang der 1970er Jahre unter den Ministern »Plisch & Plum« (Schiller & Strauß) in der Regierung Willy Brandt.

Als Geschäftsmann/-frau oder Investor/in in Japan sollten Sie auch die **firmeninterne Gruppenstruktur** beachten. Loben Sie eine Einzelperson, wird ihr die Anerkennung eher peinlich sein. Sie zu tadeln, gar vor den anderen Gruppenmitgliedern, hieße ihr Gesichtverlust beibringen. **Lob** und **Tadel** sollten stets der gesamten Gruppe, also der Abteilung oder dem Team, in selbstredend gesichtswahrender Form ausgesprochen werden.

Die Gruppe bildet einen schützenden Kokon um den einzelnen. Dies gilt auch, wenn ihn ein persönliches Unglück trifft oder außerordentliche Belastungen bedrücken. Die Gruppe spendet Geld bei einem Todesfall. Sie unterstützt eine von Krankheit oder anderen Problemen betroffene Familie. Sie hilft eine Hochzeit oder große Reise finanzieren.

Umgekehrt ist das Individuum der Gruppe verpflichtet. Wer verreist, bringt den Daheimgebliebenen Andenken mit. Brautleute beschenken am Ende der Feierlichkeiten angemessen die geladenen Gäste ihrer Gruppe.

Auch die Firma bildet eine Gruppe, in die alle Mitarbeiter eingebunden sind. Sie ist ihren Mitarbeitern ebenso verpflichtet wie diese ihr. Unter diesem Vorzeichen werden die **Sozialleistungen** der Unternehmen gesehen. Die meisten großen Firmen stellen nicht nur sehr kostengünstige Werkswohnungen zur Verfügung, bieten einen Mittagstisch, organisieren gemeinsame Ausflüge und Veranstaltungen; sie übernehmen auch einen Teil der Ausbildungskosten für die Söhne und Töchter ihrer Angestellten. Einige offerieren ihren Mitarbeitern und deren Angehörigen sogar einen Grabplatz auf firmeneigenen Friedhofsparzellen (eine wichtige Sozialleistung, da in den Ballungsräumen Grabplätze für viele unbezahlbar sind).

Kopieren und Kreativität

Zu Beginn des 20. Jh. hatten sich die Japaner den Ruf zugezogen, hemmungslos sämtliche westliche Erfindungen zu kopieren. Gleichzeitig sagte man ihnen **Mangel an Kreativität** nach.

― *Arbeitswelt* ―

Die Börse von Tokyo.

Diese Vorwürfe wurden nach dem II. Weltkrieg verstärkt vorgetragen und hielten sich zäh bis in die 1980er Jahre. Das war der Zeitpunkt, zu dem sich die Japaner erstmals ernsthaft mit diesem ihnen angetragenen Image auseinanderzusetzen begannen. Und viele gelangten zu dem Schluß, es fehle ihnen tatsächlich an schöpferischer Kraft.

Um diesem »Mangel« der Japaner nachzugehen, müssen wir uns zunächst vor Augen führen, was abendländische und japanische Kultur unter Kreativität verstehen und welchen Stellenwert sie ihr einräumen.

Kreativität gilt in der westlichen Welt **als Ausdruck von Individualität.** Als solche wird sie in der modernen Erziehung von Kindesbeinen an gefördert. Wer etwas Eigenständiges schafft, genießt höhere Achtung als jemand, der »nur« imitiert. Originalität zählt zu den Werten unserer Kultur.

Die traditionelle japanische Kultur hingegen zielt auf **Vollendung des Dagewesenen**. In sämtlichen Bereichen der Kunst, ob Malerei, Schauspielerei oder Kunsthandwerk, gilt das **Meister-Schüler-Prinzip**. Der Schüler, der den Stil seines Meisters am perfektesten nachzuahmen vermag, wird vom Meister adoptiert und darf dessen Namen weiterführen. Wer dagegen die Kunst des Meisters eigenwillig interpretiert, der begibt sich, so genial er auch sein mag, ins Abseits der Orthodoxie. Ihm bleibt nichts übrig als der Versuch, eine neue »Schule« der Kunst zu etablieren.

Diese Art der Überlieferung läßt sich anhand des Puppentheaters illustrieren. Je drei Spieler bewegen eine Puppe: einer die Füße, einer linke Hand und Körper und der Meister Kopf und rechte Hand. Ein Meister sammelt Schüler um sich, die zunächst nur beobachten und Hilfsarbeiten verrichten

Arbeitswelt

dürfen. Dann übt ein Schüler zehn Jahre lang (!) das Bewegen der Füße. Weitere zehn Jahre bringt er damit zu, Körper und linke Hand der Puppe zu führen. Hat er schließlich gelernt, auch Kopf und rechte Hand zu bewegen, kann der Meister ihn zum würdigen Nachfolger küren.

Ähnlich werden Malerei und Kunsthandwerksberufe tradiert. **Für Kreativität und individuelle Interpretation bleibt wenig Spielraum.** Den Meister zu übertreffen ist die einzige Möglichkeit, Originalität in das Werk einzubringen.

Während in der westlichen Welt viele künstlerische Traditionen neuen Trends gewichen sind und Altes rasch als überlebt gilt, sind Japans Künste auf die beschriebene Weise über Jahrhunderte nahezu unverändert überliefert worden. Viele davon sind heute noch so lebendig, wie sie es vor Jahrhunderten zur Zeit ihrer höchsten Blüte waren.

Dieses Festhalten an Vorbildern hat Kunst und Kunsthandwerk zu höchster Vollkommenheit verholfen, zugleich aber Originalität und Kreativität nicht gefördert, sondern schon im Ansatz entmutigt. Da Japaner traditionell die möglichst **originalgetreue Nachahmung** höher schätzen als die individuelle Abwandlung vorhandener Vorlagen, war ihnen zunächst unverständlich, weshalb das westliche Ausland ihre Kunst des Kopierens abschätzig bewertete. Vielmehr wunderten sie sich, warum diese »Meister« nicht stolz darauf waren, daß man ihnen nacheiferte und ihre Werke zu kopieren versuchte.

Die Auseinandersetzung über die wirtschaftlichen Konsequenzen dieses interkulturellen Mißverständnisses dauert bis heute an. Allerdings hat Japan inzwischen intensiv über Möglichkeiten nachgedacht, individuelle Kreativität zu fördern. Als hauptverantwortlich für die mangelnde Bereitschaft der japanischen Nachwuchskräfte, sich schöpferisch zu betätigen, gilt das überkommene Schulsystem. Man müsse Schüler von klein auf ermutigen, Fragen und Zweifel zu äußern, statt sie Lehrstoff als unumstößliche Wahrheit schlucken zu lassen. Die Tatsache, daß längere Zeit im Ausland lebende japanische Forscher und Wissenschaftler sich durchaus an internationalen Maßstäben messen können, belege, daß kreatives Potential sehr wohl vorhanden sei.

In Japan dagegen entfaltet sich Kreativität vorzugsweise, wenn ein konkretes Ziel vorgegeben ist. Ein Konstrukteur wird den Auftrag, eine Zusatzeinrichtung mit einer vorgeschriebenen Funktion zu entwickeln, gewiß zur Zufriedenheit erledigen. Schwerer fällt ihm die Aufgabe, ohne Kenntnis der geplanten Anwendung ein Gerät weiter oder neu zu entwickeln. Noch fehlt gemeinhin der experimentierfreudige Forscherdrang, die Neugier auf das Unbekannte und doch Machbare.

Leider ist Japans Ausbildungssystem, so sehr es international gelobt wurde, sehr verkrustet und wenig flexibel. Die Lehrer zeigen wenig Neigung, ihre unumschränkte Autorität aufzugeben – was bei einem liberalen, individuelle Talente fördernden Unterricht der Fall wäre. Mit der Erkenntnis der Reformbedürftigkeit des Schulsystems ist immerhin der erste Schritt getan

— *Arbeitswelt* —

Japaner sind »Techno-Freaks« (Audio-Messe in Tokyo).

hin zu einer unvermeidlichen Entwicklung, die sehr viel Zeit beanspruchen wird. Vergessen darf man dabei nicht, daß der Wandel des Erziehungssystems schwerwiegende **gesellschaftliche Veränderungen** nach sich ziehen wird.

Menschen und Roboter

Japaner scheinen einen Narren an **technischen Raffinessen** gefressen zu haben. Neue Produkte, die wir mitunter als »Tinneff« abtäten, verkaufen sich in Japan oft wie warme Semmeln. Ausländer witzeln unermüdlich über die Berge von Elektrogeräten, die Japaner in ihre engen Wohnungen stopfen: Elektrische Fußwärmer, elektrische Lockenwickler, Heizdecken, Reiskocher und vieles mehr zählen zum Grundinventar fast jeden Hausrats. Der Siegeszug der Elektronikbranche vollzog sich in wahnwitzigem Tempo: Binnen kürzester Zeit standen Rechner und Schreibcomputer, hypermoderne TV- und Radiomodelle in den Haushalten des Landes.

Die nicht versiegende Warenflut offenbart die japanische Auffassung von Kreativität. So wie die grundlegenden Erfindungen nahezu ausnahmslos aus dem Ausland stammten, so lösten die Japaner die Aufgabe, wissenschaftliches Knowhow für brauchbare, **von den Käufern akzeptierte Produkte zu verwerten**, mit Bravour.

233

Arbeitswelt

Eine spezielle kreative Aufgabe, der sich die japanische Industrie mit hohem Geschick und erfolgreich hingibt, ist die Umsetzung menschlicher Bewegungen in elektronisch gesteuerte feinmechanische Abläufe, sprich: die **Konstruktion von Robotern.** In den 1960er Jahren sah man gelegentlich in den Schaufenstern großer Kaufhäuser eine Elvis-Presley-Puppe, deren feingliedrige Finger elektronisch gesteuert die Saiten der Gitarre anschlugen, oder eine täuschend lebensechte Marilyn Monroe, die sprechend die Lippen bewegte und mit ihrem programmierten Lächeln die Passanten sinnlich becircte.

Daß Roboter im Arbeitsprozeß einsetzbar sind, weiß und nutzt man auch im Westen. Das Austüfteln von Steuerungsvorgängen für mechanische Arbeitsabläufe und die Umsetzung in die Praxis betrieb man jedoch in Japan weit zügiger und konsequenter. Um so rascher wurden aber auch **Arbeitsplätze abgebaut.** Man zog Fabriken auf, die mit minimaler menschlicher Arbeitskraft produzieren. Insbesondere die Automobilbranche war bezüglich des kostengünstigen Einsatzes von Industrierobotern der deutschen Konkurrenz Meilen voraus.

Die praktische Umsetzung technischen Knowhows wäre unrentabler Selbstzweck, gäbe es außer den flinken Konstrukteuren nicht die **Käufer,** die auf jedes neue Produkt »anspringen«. In Japan beflügelten Angebot und Nachfrage sich so sehr, daß die Automobilhersteller alle zwei Jahre neue Modelle auslieferten, während in deutschen Landen eine durchschnittliche Entwicklungszeit von fünf Jahren veranschlagt wurde.

Dabei zeigten japanische Neuentwicklungen gegenüber den europäischen eine ausgeprägte **Liebe zum Detail.** Manches, was in unseren Breiten als unnütz gälte, war in Japan selbstverständlicher »Komfort« des neuen oder verbesserten Artikels. Auch hier kam den japanischen Konstrukteuren und Produzenten die aufgeschlossene »Neu-Gier« der Konsumenten entgegen. Hierzulande neigen Hersteller wie Verbraucher zur Ansicht, »Wertarbeit« zeichne sich durch Verzicht auf »Spielereien« aus.

Anfang der 1990er Jahre trat auch in Japan ein Umschwung ein: Manche Produkte waren technisch derart kompliziert, daß viele Kunden »bedienungsfreundlicheren« Ersatz suchten. Ein typisches Fallbeispiel war die plötzlich gestiegene Nachfrage nach Fernbedienungen für Fernsehgeräte und Video-Rekorder mit simplem »An«- und »Aus«-Knopf. Diese »Anregung« wurde umgehend aufgegriffen. Binnen kurzem waren von diffizilen Funktionen auf Ein- und Ausschaltautomatik umschaltbare Fernbedienungen auf dem Markt.

Wie selbstverständlich technische Errungenschaften im japanischen Alltag sind, dies können Sie schon beim **Taxifahren** bemerken: Die Beifahrertür wird automatisch betätigt. Ausländer, die darauf nicht gefaßt sind, erstaunen oder erschrecken manchmal sogar, wenn sich die Taxitür wie von Geisterhand vor ihnen öffnet.

— *Arbeitswelt* —

Die Japaner schwanken zwischen Gigantomanie ...

Miniatur und Gigantomanie

Den Japanern sagt man beides nach: eine Neigung zur Miniaturisierung und einen Hang zur Gigantomanie.
In den 1960er Jahren blickte Tokyo stolz auf seinen dem Eiffelturm ähnelnden Funkturm, der das Wahrzeichen von Paris um drei Meter überragte. Der schnellste Zug der Welt fuhr über Jahrzehnte in Japan. Das **Streben nach Superlativen** – noch größer, noch schneller, noch besser – beflügelte wohl auch nach dem II. Weltkrieg das vereinte Ziel der japanischen Wirtschaft, zur internationalen Nummer eins aufzusteigen.
Offensichtlich hatte niemand darüber nachgedacht, welche Aussichten sich hinter der Zielmarke auftun würden. Denn auf dem Weg dorthin unternahm man auch Anstrengungen, die sich später gefährlich auswirkten. Sie gebaren u.a. die ungesunde »**Bubble**«**-Wirtschaft** der aufgeblasenen Kredite und hochgetriebenen Grundstückpreise. Als das Land sich nach dem Schiedsspruch führender japanischer Wirtschaftsexperten an die Weltspitze gearbeitet hatte, befiel die Japaner eine seltsame Leere. Mit einem Male fehlte die Orientierung. Bis heute scheint es oft, als dümpele die Wirtschaft ziellos vor sich hin.
Die Gigantomanie hat ihr Gegenstück in der Miniaturisierung. Auch hier strebt man Superlative an: die kleinsten Radios der Welt, die winzigsten Elektronik-Chips, Taschenrechner im Superminiformat. Über diesen exzes-

235

Arbeitswelt

siven Hang zur Verkleinerung wurde hierzulande oft gewitzelt: Für japanische Minitaschenrechner braucht man angespitzte Finger, hieß es.
Diktiergeräte erhalten Sie in Japan in der Größe von Streichholzschachteln, und zwar in diversen, erschwinglichen Ausfertigungen. Fernseher mit Bildschirm, der kaum größer als eine Scheckkarte ist, finden regen Absatz. Apropos Fernsehen: Dieser Sucht können Sie sogar im Taxi frönen. In vielen Taxis flimmert an der Rückenlehne des Fahrers oder der Sonnenblende des Beifahrers eine Mattscheibe für TV-infizierte Fahrgäste.

Fachbegriffe des Geschäftslebens

Vor nicht allzulanger Zeit gab ein großes japanisches Unternehmen für seine ausländischen und japanischen Mitarbeiter ein zweisprachiges *Business Glossary* heraus. Das Buch erläuterte Ausländern Fachausdrücke der japanischen Wirtschaft. Es war so erfolgreich, daß schon bald ein zweiter Band erschien.

Manche Erklärungen des *Business Glossary* spiegeln scharf **unterschiedliche Phänomene japanischen und nicht-japanischen Wirtschaftslebens** wider. Einige besonders markante Beispiele seien hier herausgegriffen:

• *arubaito:* Dieser vom deutschen Wort »Arbeit« abgeleitete Begriff bezeichnet in Japan **Studentenjobs.** Allerdings verwenden Firmen ihn auch für Mitarbeiter, die **zwar Vollzeit, aber auf Stundenlohnbasis** arbeiten und nicht die Privilegien der Kollegen mit den weißen Kragen genießen.

• *abura wo uru:* »Öl verkaufen« steht für »**nur soviel tun wie unbedingt nötig**«, »sich bei der Arbeit kein Bein ausreißen«. Der Terminus geht auf die traditionellen Ölverkäufer zurück: Sie verkauften täglich so viel, daß sie über die Runden kamen, wußten sie doch, daß ihre Ware anderntags ebenso gefragt war.

• *ama-kudari:* »Vom Himmel herabsteigen« meint die **Übernahme eines älteren Staatsbeamten in einen Firmenaufsichtsrat** – ein Wink mit dem Zaunpfahl darauf, daß sich das Unternehmen von der Person, obschon im Pensionsalter, durch ihre Beziehungen Vorteile verspricht. Dieser Ausdruck bezeichnet außerdem den **Wechsel eines leitendes Mitarbeiters des Mutterkonzerns zum Direktor einer Tochterfirma.**

• *Aota-gai:* »Abernten eines grünen Feldes« nennt man das **Werben großer Firmen um die besten Universitätsabgänger.** Aufgrund des durchgängig harten Ausbildungssystems fallen auf dem Stellenmarkt die Noten der Abschlußexamina nur mehr wenig ins Gewicht. Ab einem festgesetzten Termin ist es Firmen erlaubt, unter den letzten Universitätsjahrgängen – auf dem »grünen«, weil ohne Examen an sich nicht erntenreifen Feld – Arbeitskräfte anzuwerben.

236

―――――― *Arbeitswelt* ――――――

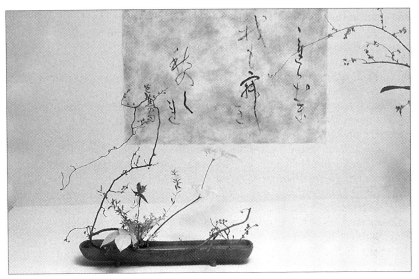

... und symbolträchtiger Miniaturisierung (hier: ikebana*).*

- **batsu**: Dieser Begriff – **Clique, Fraktion, Klan, Gruppe** – taucht vornehmlich in Zusammensetzungen auf. *Zaibatsu* bezeichnet die großen Konzerne, *gakubatsu* die Gruppe von Absolventen einer Universität, *chihô-batsu* eine Gruppe von Abgeordneten oder Mitarbeitern, die aus derselben Gegend stammen und deren Interessen vertreten.
- **buchô** = Abteilungsleiter«.
- **bureikô**: Dieser Ausdruck benennt das **Beisammensein nach Dienstschluß**, bei dem hierarchische Firmenstrukturen getrost vergessen werden dürfen. »Die Formalitäten beiseite lassen«, würden wir sagen. Bei solchen Gelegenheiten kann man – vor allem im angeheiterten Zustand – dem Abteilungsleiter auch einmal deutlich seine Meinung sagen und so Spannungen und Frust abbauen. Allerdings bedeutet das Ende der Veranstaltung auch das Aus der Formlosigkeit: Anderntags gilt selbstverständlich wieder die alltägliche Rangordnung.
- **futokoro-gatana**: »Taschenschwert«, so heißt die **rechte Hand des Chefs**. *Futokoro* bezeichnete jene Stelle der Brust, an der man den – taschenlosen – Kimono überschlug. Dort wurde nötigenfalls griffbereit ein Dolch versteckt, z.B. auch um rituellen Selbstmord (*seppuku* bzw. *harakiri*) zu begehen.
- **hanko**: Damit ist der kleine **persönliche Stempel** gemeint, der in Japan ähnliche Funktion und Geltung besitzt wie bei uns die Unterschrift. Wandert ein Dokument durch Abteilungen, drückt jeder sein Siegel auf das Papier, was soviel heißt wie »gelesen«. Ohne *hanko* ist in Japan ein Mensch ebenso ein Nobody wie jemand ohne Visitenkarte. *Hanko* kann man von Hand schnit-

237

Arbeitswelt

zen oder in manchen kleinen Läden aus Fertigteilen zusammensetzen lassen. Wie die Unterschrift weist ein *hanko* persönliche Identifikationsmerkmale auf. Die Siegelfarbe ist ausnahmslos rot.
- *hikinuki:* Dieser Begriff bezeichnet die **Abwerbung von Mitarbeitern anderer Unternehmen.** Arbeitsplatzwechsel ist in Japan, wo immer noch das System lebenslanger Anstellung gilt, ein bisher seltenes Phänomen. Wer die Stelle wechselt. wird heute noch meist mißtrauisch als unverträgliche oder eigenbrödlerische Person beäugt. Das Abwerben dringend benötigter Spezialisten war daher bislang die große Ausnahme.
- *meishi:* Wer keine *meishi*, **Visitenkarte**, vorzeigen kann, ist in Japans Geschäftswelt ein Niemand. Visitenkarten sind unerläßliche Grundlage für gegenseitiges Kennenlernen. Sie sollten möglichst viel über die Person aussagen: ihre Firma nennen, ihre Stellung innerhalb derselben, gern auch weitere Posten und Pöstchen, selbst den ehrenamtlichen Vorsitz eines Vereins. Je mehr Ihre Visitenkarte über Sie Aufschluß gibt, desto sicherer fühlt sich der, mit dem Sie Kontakt knüpfen möchten.
- *nemawashi:* »Die Wurzeln umgraben« umschreibt den **Vorbereitungsprozeß für Entscheidungen.** Will ein Abteilungsleiter bei der Vorstandssitzung einen Vorschlag einbringen, sucht er zuvor rechtzeitig jeden Sitzungsteilnehmer auf, um ihm sein Vorhaben zu erläutern. Gegenargumente, die er bei diesen informellen Gesprächen hört, kann er bis zur offiziellen Unterbreitung des Vorschlags zu entkräften und so die endgültige Entscheidung möglichst problemlos in seinem Sinne zu beeinflussen versuchen.
- *shaka:* So heißt die **Firmenhymne**, die mancherorts allmorgendlich vor Arbeitsbeginn von der gesamten Belegschaft geschmettert wird. Auch in Unternehmen, die solche Choräle nicht verlangen, werden Sie oft ein hinter Glas ausgehängtes Lied oder Gedicht entdecken. Wie Firmenuniformen und -abzeichen gilt die Hymne als Teil der *corporate identity*.
- *soroban:* Diesen traditionellen **Abakus** – Rechenbrett bzw. -schieber – werden Sie auch im modernen Japan noch oft genug sehen: einen Rahmen aus Holz, heutzutage auch Kunststoff, in dem rechts und links des Mittelstegs je fünf bzw. eine (statt wie beim chinesischen Abakus zwei) Perlen aufgereiht sind. Mit diesem Gerät wird in nahezu unglaublichem Tempo addiert, subtrahiert, multipliziert und dividiert. Als die ersten elektronischen Taschenrechner aufkamen, wurden Wettbewerbe im Schnellrechnen ausgeschrieben: Abakusrechner siegten. Kleine Läden verwenden heute noch *soroban*, sei es auch »nur«, um die Operationen der Kassenautomaten zu prüfen.

Arbeitszeit und Freizeit

Zwischen der **täglichen Arbeitszeit** der Japaner und jener der Deutschen bestehen keine allzu großen Unterschiede. Anders fällt ein Vergleich der

Arbeitswelt

Skifahren – ein beliebtes Freizeitvergnügen.

Jahresarbeitszeit aus: Anno 1990 arbeiteten laut Statistischem Bundesamt japanische Arbeitnehmer durchschnittlich 2100 Stunden, deutsche hingegen nur 1600 Stunden (amerikanische Arbeitnehmer 1900 Stunden).
Die Ungleichheit ergibt sich vor allem aus dem **kürzeren Urlaub** der japanischen Arbeitnehmer. Offiziell haben sie im Durchschnitt Anrecht auf 15 Urlaubstage. Aber die meisten nehmen nicht mehr als sechs Tage in Anspruch – ein für deutsche Lande, wo die Gewerkschaften um jeden Urlaubstag kämpfen, schier unbegreiflicher Verzicht.
Psychologische Ursache ist wiederum das Selbstverständnis der Japaner als Teil der Gruppe: »Nehme ich Urlaub, bürde ich den Kollegen mein Arbeitspensum auf. Das kann ich ihnen nicht zumuten. Außerdem geht es den Angestellten nur dann gut, wenn auch die Firma floriert.« Um sich nicht den stillen Vorwurf des Egoismus zuzuziehen, lassen sie **Urlaubstage verfallen**. Dieser gesellschaftliche Druck ist so tief verinnerlicht, daß ein Regierungsprogramm zur vollen Nutzung des gewährten Urlaubs nur mäßigen Erfolg zeigte.
Nachdem japanische Medien dieses Problem ausgiebig diskutiert hatten, erblühte die **Freizeitindustrie**. Sportstätten, Erholungsanlagen, Ausflugrestaurants und Schönheitsfarmen warben um Besucher. Heute gibt es Freizeitangebote für fast jede Sportart, darunter Reiten, Skilaufen und Golf.
Ob **Golfspielen** in Japan als Freizeitbetätigung oder Fortsetzung der Arbeit mit anderen Mitteln zu begreifen ist, sei dahingestellt. Golf ist in Japan ein **Volkssport**. Allerdings haben die meisten Japaner nie auf einem natürlichen »Green« gespielt. Raum ist knapp und die Klubmitgliedschaft in der Regel

Arbeitswelt

zu teuer. Die meisten suchen große Golftrainingszentren auf. Dort, in mehrstöckigen »Käfigen« mit dichtgedrängten Übungsplätzen, trainieren sie auf einem ungefähr einen Quadratmeter großen Stück Plastikrasen die Abschlagtechnik. Dicht an dicht aufgereiht, schlagen sie Ball um Ball in ein riesiges, gegenüber dem Übungsplatz gespanntes Netz. Alle paar Stunden werden die Bälle eingesammelt. Damit die Kollegen von diesem »Hobby« wissen, erscheinen viele Angestellte, wenn sie abends trainieren wollen, morgens mit der Golftasche im Büro.

Nicht nur in den Golfzentren üben die *sarariman* die Abschlagtechnik, sondern oft auch auf dem Heimweg oder beim Warten auf die nächste Bahn. Dies ist unserem Internet-Autoren nicht entgangen:

»Du erkennst, daß du schon viel zu lange in Japan bist, wenn du auf einem Bahnsteig mit dem Regenschirm Golfschwünge übst (und erst recht, wenn du's ohne Schirm tust).«

Ziel dieser Anstrengungen ist es selbstverständlich, irgendwann einmal, vielleicht mit einem Geschäftsfreund, auf echtem Rasen zu spielen und nebenbei über Geschäftliches zu plaudern. Aber das bleibt für die meisten Japaner ein unerfüllter Traum.

Obwohl **Skilaufen** kein elitärer Sport mehr ist, zeigen die Japaner auch hierbei einen **Hang zur Eitelkeit**. Viele legen sich eine komplette Ausrüstung von Markenherstellern zu, selbst wenn sie blutige Anfänger sind und nur ein Wochenende im Jahr Gelegenheit zum Skilaufen haben. Das öffentliche Selbst verlangt perfektes Auftreten. Und da sich niemand eine Blöße geben will, gehört zu jedem Sport ein makelloses Outfit. Im Internet fingen wir folgende Warnung auf:

»Du bist schon viel zu lange in Japan, wenn du zur ersten Skistunde deines Lebens in brandneuen Rossignol-Racingdesign-Skiern und aerodynamischem Anzug mit farblich abgestimmter Schneebrille antrittst – und dann im Schneepflug abfährst.«

Fußball ist in Japan noch nicht lange populär. Nachdem man mit großem Werbeaufwand Mannschaften zusammengestellt hatte, warfen Produzenten T-Shirts, Aufkleber, Wimpel und viele Fanartikel mehr auf den Markt. Es sind in der Mehrzahl Mädchen und junge Frauen, die in die Stadien strömen, um ihre Idole in Action zu sehen. Allerdings hat der Fußball die in ihn gesetzten Erwartungen nicht erfüllt. Japan hat international keine nennenswerten Erfolge aufweisen können. An Okudera, der in den 1970er Jahren in Deutschland spielte, kam seither kein japanischer Fußballer heran.

Eine der beliebtesten Freizeitbeschäftigungen ist *pachinko*. Ihr gehen Alte und Junge, Reiche und Arme, Professoren und Hausfrauen mit gleichem Ernst und gleicher Ausdauer nach. Das unserem Flipperspiel ähnelnde *pachinko* kam nach dem II. Weltkrieg auf. Durch Hebeldruck rieseln kleine Stahlkugeln über das mit Klingeln und Stahlnägeln besetzte Spielfeld eines Automaten. In einer *Pachinko*-Halle stehen in Zwanziger- bis Dreißigerreihen Hunderte solcher Automaten. Die herabprasselnden Stahlkügelchen

Arbeitswelt

Freizeitspaß Sumô-Ringen, die »gewichtigste« japanische Sportart.

verursachen einen solchen Höllenlärm, daß eine Unterhaltung unmöglich ist. Man sitzt eng nebeneinander auf meist unbequemen Hockern und betätigt den Hebel. Manchmal, wenn eine Kugel den richtigen Auslöser getroffen hat, öffnet sich eine Schleuse. Dann klackern Hunderte von Kugeln, die man frei verspielen kann, in einen Behälter. Da Glücksspiele in Japan verboten sind, beschränkt sich der Gewinn auf Kugeln, mit denen man gratis das Spiel fortsetzen kann. Immerhin aber kann man übrige Kugeln gegen Naturalien eintauschen: ein Päckchen Zigaretten, ein Netz Apfelsinen oder ähnliches.

Ein großer Teil der Freizeit wird vor dem **Fernseher** verbracht. Das reichhaltige Programm umfaßt Entertainment japanischer und amerikanischer Produktion, Spielfilme, Kindersendungen, Nachrichten und Dokumentationen.

Viele Japaner gehen trotz des breiten TV-Angebots gern ins **Kino**. Lichtspielhäuser öffnen zumeist nur tagsüber; abends »läuft nichts mehr«, denn Spätvorstellungen sind nicht gefragt. Daher suchen hier vorrangig Hausfrauen Entspannung und Abwechslung, während die Kinder in der Schule sind. Die Filme unterliegen der **Zensur**. Sexszenen oder andere nackte Tatsachen werden nicht geschnitten, sondern durch Weichzeichner unkenntlich gemacht. Anders als bei uns werden ausländische Kinofilme selten synchronisiert. Während Kinos das Original mit Untertiteln vorziehen, laufen im Fernsehen meist Synchronfassungen. Japan hat einige sehr bekannte Filme, Schauspieler und Regisseure hervorgebracht, die auch bei uns das Kino- und TV-Publikum begeisterten.

Arbeitswelt

Die außerordentlich lebhafte **Musikszene** deckt den Unterhaltungsbereich ebenso ab wie klassische westliche und traditionelle japanische Musik. Bands, die sich an westlichen Modellen ausrichten, aber japanische Texte singen, sind populärer als die ausländischen Vorbilder. Dennoch sind bei Auftritten ausländischer Bands die Hallen ausgebucht. Auch klassische Konzert- und Opernensembles finden bei Japantourneen großen Anklang. Aus marketingstrategischen Überlegungen stellen manche Kaufhäuser für Gastspiele Konzertsäle oder Bühnen zur Verfügung. Der Eintritt zu von Kaufhäusern **gesponserten Kulturveranstaltungen** ist oft kostenlos oder sehr preiswert. Viele Warenhäuser organisieren für ihre Kunden auch Kunstausstellungen.

Traditionelles Theater wird in den Großstädten regelmäßig geboten. Dem *kabuki* hat sich Tokyos Theater Kabuki-za verschrieben. Die erste Vorstellung dauert von 11 bis etwa 16 Uhr, die zweite von 17 bis 22 Uhr. Für ausländische Besucher liegen gewöhnlich englischsprachige Erläuterungen des Programms aus – ein nützliches Angebot, zumal häufig nicht ein Schauspiel in voller Länge, sondern ein Potpourri aus den beliebtesten Szenen verschiedener Stücken aufgeführt wird.

Freizeitunternehmungen wie Ausflüge in Tokyos Disneyland oder einen anderen **Erlebnispark** finden vornehmlich am **Wochenende** statt. Familien mit Kindern sind die Zielgruppe der beliebten Märchenparks, in denen Sie häufig auch Szenen aus Grimms Märchen, dargestellt von animierten Puppen, entdecken können. Der Eintrittspreis für solche Attraktionen liegt oft um ein Vielfaches höher als bei uns.

Frauen pflegen als Hobby gern traditionelle Künste wie das *ikebana,* das Blumenstecken, oder *chanoyu,* die Teezeremonie. Meisterinnen ihres Fachs unterrichten auch klassischen japanischen Tanz und die Kunst des Kimonotragens.

Tips: Ausgehen in Japan

Während bei uns abends das breiteste Freizeitprogramm geboten wird, sind die Abende in Japan wenig attraktiv. Da die Ehemänner meist spät heimkehren und anderntags frühmorgens aufstehen müssen, zeigen sie wenig Interesse an abendlicher Freizeit-Action.

- Daher erklären sich die häufig sehr **frühen Lokalschlußzeiten**. Viele Restaurants und Bars schließen um 22 Uhr. Nur von Ausländern vielbesuchte Kneipen öffnen bis Mitternacht. Ähnlich handhaben es Diskotheken und andere Tanzlokale.
- Bars und Restaurants erheben oft **Eintritt**, der jedoch außerhalb der Hauptbetriebszeiten als Verzehrbonus gilt. Manche Bars lassen Frauen gratis ein, während die Männer »blechen« müssen.

— *Arbeitswelt* —

*»Die kleine Kneipe« – am Abend Ort des »Kollegenumtrunks«
unter den* **sarariman.**

- In Japans **Hardrockcafés** sieht man manchmal mehr Ausländer als Japaner. Allenfalls einige »eingeborene« Punker verirren sich dorthin.
- Die **Restaurantpalette** der Großstädte vermag selbst Besucher aus Berlin oder Paris zu erstaunen. Vor besonders populären Restaurants können lange **Warteschlangen** stehen, was als Beweis der hohen Qualität und des Renommees des Hauses gewertet wird.

Vom Zwang zur Zwanglosigkeit

Immer wieder stellen Ausländer die Frage: Zählt es zur Arbeit oder zur Freizeit, wenn nach Feierabend die gesamte Abteilung, Abteilungsleiter inklusive – exklusive Frauen, versteht sich –, auf Firmenkosten in ihre Stammkneipe zieht?
Eine eindeutige Antwort gibt es nicht. Da diese Zusammenkünfte nach Dienstschluß stattfinden, werden sie nicht zur offiziellen Arbeitszeit gerechnet. Selbstbestimmte Freizeit sind sie ebensowenig, denn so zwanglos, wie manch Außenstehender meint, geht es dabei nicht zu. Kein Tarif- und kein Einstellungsvertrag schreibt die Teilnahme am feuchtfröhlichen Beisammensein vor. Jedoch: **wer sich entzieht, kann mit erheblichen Nachteilen rechnen.**

243

Arbeitswelt

Wie kommt es, daß der einzelne sich zum »Mitmachen« verpflichtet fühlt? Zunächst will jeder in die Gemeinschaft der Mitarbeiter aufgenommen werden und Chef und Kollegen in lockerer Atmosphäre kennenlernen. Auch wir erwarten in der Regel, daß »Neue« ihren Einstand oder altgediente Kollegen ihren Abschied feiern. Regelmäßig – mehrmals die Woche bis tief in den Abend hinein! – abzuhaltenden Zusammenkünften aber würden wir uns verweigern. Warum zum Teufel wehren Japaner sich dagegen nicht? Wird ein Japaner eingestellt, kann er **lebenslange Beschäftigung** in ein und derselben Firma erwarten, weshalb Stellenwechsel in Japan die Ausnahme ist. So wie die Anstellung auf Lebenszeit den Mitarbeiter an »sein« Unternehmen bindet, so verschafft sie der Firma unangezweifelte Verfügungsgewalt über ihre Belegschaft. Dies erinnert an den traditionellen Kontrakt zwischen den Samurai und ihren Dienstherren: Indem die Dienstherren ihren Kriegern Arbeit und Brot zusicherten, konnten sie unbedingte Treue ihrer Krieger erwarten.

Unternehmen fördern die abendlichen Trinkgelage, weil sie ihnen **positive Auswirkungen auf das Betriebsklima** zuschreiben. Sie wissen, daß im Rahmen der strengen Firmenhierarchie nicht jeder Abteilungsleiter allzeit die Motivation seines Teams aufrechterhalten kann und Spannungen sich nicht vermeiden lassen. Die Abende in einer Bar sollen **Harmonie** wiederherstellen helfen, gilt harmonisches Zusammenarbeiten doch als unabdingbare Voraussetzung für gute Leistung.

Deshalb legen Firmen wie Abteilungsleiter Wert auf diese »zwanglosen« Treffen, trägt das Unternehmen gern die Kosten und schließt niemand sich aus. Ein »Spielverderber« würde zwischen ihm und Kollegen bestehende Spannungen verschärfen, statt zum gemeinsamen Ziel, der Harmonie, sein Scherflein beizutragen. Also achten Abteilungsleiter sorgsam darauf, daß ihre Schäflein der Herde folgen – nicht zuletzt, weil Verweigerung als Protest gegen ihre Autorität begriffen werden könnte.

Von den Teilnehmern wird mehr verlangt als bloße Anwesenheit: Jeder soll auf irgendeine Weise zur Unterhaltung der Gruppe beitragen. Heute bedient man sich oft einer Karaoke-Anlage und schmettert pflichtbewußt – mal schmalzig, mal witzig – einen Song. Nach wie vor sind auch Beiträge wie Gedichte, Anekdoten, Fingerspiele, Schnellsprechverse o.ä. willkommen. Der Begriff *kakushi-gei*, »verborgene Kunst«, drückt Anerkennung für Teilnehmer solcher Runden aus, die ihr Publikum wie auch immer bestens unterhalten.

Alkohol fließt bei solchen Zusammenkünften in Strömen, da er bekanntlich – abgesehen von jenen, die mit jedem Schluck zusehends verstummen – die Zunge löst. Er erleichtert das Äußern von **Kritik**, die man angesichts der rigiden Rangordnung im Arbeitsalltag verschweigt. Auch das ist durchaus Absicht der Veranstaltung. Im mildernden Umstand der Trunkenheit erfahren Abteilungsleiter, die im Büro Zweifel an Führungsstil oder Einscheidungen nicht dulden dürfen, die – hoffentlich – ehrliche Einschätzung ihrer Mit-

244

Arbeitswelt

arbeiter. Hier können sie nicht nur Unmut rechtzeitig erkennen, sondern auch kleinere Mängel zugeben, ohne ihre Autorität preiszugeben.

Es ist ungeschriebenes, absolut bindendes **Gesetz, anderntags zu vergessen, was alkoholbenebelt im Rahmen des zwanglosen (*bureikô*) Beisammenseins gesagt wurde**. Wer es mißachtet, wird aus der Gemeinschaft ausgeschlossen. Abteilungsleiter wie Untergebene dürfen nie ernüchtert auf »im Suff« ausgetragene Konflikte anspielen, geschweige denn sie offen ansprechen. Ausländern ist es mitunter ein Anliegen, sich »am Morgen danach« für peinliche Szenen zu entschuldigen – was in den Augen der Japaner ein böser Fauxpas ist.

Vermutlich ist die beschriebene Sitte der Grund, weshalb **Betrunkene in Japan nicht Anstoß, sondern Mitleid erregen**. Man nimmt sich ihrer hilfreich an. Leidgeprüfte Ehefrauen verfrachten trunkene Gatten auf den *futon* und versorgen sie nach Kräften, damit sie in wenigen Stunden wieder wie gewohnt zur Arbeit trotten können. Hat ein Zecher Mühe, sich auf den Beinen zu halten, tröstet man neckend: »Alkohol geht immer in die schwächsten Körperteile, bei anderen in den Kopf, bei dir in die Beine.«

Individuelle Rechte, Recht und Gerechtigkeit

Die **westliche Diskussion um die Menschenrechte** in den sich schnell industrialisierenden Ländern Asiens (China, Taiwan, Malaysia, Singapur, Indonesien) hat bei den betroffenen Regierungen eine Trotzreaktion ausgelöst, die schon als »neue asiatische Arroganz« bezeichnet wird. Am aggressivsten äußerte sich Singapurs Alt-Diktator Lee Kuan Yew: »Was ist schon Demokratie? Die Demokratie ist nur 200 Jahre alt. Der Konfuzianismus aber ist 2400 Jahre alt.« (Was würden wohl die alten griechischen Philosophen zu dieser frech-ignoranten Behauptung meinen?)

Der Kern des Problems ist: Die **demokratischen Grundrechte** gelten als Regelwerk und Freiheitsgarantie autonomer, freier Wesen, die einen sozialen Harmonisierungsvertrag eingehen. Dieses westliche Gesellschaftsideal stellt das **Individuum** voran. Wie wir jedoch vielfach erfahren haben, zählen in Asien die **sozialen Verbände**: Familie (mitsamt Ahnen), Großfamilie, Sippe, Betriebsbelegschaft, regionaler Gruppenverband usw. Die Bedürfnisse dieser Einheiten überlagern die individuellen Ansprüche, und zwar absolut. Daraus erklärt sich auch der **west-östliche Widerspruch hinsichtlich individueller Rechte, Recht und Gerechtigkeit.**

Auch in Japan herrscht ein anderes Rechtsverständnis als bei uns. Im folgenden sei skizziert, auf welcher Grundlage das japanische Recht beruht – und weshalb die Japaner sich gerecht behandelt fühlen, wo wir uns über vermeintlich schreiendes Unrecht empören.

Schuld und Scham

Eine häufige Ermahnung japanischer Mütter lautet: »Tu dies oder jenes nicht, sonst lachen die anderen dich aus.« Die Mahnung zielt darauf, Auffallen zu vermeiden. Wer auffällt, schert aus der Gruppe aus und isoliert sich. Abseits stehen, die Blicke der anderen auf sich ziehen, dies ist für Japaner eine beinahe unerträgliche Belastung.

Im Gegensatz zur **normanpassenden japanischen Pädagogik** appelliert die westliche Erziehung an Eigenverantwortlichkeit und Gewissen. Unsere Auffassung vom Gewissen als moralisches Korrektiv entspringt entweder der christlichen oder aufklärerisch-ethischen Sittenlehre (wobei die christliche Moral und Ethik sogar mit einem konkreten Ge- und Verbotskatalog arbeitet).

Rechte + Gerechtigkeit

In Japan kontrolliert weder eine göttliche noch eine sittliche Macht das »innere« Gewissen. **Ein Unrecht, das nicht bemerkt und öffentlich wird, belastet den Täter nicht.** Wenn niemand sich beschwert, niemand anklagt, dann ist sein Handeln wertneutral und braucht keine Strafe zu fürchten.

Der Shintô kennt keine Gebote. Im Shintô wird der Mensch als grundlegend gut angesehen. Der Mensch soll sich an positiven Vorbildern orientieren, um sich zu vervollkommnen.

Wer e r k e n n b a r Unrechtes tut und damit auffällt, bringt Schande auch über seine Gruppe, seine Familie, sein Unternehmen, sein Land. Solches Unrecht muß gesühnt werden.

An dieser Stelle sei die in anderem Zusammenhang bereits geschilderte Tat aufgegriffen, die ein japanischer Tourist in Rothenburg ob der Tauber begangen hatte: Wie berichtet, hinterließ er dort wie viele andere in- und ausländische Touristen als »Souvenir« ein Graffiti, dummerweise samt Name und Adresse. Denn so konnte ein anderer Japaner, der das Graffiti erblickte, Tat und Täter daheim in Japan melden. Dem Sünder wurde auferlegt, sich für sein ungehöriges Benehmen offiziell bei Rothenburgs Bürgermeister zu entschuldigen.

Als dies in der deutschen Presse bekannt wurde, lachte man darüber. Doch zeigt der Vorfall deutlich die unterschiedlichen Rechtsauffassungen in Japan und Europa. Der Frevel war als japanische Tat erkenntlich, schadete damit dem nationalen Ansehen und rief daher zur **Sühne** auf. Als angemessene Sühne betrachten Japaner eine **Entschuldigung**. Auch die geschädigte Partei akzeptiert (abgesehen von gütlicher Regelung eventuellen körperlichen oder materiellen Schadens) eine Entschuldigung als Wiedergutmachung.

Schuldprinzip kontra Schadensbegrenzung

Der Unfall geschah in einem japanischen Dorf: Ein deutscher »Gastarbeiter«, der im Dienstwagen unterwegs war, stieß mit einem radelnden Kind zusammen, das urplötzlich aus einem Seitensträßchen schoß. Das Kind wurde zu Boden geschleudert, konnte sich aber sofort wieder erheben. Es war offensichtlich unverletzt, schrie jedoch aus Leibeskräften. Sein Fahrrad war vollkommen verbogen, der teure Schlitten des Deutschen wies einige Kratzer auf.

Der Autofahrer versuchte das Kind zu beruhigen, ließ jedoch davon ab, als es angesichts des »fremden Teufels« noch lauter schrie. Zum Glück kamen einige Anwohner herbei, die das Kind beschwichtigen konnten.

Während der Deutsche auf die Polizei wartete, rekonstruierte er den Unfall. Er gelangte zum Schluß, daß ihn keine Schuld traf. Er war weder zu schnell gefahren, noch hatte er die Vorfahrt mißachtet. Daß das Kind mir nichts dir

247

Rechte + Gerechtigkeit

nichts in die Hauptstraße einbog, hatte er beim besten Willen nicht voraussehen können.

Schließlich trafen zwei Polizisten ein. Sie ließen sich seinen Führerschein zeigen und den Unfallhergang erläutern. Dann zogen sie sich zurück. Nach kurzer Beratung erklärte der ältere Polizist, der Autofahrer solle dem Kind ein neues Fahrrad kaufen. Damit betrachte die Polizei die Angelegenheit als erledigt.

Der Deutsche war empört. Er war eindeutig nicht schuldig, hatte aber ebenfalls Schaden erlitten. Die Reparatur seines Wagen würde das Vielfache eines Fahrrads kosten.

Die Polizei argumentierte folgendermaßen: Das Kind hat mehrfachen Schaden erfahren. Es ist zwar körperlich unverletzt, hat jedoch einen schweren Schock erlitten. Sein Fahrrad ist unreparierbar. Zudem werden die Eltern es für seine Unachtsamkeit und den Verlust des Fahrrads bestrafen. Der Autofahrer muß zwar einen Fahrzeugschaden hinnehmen, doch sei dieser vergleichsweise gering für jemanden, der sich ein solch teures Modell leisten kann.

Weiter erklärten die Polizisten: Der Schrecken wird dem Kind eine Lehre sein, in Zukunft vorsichtig zu fahren. Der elterlichen Bestrafung aber wird es nicht entgehen. Ersetze der Autofahrer jedoch das Fahrrad, würden die Eltern ihre Strafe mildern. Damit wäre allen Beteiligten geholfen.

Während bei uns zunächst der **Unfallverursacher** ermittelt und der Schuldige dann für den Schaden allein zur Verantwortung gezogen wird, stellt man in Japan zuerst den Schaden fest und überlegt, wie er sich möglichst gerecht begleichen läßt. Zwar spielt die Schuld keine unwichtige, doch eine untergeordnete Rolle. Im Vordergrund steht, **die Kosten des Schadens so auf die Schultern aller Beteiligten zu verteilen, daß niemand über seine Kräfte belastet wird**. Im Fall des deutschen Autofahrers sprach der Anschein dafür, daß seine Finanzverhältnisse jene der Eltern des Kindes weit übertrafen. Die Polizei wies ausdrücklich darauf hin, daß ihn der Kauf eines Fahrrads nicht sonderlich belasten könne.

Wäre der Unfall in Deutschland geschehen, hätte die Zustimmung zum vorgeschlagenen Vergleich eine Lawine von Nachforderungen der gegnerischen Seite auslösen können. Außerdem hätte dieses **»indirekte Schuldeingeständnis«** den Autofahrer wahrscheinlich seinen Versicherungsschutz gekostet.

In Japan bemüht man sich, Unfallbeteiligte nicht als Gegner zu sehen. **Ziel des Rechtsstreits ist es vielmehr, durch einen Vergleich Einvernehmen und Harmonie wiederherzustellen.**

Der geschilderte Fall soll nicht den Eindruck erwecken, in Japan habe stets der finanziell Stärkere zu zahlen und es sei auf Gesetzesregelungen kein Verlaß. Er soll lediglich veranschaulichen, daß man Grundprinzipien der Rechtsprechung oft anders gewichtet als bei uns.

Rechte + Gerechtigkeit

Tip für Rechtstreitigkeiten

- Sollten Sie in Japan in einen Rechtstreit verwickelt werden, können Sie im allgemeinen davon ausgehen, »Gerechtigkeit« zu erfahren – sofern Sie nicht allzu kompromißlos auf Ihr »Recht« pochen. Entgegenkommen und das **Bemühen um eine einvernehmliche Beilegung des Konflikts** fallen im Rechtsverfahren sehr positiv ins Gewicht.

Im Falle eines Verkehrsunfalls in Japan: Ziel des Rechtsstreits ist immer, durch einen Vergleich Einvernehmen und Harmonie wiederherzustellen.

Vom Umgang mit der Obrigkeit

»Preußen des Ostens«, so werden die Japaner zuweilen scherzhaft genannt, eine Anspielung auf ihre Ordnungsliebe und Obrigkeitshörigkeit.

Rechte + Gerechtigkeit

Mit Japans Obrigkeit ist in der Tat nicht zu spaßen. Erster und nachhaltigster Eindruck im Kontakt mit ihr ist, daß die Beamten sich ungeheuer wichtig nehmen. Dies heißt nicht unbedingt, sie fühlten sich überlegen oder träten überheblich auf. Vielmehr wollen sie, daß man ihren Dienst für den Bürger ernst nimmt. Sie verlangen Respekt.

Sie erleichtern sich den Umgang mit **japanischen Beamten,** wenn Sie sich **kooperationsbereit** zeigen und möglichst nicht widersprechen. Pochen auf Ihr – tatsächliches oder vermeintliches – Recht bringt Sie Ihrem Ziel keinen Schritt näher.

Haben Sie Ärger mit dem Amtschimmel, sei Ihnen dringend angeraten, sich nach einem **japanischen Vermittler** umzusehen. Mit Glück finden Sie womöglich gar einen ehemaligen Kommilitonen des bockbeinigen Beamten, der für Sie ein gutes Wort einzulegen bereit ist. Ein hochangesehener Bürger tut es jedoch auch.

Japanische Beamte sind oft sehr konservativ eingestellt. **Viele Beamte begegnen Ausländern mit Unsicherheit oder Mißtrauen.** Es nützt wenig, sie überzeugen zu wollen, daß Sie weder ein gefährliches noch ein subversives Subjekt sind. Die Unsicherheit gegenüber allem Fremden sitzt sehr tief. Die Vermittlung eines angesehenen japanischen Bürgers kann helfen, dieses Mißtrauen auszuräumen. Schließlich kann ein Fremder, für den ein Japaner Fürsprache einlegt, nicht sooo verdächtig sein … Haben Sie einen willigen Vermittler aufgestöbert, führt dieser die **Verhandlung mit der Bürokratie.** Ihm gegenüber kann der Beamte sich nicht ohne triftige Begründung ablehnend verhalten. Daher mag geschehen, daß er aus schierer Bequemlichkeit zu Ihren Gunsten entscheidet. Sollte sich dann – was wir nicht hoffen – herausstellen, daß mit Ihrer Person oder Ihrem Anliegen tatsächlich etwas faul ist, so kann der Beamte Ihren japanischen Fürsprecher zur Rechenschaft ziehen. Dieser hat die Angelegenheit wieder ins rechte Gleis zu bringen und dafür zu sorgen, daß der ausländische Missetäter sich angepaßt und »ordentlich« aufführt.

Auch Japaner bedienen sich in schwierigen Fällen eines Vermittlers. Bei Problemen mit dem Finanzamt oder einem Genehmigungsverfahren setzen Unternehmen eine diskrete Fahndung in Gang, die sich auf die gesamte Führungsschicht, aber auch befreundete Manager erstreckt. Gesucht wird jemand, der einen ehemaligen Kommilitonen oder Vorgesetzten des zuständigen Beamten kennt. Dieser Kommilitone oder Vorgesetzte wird dann um Vermittlung gebeten.

Gewöhnlich führt der Vermittler lediglich ein Gespräch mit der verantwortlichen Amtsperson. Allerdings verteilt sich das Gewicht der Verhandelnden etwas anders, als es zwischen einem Vertreter der betroffenen Firma und dem Beamten der Fall wäre. Einem Vorgesetzten gegenüber zeigt sich der Beamte eher kompromißbereit als gegenüber einem auf ihn angewiesenen und ihm daher untergeordneten Antragsteller. Der Vermittler ist von ihm »nur« insofern abhängig, als bürokratische Unnachgiebigkeit ihn Gesicht

Rechte + Gerechtigkeit

*Mit Japans Bürokratie und Obrigkeit ist nicht zu spaßen
(hier: Kontrolle am Flughafen Narita).*

verlieren lassen würde. Auch der Beamte riskiert Gesichtsverlust, wenn er einen einmal erlassenen abschlägigen Bescheid kurzerhand rückgängig macht. Deshalb wird der mit dem Vermittler ausgehandelte Kompromiß stets von den Ausgangskonditionen abweichen.

Kommt ein **Kompromiß** zustande, hat die betroffene Privatperson oder Firma ihn unbedingt zu akzeptieren. Anderfalls verlöre ihr Vermittler Gesicht. Da sie weiß, daß sie »mit dem Kopf durch die Wand« nichts erreichen und ohne Vermittler auf jeden Fall schlechter abschneiden würde, wird sie selten gegen den Kompromiß opponieren.

Manchen von uns mag dieser diplomatische Umweg unsinnig erscheinen. Weshalb nicht selbst mit dem Behördenvertreter reden? Schließlich gibt es ein verbrieftes Recht, auf das man sich berufen kann. Beamte müssen sich an Gesetzesvorschriften halten. Tun sie's nicht, kann der Bürger gegen die Behörde klagen, gegebenenfalls bis zum höchsten Entscheid durch das Bundesverfassungsgericht.

In Japan sind **Klagen gegen Behörden** so gut wie unbekannt. Zunächst verfügen japanische Amtsvertreter in der Regel über einen höheren Ermessensspielraum. Setzt ein Finanzbeamter eine Steuerschuld fest, die der Steuerzahler als überhöht empfindet, mögen seine Vorgesetzten den Feststellungsbescheid womöglich anders beurteilen, ihm aber seine grundsätzliche Kompetenz – und damit Korrektheit – zugute halten. Ein Beamter, auch ein Vorgesetzter, wird die Autorität eines Kollegen nicht angreifen. Allenfalls kann geschehen, daß ein Vorgesetzter sich für einen offenkundigen Fehler

Rechte + Gerechtigkeit

eines Untergebenen bei den Betroffenen entschuldigt und die Schuld auf sich nimmt.

Tips für den Umgang mit Behörden

- **Bestehen Sie nicht eisern auf Ihrem »Recht«.** Dies ist die beste Methode, sich guten Willen japanischer Beamter endgültig zu verscherzen.
- Verbeißen Sie sich **Widerspruch.** Nur **Entgegenkommen** bringt Sie Ihrem Ziel näher.
- Lassen Sie etwaige Konflikte mit Behörden durch einen **japanischen Vermittler** austragen.
- Nehmen Sie den von Ihrem Vermittler ausgehandelten **Kompromiß** unbedingt – notfalls insgeheim zähneknirschend – an. Falls nicht, verliert Ihr Vermittler Gesicht und Ihr Anliegen erst recht die Hoffnung auf einigermaßen gütigen amtlichen Segen.

Im Land des Entschuldigens

Wenn Sie in Japan eine Frist versäumen, z.B. Ihre Aufenthaltsgenehmigung nicht rechtzeitig verlängern lassen oder eine polizeiliche Anmeldung verzögern, kann vorkommen, daß Sie zur »Sühne« einen **Entschuldigungsbrief** schreiben müssen. Darin sind Reue zu bekunden und Gründe für das Versäumnis darzulegen. Am besten legt man ein **Empfehlungsschreiben eines angesehenen japanischen Bürgers** bei, das den (ansonsten) gutwilligen Charakter des Übeltäters schildert und versichert, daß mit einem »Rückfall« nicht zu rechnen ist. Von einer Strafe wird dann gewöhnlich abgesehen.

Ich habe einmal wegen einer Fristversäumnis einen solchen Entschuldigungsbrief geschrieben, und zwar mit ausgesprochenem Vergnügen. Ich erklärte, so eifrig Japanisch gebüffelt zu haben, daß ich darüber den Termin vollkommen vergessen hätte. Und weil ich mir alle Mühe gäbe, außer der Sprache die japanischen Gepflogenheiten kennenzulernen, verstünde ich mein Vergehen als Gelegenheit hinzuzulernen. Ich würde gewiß kein zweites Mal eine Frist versäumen. Meine Abbitte wurde angenommen und keine Strafe verhängt. Daß der Vorgang für mich leicht satirische Züge besaß, wäre den japanischen Hütern des Gesetzes nie in den Sinn gekommen.

In Deutschland wäre mir eine Entschuldigung weniger leicht gefallen. In unserer Gesellschaft, in der das Eingeständnis von Fehlern gern als Schwäche ausgelegt wird, empfinden wir eine Entschuldigung oft als demütigend. Immer mehr geht der Trend dahin, »sich gut zu verkaufen«, sich auszuleben. Dahinter steht persönliche **Bescheidenheit**, Voraussetzung für die Bitte um Vergebung, zunehmend zurück.

252

Rechte + Gerechtigkeit

In Japan zählt die Entschuldigung zu den am häufigsten eingesetzten Mitteln, heikle **Konflikte beizulegen** und **Harmonie wiederherzustellen.** Persönliche Bescheidenheit besitzt noch hohen Wert, mag sich auch in der jungen Generation eine ähnliche Entwicklung abzeichnen wie bei uns.

Geben Sie sich in Japan höflich bescheiden, z.B. mit der Erklärung: »Leider ist mein Japanisch nicht gut«, wird Ihnen jeder sofort heftig widersprechen und Ihre Sprachkenntnisse über den grünen Klee loben, selbst wenn Sie nur wenige Brocken einigermaßen flüssig über die Lippen bringen. **Wer sein Licht unter den Scheffel stellt, kann sich des spontanen Lobs der anderen sicher sein.** Japaner teilen ohne Bedenken großzügig Lorbeeren aus, weil sie wissen, daß ihre Gesprächspartner es umgekehrt ebenso täten. Auch Ausländer überhäufen sie mit **Komplimenten,** was diesen »Opfern« allerdings mitunter peinlich ist. Manche versuchen, die Schmeichelei mit – echtem oder gespieltem – Erstaunen abzuwehren, Gewieftere lassen sich eine witzige Entgegnung einfallen. Es kann ein Tag kommen, an dem folgender Internet-Spruch Sie nachdenklich stimmt:

»Du bist schon viel zu lange in Japan, wenn dir keine originellen Antworten auf die ewigen Komplimente über dein gutes Japanisch mehr einfallen.«

So wie alle bereit sind, Komplimente zu verteilen und anzunehmen, so steht es auch um das Entschuldigen und Verzeihen. Das Angebot einer Entschuldigung – und damit Bekenntnis zur Schuld an der Disharmonie – wird mit Sicherheit angenommen. Damit ist der Konflikt bereinigt und der »Sünder« wieder in die Gemeinschaft aufgenommen. **Wer von sich aus in die Knie geht, dem helfen die anderen ohne Zögern wieder auf die Beine.**

Im Kaufhaus entschuldigt sich die Verkäuferin, wenn sie einen Kundenwunsch nicht erfüllen kann. Ein Streifenpolizist bittet um Nachsicht, wenn er die Frage eines Passanten nicht beantworten kann. Der Wirt bedauert ausdrücklich, daß im Restaurant kein Tisch frei ist. Bei fast jeder Gelegenheit entschuldigen Japaner sich für irgendetwas. Dennoch wirkt dies kaum je floskelhaft, sondern durchaus aufrichtig – in der Gewißheit allerdings, daß damit die Wogen geglättet sind. **Verzeihen** im Streben nach Harmonie zählt zu den für alle verbindlichen Spielregeln.

Polizisten sind keine »Bullen«

Polizisten erkennen Sie an ihrer **dunkelblauen Uniform,** zu der sie weiße Handschuhe tragen. Uniformen besitzen in Japan hohen Stellenwert, nicht nur in Kreisen von Militär und Polizei. Als Aushängeschild einflußreicher und/oder renommierter Organisationen bzw. Firmen verleihen sie dem Träger eine Bedeutung, die weit über seine Person hinausgeht. Bereits Schüler tragen ihre Schuluniformen mit Stolz. Auch die Verkäuferinnen und Fahrstuhldamen der großen Kaufhäuser scheinen sich in ihren Uniformen (noch) wohlzufühlen.

253

Rechte + Gerechtigkeit

Vielleicht ist die schmucke Uniform der Grund, weshalb man Polizisten eher bei schönem Wetter als bei Regen auf der Straße antrifft. Im Internet vagabundierte die Bemerkung:

»Du bist schon viel zu lange in Japan, wenn du bei Regen bedenkenlos die Geschwindigkeit überschreitest, weil du weißt, daß sich Polizisten nur bei Schönwetter im Freien aufhalten.«

Polizisten achten sehr auf ein gepflegtes Erscheinungsbild. Dazu zählt auch freundliches, doch **ernstes Auftreten**. Und sie erwarten, daß man sie ernst nimmt. Tatsächlich genießt in Japan die Polizei insgesamt weit mehr Respekt, auch einen besseren Ruf, als unsere »Bullen«. In Anerkennung ihrer **Autorität** sollte man nicht einmal versuchen, einen Polizisten durch einen gutmütigen Streich zum Lachen zu bringen. Er wird dies als Angriff auf seine Würde verstehen und hart durchgreifen. Ein gewisses Lächeln ist das äußerste Anzeichen von Nonchalance, das Sie von einem Polizisten erwarten können.

Polizisten sind für die Ordnung in ihrem Revier zuständig. Der **Streifenpolizist**, bei uns dem Anschein nach fast ausgestorben, ist in Japan fester Bestandteil des Straßenbilds. Streifenpolizisten kommen oft zu zweit auf Fahrrädern daher.

Zum Straßenbild gehören auch die **Polizeihäuschen** an belebten Kreuzungen. Von diesen kleinen, kioskähnlichen Buden aus beobachten Polizisten den Verkehr, betreuen aber auch die umliegenden Häuser. Ein guter Polizist kennt alle Familien seines Reviers. Er weiß, wann wer zugezogen ist und wo sich welche Veränderungen ergeben. Er hilft Ortsunkundigen, eine Adresse oder Person ausfindig zu machen.

Übrigens ist es unbedingt notwendig, daß wenigstens die Polizei sich im Viertel auskennt. Denn es gibt weder Straßennamen noch eine logische Hausnumerierung. Eine Adresse nennt gewöhnlich den Stadtteil, den Häuserblock sowie eine mysteriöse Zahlenkombination, die über die genaue Lage des Hauses nichts verrät. Da können nur Polizist und Briefträger weiterhelfen.

So korrekt die Hüter des Gesetzes in der Regel auftreten, so offenbart sich im Konflikt mit ihnen doch, daß sie durchaus nicht jeden mit Glacéhandschuhen anfassen. Eine Nacht in einer Polizeiwache zeigt, daß mit Gesetzesbrechern sehr grob umgegangen wird. Ein auf frischer Tat ertappter Fahrraddieb muß sich Püffe, Knüffe und einen wirklich sehr rauhen Ton gefallen lassen.

Gegenüber Verkehrssündern wendet die Polizei nicht immer das **Prinzip der Gleichbehandlung** an. Stellt sie den mit Schlips und Kragen angetanen Fahrer eines Firmenwagens wegen Geschwindigkeitsübertretung, sieht sie möglicherweise von einer Strafe ab, wenn er glaubwürdig versichert, in brandeiligem Firmenauftrag unterwegs zu sein. Erwischt sie dagegen einen Temposünder im Freizeithemd, der offensichtlich zum Vergnügen die Straßen unsicher macht, so kennt sie keine Gnade.

254

Rechte + Gerechtigkeit

Japanische Polizisten sind keine »Bullen«.
Hier bahnt ein Ordnungshüter einem Priester den Weg.

Einige japanische PKWs sind mit **akustischem Warnsignal** ausgestattet, das dem Fahrer das Überschreiten der Höchstgeschwindigkeit signalisiert. Aber der »Sound« tönt so angenehm, daß er niemanden eines Besseren bekehrt. Und so drückt man, pausenloses Geklingel in den Ohren, unverdrossen aufs Gaspedal, solange man sich außerhalb der Polizeikontrolle glaubt.
Geschwindigkeitsübertretungen von LKWs kann die Polizei schon von ferne erkennen, da eine Lichterleiste über dem Fahrerhäuschen auf überhöhtes Tempo reagiert. Wundern Sie sich nicht, wenn beim **Zurücksetzen von LKWs** ein akustisches Signal erklingt – dies ist Vorschrift. Auch diese Töne sind oft so überraschend melodiös und angenehm, daß sie unserem Internet-Autoren einen Kommentar wert waren:
»Du bist schon viel zu lange in Japan, wenn du's für normal hältst, daß ein LKW beim Zurücksetzen ›It's a Small World‹ spielt.«

Politische Stehaufmännchen

Die Politik geht in Japan manchmal seltsame Wege. Oft bleiben Ereignisse dem westlichen Betrachter unverständlich.
Da wird z.B. ein Politiker der Korruption angeklagt und überführt. Er gesteht sein Fehlverhalten öffentlich ein und tritt zurück. Sein Amt übernehmen unbekannte Größen – gewöhnlich Marionetten ihres Vorgängers. Die-

Rechte + Gerechtigkeit

ser läßt ein bis zwei Jahre Gras über die Affäre wachsen. Dann tritt er allmählich wieder in der Öffentlichkeit auf und testet die Reaktionen. Ist die Luft rein und bietet sich eine günstige Gelegenheit, steht er erneut im Rampenlicht, kandidiert für die Wahl und gewinnt haushoch. Der oder die Platzhalter treten kampflos in die zweite Reihe zurück, und alles ist wieder beim alten.

»Wie ist das bloß möglich?!« wundern sich manche westliche Beobachter. Wieso läßt die Öffentlichkeit zu, daß ein Politiker, der bewiesenermaßen gegen das Gesetz verstoßen, seine Bestechlichkeit sogar selbst zugegeben hat, erneut zu Amt, Macht und Ehren gelangt?

Auch hier greifen die japanischen Spielregeln der **Entschuldigung**. Wer Abbitte tut, wird von der Schuld gereinigt und erfährt Vergebung. Die Absolution ist so bedingungslos, daß ein korrupter Politiker nach kurzer Schamfrist nicht nur erneut kandidieren, sondern auch mit Stimmen – manchmal sogar mehr denn je – rechnen darf.

In Japan werden Politiker selten aufgrund ihrer Parteiprogramme gewählt, und auch nicht aufgrund ihrer herausragenden und vertrauenswürdigen Persönlichkeit. Vielmehr spielen **politische Traditionen, Bekanntheitsgrad** und **Image** die entscheidende Rolle. War z.B. der Vater eines Kandidaten bereits Politiker, kann schon eine Tradition vorgewiesen werden, die Vertrauen schafft. Das Image des Vaters wird auf den Sohn »tradiert«.

In der Politik zählt Tradition viel. **Wahlkreise** werden häufig seit mehreren Generationen von einer Politikerfamilie weitergereicht. Solche lokale Größen sind vor allem in der ländlichen Bevölkerung verankert. Einmal im Parlament, bilden die Lokalmatadoren **Seilschaften**, um ihre Vertreter nach oben zu hieven und nach vorne zu bugsieren. Dieses Machtgefüge ist meist so tief verwurzelt und weit verzweigt, daß auch Erschütterungen wie ein Korruptionsskandal es nicht tiefgreifend ändern. Die auf das Selbstverständnis der Samurai zurückgehende **Vasallentreue** wirkt als Ideal bis heute nach.

In Japan kontrolliert die **Presse** nicht als »Vierte Gewalt« die Politik. Das abgeschottete System der Pfründenpolitik ermöglicht außenstehenden Journalisten kaum Durchblick.

Durch Reformen wurde in den vergangenen Jahren versucht, das festgefahrene, ermüdete und verkommene System neu zu beleben. Eine Wahlkreisreform sollte die Parteienlandschaft umstrukturieren und damit auch personelle Dynamik entfachen. Die LDP verlor dadurch die Regierungsmacht, die sie seit 1955 ununterbrochen besaß.

In Japan hat sich **Politikmüdigkeit** ausgebreitet. Zudem befindet sich die Gesellschaft im Umbruch. Es ist somit schwer vorauszusagen, wie sich die Politik – Innen-, Verteidigungs-, Außenpolitik – entwickeln wird. Mit politischen Stehaufmännchen wird man jedenfalls noch eine ganze Weile rechnen müssen.

256

Wohnen und leben

Moderne Stadtbauweise – Hochhausschluchten der Ginza (Tokyo).

Seit dem II. Weltkrieg hat sich in Japan die Architektur des Wohnungsbaus gewaltig verändert. Der damit einhergehende, nicht nur äußerliche Wandel ihrer Lebensweise kam vielen Japanern, da er sich langsam und stetig vollzog, kaum zu Bewußtsein.
Vor dem II. Weltkrieg waren Häuser westlichen Stils die Ausnahme. Die große Mehrzahl der Japaner wohnte in **traditionellen Holzbauten**. Die Räume waren wie seit Jahrhunderten mit *tatami* ausgelegt, den etwa 5 cm dicken, mit Binsengeflecht überzogenen Matten aus preßtem Stroh. Abends rollten sie das Bettzeug aus und schliefen auf den *tatami*, auf denen sie tagsüber saßen. Nach Feierabend heizten sie das Bad an, das in einem Häuschen im Garten stand. Nacheinander stiegen die Familienmitglieder in den mit dampfendheißem Wasser gefüllten Holzzuber. Im Winter spendete nur ein kleines Holzkohlebecken im Hauptraum Wärme, um das die Familie Platz nahm. In den Städten besaß nicht jedes Haus und jede Wohnung ein

Wohnen und leben

Bad. Dort begab man sich in die Gemeinschaftsbäder, wo man sich mit Nachbarn bzw. Nachbarinnen im heißen Wasser entspannte und dabei Neuigkeiten austauschte.

Moderne Wohnungen hingegen sind mit Teppichboden ausgelegt. Anspruchsvollere Wohnungen besitzen meist einen *Tatami*-Raum, der im allgemeinen als Gästezimmer dient. Wie der Boden sind auch die Möbel westlicher Machart. Während frühere Generationen von klein auf lernen mußten, stundenlang auf untergeschlagenen Beinen zu sitzen, haben heute Stühle die *tatami* als Sitzgelegenheit abgelöst. Daher kann man jungen Japanern nicht mehr, wie Europäer es einst gern taten, nachsagen, sie hätten durch das ausdauernde Knien krumme Beine.

Da alle modernen Wohnungen über ein Bad verfügen, erübrigt sich der tägliche Besuch des Gemeinschaftsbads. Daher trifft man seine Nachbarn seltener und nicht mehr in der gelösten Atmosphäre des heißen Bads. Die **verminderte Kommunikation** läßt die Gesellschaft anonymer werden.

So bestimmt der Wohnstil in vieler Hinsicht die **Verhaltensweisen**. Der erhöhte Wohnkomfort verringert früher – z.B. zum Baden oder Wasserholen – notwendige menschliche Kontakte ebenso wie den Drang, sein Heim zu verlassen. Vergrößerten Wohnraum richten die Bewohner zunehmend mit Möbeln ein, die Lebensgewohnheiten verändern (und einen Teil der hinzugewonnenen Bewegungsfreiheit wieder rauben). Die Möglichkeit, Haustüren abzuschließen, hat zur Folge, daß Nachbarn nicht mehr ein Auge auf das Haus halten, sondern sich ebenfalls in ihre vier Wände zurückziehen. Auch dadurch, daß die meisten Japanerinnen, nachdem die Kinder flügge sind, in den Beruf zurückkehren, verstärkt sich die Öde, die tagsüber über den Wohngebieten hängt. Doch dies ist in unseren Großstädten nicht anders. Um so mehr Tuchfühlung herrscht in den **öffentlichen Verkehrsmitteln**, mit denen nach wie vor die meisten Japaner zur Arbeit fahren. Noch ist der Individualverkehr, der schließlich auch ein Indiz sozialer Vereinzelung ist, weniger ausgeprägt als bei uns. Aber der Trend geht ebenfalls dorthin.

Traditionelle Architektur

Traditionelle japanische Wohnhäuser mußten zwei Grundbedingungen erfüllen: Erstens mußten sie zumindest den immer wieder auftretenden kleineren **Erdbeben** standhalten und zweitens den Bewohnern im Sommer eine Hauch Kühlung verschaffen. Gegen stärkere Beben glaubte man sich ohnehin machtlos, und den Winter fürchtete man, obwohl er in den meisten Landesteilen lang und hart ist, weniger als die vergleichsweise kurze **Sommerhitze**.

Das traditionelle Wohnhaus trägt beiden Forderungen Rechnung. Es ist **leicht erhöht** an vier Eckpfeilern befestigt. Die Pfeiler sind im Erdboden

Wohnen und leben

Typische traditionelle Innenarchitektur mit **tatami**, **shôji**
(Schiebefenster und -türen) und Rollbild.

verankert. Sie ruhen auf großen, in die Erde eingelassenen Steinen. Bei schwächeren Erdstößen »tanzen« sie auf den Steinen. Indem so das Haus elastisch »mitschwingen« kann, ist es weniger einsturzgefährdet.

Der Abstand zwischen Erdreich und Fußboden des Hauses, etwa ein halber Meter, läßt ständig frische Luft unter dem Haus durchstreichen. Dies lindert die Sommerhitze und beugt dem Schimmeln natürlicher Materialien, vor allem der empfindlichen *tatami*, vor. Optisch scheint das Haus durch die erhöhte Bauweise über dem Erdboden zu schweben.

Innen stabilisieren gewöhnlich **nur ein oder zwei feste Wände** die Konstruktion. In sie sind die Wandschränke eingebaut. Die übrigen »Wände« sind verschiebbar durch **Gleittüren,** die sich bei Hitze weit öffnen oder herausheben lassen, damit noch die allergeringste Brise durch die Räume fächeln kann. Diese Gleittüren sind eher mühelos variable Raumteiler denn Wände. Sie bestehen aus mit dünnem weißen Reispapier bespannten Holzgitterrahmen. Abgeschlossenheit und damit Privatheit ermöglichen sie nicht. Da sie nicht dicht schließen, verursachen sie im Winter unangenehme Zugluft, die man traditionell durch Aufstellen von Wandschirmen zu mildern versucht.

Auf den vier Grundpfeilern ruht das **Dach**. Seine Ziegelabdeckung beschwert den Bau. Sie schützt gut vor Wind, Regen und Schnee, hat aber den Nachteil, daß bei Erdstößen Ziegel herabfallen können. Wer in einem traditionellen japanischen Haus ein stärkeres Erdbeben erlebt, wird den ohrenbetäubenden Lärm der klappernden Dachziegel nicht vergessen.

Wohnen und leben

Auch den alljährlich wiederkehrenden **Taifunen** mußten die Wohnhäuser trotzen. Taifune verwüsten mit ungeheurer Gewalt jede Angriffsfläche, die sich ihnen bietet. Weil das traditionelle Haus nur mit durchscheinendem Papier bespannte **Schiebefenster** (*shôji*) besitzt – selbst einfach verglaste Fenster bersten bei Taifunen mittlerer Stärke –, sicherte man es gegen Sturm und Regen mit den *amado*. Diese massiven hölzernen **Regentüren** sind rund um das Haus so angebracht, daß man sie bei gutem Wetter in Holzkästen entlang den – fachwerkähnlich aus Holz mit Lehm errichteten Außenwänden – unterbringen kann. Bei drohendem Sturm, aber auch nachts außer im Sommer, werden die Regentüren herausgezogen und alle Hausöffnungen verrammelt.

Doch zeugt das traditionelle japanische Haus nicht allein vom Sicherheitsbedürfnis seiner Bewohner, sondern auch von ihrem außerordentlich feinen **Sinn für Ästhetik.**

Grundeinheit für den Hausbau ist die in genormter Größe hergestellte *tatami*, die feste Bodenmatte aus gepreßtem Stroh. Sie ist mit Binsengeflecht überzogen und an den Rändern mit kräftigem, farbigem Baumwollstoff eingefaßt. Das Maß einer *tatami* bestimmt Größe und Höhe der Räume.

Die **Größe der Wohnräume** z.B. berechnet sich nach Matten, nicht Quadratmetern: Es gibt Viereinhalb-Matten-, Sechs-Matten-, Acht-Matten-Zimmer (die Obergrenze ist weitgehend offen). Bei einem Viereinhalb-Matten-Zimmer sind die *tatami* im Uhrzeigersinn um eine halbe Matte angeordnet. Ein Vier-Matten-Zimmer ist nicht üblich. Bei einem Sechs-Matten-Zimmer können parkettähnlich je zwei Matten parallel liegen.

Ein Viereinhalb-Matten-Zimmer ist größer als die knapp neun Quadratmeter bedeckende *tatami*-Fläche, da zu dieser der mit **Wandschränken** überbaute Raum hinzukommt. Die Schränke nehmen eine Zimmerwand ein und besitzen die Tiefe einer Mattenbreite. Sie sind groß genug, um auch zusammengerollte Matratzen und Bettdecken bequem verstauen zu können. Ihre mit gemustertem, undurchsichtigem Papier bespannten Schiebetüren beanspruchen keinen überflüssigen Raum.

Auch die Schiebetüren zwischen den Räumen richten sich nach *Tatami*-Maß. Eine Schiebetür ist etwa so hoch wie eine *tatami* lang, ihr Abstand zur Zimmerdecke so hoch wie eine *tatami* breit. Die Decken sind vergleichweise niedrig, da man sich selten lange aufrecht in einem Raum aufhielt. Aus klassischer ebenerdiger Sitzposition wirken die Räume höher und großzügiger, als sie tatsächlich sind.

Möbel und »Nippes« sind extrem spärlich verteilt. Das einzige »Möbel« ist ein niedriger **Tisch.** Er steht im Wohnraum. Stühle gibt es nicht, statt dessen eine Anzahl flacher Sitzkissen, die sich in einer Ecke stapeln lassen, um bei Bedarf – etwas zum Ausbreiten von Bettzeug – Platz zu schaffen. Auch der Tisch läßt sich nötigenfalls mühelos hochkant oder beiseite stellen.

Die aufs Minimum reduzierte Möblierung erlaubt eine erstaunliche, befreiende **Flexibilität** und **Bewegungsfreiheit.** Ein Wohnraum wird mir nichts

260

Wohnen und leben

Die traditionelle japanische Architektur finden Sie in den Tempeln und Schreinen noch in idealer Reinheit bewahrt (hier: Tôfukuji-Tempel, Kyôto).

dir nichts zum Schlafzimmer. So können Familien annehmlich mit knappem Raum auskommen – und sogar überraschend viele Gäste aufnehmen. Eigene Zimmer wurden früher von Gästen weder gewünscht, noch wurden sie ihnen angeboten. Gemeinsam Reisende nächtigten gewöhnlich in einem Raum.

»Ästhetischer Mittelpunkt« eines traditionellen Hauses ist die *tokonoma*, die **Nische im Wohnraum**. Ihr Boden ist leicht erhöht und nicht mit Matten ausgelegt, sondern aus einem besonders schönen Holz gefertigt. In ihr hängt das Rollbild, das jeder Gast gehörig bewundert. Bei größeren Räumen gehört ein kleines, ebenfalls durch edle Schlichtheit bestechendes Regal zum Inventar der Nische. Der die *tokonoma* vom Wohnraum abgrenzende Pfeiler ist stets aus erlesenem Holz, einem unbehandelten knorrigen Baumstamm z.B. oder einem Balken, dessen Politur natürliche Unebenheiten unterstreicht, statt sie auszumerzen.

Heute finden Sie nur noch wenige dieser traditionellen Wohnhäuser. Die meisten Japan leben in modernen Wohnungen. *Tatami* sind heutzutage sehr teuer, da ihre Herstellung sehr viel handwerkliches Geschick und knapp gewordene natürliche Materialien verlangt. Zudem sind sie nur begrenzt strapazierfähig; spätestens alle fünf Jahre müssen sie gewendet und nach weiteren fünf Jahren ausgetauscht werden. **Ein sicherer Tip ist der Besuch von Tempeln und Schreinen:** Dort können Sie Japans traditionelle Bauweise unverändert bewundern.

Wohnen und leben

Tips: Verhalten in traditionellen Wohnräumen

- **Betreten Sie ein traditionelles japanisches Haus nie in Straßenschuhen.** Schuhe schaden den empfindlichen *tatami*.
- **Betreten Sie das Haus in den Pantoffeln**, die am Eingang bereitstehen oder Ihnen angeboten werden.
- **Streifen Sie die Pantoffeln vor Zimmertüren ab** (die Gänge sind gedielt), und betreten Sie Zimmer nur auf Strümpfen.
- **Sie *müssen* die am Eingang angebotenen Pantoffeln nicht annehmen.** Sie dürfen statt dessen auch auf Strümpfen Haus oder Wohnung betreten. Nie aber – selbst wenn die Hausfrau es anbietet! – sollten Sie Ihre Schuhe anbehalten. Das Betreten eines Hauses in Schuhen stört Japaner mindestens ebenso wie Sie, daß jemand in Straßenschuhen auf Ihr geheiligtes Sofa oder Ihren kostbaren Polsterstuhl steigt.
- **Stellen Sie Ihre Schuhe mit den Spitzen zum Ausgang ab**, damit Sie bei Verlassen des Hauses elegant hineinschlüpfen können.
- Auch wenn es Ihnen schwerfällt: Sie sollten sich zumindest einmal im **Sitzen mit untergeschlagenen Beinen** üben. Männer dürfen es sich bei weniger formellen Anlässen im »Schneidersitz« bequem machen. Frauen winkeln die Beine **immer** züchtig an, in der Regel unter dem Gesäß, falls dies allzu unbequem wird, dicht daneben. »Unter dem Tisch« dürfen Sie Ihre überanstrengten Extremitäten ausstrecken – selbst Japaner halten das Knien nur mehr kurze Zeit durch.
- Lädt man Sie in einen **Raum mit einem Rollbild oder Blumengesteck** (*ikebana*), sollten Sie sich die Zeit nehmen, die Kunstwerke in Muße zu betrachten und zu bewundern.
- Lehnen Sie sich nicht an **Schiebetüren** an! Sie könnten aus den Schienen springen.
- Auch **Fenster** sind gewöhnlich Schiebeelemente. Vorhänge besitzen sie selten, aber heute oft weiße Milchglasscheiben, die vor Voyeuren schützen.

Moderne Wohnungen

Der **moderne japanische Wohnungsbau** unterscheidet sich nicht wesentlich von seinem westeuropäischen Gegenstück. Moderne Wohnblocks bestehen meist aus Stahlbeton mit abgeschlossenen Wohneinheiten. Bei billigen Wohnanlagen laufen in jedem Stockwerk an der Außenwand überdachte Gänge entlang, an denen sich die Wohnungstüren reihen.

Fast alle Wohnungen, auch kleine Apartments, besitzen einen winzigen **Balkon**. Auf den Balkonen wird – an langen Stangen oder kreisrunden Kleiderbügeln mit daran befestigten Wäscheklammern – Wäsche getrocknet. Dort

Wohnen und leben

Diese moderne Wohnung besitzt nur noch einen **Tatami-***Raum. Die* **shôji** *sind nicht mehr mit Papier bespannt, sondern mit Milchglas ausgefüllt.*

lüftet man auch regelmäßig die *futon*, damit sie, was insbesondere im feuchtheißen Frühsommer schnell geschehen kann, keine Stockflecken bekommen. Selten sieht man, daß sich jemand auf dem Balkon aufhält.
Einfamilienhäuser sind zwar sehr beliebt, aber wegen der schwindelerregenden Grundstückpreise äußerst teuer. Wer sich den Erwerb eines Reihenhauses leisten kann, muß diesen Luxus oft mit drei Stunden Fahrt von und zur Arbeit büßen.
Architektur wie Wohnweise haben sich weitgehend westlichem Standard angepaßt. Die Wohnungen sind oft mit **Möbeln** überfüllt, die die Bewegungsfreiheit in den knapp bemessenen Räumen noch mehr einschränken. So komfortabel Couchgarnitur, Eßtisch und -stühle, Kommoden und Betten sind, so sehr lassen sie die Vorteile der kargen Einrichtung traditioneller Behausungen vermissen.
Ein Wohnzimmer in unserem Sinn gibt es nicht immer. In der Regel dient die geräumige **Wohnküche** der Familie als Aufenthaltsraum. Da Japaner selten Gäste nach Hause einladen, halten sie keinen Raum für solche Anlässe frei. Nachbarinnen, die kurz hereinschauen, werden in der Wohnküche empfangen, deren Standardmöblierung Eßtisch und -stühle sind.
Manchmal gelangt man nur über die Küche in das **Elternschlafzimmer**. Die meisten Familien statten einen Raum mit Stockbetten und Schreibtisch als **Kinderzimmer** aus. Wer es finanzieren kann, besitzt zudem einen Mehrzweckraum, der auch als Gästezimmer genutzt wird.

Wohnen und leben

In die modernen Wohnungen sind **Bad** und **Toilette** integriert. Dadurch entfällt die Notwendigkeit, täglich das öffentliche Bad aufzusuchen. In kleinen Wohnungen besteht das Badezimmer oft aus einer winzigen Naßzelle aus Kunststoff. Badezimmer benötigen wenig Raum, da Badewannen erheblich kleiner sind als bei uns. Die Toiletten sind stets vom Badezimmer getrennt. In modernen Wohnungen liegt gemeinhin **Tepppichboden** aus. Dies hat nichts an der Sitte geändert, daß **Haus bzw. Wohnung nicht in Schuhen betreten** werden. Man unterscheidet weiterhin zwischen innen und außen. Der Innenbereich ist von Straßenschmutz freizuhalten, auch wenn man nicht mehr auf dem Boden sitzt und schläft. Deshalb ist auch in modernen Mietwohnungen der Eingangsbereich auf niedrigerer Ebene angelegt oder mit einer angedeuteten Stufe versehen, bei der man seine Schuhe auszieht und abstellt.

In vielen modernen Wohnungen findet man noch den **Hausaltar**, auf dem die Familie den Ahnen opfert und sie so an ihrem Leben teilhaben läßt. Allerdings betrachten immer mehr Japaner diese Tradition als überkommen. **Fenster** und **Türen** bestehen vielfach nicht mehr aus mit Papier bespannten Holzrahmen. Die traditionellen Schiebetüren schlossen zwar nicht vollkommen dicht, beanspruchten dafür aber weit weniger Platz als in den Angeln schwingende Türen. Großflächige Glasscheiben lassen die Räume größer und heller wirken. Allerdings übte das gedämpfte Licht, das durch das Gitterwerk der traditionellen, mit durchscheinendem weißen Papier beklebten Holzrahmenfenster fiel, einen eigentümlichen Reiz aus.

Eine weitere, wesentliche Veränderung fällt nur dem auf, der das traditionelle Wohnambiente aus eigener Erfahrung kennt. Der Blickwinkel des am Boden Sitzenden ließ den Raum weiter, den Betrachter kleiner erscheinen. In modernen Wohnungen dagegen fühlt sich der Mensch größer und füllt die Räume mehr aus.

Auch die **Nähe zur Natur** geht durch den modernen Wohnstil zunehmend verloren. Traditionelle Häuser bezogen gewöhnlich einen kleinen Garten ein. Öffnete man die Schiebetüren zum Garten hin, schienen Wohnräume und dieses Stückchen – vom Menschen künstlerisch geformte – Natur eins zu werden.

Genkan:
Schranke und Brücke zwischen innen und außen

Als eine japanische Familie in Düsseldorf zum ersten Mal die deutsche Wohnung betrat, die für einige Jahre ihr Heim sein sollte, riefen die Kinder ungläubig aus: »Hier gibt es ja gar kein *genkan!*«

Genkan heißt der **Eingangsbereich** eines japanischen Hauses. Da dieses traditionell nicht unterkellert ist und sein Fußboden etwa 50 cm über dem Erdboden liegt, führt das *genkan* über zwei oder drei Stufen ins Haus. Der

264

Wohnen und leben

Genkan – *Schwelle zwischen drinnen und draußen.*

auf Straßenniveau liegende Bereich wird **doma**, »Erdraum«, genannt, denn ursprünglich stieg man von Lehmboden zum Haus auf. Beim – heute meist gefliesten oder gepflasterten – *doma* stellt man die **Schuhe** ab. Der erhöhte Boden des Hauses, der Innenbereich, wird nur auf Strümpfen oder in speziellen Pantoffeln betreten. Im Hausinnern sind die Gänge mit polierten Holzdielen, die Zimmer mit *tatami* ausgelegt.

An den Wänden des *genkan* sind hölzerne Regale aufgereiht, in denen die Familie ihre Schuhe bewahrt. **Wer das Haus verläßt, stellt seine Schuhe mit den Spitzen zur Haustür hin und schlüpft, die Stufen hinabsteigend, hinein.** Das geht meist ruckzuck, denn Japaner ziehen Slipper Schnürschuhen vor, um sich das lästige Auf- und Zubinden zu ersparen. Wenn sie Schnürschuhe tragen, binden sie aus Bequemlichkeit oft die Senkel nicht auf, sondern schlüpfen, indem sie auf die Kappen treten, in die Schuhe bzw. aus den Schuhen. Wer weiß, vielleicht ist diese Schlupfmarotte mitverantwortlich für den oft schlurfenden Gang der Japaner ... In ihrem traditionellen Schuhwerk jedenfalls, Holzsandalen mit zwei zwischen großer und zweiter Zehe zusammenlaufenden Riemen, kamen sie einigermaßen rasch nur voran, wenn sie es über den Boden schleiften und nicht bei jedem Schritt die Füße hoben.

Gäste stellen ihre Schuhe schon beim Ausziehen mit den Spitzen in Richtung Ausgang, um bei Verlassen von Haus oder Wohnung ohne Umstände wieder hineinschlüpfen zu können. In traditionellen Restaurants hockte früher in einem engen Kämmerchen neben dem Eingang ein Schuhbesorger. Während die Gäste speisten und tranken, putzte und richtete er ihre

Wohnen und leben

Schuhe. Verließen sie das Lokal, stellte er ihnen ihre Schuhe – Verwechslungen kannte er nicht – schlupfbereit vor die Füße.

Vom *genkan* als Schranke und Brücke zwischen häuslicher Innen- und Außenwelt erzählt auch Japans schöngeistige Literatur. In Tanizakis bereits erwähntem Roman *Die Schwestern Makioka* erscheint einer Heldin der Umgang mit einem Bekannten ihrer Schwester unschicklich. Während sie überlegt, wie sie ihn in Zukunft daran hindern kann, die Stufen des *genkan* zu besteigen, hat sich der unwillkommene Besucher über das Küchenpersonal längst Einlaß in die Küche – und damit gegen den Willen der Hausherrin in das Haus – gesichert.

Tips:

* **Wenn Sie in Japan jemanden besuchen wollen**, gilt es als höflich, im *genkan* laut »Konnichi wa!« (»Guten Tag!«) zu rufen. Da der Bereich des *genkan* noch zur Außenwelt zählt, sind Sie kein Eindringling, wenn Sie ihn unaufgefordert betreten. **Die Stufen des *genkan* dürfen Sie allerdings erst besteigen, wenn Sie dazu eingeladen werden.**
* Nur moderne Wohnungen, nicht unbedingt auch Einfamilienhäuser besitzen eine **Klingel**. Es ist üblich, daß man sich notfalls durch **Rufen** bemerkbar macht.

Das Bad

Das Bad spielte im traditionellen Japan eine bedeutende Rolle. **Japaner baden täglich**, und zwar nach der Arbeit, um alsdann entspannt den Feierabend zu genießen.

Die **körperliche Reinigung** bildet nur einen Aspekt des Baderituals. Sie wird nicht im Badewasser vollzogen, sondern ehe man in das heiße Wasser steigt. Man seift sich ein und begießt sich ausgiebig mit heißem Wasser, um sämtlichen Schaum und Schmutz abzuspülen. Erst dann steigt man in Wanne oder Becken mit dem sehr heißen Wasser, um darin zu entspannen. Das Badewasser ist stets frei von Duft- oder Reinigungsstoffen.

Traditionelle Einfamilienhäuser besaßen im Garten ein **Badehäuschen**. Es war von außen heizbar. Die Hausfrau entzündete in der Feuerstelle Holz und legte Scheite nach, während die Familienmitglieder nacheinander das heiße Bad genossen. Da man gereinigt in das Wasser stieg, mußte es nur einmal erhitzt und mit dem Wechsel der Badenden nicht ausgetauscht werden. Trat eine Unterbrechung ein, z.B. weil die Kinder frühabends vor der Heimkehr des Vaters gebadet hatten, wurde der rechteckige Holzzuber mit einer Holzplatte abgedeckt, um die Hitze des Wassers zu speichern.

Wohnen und leben

Die Reinigung vor dem Bad geschah im Baderaum. Durch einen **Abfluß im Boden** lief das Seifenwasser ab. Als Japaner Ende des 19. Jh. erstmals in westliche Länder reisten, machten die abflußlosen Badezimmer sie ratlos: Wo sollten sie sich gründlich waschen, bevor sie in die Wanne stiegen? Sich

Heißquellenbad (Izu).

schmutzig in die Wanne legen, auf diese Art der »Hygiene« wäre kein Japaner verfallen. Noch im 20. Jh. sollen manche Hotels in Europa und Amerika über Japaner geklagt haben, die sich – Ablauf hin, Ablauf her – im Badezimmer eifrig einseiften und abspülten und so Überschwemmungen verursachten.

Heute bringt man Bäder nicht mehr in einem Gartenhäuschen unter, sondern integriert sie in die Wohnungen. Allerdings unterscheiden japanische Badezimmer sich durch einige Besonderheiten immer noch von den unseren: Alle besitzen einen Abfluß im gekachelten Boden. Schöpfte man früher mit einer

Wohnen und leben

Kelle Wasser über sich, erleichtert heute meist eine Dusche das Abspülen von Schmutz und Seifenresten. Außerdem sind japanische Badewannen kürzer und tiefer; man streckt sich nicht in der Wanne lang aus, sondern hockt bis zum Kinn im – nicht selten 45° C heißen – Wasser.

Auch ist die **Toilette** ausnahmslos in einem anderen Raum als das Badezimmer untergebracht. Traditionell befand sie sich außerhalb des Hauses, und dort wegen eventueller Geruchsbelästigungen möglichst weit vom Bad als Hort der Entspannung entfernt.

Moderne Toiletten weisen eine Reihe uns weitgehend unbekannter Raffinessen auf. Auf dem Deckel von **Sitztoiletten** illustriert gewöhnlich eine comic-ähnliche Anleitung anhand von Strichmännchen und -weiblein die fachmännische bzw. fachfrauliche Benutzung. Traditionell erleichterten Japaner sich über in den Boden eingelassene **Hockklos**, was viele bei Einführung der westlichen »Errungenschaft« offenbar verleitet hat, sich auf den Rand des »Throns« zu stellen.

Bei den meisten Toiletten läßt sich die zum Spülen benötigte Wassermenge durch einen Hebel einstellen. Da viele Toilettenräume ungeheizt sind, gibt es elektrisch beheizte. laut Hersteller »körperfreundliche« Klobrillen. Öffentliche Toiletten besitzen einen Knopf, der auf Druck die Akustik der Wasserspülung simuliert – eine Vorrichtung für Benutzer, die ihnen unangenehme Töne »überspülen« möchten. Ein Display warnt mann bzw. frau, wann der Sound versiegt. Japanerinnen wundern sich manchmal, weshalb Ausländerinnen das Signal zum »falschen« Zeitpunkt, etwa bei Verlassen der Toilette, auslösen (oft ist Neugierde das Motiv). Duftspender werden reichlich eingesetzt. **Auch öffentliche Toiletten sind im allgemeinen sehr sauber.**

In Städten gab es **öffentliche Badehäuser**, da dort nicht jede Wohnung ihr privates Badehäuschen besaß. Ähnlich unseren mittelalterlichen Dorfbrunnen entwickelten sich die Badehäuser zu Kommunikationszentren, in denen man Nachbarn traf und über die neuesten Sensationen seines Viertels tratschte. Allabendlich machte man sich mit einer kleinen Schüssel, Seife und Handtuch auf den Weg dorthin. Die Bäder waren nach Geschlechtern getrennt, aber gelegentliche Blicke »hinüber« durchaus nicht unmöglich. Den »vollen Überblick« besaß die Kassiererin. Sie knöpfte den Besuchern den sehr niedrigen, für alle erschwinglichen Obolus ab.

Im Eingangsbereich griff man sich einen Korb, in den man seine abgelegten Kleider stapelte und den man dann in ein Regal schob. Mit Schüssel, Seife und dem kleinen Handtuch betrat man einen Raum, an dessen Wänden sich Wasserhähne reihten. Vor den Hähnen saßen auf kleinen Holzschemeln die Besucher und wuschen sich von Kopf bis Fuß. Heißes und kaltes Wasser war im Überfluß vorhanden. Haarewaschen kostete einen kleinen Aufschlag.

Nach sorgfältigem Waschen stieg man in das große Heißwasserbecken, seine Blöße schicklich mit dem kleinen Handtuch bedeckend. Das Becken war etwa so groß wie ein Schwimmbassin, war aber nur so tief, daß das Wasser

---

Wohnen und leben

---

hockend bis ans Kinn reichte. Darin kauerte man, von Dampf umwabert, gemeinsam mit den Frauen oder Männern der Nachbarschaft, plauderte, lachte oder entspannte schweigend. Auf einer Seite des Beckens lief stetig kaltes, auf der anderen Seite heißes Wasser zu. So konnte jeder eine seinen Bedürfnissen entsprechend temperierte Position wählen.

Nach dem Bad rieb man sich mit demselben kleinen Handtuch trocken, das man zuvor zum Waschen benutzt hatte und zwischendurch immer wieder auswrang. Da der Körper nach dem heißen Bad dampfte, war ein trockenes Tuch nicht nötig. Für den Heimweg zog man gewöhnlich einen Baumwollkimono an, der auch als Nachtgewand diente.

Diese Art des Badens gehört leider einem vergangenen Alltag an. **Dennoch müssen Sie als Reisegast in Japan nicht ganz und gar auf das gemeinsame Badeerlebnis verzichten:** In vielen *ryokan*, traditionellen Herbergen, vor allem in Badeorten wie Atami oder Beppu, finden Sie heute noch solche traditionelle Gemeinschaftsbäder. Oft sind sie stilvoll ausgestattet mit Ausblick auf eine besonders reizvolle Landschaft oder einen liebevoll gestalteten Garten.

In manchen *ryokan* steht das Bad zu bestimmten Zeiten Männern, Frauen oder Familien offen. Andere Herbergen oder Badehotels besitzen getrennte Bäder für Männer und Frauen.

Badetips:

- Manche ***ryokan*** besitzen nur einen Baderaum, der zu bestimmten Tageszeiten Männern oder Frauen offensteht. **Checken Sie die Badezeiten**, um nicht unverrichteter Dinge kehrtmachen zu müssen.
- Legen Sie Ihre abgelegten Kleider im Vorraum in den bereitstehenden Korb, und **betreten Sie das Bad nur mit einem kleinen Handtuch**. Falls sich bereits andere im Bad aufhalten, müssen Sie sie nicht beachten.
- **Waschen Sie sich gründlich, ehe Sie in das Badewasser steigen.** Dies gilt sowohl für die großen Gemeinschaftsbäder von *ryokan* als auch für das private Bad einer Wohnung.
- **Benutzen Sie Seife, Shampoo oder Badezusätze nie in Badewanne bzw. Badebecken.**
- **Bewegen Sie sich im Badewasser möglichst wenig.** Es ist zu heiß!
- **Verlangen Sie nicht, daß man das Wasser eines Gemeinschaftsbads auf die Ihnen angenehme Temperatur abkühlt.** Halten Sie sich, falls es Ihnen zu heiß ist, möglichst in der Nähe des Kaltwasserhahns auf.
- **Lassen Sie nach dem Baden das Wasser nicht ab** – vorausgesetzt, es ist so sauber wie zuvor.
- **Testen Sie getrost die Funktionsknöpfe der High-Tech-Toiletten:** Böses widerfährt Ihnen dabei nicht, und Sie lösen – normalerweise – auch keinen Alarm aus, aber Sie können manches dazulernen.

Wohnen und leben

- **Betätigen Sie die Spülung bei herkömmlichen, in den Boden einge-lassenen Hocktoiletten vorsichtig**, um sich nicht die Hosenbeine zu be-nässen.
- **In manchen öffentlichen Toiletten müssen Frauen die im vorderen Bereich untergebrachten Pissoirs durchqueren**, um zu den Kabinen zu gelangen. Japanerinnen tun dies, indem sie die Vorgänge im »Herrschafts-bereich« einfach ignorieren.

Futon und Betten

Als in den 1970er Jahren die ersten Europäer japanische *futon* auf unseren Markt brachten, hatten sie wenig Erfolg. Verständlich, denn auf dem Boden ausgebreitetes Bettzeug wirkt in unseren Räumen provisorisch. Erst die Idee, dem *Futon* ein niedriges Holzgestell unterzulegen, fand – vor allem bei jungen Leuten – Anklang. Der wahre Vorzug des japanischen *futon* aller-dings war damit vergeben.

Futon sind wesentliches Element des traditionellen japanischen Wohn- und Lebensstils. Nur in diesem Ambiente, das bewußt auf unbewegliche Möbel-stücke verzichtet, zeigen sich die Qualitäten des *futon*. **Der »echte« japani-sche *futon*** ist: eine mobile, zusammenlegbare Matratze mit einem kleinen Kissen und einer ebenfalls leicht auf engem Raum verstaubaren Bettdecke. Sein Vorteil besteht darin, daß man ihn mit wenigen Handgriffen nach Bedarf aufschlagen und – soll das Zimmer anderweitig genutzt werden – aus dem Weg räumen kann.

Auf einem *futon* schläft man ebenso **bequem** wie **gesund**, was sich von unseren Betten nicht unbedingt behaupten läßt. Untergrund ist die harte, doch leicht federnde *tatami*, auf der man tagsüber geht und sitzt. Sie stützt den Rücken, während die festgestopfte Baumwollmatratze ausreichend Lie-gekomfort und gesunde Hautatmung zuläßt.

Der *futon* wäre unpraktisch, besäße das traditionelle japanische Haus nicht seine geräumigen Wandschränke, die eine Anzahl zusammengelegter *futon* aufnehmen. Somit war auch die **Gästeunterbringung** kein Problem. In jedem Zimmer ließen sich so viele *futon* ausbreiten, wie es *tatami* (sie besaßen das Maß eines Singlebetts) zählte.

Auf diese Weise störten tagsüber weder immobile Bettgestelle noch im Raum abgestellte Gästeklappbetten den Wohnkomfort. Ein Zimmer, das nachts einem Schlafsaal glich, konnte bei Tage ohne weiteres als Konfe-renzraum, Wohnzimmer der Familie oder Nähstube dienen.

In den *ryokan*, den traditionellen Herbergen, gilt heute noch das alte Prinzip: Wer gemeinsam anreist, nächtigt in einem Raum. Geradezu grausam fände man es, z.B. Kinder von den Eltern oder Freunde räumlich getrennt unterzu-bringen. Eine Reisegruppe hat selbstredend Anrecht darauf, auch bei Nacht zusammenzubleiben.

270

Wohnen und leben

Futon *auf* **Tatami**-*Boden.*

Ausländische Besucher mögen als Nachteil empfinden, daß die traditionelle Wohn- und Lebenskultur Privatheit in unserem Sinne nicht zuläßt. Japanische Häuser sind äußerst hellhörig. Ihre Schiebetüren trennen Räume nie vollkommen »schalldicht«. **Wo wir Intimität vermissen, wird sie von Japanern nicht erwartet.** Wer mit Freunden oder Familie reist, will die Gemeinsamkeit bis zum Einschlafen auskosten. Man geht zusammen ins Bad und bettet sich danach im Baumwollkimono auf den *futon*.
Betten westlichen Modells wurden in Japan erstmals in Krankenhäusern eingeführt. Man glaubte dem Personal die Pflege zu erleichtern, wenn Patienten erhöht gebettet wurden.
Nach dem II. Weltkrieg zogen westliche Betten als Inbegriff modernen Komforts in einige wenige Privatwohnungen ein. Erst als die Japaner sich den Luxus weniger enger Wohnungen leisten konnten, waren sie auch in der Lage, kostbaren Raum an immobile Möbel zu verschenken. Schließlich erteilt ein konventionelles westliches Bett dem Raum, in dem es steht, die fixe Funktion eines Schlafzimmers.
Auch japanische **Kopfkissen** sind eine kulturspezifische – für Fremde gewöhnungsbedürftige – Besonderheit. Das japanische Schriftzeichen für »Kopfkissen«, *makura*, enthält den Sinnbestandteil »Holz« – Verweis darauf, daß die »Kissen« in alter Zeit aus hölzernen Stützen für den Nacken bestanden. Modebewußte Frauen, vor allem Geishas, wußten diese Kopfstützen gewiß zu schätzen, da sie ihre kunstvollen Frisuren nicht zerstörten. Später ersetzte man die unbequemen Holzstützen durch kleine, ebenfalls recht harte, mit Reiskleie gefüllte Kissen, die Sie heute noch auf manch einer

Wohnen und leben

Lagerstatt vorfinden können – und weniger unbequem sind, als es scheint. Sie knistern leise, wenn man den Kopf auf sie bettet, doch daran gewöhnt man sich rasch.

Die Mehrzahl japanischer **Hotels** ist außen- wie innenarchitektonisch – inklusive Bett – westlich gestylt. Von ihrer internationalen Konkurrenz unterscheiden sie sich allenfalls durch ihr breiteres Serviceangebot (und die oft sehr engen Badezimmer). Manche Spitzenhotels halten für Sonderwünsche auch ein oder zwei *Tatami*-Zimmer bereit.

Klimaanlage contra »Heiztisch«

Traditionelle japanische Häuser sind nicht heizbar. Häuser werden, heißt es, für den Sommer gebaut. In seiner feuchten Hitze sollen sie jeden kühlen Windhauch einlassen. Gegen die Kälte des Winters glauben Japaner besser gefeit zu sein als gegen die Schwüle des Sommers.

Ohne Zweifel lindern die Schiebetüren an der Außenfront des Hauses die sommerliche Hitze, wenn man sie öffnet und das Haus zum überdachten »Freiluftsitz« verwandelt. Doch was im Sommer ohne weiteres Durchzug ermöglicht, kann im Winter nicht dicht schließen. **Ein traditionelles japanisches Haus ist so »undicht«, daß Heizen keinen Sinn hätte:** Wärme verflüchtigt sich im Nu. Also ist es: im Sommer angenehm luftig, im Winter zugig und kalt.

In **Japans Norden**, wo die Temperaturen im Winter weit unter den Gefrierpunkt sinken, besaßen Bauernhäuser eine **zentrale Herdstelle**. Dort kochte man und wärmte sich am offenen Feuer. Nahte der Winter, wand man zum Schutz vor den eisigen Winden geflochtene Strohmatten um das Haus. Innen sorgte die Feuerstelle für einigermaßen erträgliche Temperaturen.

In Tokyos Umgebung fallen die Temperaturen selten längere Zeit unter den Nullpunkt. Ein offenes Feuer im Haus war dort daher nicht üblich, dafür aber eine Einrichtung, die sich heute noch als außerordentlich nützlich erweist: der *kotatsu*. Der *kotatsu*, eine Kombination aus Tisch und Heizung, läßt sich als **beheizbarer Tisch** umschreiben. Früher schob man ein Holzkohlebecken unter das Tischgestell, breitete über dieses eine übergroße Steppdecke und legte die Tischplatte auf. Man setzte sich um den Tisch, wärmte sich am Holzkohlebecken die Füße und legte die Decke um die Hüften. Den Oberkörper hielt man mit einer dicken Jacke warm. Der Kopf blieb dabei kühl, versteht sich ...

Abgeschafft ist der *kotatsu* nicht, doch modernisiert. Heutzutage besitzt der »Heiztisch« einen elektrischen, unter der Tischplatte angebrachten Heizstrahler, der seine Wärme nach unten abgibt. Nach wie vor liegt darauf eine Steppdecke und zuoberst die Tischplatte. So steht man den Winter durch, in dem der *kotatsu* Treffpunkt der bibbernden Familie ist.

272

— *Wohnen und leben* —

Kotatsu – *der Heiztisch.*

Moderne Wohnungen sind meist mit einer **Klimaanlage** ausgestattet – die bei traditionellen Häusern sinnlos wäre, da die undichten Wände gekühlte Luft genauso entweichen lassen wie Heizwärme. Diese Errungenschaft der Moderne hat nichts daran geändert, daß Japaner Sommerhitze mehr fürchten als den Winter. Davon, daß sich die meisten Klimaanlagen im Winter auf Heizung umstellen lassen, machen nur wenige Gebrauch, nicht zuletzt weil dieser »Luxus« ihnen zu teuer erscheint.

So ist der *kotatsu* – wenigstens in der Übergangszeit – heute noch anerkannter Garant für **häusliche Gemütlichkeit**. Der *kotatsu* besitzt ähnliche Vorzüge wie der *futon*: Sein Wärmefeld läßt sich nach Bedarf, wenn auch begrenzt, erweitern. Kommt Besuch oder zählt die Familie viele Köpfe, kann man einen zweiten Tisch dazustellen, damit alle an der Wärme teilhaben.

Warnung vor Klimaanlagen

- Das Bedürfnis der Japaner nach Kühlung ist so stark ausgeprägt, daß Hotels und Bürogebäude ihre Klimaanlagen gern auf Hochtouren laufen lassen. Wärmehungrige Mitteleuropäer wähnen sich dann oft genug am Polarkreis. **Verlassen Sie also auch im Sommer nicht ohne warme Jacke Ihr Domizil.** Andernfalls droht Ihnen außer Unterkühlung eine chronische Erkältung.

Wohnen und leben

Daß Japaner stärker unter Hitze als Kälte leiden, davon zeugt auch die moderne Autoproduktion. Kaum ein japanischer Kleinwagen kommt ohne Klimaanlage daher. Kühlung zählt zum Standard, nicht zum Luxus.

Nachbarn

Japan gilt als ein sehr sicheres Land. Es weist eine im Vergleich zu anderen Nationen erstaunlich **niedrige Verbrechensrate** auf. Diese relative Sicherheit wird erkauft durch ein für unsere Begriffe sehr geringes Maß an persönlicher Freiheit und Privatsphäre.

Die kaum verhohlene **Neugierde der Nachbarn** ist gesellschaftlich akzeptiert. Nachbarn sind erpicht darauf, alles über die Menschen ihrer Umgebung zu erfahren und genüßlich »breitzutreten«. Wer über seine Nachbarn genau im Bilde ist, mindert das Risiko, durch unvorhergesehene Ereignisse überrascht zu werden. Wer den Eindruck erweckt, etwas verbergen zu wollen, gibt erst recht Anlaß zu Ratsch und Tratsch. Kaum einem gelingt es, sich im aufmerksamen nachbarlichen Umfeld ein Stück unbeobachtetes Eigenleben zu bewahren.

Ein Grund für die **Teilnahme aller am Leben des einzelnen** liegt darin, daß in der bäuerlichen Gesellschaft jeder auf Nachbarn und Verwandte angewiesen war. Pflanzen, Bewässern und Ernten von Reis verlangten gemeinschaftliche Planung und damit nachbarliche Hilfe. Traditionell schlossen sich je fünf Familien zu einer sogenannten *goningumi* zusammen, die sich bei der Feldarbeit unterstützte.

Auch bei wichtigen persönlichen Ereignissen konnte – und kann heute noch – jeder auf die Hilfe der anderen zählen. Wer hohe Festtage wie eine Hochzeit oder Bestattung auszurichten hat, weiß, daß Nachbarn wie Verwandte ihn finanziell nach Kräften unterstützen. Wer eine Reise unternimmt, erhält vom Familien-, Freundes- und Bekanntenkreis einen Zuschuß zu den Reisekosten. Dies verpflichtet ihn allerdings, jedem ein Andenken im Gegenwert der Hälfte der Spende mitzubringen. Ähnlich übergibt ein Hochzeitspaar seinen Gästen zum Abschied ein angemessenes Geschenk. So wie der einzelne nimmt, zeigt er bei ähnlichen Anlässen den anderen seine **Hilfsbereitschaft**. In dieses soziale Netz ist jeder Japaner eingebunden.

Voraussetzung ist, daß **niemand sich absondert** und seine Mitmenschen, darunter die Nachbarn, aus seinem Leben ausschließt. Wer sich nicht in erster Linie als Gruppenmitglied, sondern Individuum versteht, gilt als Egoist und wird zum Außenseiter.

Außenseiter haben es in Japan schwer. Sie lösen verstärkten sozialen Druck aus, der nicht nur den »Einzelgänger«, sondern auch seine gesamte Umgebung die Daumenschraube spüren läßt. Wer aus der Gruppe ausschert, muß damit rechnen, daß fortan niemand für ihn eintritt. Er wird keine Anstellung

274

Wohnen und leben

finden, da Arbeitgeber »Solisten« scheuen. Seine Kinder werden schwer Ehepartner finden. Keine Hand wird sich in der Not für ihn regen. Nicht nur seine unmittelbare Umgebung wird sich von ihm abwenden, sondern auch die gesamte Gesellschaft.

Angesichts dessen ist der Drang, möglichst viel über ein akzeptables Gruppenmitglied zu erfahren, außerordentlich ausgeprägt. Und deshalb zählt nachbarliche Neugierde heute noch zu den notwendigen Übeln des japanischen Alltags. Jeder versucht, sein subjektives Sicherheitsgefühl zu steigern, indem er sich auf unaufdringliche Weise über seinen Nächsten informiert. **Wer offen und freimütig über sich Auskunft erteilt,** kann mit freundlicher Zuwendung rechnen – selbst wenn er nicht ganz ehrlich ist. Schließlich geht auch – und gerade – in Japan niemand davon aus, daß man sich anderen ungeschminkt präsentiert.

Tips für Nachbarkontakte

• Wundern Sie sich nicht, wenn ein japanischer Nachbar Sie ohne Umschweife nach der Höhe Ihres Einkommens fragt. Als Single – ob aus Überzeugung oder notgedrungen, fällt nicht ins Gewicht – sollten Sie auch auf die ständige Frage gefaßt sein, ob Sie nicht doch bald heiraten wollen. **Selbst wenn derlei Fragen Sie »nerven« oder Ihre vermeintliche Intimsphäre verletzen: ärgern Sie sich nicht.** Derlei Erkundigungen entspringen einem ausgeprägten Bedürfnis nach Sicherheit. Verweigern Sie eine Antwort, ernten Sie lediglich Mißtrauen und Ablehnung. Gestehen Sie aber – der Grad der Ehrlichkeit sei Ihrem Gefühl für situationsbedingten Anstand überlassen –, »etwas über viertausend« zu verdienen oder noch nicht den/die Partner/in fürs Leben gefunden zu haben, wird man sich mit der Auskunft zufriedengeben und Sie als vertrauenswürdiges Mitglied der Nachbarschaft aufnehmen.

• **Zählen Sie endlich zur Nachbarschaft, überreicht Ihnen womöglich irgendwann Ihr Hauswirt die vom Briefträger ausgeteilte Post** und zückt dabei einen Brief aus Australien mit der Bemerkung, er sei wohl nicht für Sie bestimmt. Aber vielleicht wüßten Sie, wer sich hinter der Adresse verbirgt ... An dem Tag, an dem Ihnen dies widerfährt, sollten Sie sich an die Internet-Weisheit erinnern:

»Du bist schon viel zu lange in Japan, wenn der Briefträger von dir wie selbstverständlich erwartet, daß du in deiner Nachbarschaft den Verteiler der Auslandspost spielst.«

• **Erst recht sollte es Sie nicht stören, daß jemand seinen Kopf in Ihre Tür steckt, um zu sehen, ob Sie daheim sind.** Wenn dies geschieht, können Sie sich loben: Sie sind als Nachbar akzeptiert.

Wohnen und leben

Haustiere

Wie bei uns wird auch in Japan das Leben anonymer. Großfamilien haben sich aufgelöst, junge Leute ziehen bei der Heirat aus, die Zahl geschiedener oder unverheirateter Singles nimmt zu. Auch viele kinderlose Ehefrauen leiden unter **Einsamkeit** an den langen Abenden, die der Mann mit Kollegen in der Bar verbringt.

Bei uns ist es recht einfach, ob aus Mangel an menschlichen Kontakten oder anderen Gründen, ein Haustier zu halten. Dies ist auch in Großstadtwohnungen gut möglich, solange der Vermieter keinen Einspruch erhebt. In Japans oft **sehr engen Wohnungen** hingegen läßt sich ein Hund oder eine Katze kaum unterbringen. In *Tatami*-**Räumen** kann ein Haustier zudem erheblichen Schaden anrichten. Wenige moderne Japaner sind den Umgang mit Tieren gewöhnt; vom bäuerlichen Leben der Vorfahren haben sie sich noch stärker entfremdet als wir.

Sehr selten sieht man in Japan ein »Frauchen« oder »Herrchen« den Hund ausführen. Auf dem Land oder in ehemals bäuerlichen Randlagen der Großstädte, in denen noch traditionelle Wohnhäuser stehen, können Sie gelegentlich in einer Hütte oder einem eingezäunten Gehege einen Hund ausmachen. **In den Städten jedoch ist Hundehaltung äußerst selten**, vielleicht auch weil Futter das Budget von Angestellten mit niedrigem Gehalt und Durchschnittshausfrauen über die Maßen belasten würde.

Haustiere, und zwar meist Kleintiere, entdeckt man am ehesten in **Familien mit Kindern**. Ein Meerschweinchen im Käfig oder ein Glas mit Goldfischen ist ein beliebtes Geschenk für Kinder. Auf Jahrmärkten bietet ein Stand manchmal Goldfische feil, die sich in einem flachen Bassin tummeln. Gegen einige Yen erhalten Kinder einen mit Papier bespannten Kescher. Damit dürfen sie, bis das Papier durchweicht ist, beliebig viele Fische fangen. Der Fang wird in eine Plastiktüte mit Wasser und daheim in ein Glas gesetzt.

Noch hat in Japan die zunehmende Vereinzelung nicht zu einem merklichen Anstieg der Tierhaltung geführt. Zoohandlungen sucht man auch in Großstädten meist vergeblich. Wie in vielen anderen Fällen begnügen sich Japaner auch hier oft mit einer **Nachbildung der Natur**. Nur so ist zu erklären, daß in den Apartments mancher Singles, vor allem unverheirateter Männer, ein »künstliches« Aquarium steht. Darin jagen sich, elektronisch programmiert und täuschend lebensecht, kleine Fische. Ihre unermüdliche Bewegung verschafft die Illusion, nicht allein zu sein.

276

Vom Essen und Trinken

Japaner haben die Kunst des Kochens zu höchster Perfektion entwickelt –
weshalb nicht jeder japanische Leckerbissen auch Ihnen schmecken wird.
Japaner essen viel **Fisch** und **Meeresfrüchte**, darunter Muscheln, Austern,
Krabben, Krebse und vieles mehr. Für unsere Zungen exotische, auf unterschiedlichste Arten konservierte Meerespflanzen wie **Algen** und **Seetang**
verleihen Speisen eine charakteristische Geschmacksnote.
Fleisch hat sich seinen festen Platz auf dem japanischen Speisezettel
erobert. Aufgrund des Mangels an Weidefläche werden Rinder und Schwei-
ne nur in wenigen Gegenden gezüchtet, z.B. auf Hokkaidô und in einigen
eng begrenzten Gebieten bei Kôbe und in den Tälern der Japanischen Alpen.
Importe aus Australien, Neuseeland und Südamerika stillen den zusätzlichen Bedarf an Rind- und Schweinefleisch. Das berühmte Kôbe-Beef verdankt seine Zartheit von Konsistenz und Aroma dem Umstand, daß diese Rinder mit Bier gefüttert und regelmäßig gründlich massiert werden. Auch
Geflügel gelangt auf den Eßtisch.
Salat und **Rohkost** ist in Japan traditionell weniger üblich und beliebt als bei
uns. Als häufige und beliebte Beilage wird jedoch geraspeltes rohes Weißkraut serviert.
Um so größer ist die Vielfalt gekochter Gemüsegerichte. **Gemüse** verwendet man gern als Suppeneinlage und in Kombination mit Meeresalgen.
Grundnahrungsmittel ist **Reis**. Ehe westliche Eßgewohnheiten Einzug hiel-
ten, aß man Reis zu allen drei Hauptmahlzeiten, also auch zum **Frühstück**.
Heute noch nehmen viele ältere Japaner morgens eine Reismahlzeit ein. Zu
dieser gehört ein rohes, in einer Schale verquirltes Ei, das mit dem heißen
Reis und dünnen Blättchen aus gepreßten Algen (*nori*) verzehrt wird. Junge
Leute greifen lieber zu Toast und Kaffee. In manchen Hotels kann man zwischen japanischem und westlichem Frühstück wählen. *Ryokan* reichen in der
Regel das traditionelle Reisfrühstück.
Auch zu den anderen Mahlzeiten des Tages beschränken sich Japaner nicht
ausschließlich auf herkömmliche heimische Kost. Inzwischen sind **Küchen
aus allen Teilen der Welt** auch in Japan zu Hause. Viele Japanerinnen pro-
bieren mit Vergnügen »exotische« Rezepte aus, die in zahllosen Zeitschriften und Kochbüchern leicht verständlich und reichbebildert vorgestellt werden.

Vom Essen und Trinken

Auch die **Gastronomie** japanischer Großstädte bietet Kulinarisches sämtlicher Kochkulturen. Dort gibt es traditionelle japanische, französische, indische, chinesische, indonesische, deutsche und südamerikanische Restaurants, nicht zu vergessen die Grillhähnchen- und Hamburger-Ketten. Als Schnellimbiß haben sich Hähnchen stärker durchgesetzt als die andernorts so erfolgreichen Hamburger.

In Japans **deutschen Restaurants** stehen vor allem Sauerkraut und Knödel, auch Eisbein und Wiener Schnitzel auf der Karte. Japanische Restaurants servieren Kartoffeln nicht als Hauptbeilage, sondern als Gemüse, zu dem man, ebenso wie zu Karotten oder Weißkraut, Reis ißt. Deshalb empfinden Japaner es als ausgefallen, wenn Kartoffeln den Reis ersetzen. Die deutschen Restaurants sind im allgemeinen sehr teuer. Oft tragen die (japanischen) Bedienungen bayrische Trachten, während im Hintergrund deftige Schrammelmusik ertönt. Dazu wird – in Japan so beliebt wie teuer – deutscher Wein geboten oder deutsches Bier, das in ganz Ostasien als vorbildlich gilt.

Auch **deutsche Cafés und Konditoreien** fehlen nicht. Dort sind Baumkuchen und Torten die Verkaufsschlager. **Deutsche Bäckereien** führen Pumpernickel, Roggenbrot und eine Art Kommißbrot, eine in Japan ungemein exotische Delikatesse.

Vegetarische Restaurants sind in Japan eine altbekannte Einrichtung, da der Buddhismus das Töten von Tieren verbietet. Buddhistische Mönche ernähren sich ausschließlich fleischlos. Eine Reihe traditioneller buddhistischer Gerichte zielt darauf, Fisch- oder Fleischgeschmack zu imitieren. Auch Rezepte auf Basis nachgebildeter Kastanien oder Kiefernzweige wurden von den raffinierten Klosterköchen kreiert.

Das Auge ißt mit, dieses Prinzip wurde und wird wohl nirgendwo so hochgehalten wie in Japan. Eine Speise muß nicht nur schmecken, sondern auch und vor allem appetitlich aussehen. Bei einer Mahlzeit ist das Zusammenspiel der Farben stets sorgfältig abgestimmt.

Die traditionelle Küche ordnet außerdem viele Gerichte einer **bestimmten Jahreszeit** zu, z.B. eisgekühlte Buchweizennudeln dem Sommer oder Gebäck in Form von Ahornblättern dem Herbst.

Kulinarische Vielfalt

Eine **Mahlzeit in einem *ryokan* oder traditionellen japanischen Restaurant** besteht aus einer **Vielzahl kleiner Portionen** der unterschiedlichsten Zutaten und Zubereitungsarten. Vor sich sehen Sie vielleicht eine kleine gekochte Muschel, oft serviert in ihrer schimmernden Schale, oder eine Schnecke im makellosen Gehäuse. Daneben sind eingelegter Rettich und andere knackige Gemüse in einer Marinade aus würzigem Essig arrangiert.

Vom Essen und Trinken

»Augenschmaus« – nirgendwo sonst wurde die appetitanregende Präsentation von Speisen so verfeinert wie in Japan (hier: kulinarisches Angebot im Schaufenster eines Restaurants).

In einer Schale liegt ein kleiner, gebratener Fisch, in einem Näpfchen etwas Fischwurst, auf einem Körbchen sind Häppchen von in Fett ausgebackenem Gemüse angerichtet. Ein winziges Spießchen mit kleinen Bissen Hühnerfleisch ruht auf einem Bett aus Gurkenscheiben. Zwei Scheiben eines aufgerollten Eierkuchens sind appetitlich auf ein Tellerchen plaziert. Dazu gibt es *Miso*-Suppe mit einer Einlage aus *Tôfu*-Würfeln, serviert in einer Lackschale mit Deckel, und nicht zu vergessen eine Porzellanschale mit Reis. Vor jedem Gast liegt ein Paar Eßstäbchen auf einem kleinen Bänkchen. **Eine solche Mahlzeit umfaßt nicht selten 15 bis 20 Gerichte**, jeweils in einer winzigen Menge und als Augenschmaus angerichtet. Dabei kommt man selbstverständlich nicht mit »Einheitsgeschirr« aus. Zwar wird jedem Lokalgast oder Familienmitglied die Suppe in identischen Lackschalen und die Fischwurst auf identischen Schälchen serviert. Doch die **Schälchen, Teller, Suppen- und Reisschale bilden nicht Teile eines festen Sets**, sondern sind je nach Speisenkombination ausgewählt und so vielfältig wie die auf bzw. in ihnen arrangierten Leckerbissen.

Japaner erschrecken geradezu angesichts der großen Portionen, die wir gewöhnlich auf unseren Tellern vorfinden. **Für Japaner zählt Vielfalt mehr als Menge.** Selbst wenn die Hausfrau nur ein Gericht zubereitet, bringt sie es doch meist mit einem Schälchen eingelegten Gemüses und einigen *Tôfu*-Würfeln mit Frühlingszwiebeln zu Tisch. Meist vervollständigt

Vom Essen und Trinken

Suppe in einer Schale mit Deckel und, sofern das Gericht nicht mit Reis oder Nudeln angemacht ist, eine Schale Reis die Mahlzeit.

Anders als bei uns werden die Speisen nicht nacheinander, sondern gleichzeitig aufgetragen. Man nimmt sich ganz nach Belieben Häppchen von diesem und jenem Gericht, trinkt dazwischen einen Schluck Suppe oder beißt in ein Stückchen knackig eingelegten Rettich. Der Reis wird oft erst gegen Ende der Mahlzeit verzehrt.

Die Vielfalt an **Speisefischen** ist erstaunlich. In japanischen Fanggründen gibt es, von winzigen Fischen, die man zum Frühstück brät, bis hin zu Tintenfisch, Thunfisch und Meerbrassen kaum einen Fisch und ein Krustentier, die nicht auf dem Speiseplan zu finden wären.

Restaurants sind oft auf eine Art von Speisen oder auch nur ein Gericht spezialisiert. *Sushi*-Restaurants z.B. servieren nur *sushi*, Nudelrestaurants keine Reisgerichte, sondern eine schillernde Palette von »Pasta«. Ein Spezialist für *yakitori*, am Spieß gegrilltes Hühnerfleisch, bietet daneben keine Fischgerichte an.

Die japanische Küche bemüht sich, den **Eigengeschmack** von Zutaten hervorzuheben und möglichst wenig durch Gewürze oder andere Beigaben zu verfälschen. Anstelle von Salz verwendet sie oft Glutamat, das im Gegensatz zu Salz das Eigenaroma verstärkt. Eine Ausnahme ist die Sojasoße, *shôyu*, die vielen Speisen beigegeben wird – in Japan angeblich sogar den Hamburgern westlicher Fastfood-Ketten.

Westliche Gerichte werden oft dem japanischen Gaumen angepaßt. Zur Vielfalt der japanischen Küche zählt heute auch, daß Sie bei einer japanischen Mahlzeit inmitten der Schälchen und Näpfchen eine winzige, appetitlich angerichtete Portion Spaghetti Bolognese entdecken können. Dies gilt nicht als kulinarischer Stilbruch. Schweineschnitzel, *tonkatsu*, wird als japanisches Gericht in mundgerechten Stücken serviert und ebenfalls vornehmlich mit Sojasoße gewürzt.

Die **Vielzahl von Geschmacksrichtungen**, ihren Kombinationen und Anverwandlungen für den japanischen Gaumen mag mitunter überraschen. So wie man Kartoffeln als eigenständiges Gericht mit einer Soße serviert, so gibt es Speiseeis in der Geschmacksnote »Grüner Tee« und – eisgekühlt ein beliebtes Pausengetränk – gesüßten Milchkaffee in Dosen.

Unbekannte Genüsse: Roher Fisch und Seetang

So manche Ausländer, denen erstmals roher Fisch angeboten wird, überlegen krampfhaft, wie sie diesem ihnen suspekten Genuß entrinnen können. Die einen fürchten penetranten Fischgeruch, die anderen tranigen Geschmack, die meisten die Tatsache, daß der Fisch *roh* ist (wobei sie vollkommen vergessen, daß wir »Barbaren« Tartar essen). Sie wissen nicht, daß

280

―――――― *Vom Essen und Trinken* ――――――

In der japanischen Küche zählt Vielfalt mehr als Menge (hier: Kyôto-Küche).

man den Fisch so frisch verarbeitet, daß er keinen unangenehmen Geruch entwickeln kann. Wer die »Mutprobe« wagt, gewinnt dieser japanischen Delikatesse meist schon bald leckeren Geschmack ab. Und so wissen sehr viele Ausländer rohen Fisch in den verschiedensten Varianten sehr wohl zu schätzen.

Fast jeder Fisch, von kleinen Sardinen über Hering und Kabeljau bis hin zu Thunfisch und Tintenfisch, selbst Krabben und Garnelen lassen sich roh zubereiten. Auf diese Weise kommt der jeweilige typische Geschmack besonders zum Tragen.

Sashimi, so nennen die Japaner ein **Gericht aus rohem Fisch.** *Sashimi* kommt auf die unterschiedlichste Art zu Tisch. Es kann sich um einen ganzen frischen Fisch handeln, der, in mundgerechte Stücke zerteilt, auf einem Teller oder in einem Körbchen samt Kopf und Schwanz appetitlich so drapiert wird, daß er unversehrt erscheint. *Sashimi* kann ebensogut als nach Farbe, Form und Geschmack komponiertes Arrangement verschiedener Sorten Fisch daherkommen, angerichtet auf einer Servierplatte und oft garniert mit hauchdünnen Blättern aus gepreßten Algen, eingelegtem Ingwer und geraspeltem Rettich. Man greift die Fischscheiben mit den Eßstäbchen und taucht sie zum Würzen in ein Schälchen mit Sojasoße.

Sushi ist eine der gängigen Arten, rohen Fisch zuzubereiten. Für *sushi* wird Reis am Vortag gekocht, dann mit einer Mischung aus Reiswein, Essig, Zucker und Glutamat gesäuert. Dieser Reis bildet die Grundlage für *sushi*. Einfache **nigiri-zushi** sind kleine, längliche Reisklößchen, die mit einer Scheibe rohem Fisch belegt werden. Sie dürfen mit den Fingern verzehrt

Vom Essen und Trinken

werden. Für *nigiri-zushi* eignet sich fast jede Sorte Fisch. In der Regel sind verschiedene *sushi* dekorativ auf einer Platte angerichtet. Gut kauen muß man bei *sushi* mit Muschelfleisch oder Tintenfisch. Als besondere Leckerbissen gelten *sushi* mit einem Belag aus rotem Kaviar, der in einem Körbchen aus gepreßten Meeralgen ruht.

Eine beliebte *Sushi*-Variante mit rohem Fisch ist auch das sogenannte ***chirashi-zushi***. Hierfür wird der gesäuerte Reis nicht zu kleinen Häppchen geformt, sondern locker in einer Lackschale oder einem Holzkistchen angerichtet. Darauf verteilt man unterschiedliche Sorten von rohem Fisch abwechselnd mit *nori*, dem gepreßten und getrockneten Seetang, oder auch anderen Zutaten, vor allem Gemüsen und manchmal auch gebratenem Ei. *Chirashi-zushi* sind ein festliches Gericht.

Auch die vielen Sorten von Meerespflanzen sind für uns ungewohnte Genüsse. Manche **Algen** werden zu hauchfeinen Plättchen gepreßt. Man verwendet sie als Beilage zu allen Arten von Fisch. Größere Platten belegt man mit gesäuertem Reis und Gurke, Karotte oder gebratenem Ei, wickelt sie zu Rollen und schneidet diese dann mit einem scharfen Messer in dicke Scheiben, ***norimaki*** genannt. Fast alle *Sushi*-Restaurants servieren außer *nigiri-zushi* auch *norimaki*.

Gern werden die dünnen Algen- oder ***Nori-Blätter*** auch über einem offenen Feuer, manchmal einer Kerze, geröstet, um mit ihrem leichten Räucheraroma eine Mahlzeit zu bereichern. Vor allem zum traditionellen Reisfrühstück dürfen *nori* nicht fehlen.

Kombu (Riementang) ist ein beliebtes eßbares, in Küstennähe vorkommendes Meeresgewächs. Vom Strand aus werden Sie oft kleine Ruderboote bei der »Ernte« von *kombu* beobachten können. Zwei lange Bambusstangen werden auf den Meeresgrund gestoßen und um die *Kombu*-Blätter gedreht, bis sich diese lösen und samt den Stangen einholen lassen. Danach trocknen die dunkelgrünen, länglichen Blätter in der Sonne. Sie sind sehr reich an Vitaminen und daher vor allem im Winter eine beliebte Ergänzung zu Reis und Fisch. In getrocknetem Zustand zerkleinert, dienen sie als Suppeneinlage. Eingeweicht werden *Kombu*-Blätter sehr geschmeidig. Aus ihnen stellt man viele der kunstvollen Garnierungen, z.B. Knoten oder Schleifen, her, die traditionelle Gerichte zum Fest für die Augen machen.

Die täglichen Mahlzeiten

Im traditionellen Japan bestimmten die Art der Arbeit und zur Verfügung stehenden Nahrungsmittel wesentlich die Ernährung. So wie Getreide wie Roggen und Weizen unser Grundnahrungsmittel, das Brot, lieferten, war **Reis das »tägliche Brot« der Japaner**.

Vom Essen und Trinken

Fischgeschäft mit überbordender Vielfalt an Meeresfrüchten.

Während Brot sich auf Vorrat backen läßt, muß Reis für jede Mahlzeit frisch zubereitet werden. (Ausnahme sind Resteverwertungsgerichte aus gebratenem Reis.) Gekochter Reis hält sich nicht lange, und kalten Reis verschmähen die Japaner.

Um zum **Frühstück** eine **heiße Reismahlzeit** auftischen zu können, mußte man sehr früh aufstehen, Feuer machen, den Reis waschen, aufsetzen und dämpfen. So gestärkt, ging es hinaus zur Arbeit aufs Feld.

Diesen Aufwand betreibt man längst nicht mehr. Zum einen erleichtern automatische Reiskocher die Küchenarbeit, zum anderen gehen die meisten Japaner Büro- oder Fabrikarbeit nach. Selbst wenn der Weg zur Arbeit oft über eine Stunde Zeit raubt, beginnt doch ein Büroalltag selten vor neun Uhr, so daß viele Familien ohne allzugroße Hast frühstücken können. Zum Zeitunglesen hat man in der Bahn Zeit.

Heute trinken jüngere Leute zum Frühstück meist Kaffee oder Tee und essen sogar Toast. Auch Getreideflocken sind beliebt. Insgesamt hat der Stellenwert des Frühstück gegenüber den anderen Mahlzeiten jedoch stark abgenommen.

Ihr Mittagessen nehmen viele Japaner am Arbeitsplatz ein. Große Unternehmen bieten ihrer Belegschaft einen warmen Mittagstisch. In kleineren Firmen, die oft sehr beengt untergebracht sind, bringen Angestellte ihr Mittagessen mit und verzehren es am Arbeitsplatz. In manchen kleinen Firmen bekocht die »Chefin« nach altem Brauch noch das Personal. Das Mittagsmahl ist wie in angelsächsischen Ländern weniger reichhaltig als das Abendessen.

Vom Essen und Trinken

Schulkindern gibt die Mutter ein Mittagessen auf den Weg. In eine Dose aus Kunststoff oder Aluminium, die in den Schulranzen paßt, füllt sie etwas Reis und diverse Zutaten, meist Reste vom Vortag. Manche Kinder nehmen auch Getränke mit, andere ziehen sich an den Automaten, die in den Schulen aufgestellt sind, ein Pausengetränk. Es gilt als wichtig für den Gruppenzusammenhalt, daß die Kinder gemeinsam speisen. Auch wenn manchen Sprößlingen ärmerer Familien der vergleichsweise bescheidene Inhalt ihrer Proviantdose peinlich ist, so macht doch für die meisten nicht der Preis der Zutaten, sondern die liebevolle Zubereitung und optische Darbietung – Karotten in Blümchenform, mit einem Knoten wie ein kleines Holzbündel zusammengebundene Schwarzwurzeln, einige Kresseblättchen – die Qualität einer Mahlzeit aus.

Ein **Nachtisch** in unserem Sinn ist nicht üblich. Doch erhalten Kinder im allgemeinen Kleingeld für Süßigkeiten oder von ihren Großeltern, die ihre Enkel verwöhnen möchten, Bonbons und Schokolade. Japanische Süßigkeiten sind von ausgezeichneter Qualität, mögen sie für uns auch manchmal einen exotischen Touch haben.

Das Abendessen ist nach wie vor »die« Hauptmahlzeit. Während der Ehemann sich nach der Arbeit zunächst im Bad entspannt, bereitet die Frau das Essen zu. Manche Frauen essen vorher mit den Kindern, um danach ausschließlich den Mann bedienen zu können.

Eßstäbchen kontra Besteck

Ehe Japaner durch den Kontakt zu Ausländern westliches Besteck kennenlernten, führten sie Speisen ausschließlich mit **Eßstäbchen** zum Mund. Zwar hatten sie von den Chinesen den **Porzellanlöffel** übernommen, aber damit fischten sie allenfalls Brocken, die sich nicht mit Stäbchen fassen ließen, aus der Suppe. Die Suppenflüssigkeit trinkt man heute noch aus dem Suppenschälchen. Um den Reis vom Topf in die Portionsschälchen zu füllen, verwendet man nach wie vor einen **breiten, flachen Löffel aus Bambus.**

Das Essen mit Stäbchen setzt voraus, daß Speisen mundgerecht zerteilt serviert werden. Dazu benutzt man große, sehr scharfe **Küchenmesser. Kochstäbchen**, die etwas größer sind als Eßstäbchen, helfen beim Hantieren am Herd. Sie sind oft am stumpfen Ende lose zusammengebunden, um sie besser handhaben zu können.

Mit dem Eindringen der westlichen Küche lernten die Japaner auch den Umgang mit dem dazugehörigen Besteck. Heute besitzen die meisten Haushalte außer einem breiten Sortiment an Eßstäbchen auch **westliches Besteck.** Erstaunen mag, daß nicht nur ein Grundstock an Messern, Gabeln, Eß- und Teelöffeln angeschafft wird, sondern auch eine Vielzahl speziellen

284

Vom Essen und Trinken

Sushi – *Fastfood für Feinschmecker.*

Tafelbestecks – kleine und große Löffel, Gäbelchen, Obstmesser, Steakmesser usw. –, das immer seltener zu unserem modernen Kücheninventar zählt. Auf ein wertvolles Familienbesteck kommt es Japanern dabei nicht an. Oft sind die Besteckteile wild zusammengewürfelt.
Auch die Stäbchen, die man im Alltag benutzt, sind oft nicht einheitlich gestylt. Die Kids haben ihre Kinderstäbchen, oft aus Kunststoff mit kleinen Bildchen verziert. Erwachsene greifen je nach Laune und Anlaß zu Stäbchen aus Bambus oder Holz, Elfenbein oder Plastik, geschnitzt oder bemalt, rund oder eckig, kürzer oder länger.
Japanische Eßstäbchen sind kürzer als ihre chinesischen Gegenstücke. **Es gilt als ungeschickt, Stäbchen tief unten zu fassen.** Kinder lernen zunächst, sie parallel zu halten. Danach üben sie die Kunst, **ein Stäbchen stabil, das andere beweglich** in der Hand zu halten, um so wie mit einer Zange Happen fassen und zum Mund führen zu können.
In einfachen Restaurants erhalten Sie oft **Einwegstäbchen** aus Holz, die meist in einer Papierhülle stecken. Ein Paar besteht aus einem langen, schmalen Brettchen, das längs in zwei Stäbchen zertrennt ist, die am oberen Ende aber noch zusammenhängen. Man bricht die Stäbchen auseinander und kann sie nach dem Essen zurück in die Papierhülle schieben und quer über seine Reisschale legen. Wie an anderer Stelle bereits bemerkt, darf man **Eßstäbchen nie senkrecht in den Reis stecken** – dies tut man nur bei Speiseopfern für Verstorbene.
Im allgemeinen achten Japaner genau auf **passende Besteckwahl**. Bei traditionellen japanischen Gerichten verwenden sie Stäbchen, bei westlichen

285

Vom Essen und Trinken

Speisen unser Besteck. Es sind Ratgeber im Handel, die das Handhaben westlichen Bestecks erläutern.

Schwieriger wird die Wahl, wenn Speisen sich keiner Küche eindeutig zuordnen lassen. So ist *tonkatsu*, Schweineschnitzel, zwar westlichen Ursprungs, aber inzwischen ein fester Bestandteil des japanischen Speisezettels. Die japanische Küche hat es sich u.a. dadurch anverwandelt, daß das Fleisch in Streifen geschnitten – und also mit Stäbchen – serviert wird.

Bei Nudelgerichten ist nicht immer klar erkennbar, ob sie japanischer oder westlicher Herkunft sind. **Nudeln ißt man meist mit Stäbchen** – eine Kunst, die ein wenig Training verlangt. Man nimmt wenige Nudeln mit den Stäbchen auf, schiebt sie in den Mund und zieht vorsichtig einige Nudellängen nach. Ist der Mund gefüllt, beißt man die mit den Stäbchen gehaltenen Nudeln ab und legt den Rest zurück in die Schale. So schrumpfen Bissen für Bissen mit beachtlicher Geschwindigkeit Nudelberge dahin.

Gewiß werden Ihnen die **unterschiedlichen Tischsitten von Männern und Frauen** auffallen. Männer essen Suppen und Nudelgerichte sehr geräuschvoll. Sie heben die Schale zum Mund und schlürfen und schmatzen – je besser es ihnen schmeckt, desto lustvoller. Das gilt nicht als schlechtes Benehmen, im Gegenteil: Wer sich derart »gehen läßt«, beweist der Hausfrau, wie wohl ihm ist und wie sehr er das Essen genießt.

Frauen dagegen bemühen sich, geräuschlos und säuberlich zu essen. Tragen sie Lippenstift, versuchen sie die Lippen möglichst wenig zu benetzen. Vor allem in der Öffentlichkeit achten sie darauf, daß Reste auf Teller oder Schälchen möglichst ansehnlich wirken. Dies gilt als Zeichen von Wohlerzogenheit.

Essen im Restaurant

Sie finden in Japan eine außerordentlich breite Restaurantpalette. In den Städten können Sie zwischen fast allen Küchen der Welt wählen und außerdem zwischen so vielen traditionellen und modernen Lokalen der einfachen, gehobenen und Luxusklasse, daß jedem Anspruch und Geldbeutel Genüge getan wird.

Einfache **Straßenrestaurants** und Garküchen sind oft spezialisiert, z.B. auf Nudeln, *sushi* oder *tempura*. Breit gefächert ist dagegen das Angebot der **Eßlokale in Kaufhäusern und an Einkaufsstraßen**: Dort gibt es Spaghetti Bolognese neben *chirashi-zushi*, gesäuertem Reis mit Garnitur aus rohem Fisch, im selben Lokal auch das japanisierte Schweineschnitzel *tonkatsu*. Auf einer Schüssel Reis angerichtet und mit einer sehr würzigen Soße übergossen, wird *tonkatsu* zu **katsudon**, einer Kombination aus westlichem Schweineschnitzel und **udon**, dem traditionellen, aus unterschiedlichen Zutaten bestehenden Reiseintopf. Köstlich schmeckt auch **oyako-domburi**,

286

Vom Essen und Trinken

Die Kunst, Nudeln mit Stäbchen zu essen.

wörtlich übersetzt »Eltern-und-Kind-Eintopf«: Hühnerfleisch mit Ei auf Reis, mit sehr pikanter Soße beträufelt.
Im Ausland sehr bekannt ist **sukiyaki**, der »japanische Feuertopf«. Es kommt in japanischen Familien als Festessen auf den Tisch, ist aber auch in speziellen Restaurants erhältlich. In der Tischmitte köchelt in einem Topf eine gewürzte Brühe, darum herum sind auf Platten rohe Zutaten liebevoll arrangiert. Jeder nimmt nach Belieben von den Zutaten und gart sie in der Brühe.
Auch **tempura** kennen viele von uns. Der Name dieses vermutlich von portugiesischen Missionaren in Japan eingeführten Gerichts soll sich von *tempora*, »Fastenzeiten«, ableiten. Es besteht aus Gemüsescheiben, Pilzen und Krabben in dünnem Teigmantel, ausgebacken in schwimmendem Fett. Man tunkt die fritierten Stücke in ein Schälchen mit Sojasoße, die mit etwas geriebenem Rettich abgeschmeckt ist.
Shabu-shabu, ebenfalls über Japans Grenzen hinaus bekannt, ist ein Gericht aus dünnen, auf der Herdplatte kurz gebratenen Fleischscheiben und Gemüsen.
Nicht alle Restaurants führen eine **Speisekarte**. Die meisten stellen in Schaukästen täuschend echt wirkende **Wachsnachbildungen** der erhältlichen Gerichte aus, so daß man nur darauf zu zeigen braucht. In ländlichen Lokalen dagegen hängen oft noch an der Wand die herkömmlichen kleinen Holztäfelchen, die – leider nur in Japanisch – das Speiseangebot listen. Wer des Japanischen nicht mächtig ist, beobachtet am besten, was die anderen Gäste verzehren, um dann zu bestellen, was ihm schmackhaft erscheint.

Vom Essen und Trinken

Bemerkenswert ist die Vielzahl und Vielfalt der **Sushi-Restaurants**. Es gibt winzige Lokale, die kaum zwölf Gäste fassen. Dort finden Sie gewöhnlich einen oder zwei Tische sowie die Theke, hinter der ein Koch vor den Augen der Gäste die *sushi* bereitet. Die Plätze am Tresen sind besonders begehrt. Oft steht im Schaufenster ein Aquarium mit lebenden Fischen und Meerestieren, die nicht ahnen, daß sie schon bald Reishäppchen garnieren.

Diese winzigen Lokale zeichnen sich durch ihre intime Atmosphäre angenehm aus. Schlagen Sie das Angebot eines Japaners, Sie in eine solche Gaststätte zu führen, nicht aus. Scheinen Ausländer ohne japanische Begleitung auf, kann geschehen, daß sich der Wirt befangen fühlt und keine rechte Stimmung aufkommt. Wer die Sprache nicht beherrscht, kann zwar durch Zeigen die gewünschten Zutaten wählen, sich aber kaum in die Gemeinschaft von Gästen und Wirt einfügen.

Bei *sushi* wird zwischen das Reishäppchen und den Belag aus rohem Fisch gewöhnlich ein Hauch **wasabi**, eine hellgrüne Paste aus einem scharfen (!) Meerrettich, gestrichen. Will der Koch sich einen Scherz erlauben, schmuggelt er Ihnen die dreifache Menge *wasabi* unter – und treibt Ihnen damit die Tränen in die Augen. Nehmen Sie dies nicht übel, sondern eher als Ehre hin: Meist will er lediglich testen, ob der fremde Gast Spaß versteht. Und dies bedeutet schließlich, daß man Sie gern in den Kreis derer aufnehmen möchte, in deren Gegenwart man sich wohlfühlt – nicht zuletzt weil sie »Spaß« verstehen.

Größere *sushiya* (Sushi-Restaurants) präsentieren ihre Delikatessen oft äußerst raffiniert. Manche plazieren die *sushi* auf Drehtürme, von denen die Gäste sich selbst bedienen, andere auf ein langes, durch das Lokal laufendes »Fließband«, wieder andere lassen sie um eine kreisförmige Theke rotieren, so daß jeder bequem seine Wahl treffen kann.

Die Rechnung wird anhand der Teller erstellt, auf denen die *sushi* **angerichtet sind** und die jeder Gast an seinem Platz bewahrt. Anzahl, Farbe und Form der Teller geben der Kassiererin genauen Aufschluß über den Verzehr. Tee und Zutaten wie Ingwer und Sojasoße sind im allgemeinen frei.

In einigen **traditionsbewußten Häusern** werden die georderten Speisen auf einer Holzschaufel mit langem Stiel zum Tisch des Gastes gereicht. Dort bereitet man außerdem oft ausgefallene Gerichte wie geröstete Ameisen zu. Auch für diese Adressen empfiehlt sich japanische Begleitung, möglichst von eingeführten Gästen. Klassische Restaurants beäugen in alter Manier Fremde häufig mit Mißtrauen. Scheinen Ausländer aber in Begleitung eines Stammgastes, sozusagen Vermittlers oder Bürgen, auf, nehmen Wirt und Personal sie herzlich in die Gemeinschaft auf.

In japanischen Restaurants pflegen Gäste am Eingang zu warten, bis die Bedienung ihnen einen Platz anweist. In vielbesuchten Restaurants kann man auf einer Sitzgelegenheit dem Eingang Platz nehmen, bis ein Tisch frei wird. In weniger vornehmen Restaurants bittet die Bedienung, falls kein Tisch frei ist, getrennt erschienene Gäste an einen Tisch.

Vom Essen und Trinken

Sushi *und* sashimi, *in einem Restaurant als Augenweide serviert.*

Nach dem Essen gemütlich sitzen, trinken und plaudern ist in Japan weniger üblich. Gewöhnlich verläßt man nach dem Mahl das Restaurant. Naht der Lokalschluß, kann es vorkommen, daß man Sie höflich zum Gehen auffordert.

Man bezahlt in der Regel nicht am Platz, sondern am Ausgang. Dort legen Sie der Kassiererin den kleinen Verzehrblock vor, den die Bedienung Ihnen mit den Speisen und Getränken an den Tisch gebracht hat. Trinkgeld ist im Restaurant nicht üblich, eine Sitte, die in internationalen Hotels nicht unbedingt gilt.

Restaurants schließen in Japan sehr früh, oft um 22.00 Uhr, Nachtbars gewöhnlich um Mitternacht. Das »Nacht«-Leben in unserem Sinn ist daher beschränkt.

Haben die Gäste Platz genommen, erhalten sie im allgemeinen zunächst eine kleine **Schale mit einem feuchten Tuch**. Damit reinigt man Hände, Männer auch das Gesicht (Frauen schonen meist ihr Make-up). Im Sommer wird das Tuch normalerweise eisgekühlt gereicht, im Winter in heißem Dampf erhitzt.

Gewöhnlich stellt man im Restaurant auch unaufgefordert ein Glas **Wasser** vor Sie hin. Sie können das Wasser bedenkenlos trinken. In der feuchten Sommerhitze braucht der Körper viel Flüssigkeit. Auch die Trinkbrunnen in U-Bahnhöfen und auf Spielplätzen spenden gesundes, ständig kontrolliertes Wasser.

Grünen Tee erhalten Sie in den meisten Restaurants in beliebiger Menge. Ein Fingerzeig auf Ihre Tasse, und man schenkt Ihnen sofort nach – einer

Vom Essen und Trinken

von vielen Belegen dafür, daß in Japan der **Service** im Restaurant meist erheblich besser und aufmerksamer ist als hierzulande.

Tips für Restaurantbesuche

• Stürmen Sie nicht in ein Restaurant, sondern **warten Sie am Eingang, bis Ihnen ein Platz angewiesen wird.** Falls kein Tisch frei ist, bleiben Sie geduldig, bis für Sie ein Platz gefunden ist. Die Bedienung ist im allgemeinen sehr aufmerksam und läßt keinen Gast länger warten als nötig.

• **Legen Sie das feuchte Tuch**, mit dem Sie Hände und Gesicht säubern können, **nach Gebrauch zusammengefaltet zurück auf die Schale**, auf der es überreicht wurde.

• **Wasser**, das man Ihnen im Restaurant unaufgefordert serviert, können Sie **bedenkenlos trinken**. Die Trinkwasserkontrolle in Japan ist streng. Möchten Sie das Glas nachschenken lassen, müssen Sie es nur hochheben oder darauf zeigen, und die Bedienung wird sofort reagieren.

• Auch **grünen Tee** können Sie im allgemeinen **kostenlos beliebig oft nachfüllen** lassen. Schwarzer Tee dagegen erscheint auf der Rechnung.

• Zu japanischen Gerichten reicht man Ihnen Eßstäbchen. Auf traditionelle japanische Küche spezialisierte Restaurants können Ihnen nicht immer mit westlichem Besteck aushelfen. **Sie ernten stets reichlich Anerkennung, wenn Sie sich bemühen, mit Stäbchen zu essen.** Kein Japaner lacht einen Ausländer aus, der sich dabei ungeschickt anstellt. Wenn Sie allerdings Ungeduld zeigen (oder gar fluchen), wird man sich peinlich berührt abwenden.

• *Sushi* werden, ehe man sie zum Mund führt, in ein Schälchen mit Sojasoße gedippt. *Nigiri-zushi*, Reishäppchen mit rohem Fisch, dürfen Sie **mit den Fingern** in die Sojasoße stippen und zum Mund führen.

• Sollten Ihnen die **Schärfe** von *sushi* einmal Hören und Sehen vergehen lassen, sind Sie vielleicht einem – gutmütigen! – Scherz des Kochs aufgesessen. Sie dürfen den Meerrettich entfernen, falls er Ihnen zu scharf ist. Doch zeigen Sie **Humor**: Nur dann nehmen Gäste und Wirt Sie als angenehmes Mitglied ihrer Gemeinschaft auf.

• Legt die Bedienung zu den Speisen einen kleinen Block – es ist der Verzehrbon – auf Ihren Tisch, nehmen Sie diesen zur **Kasse am Ausgang**. In solchen Restaurants ist **Trinkgeld** nicht üblich.

• **Bleiben Sie nach dem Essen nicht endlos sitzen**, wenn Gäste auf einen freien Tisch warten. Japaner pflegen ihren Platz im Restaurant schnell zu räumen.

• Beachten Sie, wenn Sie zum Abendessen ausgehen, den **frühen Lokalschluß**. Reagieren Sie nicht verärgert, wenn die Bedienung Sie höflich darauf hinweist, daß das Restaurant schließen will.

— *Vom Essen und Trinken* —

Traditionelle japanische Gaststätte.

Das *o-bentô*

O-bentô, diesen vielseitig verwandten Begriff können Sie in Japan häufig hören. Seine Grundbedeutung ist schlicht: **»mitgebrachtes Essen«**. Im erweiterten Sinn kann *o-bentô* ein besonderes, für ein bestimmtes Restaurant oder Gebiet typisches Gericht meinen.

Sehr beliebt ist das **eki-ben**, das *bentô* von Imbißständen am Bahnhof. Es besteht aus einer vollständigen Mahlzeit samt Einweg-Eßstäbchen, verpackt in einer Spanschachtel oder einem Holzkästchen. Obwohl japanische Zügen meist einen Speisewagen führen, ziehen viele Reisende es vor, am Sitzplatz ihr *o-bentô* zu verzehren.

Als *o-bentô* bezeichnet man auch das Mittagessen, das Kinder in die Schule mitnehmen. Es wird gewöhnlich in eine wiederverwendbare flache Dose gefüllt und nebst einem Kästchen mit Eßstäbchen in die Schultasche gepackt.

Ein *o-bentô* besteht oft aus Reis vom Vortag mit Zutaten wie gebratenem Ei, etwas Fleisch oder Fisch, Gemüse, eingelegtem Rettich oder Gurke, vielleicht auch Ingwer und oft einem Apfel oder anderen Früchten. Auch wenn die Mutter so Reste verwerten kann, achtet sie darauf, den Mittagsimbiß zu variieren und gefällig anzurichten. Die Fächer eines *Bentô*-Kästchens sollten ausgefüllt sein, damit die Bestandteile der Mahlzeit sich beim Transport nicht zum »Eintopf« vermengen.

Vom Essen und Trinken

Die an Bahnhöfen, in Seven-Eleven-Läden oder von Imbißbuden verkauften *o-bentô* sind ähnlich angerichtet. Gewöhnlich zeigt ein Bild auf der Verpackung den Inhalt an. Auch sie sind so gefüllt, daß das Arrangement den Transport im Reisegepäck heil übersteht.

Ebenfalls an Bahnhöfen und in vielen Fremdenverkehrsorten finden Sie regionale *O-bentô*-Spezialitäten. Mal sind es seltene Meerestiere, mal besondere Gemüse, die solche *o-bentô* zum beliebten **Reisemitbringsel** machen. Unternimmt z.B. jemand eine Dienstreise, erwarten die Kollegen seiner Abteilung, daß er eine regionale Delikatesse mitbringt, die man dann in gemeinsamer Runde verzehrt. In japanischen Fernzügen gehen Verkäuferinnen von Abteil zu Abteil, um derlei kulinarische Spezialitäten, als Geschenk verpackt, anzubieten – ein Service, der sehr rege genutzt wird.

Auch bei den in Japan so beliebten **Picknickausflügen**, etwa zur Kirschblütenschau oder zum Betrachten des Herbstlaubs (*momiji*), spielen *o-bentô* eine wichtige Rolle. Im Handel sind vielerlei *bentô-bako*, oft sehr kostbare Lackkästen mit ineinanderpassenden Schälchen und Kästchen, in die man zum Picknick das *o-bentô* füllt.

Auch manche **Restaurants** bieten Mahlzeiten aus regionalen *O-bentô*-Spezialitäten an. Diese werden in speziellen Lackschalen und mehrteiligen Kästchen appetitlich angerichtet.

Reis bildet die Grundlage aller traditionellen *o-bentô*. Allerdings werden als *o-bentô* heute auch Pappschachteln mit Sandwiches angeboten. Ebenso heißt z.B. der Apfel, den in Europa lebende Japanerinnen gern ihren Kindern als zweites Frühstück mit in den Kindergarten geben, *o-bentô*. So scheint dieser japanische Begriff dauerhafter als die Eßgewohnheiten, die sich zunehmend westlichen Gepflogenheiten anpassen.

Grüner Tee und *sake*

Wie für die Speisen gilt für Getränke: Ost und West behaupten sich gleichberechtigt nebeneinander.

In Japans feuchtheißem **Sommer** sollten Sie dem Körper ausreichend Flüssigkeit zuführen. Trinken Sie also reichlich (Nichtalkoholika, versteht sich). Bedienen Sie sich getrost an dem **Wasser**, das man Ihnen in Restaurants gratis und unaufgefordert serviert. Es ist Leitungswasser von unbedenklicher Trinkqualität.

Im **Winter**, wenn der Körper mit weniger Flüssigkeit auskommt, reichen viele Restaurants anstelle des Wassers, gewöhnlich aber erst gegen Ende der Mahlzeit, **grünen Tee**. Auch er wird beliebig oft nachgeschenkt.

Grüner Tee wird ohne Zucker, Milch oder Zitrone getrunken. Er ist aus unfermentierten Teeblättern hergestellt, besitzt leichten Heugeschmack, wirkt sehr anregend und enthält, so heißt es, viele Vitamine. Anders als

Vom Essen und Trinken

O-bentô – *Mittagessen im japanischen »Henkelmann«.*

schwarzer Tee wird er nicht bitter, wenn die Blätter längere Zeit ziehen. Vielmehr füllt man, wenn der Tee zu stark wird, die Kanne immer wieder mit heißem Wasser auf. So reichen wenige Blätter für große Mengen Tee. Grüner Tee ist auch ein guter Durstlöscher für den Sommer.
Beim Kauf grünen Tees sollten Sie die großen **Qualitätsunterschiede** beachten. *Bancha*, »Nummerntee«, ist die Bezeichnung für die billigsten Sorten, die man auch im Restaurant erhält. *Bancha* preßte man früher in ziegelförmige Blöcke. Kaufhäuser bieten *bancha* sehr preisgünstig an. Heute ist grüner Tee auch in Beuteln üblich. In **Hotelzimmern** finden Sie meist ein Heißwassergerät und einige Beutel grünen Tees zur kostenlosen Verfügung vor.
Auch hochwertigere Sorten können Sie in Kaufhäusern erstehen. Dabei sollten Sie allerdings nicht auf Beratung verzichten. Gute Teesorten können sehr aufwendig verpackt – und **sehr teuer** – sein. Sie sind beliebte Geschenke in der Wintersaison.
Als **König des Tees** gilt der sogenannte *matcha*, der pulverisierte, für die Teezeremonie verwendete grüne Tee. Er ist sehr stark und schmeckt bitter. Der Teemeister bereitet ihn nach einem streng festgelegten Ritual vor den Augen der Gäste zu. Mit einem kleinen Bambuslöffel füllt er etwas Teepulver in eine flache Teeschale, gießt darüber ein wenig heißes Wasser und schlägt die Mischung mit einem kleinen, rasierpinselähnlichen Bambusbesen schaumig. Der Gast dreht die – in der Regel schlichte und oft sehr kostbare – Schale in der Hand, ehe er den Tee in kleinen Schlucken trinkt. Danach bewundert er die Schale und reicht sie dem Teemeister zurück.

Vom Essen und Trinken

Die traditionelle **Teezeremonie** frönt nicht allein dem schnöden Genuß, sondern bildet auch und vor allem Teil eines Meditationsrituals. Sie wurde vornehmlich von Zen-Mönchen und in Samurai-Kreisen gepflegt. Heute zählt sie zur klassischen Ausbildung junger Frauen.

Kôcha, »roter Tee«, so nennen Japaner den **schwarzen Tee**. Sie erhalten ihn, lose und in Beuteln, ebenfalls in japanischen Restaurants und Kaufhäusern. Restaurants geben ihn allerdings nicht kostenlos aus, im Gegenteil: dort kommt er oft sehr teuer. Schwarzer Tee gilt in Japan als **westliches Getränk**. Er wird stets in Henkeltassen mit Untertasse serviert, grüner Tee hingegen in henkellosen Steingutbechern. Im Sommer wird schwarzer Tee auch geeist ausgeschenkt.

Kaffee, ein vom Westen übernommener Genuß, wird vor allem in Kaffeehäusern angeboten. Japaner bereiten Kaffee sehr schmackhaft zu und in vielen – besonders von Frauen geschätzten – Variationen wie *uinna-kôhi* (Wiener Kaffee). Im Sommer ist auch Eiskaffee beliebt, der als schwarzer Kaffee mit Eiswürfeln daherkommt. Der uns bekannte Eiskaffee mit Eiskrem heißt in Japan *kôhi-furôto* (»coffee float«). Die Sitte, eine Mahlzeit mit einem Kaffee, z.B. Espresso, abzuschließen, ist jedoch wenig verbreitet.

Neben dem (grünen) Tee gilt *sake* als »das« traditionelle Getränk der Japaner. *Sake*, ein etwa 17%iger Reiswein bzw. Reisschnaps, schmeckt leicht süßlich. Er wird normalerweise, vor allem im Winter, warm genossen. Man trinkt ihn aus winzigen Bechern. Der Becher wird nachgefüllt, sobald man ihn geleert hat. Ein leerer Becher sieht traurig aus, sagt man.

Japaner vertragen gewöhnlich nicht viel Alkohol. Schon nach geringen Mengen läuft ihr Gesicht rot an. (Um so mehr bewundern sie die Trinkfestigkeit von Europäern.) Zum Glück sind Japaner gegenüber beschwipsten und selbst stockbetrunkenen Mitmenschen äußerst nachsichtig. Niemand würde einen Betrunkenen aus einem öffentlichen Verkehrsmittel weisen, sondern sich eher bemühen, ihn heil nach Hause zu schaffen.

Außer dem nach wie vor sehr beliebten *sake* werden fast sämtliche **westliche Alkoholika** angeboten, viele *made in Japan*. Japanisches Bier genießt einen sehr guten Ruf. Auch japanischer Whisky kann sich durchaus mit einigen westlichen Marken messen.

Wein gedeiht in Japan kaum. Weine aus den Mittelmeerländern, Frankreich und Deutschland sind im Handel, aber im allgemeinen kostspielig. Daher gibt eine Flasche Wein aus Ihrer Heimat ein hervorragendes **Geschenk** ab.

Getränkeautomaten finden Sie in Japan in so vielen Varianten, daß Sie glauben könnten, Ihr bisheriges Leben auf dem Mond verbracht zu haben. Sie stehen selbstredend in jedem Stadtwinkel, aber auch in ländlichen Gefilden, in denen Sie einen Stromanschluß nicht vermuten würden. Und sie spucken Getränke aus, die tatsächlich *eisgekühlt* sind. Sie können wählen zwischen den verschiedensten Biersorten in diversen Dosengrößen, überall auch zwischen uns unbekannten mineralreichen und/oder exotisch aromatisierten Getränken. *Calpis* heißt ein angenehm süß-säuerliches Sommerge-

294

Vom Essen und Trinken

Als König des Tees gilt der sogenannte **matcha,** *der pulverisierte, für die Teezeremonie verwendete grüne Tee.*

tränk aus fermentierter Milch. Vielerorts spenden außerdem Automaten heiße Getränke. Eine Dose mit gezuckertem Kaffee ersetzt oftmals das Frühstück.
Beim Zug durch japanische Bars wird Ihnen manchmal hinter der Theke eine **Batterie angebrochener Flaschen mit Namensschildchen** auffallen. Diese Flaschen gehören Stammgästen. Kunden können sich eine Flasche öffnen und, wird der Inhalt an einem Abend nicht geleert, bis zum nächsten Besuch aufbewahren lassen – ein Service, der die Bindung der Gäste an »ihre« Kneipe verstärkt. Für den Fall, daß Sie davon Gebrauch machen sollten, sei Ihnen eine Internet-Weisheit mitgegeben:
»*Du bist schon viel zu lange in Japan, wenn du's normal findest, deine teuer bezahlte Flasche Whisky hinter dem Tresen deiner Lieblingsbar zu deponieren.*«

Feste und Feiern

Den traditionellen Festen und Feiern in Japans Jahreskreislauf kam vor allem vor Einführung des Gregorianischen Kalenders besondere Bedeutung dadurch zu, daß sie auch den Arbeitsrhythmus bestimmten. Die meisten von ihnen besitzen **religiösen Hintergrund.** Was oft als rein weltliches Volksfest erscheint, dient im Grunde immer noch der Belustigung der Götter. Für diese statten die Menschen das Fest aus, an dem sie als Zuschauer teilhaben. Die Götter sind nach japanischer Auffassung im Festtrubel anwesend.

Die meisten fröhlichen Feste richten sich an die Shintô-Götter. Buddhistische Feste werden weniger ausgelassen begangen. Allerdings sind wie in anderen Lebensbereichen auch im Festgeschehen die beiden Religionen nie scharf voneinander zu trennen.

Feste, die eine Einzelperson ehren, haben in Japan geringen Stellenwert. Das Individuum läßt sich nicht gern feiern. Im Mittelpunkt stehen ist vielen Japanern unangenehm. Namenstage kennt die japanische Tradition nicht. Beim **Geburtstag** zeichnet sich der Trend ab, daß junge Leute von Freunden, aber auch der Familie beschenkt werden. Früher jedoch wurde er kaum gefeiert. Dies hat seinen Ursprung darin, daß man früher das Lebensalter anders berechnete als heute: Ein Kind war nach traditioneller Auffassung bei seiner Geburt ein Jahr alt. Die weiteren Lebensjahre zählte man nicht von Geburtstag zu Geburtstag, sondern von Neujahr zu Neujahr. Ein Neugeborenes, das gegen Jahresende zur Welt kam, wurde am Neujahrstag zwei Jahre alt.

Bestimmte Lebensabschnitte begeht man festlich, jedoch nicht individuell. Im November findet z.B. das Fest namens *shichi-go-san*, »Sieben-Fünf-Drei«, statt. An diesem Tag ziehen die siebenjährigen Mädchen, fünfjährigen Jungen sowie dreijährigen Mädchen und Jungen in traditionellen Kostümen zum Schrein der Gemeinde. Sie empfangen eine Tüte mit Süßigkeiten. Wichtiger Punkt der »Tagesordnung« sind heute die Erinnerungsfotos. Das Fest entstand als Zeremonie zur Aufnahme in die Welt der Erwachsenen. Früher erhielten die Jungen an diesem Feiertag ihre ersten Hosen, während die Mädchen erstmals nach erwachsener Frauen frisiert wurden.

Falls Sie sich im November in Japan aufhalten, sollten Sie sich im Hotel oder Bekanntenkreis erkundigen, in welchem Schrein dieses Fest stattfindet. Die Mädchen mit ihren prächtigen Kimonos und kunstvollen Frisuren und die

——————— *Feste und Feiern* ———————

*Dramatische Straßenszene wie beim Auftrieb der Jungstiere in Pamplona:
das Fest* hakata yamagasa *in Fukuoka.*

mit großen Schwertern bewehrten Jungen in den *hakama*, Rockhosen, bieten einen unvergeßlichen Anblick – und eine der besten Gelegenheiten um zu Fotografieren. Meist sind die Eltern so stolz auf ihre Kinder, daß sie Ihnen gern erlauben, Ihre Kamera zu zücken. Und die Kleinen sind alles andere als kamerascheu.

Auf den 15. Januar fällt das **Fest der Volljährigkeit**, die mit 20 Jahren beginnt. Es ist ein gesetzlicher Feiertag. Die jungen Frauen begeben sich an diesem Tag festlich gekleidet zum Schrein und bitten um eine gute Zukunft. Gesetzlicher Feiertag ist auch das **Fest der alten Menschen** am 15. September. Es wird ebenfalls nicht individuell gefeiert, sondern in der Gemeinschaft der Gleichaltrigen.

Das **Puppenfest**, *hinamatsuri*, am 3. März und das Knabenfest, *kodomo no hi*, am 5. Mai zählen zu den Festtagen der Kinder. Beim Puppenfest stellen Familien für die Mädchen in Haus bzw. Wohnung auf einer mit rotem Filz bezogenen Stufenpyramide Festpuppen auf. Auf der obersten Stufe sind Kaiser und Kaiserin in zeremonieller Tracht und Positur zu sehen, darunter ihr Hofstaat – Musikanten, Diener und Dienerinnen – mit den kaiserlichen Insignien, manchmal auch eine Sänfte und ein Ochsenkarren. Die Puppen können aus unterschiedlichem Material bestehen, die wertvollsten kosten einige tausend Mark. Sie werden in der weiblichen Familienlinie vererbt.

Zum **Knabenfest** werden in der *tokonoma*, der Schmucknische des Hauptwohnraums, Objekte ausgestellt, die an die ruhmreiche Samurai-Vergangenheit erinnern: ein Helm, eine Rüstung oder auch die beiden Schwerter.

Feste und Feiern

Über dem Haus wehen im gesamten Monat Mai große Windsäcke in Karpfenform. Der Karpfen gilt als Symbol für Mut und Ausdauer und soll als solches wie die Samuai den männlichen Sprößlingen zum Vorbild dienen.
Fällt ein gesetzlicher Feiertag auf einen Sonntag, ruht am folgenden Montag die Arbeit. Gleiches gilt für einzelne Tage zwischen zwei gesetzlichen Feiertagen. Daraus ergeben sich mehrere arbeitsfreie Tage im Jahr, ein kleiner Ausgleich dafür, daß Japaner oft auf ihnen zustehende Urlaubstage verzichten. Die Häufung von Feier- und arbeitsfreien Tagen Ende April bis Anfang Mai führt zur berühmt-berüchtigten »**Goldenen Woche**«, in der ganz Japan auf Reisen ist und Hotels ausgebucht sind. Bis 1989 fiel in die »Goldene Woche« auch der Geburtstag Kaisers Hirohito, der nun als Tag der Umwelt begangen wird.
Für seine Vielzahl erlebenswerter **Volksfeste** ist Japan zu Recht bekannt. Die einen werden landesweit begangen, wenngleich teils regional um einige Wochen zeitlich verschoben. Das *Bon*-Fest z.B. feiert man in einigen Gegenden Mitte Juli, vorwiegend jedoch Mitte August. Die anderen sind an bestimmte Regionen oder Orte gebunden und typisch für die jeweilige lokale Kultur.
Landesweite Volksfeste können wie das *Bon*-Fest buddhistischen oder wie das auf eine chinesische Volkssage zurückgehende *tanabata* weltlichen Ursprungs sein.
Regionale Volksfeste, so Kyôtos *Gion*-Fest, wurzeln im Shintô, aber auch in profanen Traditionen wie das *Nebuta*-Fest in Aomori, das einer siegreichen Schlacht gedenkt.

Der japanische Festkalender

Gesetzliche Feiertage (*) und überregionale Volksfeste

1. Januar:	**Neujahr** *
15. Januar:	**Tag der Volljährigkeit** (*seijin no hi*) *
3. Februar:	**Teufelsaustreibung** (*setsubun*)
11. Februar:	**Tag der Staatsgründung** (*kenkoku kinenbi*) *
3. März:	**Puppenfest** (*hinamatsuri*)
20. März:.	**Frühlingsanfang** (*shunbun no hi*) *
8. April:	**Buddhas Geburtstag** (in Tempeln)
29. April:	**Tag der Umwelt** (früher Kaisers Geburtstag) *
3. Mai:	**Tag der Verfassung** (*kempô kinenbi*) *
5. Mai:	**Knabenfest** (*kodomo no hi*) *
7. Juli:	**Sternenfest** (*tanabata*)
Mitte August:	eine Woche **Totengedenkfeiern** (*o-bon*)
15. September:	**Tag der Verehrung des Alters** (*keirô no hi*) *
23. September:	**Herbstanfang** (*shûbun no hi*) *

―――― *Feste und Feiern* ――――

Kangen-*Fest (Miyajima)*

10. Oktober:	**Tag des Sports und der Gesundheit** (*taiiku no hi*) *
3. November:	**Tag der Kultur** (*bunka no hi*) *
23. November:	**Tag der Arbeit** (*kinrô kansha no hi*) *

Sehenswerte lokale Volksfeste

1. Januar:	**Kyôto** (Yasaka-Schrein): Heiliges Feuer (*okera mairi*)
3. Januar:	**Fukuoka** (Hakozakigu): Schreinfest (*tamaseseri*)
6. Januar:	**Tokyo** (Harumi, Chûô-dôri): Feuerwehr-Parade (*dezome-shiki*)
7. Januar:	**Fukuoka** (Dazaifu-Schrein): *Usokae*-Fest
8. Januar:	**Tokyo** (Asakusa): Verbrennung des Vergangenen (*dondo yaki*)
9./10. Januar:	**Ôsaka** (Imamiya-Schrein): *toka ebisu* (Prozession)
15. Januar:	**Nara** (am Wakakusayama): Grasfeuer (*yamayaki*) mit Feuerwerk
15. Januar:	**Kyôto** (Sanjûsangendô): *toshiya*
17. Januar:	**Akita** (Miyoshi-Schrein): *Bonten*-Fest
3./4. Februar:	**Nara** (Kasuga Jinja): Laternenfest

299

———————————— *Feste und Feiern* ————————————

2. Februarwoche:	**Sapporo**: Schneefest mit riesigen Eisskulpturen
12. März:	**Nara** (Tadaiji): Fest des Wasserschöpfens (*omizutori*)
13. März:	**Nara** (Kasuga Jinja): *kasuga matsuri*
14./15. April:	**Takayama** (Hie-Schrein): *sanno matsuri* (Umzug von Festwagen mit mechanisch bewegten Figuren)
21.–29. April:	**Kyôto** (Mibu-Tempel): *mibu kyôgen* (mittelalterliches Volkstheater)
3./4. Mai:	**Fukuoka**: *hakata dontaku* (Stadtfest)
3.–5. Mai:	**Hamamatsu**: Drachenfest (Wettbewerb im Drachensteigen)
11./12. Mai:	**Nara** (Kofukuji): *takigi nô* (Nô-Spiele und Tempelfest)
15. Mai:	**Kyôto** (Shimogamô und Kamigamo-Schrein): *aoi matsuri*
Mitte Mai:	**Tokyo** (Myôjin-Schrein): *kanda matsuri*
15. Mai:	**Kyôto** (Shimogamô Jinja): *aoi matsuri*
17./18. Mai:	**Nikkô**: Großes Schreinfest des Toshogû
3. Maiwochenende:	**Tokyo** (Asakusa-Schrein): *sanja matsuri*
	Kyôto (Arashiyama): *mifune matsuri* (Bootsfest auf dem Ôi-Fluß)
1./2. Juni:	**Kyôto** (Heian-Schrein): *takigi nô* (Nô-Spiele bei Nacht)
10.–16. Juni:	**Tokyo** (Hie-Schrein): *Sanno*-Fest
14. Juni:	**Ôsaka** (Sumiyoshi-Schrein): *otsue* (Fest des Reispflanzens)
17. Juni:	**Miyajima** (Itsukushima Jinja): Schreinfest
1.–15. Juli:	**Fukuoka**: *hakata yamagasa* (Stadtfest)
10. Juli:	**Tokyo** (Kannon-Tempel, Asakusa): *shiman rokuson* (Pilgerfest)
16./17. Juli:	**Kyôto** (Yasaka-Schrein): *gion matsuri* (Stadtfest)
25. Juli:	**Ôsaka** (Temmangu): *tenjin matsuri*
Ende Juli:	**Miyajima** (Itsukushima-Schrein): *kangensai* (Musikfest)
1.–7. August:	**Aomori** und **Hirosaki**: *Nebuta*-Fest
5.–7. August:	**Akita**: *Kantô*-Fest (Gebete um gute Ernte)

―――――――――――――― *Feste und Feiern* ――――――――――――――

6. August:	**Hiroshima**: Friedensfest
12.–15. August:	**Tokushima**: *awa odori* (Volkstanzfest)
16. August:	**Kyôto**: *daimonji* (*Bon*-Feuer)
16. September:	**Kamakura** (Tsurugaoka Hachimangu): *Yabusame* (Bogenschießen)
7.–9. Oktober:	**Nagasaki** (Suwa-Schrein): *Okunchi*-Fest
8.–10. Oktober:	**Takayama** (Hachiman-Schrein): *takayama matsuri*
17. Oktober:	**Nikkô**: Herbstfest des Toshogû
22. Oktober:	**Kyôto** (Heian Jingu): *jidai matsuri* (Prozession in historischen Kostümen)
3. November:	**Hakone**: *Daimyô*-Prozession
17. Dezember:	**Nara**: Festumzug im Kasuga-Wakamiya-Schrein

Tip: Auskünfte über lokale Volksfeste

• An fast jedem Wochenende findet irgendwo in Japan ein sehenswertes Volksfest (*matsuri*) statt. Wollen Sie sich in Japan über Orte und Termine informieren, so suchen Sie eine Niederlassung des **Japan Travel Bureau (JTB)** auf und fragen nach *matsuri*. Man wird Ihnen ein großes, bebildertes Faltblatt aushändigen und bei der Buchung von Fahrkarten und Unterkunft behilflich sein. Auch alle **Fremdenverkehrsbüros** in Bahnhöfen und in der Nähe der Hauptsehenswürdigkeiten bieten Ihnen ähnliche Unterstützung.

Regionale Volksfeste

Japan ist außerordentlich reich an *matsuri*, traditionellen **Volksfesten**. So wie bei uns fast jedes Dorf auf seine Weise die Kirchweih feierte, so kennt in Japan jedes Dorf und jeder Stadtteil sein *matsuri*. Noch ist das Traditionsbewußtsein weit stärker ausgeprägt als hierzulande. Althergebrachte Künste leben nicht zuletzt deshalb fort, weil sie zumindest aus Anlaß der jährlich wiederkehrenden Volksfeste gepflegt werden.
Jahrhundertealte **Theaterstücke** z.B. wurden dadurch nahezu unverändert überliefert. Oft liegen für sie keine schriftlich fixierten Texte und Dramaturgieanweisungen vor, vielmehr wurden und werden sie so inszeniert, wie die Vorfahren sie von Generation zu Generation seit Jahrhunderten vorgeführt haben. Vergleicht man sie mit Theaterstücken, die in Städten inszeniert wer-

Feste und Feiern

den und seit mehreren Jahrhunderten schriftlich tradiert sind, so fallen die erstaunlich geringen Abweichungen auf.

Zum festen Programm vieler Volksfeste zählen Prozessionen und **Umzüge**, bei denen Sie farbenprächtige alte Kostüme, Festwagen und kunstvoll geschnitzte tragbare Schreine bestaunen können. Die bekanntesten davon finden in **Kyôto** statt: Beim *Gion*-Fest Mitte August scheint der Zug der Festwagen nicht enden zu wollen, während am historischen Umzug zum *Jidai*-Fest im Oktober Samurai in voller Rüstung, Damen in Sänften und kostbaren Gewändern, Ochsenkarren und Lasten schleppende Träger mitwirken.

Außer Trachten, Theaterstücken und Tänzen hat sich so auch das **Kunsthandwerk** erhalten. Spielzeug aus Bambus oder Holz, im modernen Alltag vom Gameboy und Videoplays verdrängt, wäre wohl vollkommen ausgestorben, gäbe es die Volksfeste nicht. Dort findet man Libellen mit kleinen Bambusflügeln, die kreiselnd erstaunlich weit schwirren, Holzpüppchen mit beweglichen Köpfchen, tanzende Kreisel und etliches anderes Spielzeug mehr.

Die meisten *matsuri* sind einem Schrein zugeordnet und als **Erntedankfest** entstanden. Daher ist ihre Hochsaison die Zeit von Spätsommer bis zum Herbst.

An den Vorbereitungen dieser volkstümlichen **Schreinfeste** beteiligen sich alle, die im Umkreis des betreffenden Schreins leben. Da jeder Japaner als Nachkomme der Shintô-Götter gilt, ist jeder Teil der Shintô-Gemeinschaft. Dies ist keine Frage der Konfession, sondern durch die Geburt als Japaner bestimmt.

Der Shintô-Priester überwacht die Festvorbereitungen. In seinem Beisein wird eine Familie bestimmt, die in diesem Jahr dem Festkomitee vorsitzt. Aufgabe dieser Familie ist das »Eintreiben« von **Geldspenden** – die zwar freiwillig erfolgen, doch im Wissen, daß niemand sich entziehen kann. Da man im allgemeinen über die Finanzverhältnisse der Dofbewohner recht gut im Bilde ist, wird ein jeweils angemessener Betrag erwartet. Über die gespendete Summe wird eine Art Quittung ausgestellt, die Betrag und Name der Geberfamilie nennt. Diese Quittungen hängen öffentlich im Haus des Vorsitzenden des Festkomitees aus. So kann jeder sehen, wieviel die anderen »lockergemacht« haben. In manchen Gegenden stellt man eine Sammelquittung aus, die den Mammon verdoppelt – ein Trick, der den Göttern irdische Großzügigkeit vorgaukeln soll.

Ihre Geldspenden sprechen die Dorfbewohner nicht davon frei, die Festvorbereitungen arbeitsteilig tatkräftig zu unterstützen. Viele engagieren sich als **Laiendarsteller**, mit denen ein Lehrer oder älterer Priester Tänze und Theaterstücke einübt.

Das Fest steigt gewöhnlich in der Morgendämmerung. Dörfer, in denen das **Puppentheater** Tradition besitzt, führen schon vor Tagesanbruch ein glückverheißendes Stück auf. Daß sich um diese Zeit wenige Zuschauer einfin-

―――――――――――― *Feste und Feiern* ――――――――――――

Bugaku-*Tänze als Festspektakel im Meiji-Schrein (Tokyo). Zum begleitenden Orchester zählt eine riesige Trommel mit traditioneller Ornamentik.*

den, macht nichts: Die »Matinée« gilt den Göttern. Außerdem weiß man, daß die weiteren im Lauf des Tages dargebotenen Aufführungen ein Publikumserfolg werden.
Daneben gibt es Umzüge, manchmal schon am Vorabend mit Laternen oder Fackeln. Zum Festtrubel zählt auch ein **Jahrmarkt** mit Buden, die traditionelles Spielzeug und Süßigkeiten feilbieten.
Viele Städte sperren Straßen für den Umzug großer **Festwagen**. Wenn diese, wie oft der Fall, starre Achsen besitzen, müssen sie mit Brechstangen oder Muskelkraft um Straßenbiegungen manövriert werden. Bei Kyôtos *Gion*-Fest geschieht dies mit langen Tauen und unter dem Beifall der Zuschauer. Solche Manöver sind nicht ganz ungefährlich, denn die Festwagen sind oft mehrere Meter hoch und ihre Schwerpunkte nicht immer ausreichend tief gelagert. Unter den kräftigen Männern, die die Wagen ziehen und lenken, erblicken Sie heute ab und an einen Ausländer.
Manche Festwagen sind mit **überlebensgroßen Figuren** geschmückt, so beim *Nebuta*-**Fest** im nordjapanischen Aomori, das an den Sieg japanischer Krieger über Japans Ureinwohner, die Ainu, erinnert. Auch die Figuren der Festwagen im nahegelegenen Hirosaki illustrieren diese Schlacht. In beiden Städten ziehen die Festwagen, von innen beleuchtet, nachts um. Überdimensionale Darstellungen populärer Volkshelden werden z.B. in Hakata auf Kyûshu (bei Tage) durch die Straßen gezogen.
In Nagahama am Biwa-See sind Festwagen mit einer winzigen Bühne ausgestattet, auf der Kinder *Kabuki*-Stücke vorführen. Auf manchen der Fest-

Feste und Feiern

wagen in Takayama wiederum bewegen sich während der Fahrt mechanische Puppen.

Bei vielen Volksfesten sieht man Männer, die auf ihren Schultern einen mit breiten Tragstangen versehenen Schrein durch die Straßen ziehen. *Mikoshi* heißen diese **tragbaren Schreine**, in denen nach alter Überzeugung die jeweilige lokale Gottheit residiert. Bei solchen Prozessionen kann es zu mitunter bedrohlichem Tumult kommen.

Aus China sind die **Löwentänze** übernommen, die zum Repertoire vieler *matsuri* zählen.

Ausländer staunen immer wieder über das überschäumende Temperament, das Japaner bei *matsuri* an den Tag legen. So ausgelassen und lebhaft die Stimmung ist, gewalttätig ist sie nie.

Kristina erzählt: *Nebuta* in Aomori

1991 verbrachte ich im Rahmen eines Schüleraustausches der Düsseldorfer Deutsch-Japanischen Gesellschaft drei Wochen bei zwei Familien in Aomori und Hirosaki, zwei Städten im Norden der Insel Honshû. Vor der Reise schrieb mir mein Gastvater in Aomori, daß ich eines der drei größten Volksfeste des Landes erleben würde, das Nebuta-*Fest. Über eine Woche sollte es dauern.*

In Aomori erzählte man mir, daß das Fest auf eine Legende zurückgeht. Nach dieser sollen die von Honshû gegen die Ainu auf Hokkaidô vorrückenden Japaner bei einer Schlacht furchterregende, von innen beleuchtete überlebensgroße Kriegerfiguren angefertigt und durch diese List die Ainu in die Flucht geschlagen haben. Das Nebuta-*Fest feiert die Erinnerung an jene Schlacht mit prächtigen Umzügen von Festwagen, auf die bemalte, von innen beleuchtete Samurai-Riesen aus Papier montiert sind.*

Ende August war es soweit. Schon Tage zuvor herrschte in der Stadt ein Aufruhr wie am Rhein zum Karneval. An jeder Ecke wurden Kostüme, Baumwollkimonos, Strohhüte, Sandalen ... verkauft. Überall sah und hörte man Werbung für das Fest, sogar Getränkedosen zeigten Abbildungen von Festwagen.

Mit Beginn des Festes wurden alle großen Straßen der Bezirkshauptstadt Aomori für den Autoverkehr gesperrt. Auf den Gehwegen waren Tribünen und Sitzreihen, am Straßenrand Imbißbuden aufgestellt. Fernsehteams und Touristen aus ganz Japan reisten ein.

Der Umzug hat mich so beeindruckt, daß selbst ich als karnevalsgewöhnte Düsseldorferin hingerissen war. Auf fünf mal fünf Meter messenden Festwagen leuchteten übergroße Samurai-Figuren, eine schöner als die andere. Dazwischen sangen und tanzten Musikgruppen, vornehmlich zum Klang großer Trommeln und Flöten, andere Musiker fuhren auf den Wagen mit.

―――― *Feste und Feiern* ――――

Festlicher Mummenschanz
(Schauspieler mit Nô-*Maske im Meiji-Schrein, Tokyo).*

Der Zug dauerte mehrere Stunden. Ihn begleiteten Leute in bis zu den Knien hochgerafften Baumwollkimonos, an denen Glöckchen bei jeder Bewegung klingelten. Ab und an warfen sie einige Glöckchen in die Zuschauermenge, die sich um diese Glücksbringer stritt.
Tiefer im Landesinneren liegt die kleine Stadt Hirosaki. Dort stellt das Nebuta-*Fest anders als in Aomori nicht den Sieg über die Ainu heraus, sondern die Umstände des Kampfes. Hirosakis Festwagen tragen keine plastischen Samurai-Figuren, sondern fächerförmige Aufbauten, die einen Krieger in furchterregender Pose und auf der Rückseite seine daheim wartende Frau zeigen. Die Wagen sind ebenfalls von innen beleuchtet und bis zu fünf Metern hoch.*
Ich besuchte Hirosakis Nebuta-*Fest mit meiner Gastfamilie, die mir einen Festkimono besorgt hatte. Bei Eröffnung des Zuges, den eine große Trommel ankündigte, traf mein Gastvater einen Bekannten, der mich einlud, auf der Ehrentribüne Platz zu nehmen. Dort erklärte der Bürgermeister mir einige Festtraditionen und Unterschiede zwischen Hirosakis und Aomoris* Nebuta-*Fest. Dann holte mein Gastvater mich auf die Straße zurück, und ich fand mich inmitten einer Umzuggruppe wieder, die mich im Nu herzlich aufnahm. Ich lief im Zug mit, zog am riesigen Festwagen, trommelte, sang und tanzte, wie die anderen es taten. Es war ein Erlebnis zum Abheben.*

Feste und Feiern

Tips: Teilnahme an Volksfesten

Volksfesterlebnisse zählen zu den Glanzlichtern eines Japan-Aufenthaltes. So zurückhaltend Japaner normalerweise wirken mögen, bei ihren Volksfesten sind sie ausgelassen und locker. In die mitreißende Atmosphäre werden Fremde nur allzu gern einbezogen. Also: **Lassen Sie sich die Gelegenheit zum Feiern nicht entgehen.** Fast immer steigt irgendwo ein Fest, das in den Reiseplan einzubauen sich lohnt.

• **Filmen** und **Fotografieren** können Sie bei allen Volksfesten nach Herzenslust. Lediglich bei Portraitaufnahmen aus nächster Nähe sollten Sie Ihr »Modell« zuvor um Erlaubnis fragen. Auch sollte selbstverständlich sein, daß es sich nicht schickt, zum Fotografieren oder Filmen in geheiligte Bezirke oder Gebäude einzudringen. Auf keinen Fall stören sollten Sie vor allem, wenn dort religiöse Zeremonien und Festakte abgehalten werden.

• **Zu dichtes Herantreten an tragbare Schreine (*mikoshi*) und hochbeladene Festwagen** kann gefährlich werden. Mitunter drehen die Träger sich ohne erkennbares Kommando unversehens samt der schweren Last auf ihren Schultern im Kreis. Wer in einem solchen Augenblick zu nahe steht, wird umgeworfen. Dabei kann schon mal eine Kamera zu Bruch gehen. Zu Körperverletzungen kommt es zum Glück selten.

• Wo Nachbargemeinden ihre Schreinfeste zur selben Zeit veranstalten und mehrere Schreine durch die Straßen ziehen, artet der **Wetteifer der *Mikoshi*-Träger** in regelrechte Kämpfe aus. Da krachen die Schreine gegeneinander, daß man meint, sie müßten bersten. Doch sie sind offensichtlich sehr stabil gebaut.

• Bei **Festumzügen in Südjapan** werfen die Zuschauer zwischen die Festwagen Böller und Feuerwerkskörper. Es bereitet ihnen ein geradezu höllisches Vergnügen, wenn die Träger oder Zieher jählings, Schrein oder Festwagen mit sich reißend, ausweichen müssen.

• **Löwentänzer** machen sich gern einen Spaß daraus, die Zuschauer zu erschrecken. Da wir »fremde Teufel« in Japan nun einmal auffallen und im Alltag bewußt höflich und zuvorkommend behandelt werden, geben wir eine besonders beliebte Zielscheibe ab. Bösartig sind solche Scherze nie. Wenn Sie als »Opfer« darüber lachen, haben die Zuschauer noch mehr Spaß daran – und bestimmt auch Sie.

• Auch **landesweit begangene Feiern** wie das Puppenfest, Knabenfest und *shichi-go-san* bereiten Erlebnisse, an die Sie sich noch lange erinnern werden. Vor allem auf dem Land lädt man Sie oft ein, die im Haus aufgestellten Puppen oder Samurai-Rüstungen zu betrachten. Erkundigen Sie sich im Hotel, bei Bekannten oder im nächstgelegenen Schrein, wann und in welchem Schrein das *shichi-go-san* stattfindet.

Feste und Feiern

Grundbedarf für mochi *(Neujahrsküchlein).*

Das Fest der Feste: Neujahr

Das Neujahrsfest ist der **Höhepunkt des Jahres**. Es wird in der **Familie** begangen. Schulkinder haben Ferien, alle Geschäfte schließen, ebenso – für einige Tage, womöglich gar eine Woche – Unternehmen.
Die Zeit vor Neujahr steht im Zeichen **fieberhafter Festvorbereitungen**. Häuser und Wohnungen werden auf Hochglanz gebracht. Früher bespannte man vor Neujahr die *shôji*, Papierfenster, mit neuem Papier, eine mühevolle Arbeit, die heute entfällt.
Am Neujahrstag wird in Japan nicht gekocht. Diese Sitte geht vermutlich auf den chinesischen Volksglauben zurück, nach dem der Küchengott zu Neujahr zum Himmel aufsteigt, um über die guten und schlechten Taten der Familie zu berichten. Es gilt als gefährlich, während der Abwesenheit des Küchengotts den Herd zu feuern und scharfe Messer zu benutzen. Daher werden für den Neujahrstag kalte Speisen vorbereitet. Höchstens eine heiße Suppe genehmigt man sich, der geröstete *mochi*, kleine Kuchen aus geschlagenem Reismehl, beigegeben werden.
Das mühsame **Zubereiten der *mochi*** geht geradezu zeremoniell vor sich. Der Reismehlteig wird in einem Mörser so groß wie ein Hackklotz geschlagen. Dies ist gewöhnlich Sache des Hausherrn. Zwischen zwei Schlägen muß ein Helfer (oft sind die Kinder zugelassen) den Teigkloß mit warmem Wasser anfeuchten. Ist der Teig endlich ausreichend geschmeidig, formt man aus ihm kleine Klöße. Diese enthalten normalerweise keine Ge-

Feste und Feiern

schmackszutaten, mögen aber in Puderzucker gewälzt oder in der Farbe des Glücks, Rot, gefärbt sein. Nur wenige Familien stellen die *mochi* noch selbst her. Die meisten kaufen sie als Fertigprodukt.

Traditionell versucht jeder nach Kräften, **vor Neujahr seine Schulden zu begleichen**. Wem dies zum Jahresende nicht gelingt, der verliert Gesicht.

Zu **Silvester** erklingen um Mitternacht dumpf die Bronzeglocken buddhistischer Tempel. Sie schlagen 108mal zur Mahnung an die 108 Bindungen des Menschen an die irdische Welt. Das Entzünden von Feuerwerkskörpern ist anders als bei uns (und unter Chinesen!) in Japan nicht üblich.

Hauptbeschäftigung des Neujahrstags sind **Besuche im Familienkreis**. Man bekundet Eltern und Schwiegereltern Respekt. Früher, als die Generationen noch unter einem Dach zusammenlebten, begaben junge Ehepaare sich am Neujahrsmorgen in das Zimmer der Eltern des Mannes und verbeugten sich vor ihnen. Danach besuchten sie gemeinsam die Eltern der Frau.

Heute fahren viele Stadtbewohner, deren Eltern noch auf dem Land leben, zum Neujahrsfest in ihr **Heimatdorf**, um die Feiertage im versammelten Familienkreis zu verbringen. Oft sucht man die Schreine auf. Diese geben am Neujahrstag Pfeile mit einem Segensspruch aus, die die Familie vor Feuersbrunst und anderen Gefahren schützen sollen. Der Pfeil wird bis zum nächsten Neujahrstag daheim aufbewahrt.

Viele Schreine veranstalten zu Neujahr Feste mit traditionellen Tänzen und *Kagura*-Spielen. Alte Dorfwohner wirken bei den Vorbereitungen für die Schreinfeste mit. Noch stellen diese alten, mit ihrer Gemeinde eng verbundenen Menschen ein wichtiges Bindeglied zwischen der jungen Generation und der Tradition dar.

Am 2. und 3. Januar sucht man entferntere Verwandtschaft, Gönner und Wohltäter auf. Lehrer und Professoren erhalten Besuch von ehemaligen Schülern und Studenten. Es ist üblich, den – sehr schlecht bezahlten, doch hochgeachteten – Lehrern und Professoren zum Zeichen des Respekts ein Geschenk zu übergeben (dessen materieller Wert durchaus sehr geschätzt wird).

Fällt der 1. Januar auf einen günstigen Wochentag, können die Neujahrsfeierlichkeiten beinahe eine Woche währen.

Glückwunschkarten

Glückwünschkarten haben zum **Neujahrsfest** Hochsaison. Immer noch senden Japaner eifrig ihren Bekannten zu Neujahr Kartengrüße. Oft sind die Karten sehr wertvoll und teuer, nicht selten wahre kleine Meisterwerke, die zu sammeln sich lohnt.

Feste und Feiern

Die **einfachsten Neujahrskarten** werden von der Post vertrieben. Diese Postkarten sind mit einem Glückwunschgruß und glückverheißenden Bild bedruckt und fortlaufend numeriert, da sie als Los einer staatlichen Lotterie gelten. Beliebte **Schmuckmotive** sind Blumen und Vögel, Kiefer, Bambus und Pflaumenblüte als Symbole der Unwandelbarkeit, Kranich oder Schildkröte als Sinnbilder langen Lebens. Auch Ansichten des Berges Fuji zieren zahlreiche Glückwunschkarten.

Weit **aufwendigere Karten** erhalten Sie im Schreibwarenhandel. Viele sind ausklappbar und innen mit einem *Nô-* oder *Kabuki*-Motiv bedruckt, z.B. dem Sambasô mit seiner schwarzen Maske, der *Nô*-Maske einer schönen Frau, eines hübschen Jünglings oder lachenden alten Mannes. Manche zeigen blumengeschmückte Festwagen.

Beliebt sind auch Glückwunschkarten mit kleinen Faltfiguren aus farbigem Papier, z.B. einem Kranich, der beim Ausklappen die Flügel ausbreitet, oder einem Schachtelgeist, dessen Kopf beim Auffalten vorschnellt. Papierfalten ist bis heute eine Beschäftigung, der Kinder begeistert nachgehen.

Wie bei uns kommen zum Neuen Jahr außer Glückwunschkarten gern **Kalender** ins Haus. Vor allem Firmen versenden häufig Tischkalender aus zwölf auswechselbaren Kunstpostkarten. Die Karten tragen das jeweilige Monatskalendarium und lassen sich durch eine Klarsichthülle aufstellen. Eine andere Variante ist die ausklappbare, gefaltete Wandkalenderkarte.

Moderne Kalender sind meist nach westlicher **Zeitrechnung** datiert. Buchkalender verwenden jedoch oft das traditionelle japanische Kalendarium, das sich nach dem Jahr der Thronbesteigung des Kaisers richtet. Da dieses zugleich als letztes Amtsjahr des Vorgängers gilt, lassen Jahresangaben sich nicht durch simple Addition der Regierungsjahre umrechnen.

Gönnern, Vorgesetzten und Lehrern überbringt man zu Neujahr seine Glückwunschkarte häufig persönlich, dann allerdings zusammen mit einem Geschenk.

Auf »modern« designten Glückwunschkarten sehen Sie oft eine winkende Katze, Disney-Figuren und englische Aufschriften. Weniger traditionsbewußte Japaner greifen auch vielfach zu Glückwunschkarten mit Nikolausmotiv.

»Valentine« und »Xmas«

Unter Japans »moderne« Feste fallen »Valentine«, der Valentinstag, und »Xmas«, Weihnachten. Die Japaner haben sie aus den USA übernommen. Inzwischen haben beide Bräuche, wie viele andere »Kulturimporte« auch, ihre typisch japanische Ausprägung gefunden.

Der **Valentinstag** ist der **Tag der Verliebten**. An diesem Tag, dem 14. Februar, locken Kaffeehäuser und viele Restaurants mit besonderen Arran-

Feste und Feiern

gements für Paare. Konditoren fertigen Pralinen und Gebäck in Herzform, Blumengeschäfte binden Valentin-Sträußchen für Verliebte. Dekorateure überbieten sich im Schmücken der Schaufenster mit Symbolen der Zweisamkeit.

Für junge Japanerinnen bedeutet der Valentinstag die Gelegenheit, sich ihrem heimlichen Schwarm zu offenbaren. Und dies erklärt seine Popularität in diesem Land, in dem Frauen traditionell äußerste Zurückhaltung auferlegt war. Ein verliebtes Mädchen besaß kaum eine Möglichkeit, den insgeheim Auserwählten irgendwie auf sich aufmerksam zu machen. Heute kann es dem Angebeteten, ohne sich genieren zu müssen oder seinem Ruf zu schaden, am Valentinstag ein Blumensträußchen oder eine verführerische Schachtel Pralinen schenken. Daß dabei viel gekichert und gelacht wird, versteht sich.

Auch **Grußkarten** kursieren zum Valentinstag herum. Ihr gängiger Aufdruck lautet (nahezu ausnahmslos im englischen O-Ton): »Please be my Valentine.«

Das **Weihnachtsfest** liegt für Japaner ungünstig, fällt es doch in die hektische Vorbereitungswoche auf ihr höchstes Fest, das Neujahr. Außerdem konzentriert sich »die« Geschenksaison des Jahres unverrückbar auf das Neujahrfest – obwohl die Werbung sich alle Mühe gibt, die Konsumenten auch zum Kauf von Weihnachtsgeschenken zu verführen.

Auch **Weihnachtsbäume** werden angeboten, allerdings sind es fast ausschließlich künstliche Tannen oder Fichten. Bestseller sind ausklappbare, mit kleinen Lichterketten und anderem Dekor geschmückte »Fertigmodelle«.

Holzfigürchen aus dem Erzgebirge gelten in Japan als besonders geschmackvoller **Weihnachtsschmuck**. Eine beliebte Schaufensterdekoration sind Nikoläuse, vor allem animierte und sprechende Figuren, die sich drehen, eine Glocke schwingen, ein Liedchen singen oder laut schnarchend schlafen. Weil das Christentum in Japan wenig verbreitet ist, steht der Weihnachtsrummel vorwiegend im Zeichen der Verkaufsförderung.

Falls Sie zu denen gehören, die zur Adventszeit unter der **Berieselung mit Weihnachtsliedern in Supermärkten und Kaufhäusern** leiden, so seien Sie vorgewarnt: Im Vergleich zu Japan ist unser Gedudel diskrete Hintergrundmusik. Weihnachtsliedern wie *Jingle Bells* und *Silent Night* sind Sie nicht nur in Kaufhäusern ausgesetzt, sondern auch an den kuriosesten Orten. Manche Ampeln, die als Blindensignal normalerweise einen Kuckucks- oder Nachtigallenruf aussenden, werden im Oktober auf Weihnachtslieder umgestellt. Wundern Sie sich also nicht, wenn an einer Fußgängerampel für die freigegebene Ost-West-Richtung *Rudolf, the Rednosed Raindeer* und für die Nord -Süd-Richtung *Merry Christmas* erklingt.

Weder Heiliger Abend noch 25. und 26. Dezember sind offizielle Feiertage. An allen Weihnachtstagen wird gearbeitet, auch Schulen schließen (mit Ausnahme der deutschen und einiger anderer ausländischer Schulen)

310

Feste und Feiern

nicht. Niederlassungen deutscher Firmen geben ihren Angestellten am 25. und 26. Dezember im allgemeinen frei – eher zähneknirschend, da sie außerdem um Neujahr, wenn in Japan das gesamte Geschäftsleben für einige Tage ruht, schließen müssen.

Nikolaus und Weihnachten sind auch in Japan ein Konsumfest.

Straßenfeste und Trödelmärkte

Straßenfeste laden vor allem in **Großstädten** wie Tokyo, Yokohama und Ôsaka ein. Sie werden keinen großen Unterschied zu ähnlichen Festen bei uns feststellen. Manchmal wird nach altem Brauch gemeinsam auf der Straße getanzt. **Eßstände** fehlen selbstverständlich nicht: An Spießchen gebratenes Hühnerfleisch, *yakitori*, ist ein Renner, und manchmal gibt es auch geröstete Süßkartoffeln, *yakiimo*, die besonders im Winter beliebt sind. Kinder betteln um Zuckerwatte, Lutscher in Form eines Daruma und ande-

Feste und Feiern

Sonntagsspektakel: Rockmusik in der Omote-sandô, Harajuku (Tokyo).

res Naschzeug. Für groß und klein gibt gibt es meist auch Karussells und andere Fahrgeschäfte. Auf traditionelle Stände mit Goldfischen und beweglichem Spielzeug aus Bambus, Holz und Papier stößt man leider nur noch selten.

Eine ausgefallene Form des Straßenfestes steigt regelmäßig in Tokyos Stadtteil Harajuku. Dort kommen sonntags junge Leute zu einem Open-air-Spektakel zusammen, das inzwischen weit über Japans Grenzen hinaus bekannt ist. Live-Musik dröhnt aus den Lautsprechern von Bands und Solisten, andere drehen ihre Ghettoblaster auf, und dazu wird – oft bühnenreif – getanzt. Tonangebend ist der Rock'n' Roll und entsprechend das Outfit: »Klassischer« Elvis- oder James-Dean-Look und Petticoats herrschen vor. Aber auch Straußenfedern im Stil der 1920er Jahre wurden wieder gesichtet. Ansonsten ist alles erlaubt, was schrill und schräg ist. Die Zaungäste sind nicht immer so jung wie die Akteure. Selbst ältere Leute genießen diesen sonntäglichen *act,* dessen Attraktion in seiner Atmosphäre besteht. Dies ist der Ort, an dem Sie wie kaum irgendwo anders in Japan eine Ahnung von der Subkultur und dem **Lebensgefühl der japanischen Jugend** erhalten.

Immer mehr in Mode kommen **Trödelmärkte** – und damit Leute mit ausgeprägtem Sammlerinstikt auf ihre Kosten. Dort verkaufen Familien traditionelle Puppen und Holzspielzeug, Schreibpinsel und Tuschesteine sowie allerhand Kurioses für wenige Yen. Auch alte Münzen können Sie gelegentlich sehr günstig ergattern. Wie bei uns zählt auf diesen Flohmärkten das Geld zwar auch, mehr aber der **Spaß** und die Kommunikation.

Kulturspiel

Situation 1

Frank, Student aus Heidelberg, hat einen durch Europa reisenden Japaner namens Hideo kennengelernt. Beide haben sich sehr gut verstanden. Hideo hat einige Tage bei Frank in Heidelberg verbracht und diese Zeit sehr genossen. Nun hat Frank Gelegenheit, bei einem Flug nach San Francisco einen mehrtägigen Stopp in Japan einzulegen. Er schreibt Hideo, daß er gern einige Tage in Tokyo verbringen würde, und fragt an, ob er bei ihm übernachten könne. Hideos Antwort ist ihm rätselhaft. Hideo schreibt, er freue sich sehr auf das Wiedersehen. Er schlägt Sehenswürdigkeiten vor, die er mit Frank besichtigen will. Das Thema Übernachtung erwähnt er mit keinem Wort. Wie soll Frank reagieren?

A In der Annahme, Hideo habe schlichtweg vergessen, die Übernachtungsfrage zu beantworten, fragt er nochmals nach.
B Er schreibt zurück, daß er sich auf die gemeinsamen Ausflüge freue, und fragt, ob Hideo ihm ein einfaches Hotel empfehlen könne.
C Er ist von seinem »Freund« enttäuscht und streicht den Japanaufenthalt.

Kommentar:
Bleibt eine Bitte unbeantwortet, ist dieses Schweigen als Absage zu verstehen. Vermutlich besitzt Hideo kein eigenes Zimmer oder lebt in einem Wohnheim, in dem er keinen Gast unterbringen kann. Da ein offenes Nein unhöflich wäre, gilt Schweigen als höfliche Form der Ablehnung. Deshalb würde Lösung **A** Franks japanischen Freund in arge Verlegenheit bringen – und Reaktion **C** Frank um die Chance, eine Bekanntschaft auszubauen und Japan kennenzulernen. Jeder Japaner würde selbstverständlich **B** wählen.

―――――― *Kulturspiel* ――――――

Situation 2

Ehepaar Stein hat in Düsseldorf Herrn und Frau Nakamura kennengelernt. Beide Paare haben einander während des dreijährigen Deutschlandaufenthalts der Nakamuras oft eingeladen. Sie verstanden sich blendend, interkulturelle Probleme kamen kaum je auf. Nun sind die Nakamuras seit einem Jahr zurück in der Heimat, und die Steins verbringen ihren Urlaub erstmals in Japan. Herr Nakamura lädt seine alten deutschen Freunde für einen Samstagabend nach Hause ein. Frau Nakamura hat ein westliches Essen zubereitet. Sie trägt es auf, um sogleich wieder in der Küche zu verschwinden. Die Steins sind überzeugt, sie wolle nur kurz nach dem Herd sehen und sich gleich zu ihnen gesellen. Der Hausherr läßt sich mit ihnen zum Essen nieder, aber Frau Nakamura sich nicht blicken. Auf die Nachfrage hin antwortet Herr Nakamura knapp, seine Frau wolle lieber in der Küche essen. Wie sollen die Steins sich verhalten?

A Sie speisen mit dem Hausherrn, ohne sich um Frau Nakamura zu kümmern.
B Sie bestehen darauf, daß Frau Nakamura in ihrer Runde ißt.
C Frau Stein bietet an, Frau Nakamura in der Küche zur Hand zu gehen, und leistet ihr dort Gesellschaft.

Kommentar:

Viele im Ausland lebende Japaner passen sich dem dort üblichen Lebensstil an. In Europa verhalten sich so »westlich« wie möglich, in der eigenen Umgebung hingegen halten sie an ihren Sitten fest. Zu diesen gehört auch, daß viele japanische Ehefrauen ihre Aufgabe als Gastgeberin eher darin sehen, die Gäste zu bedienen, statt ihnen Gesellschaft zu leisten. Deshalb wäre Lösung **A** die übliche und angemessenste Reaktion. Auch Ausweg **C** wäre kein Tritt ins Fettnäpfchen. Reaktion **B** dagegen könnte Frau Nakamura Verlegenheit bereiten.

Kulturspiel

Situation 3

Herr Kurz ist geschäftlich in Japan. Seine japanischen Geschäftspartner laden ihn abends in eine Bar ein, in der es recht ausgelassen zugeht. Herr Kurz amüsiert sich in seiner Runde prächtig. Mit einem Male aber scheint ihm, als seien seine Gastgeber leicht verstimmt. Zu gerne würde er die Ursache kennen. Er überlegt, ob er durch Fehlverhalten womöglich den Stimmungsumschwung ausgelöst hat, scheut sich jedoch, offen zu fragen. Am nächsten Morgen geben sich alle freundlich und unverbindlich wie eh und je. Dies verwundert Herrn Kurz nach dem feuchtfröhlichen Abend erst recht. Wie soll er sich verhalten?

A Er fragt einen seiner Geschäftspartner höflich und diskret unter vier Augen, ob er sich gestern abend »daneben benommen« habe.
B Er versucht die Situation zu ignorieren in der Hoffnung, daß auch seine Gesprächspartner seinen etwaigen Tritt ins Fettnäpfchen vergessen.
C Er entschuldigt sich bei allen Beteiligten für seinen gestrigen – ihm schleierhaften – »Patzer«.

Kommentar:

Was auch immer im Verlauf eines zwanglosen Beisammenseins unter Alkoholeinfluß vorgefallen sein mag, es darf andertags auf keinen Fall zur Sprache gebracht werden. Wer ausgenüchtert einen möglichen Fauxpas thematisiert, der fügt einem Fehler einen zweiten, noch schlimmeren hinzu. Daher ist Verhalten **B** die einzig richtige Wahl.

Kulturspiel

Situation 4

Herr Mai hat für seine Firma mit Herrn Kurihama einen Vertrag ausgehandelt, laut dem die japanische Seite binnen einer bestimmten Frist ein Bauteil zu liefern hat. Vor dem Liefertermin deutet Herr Kurihama mehrfach an, daß die Beschaffung einiger Komponenten Probleme bereite. Nun ist der Termin verstrichen und kein Bauteil in Sicht. Was soll Herr Mai unternehmen?

A   Er erinnert Herrn Kurihama in einer schriftlichen Mahnung an den vertraglich festgesetzten Termin.
B   Er droht mit einer Konventionalstrafe.
C   Er setzt einen neuen Liefertermin fest.

Kommentar:
Mit seinen Hinweisen auf die Beschaffungsprobleme tat Herr Kurihama im voraus kund, den Liefertermin nicht einhalten zu können – durch die Blume zwar, doch für Japaner unmißverständlich. Offene Eingeständnisse verursachen Gesichtsverlust. Daher sollte Herr Mai Weg **C** einschlagen – wenn er an weiterer Zusammenarbeit interessiert ist.

Kulturspiel

Situation 5

Herr und Frau Kaiser sind von Familie Kôno in deren Haus am Stadtrand von Ôsaka eingeladen. Angekommen, öffnet ihnen Frau Kôno. Sie hat im Eingangsbereich zwei Paar Hausschuhe für die Gäste bereitgestellt. Frau Kaiser streift nach Zögern ihre Pumps ab und schlüpft in die Pantoffeln. Herr Kaiser empfindet es als peinlich, in Schlappen durch das Haus seiner Gastgeber zu schlurfen. Gibt es für ihn eine einigermaßen würdevolle Kompromißlösung? Wenn ja, welche schlagen Sie vor?

A   Er soll seine Schuhe ausziehen und das Haus auf Socken betreten.
B   Er soll sich vergewissern, daß seine Schuhe sauber sind, sie nötigenfalls nochmals gründlich abstreifen, anlassen und im Haus vorsichtig auftreten.
C   Er soll seine Gastgeber vor die Wahl stellen: entweder ist er auch in Schuhen willkommen, oder er geht.

Kommentar:
Die *Tatami*-Böden japanischer Wohnhäuser sind sehr schmutzempfindlich, aber selbst in mit Teppichboden ausgelegten Wohnungen sind Straßenschuhe tabu. Auch wenn es Ihnen anfänglich unangenehm ist, sollten Sie auf jeden Fall Ihre Straßenschuhe ablegen. Angebotene Hauspantoffeln müssen Sie allerdings nicht unbedingt anziehen. Vorschlag **A** ist angemessen.

Kulturspiel

Situation 6

Herr Hansen ist Abteilungsleiter in einem großen deutschen Unternehmen. Für Anfang Juli erhält er eine Einladung japanischer Geschäftspartner nach Japan. Da er für diese Zeit bereits seinen Urlaub geplant hat, bittet er seine Assistentin, Frau Suhr, abzusagen. Als Alternative schlägt er vor, daß bei Interesse sie, da sie mit dem Vorgang bestens vertraut sei, an seiner Stelle die Einladung wahrnimmt.
Wie kann Frau Suhr absagen, ohne die japanische Seite zu beleidigen?

A   Sie begründet die höflich formulierte Absage mit Terminschwierigkeiten und bietet sich nicht als Stellvertreterin an, da sie befürchtet, als Frau von den japanischen Geschäftspartnern nicht akzeptiert zu werden.
B   Sie nennt den tatsächlichen Grund für die Absage ihres Chefs – seine Urlaubspläne – und stellt sich als Vertreterin zur Verfügung.
C   Sie sagt ohne Anführung von Gründen für Herrn Hansen ab.

Kommentar:
Japaner wissen, wie wichtig uns der Urlaub ist, und akzeptieren ihn als Entschuldigungsgrund. Kompetente Frauen können im Geschäftsleben ebensogut wie Männer Anerkennung finden. Weil Japaner unsere Vornamen oft nicht geschlechtlich zuordnen können, wäre es allerdings ratsam, auf andere Weise anzudeuten, daß eine Frau »einspringen« würde. Lösung **B** wäre anzuraten. Vorgehen **A** würde ebenfalls akzeptiert – wenngleich Frau Suhr sich damit die Chance entgehen ließe, sich beruflich zu profilieren. Absage **C** gälte wohl auch hierzulande als ungeschliffen.

Kulturspiel

Situation 7

Herr Meier wird von japanischen Geschäftspartnern in eine Karaoke-Bar eingeladen. Alle geben nacheinander ein Lied zum besten – nicht alle Darbietungen sind ein Ohrenschmaus, versteht sich. Herr Meier empfindet diese Art des Exhibitionismus als peinlich. Da er alles andere als ein Pavarotti ist, fleht er darum, der Kelch möge an ihm vorübergehen. Vergebens: nach einer Weile fragt ein munterer Zecher seiner Runde ihn lautstark, welchen Song er nun vorzutragen gedenke. Was tun?

A Herr Meier lehnt die Aufforderung entrüstet ab.

B Er verschluckt sich am Glas, räuspert sich gekonnt mehrfach und erklärt, aus Heiserkeitsgründen heute nicht singen zu können.

C Er bekundet klipp und klar, dieser Form der Unterhaltung nichts abgewinnen zu können, und schlägt vor, den Abend an einem ruhigeren Ort ausklingen zu lassen.

D Er bedauert, aufgrund einer Erkältung heute zwar leider nicht singen, dafür aber um so besser trommeln zu können. Daraufhin läßt er die Anlage auf irgendein Playback einstellen und klatscht, Hände am Mikrofon, den Rhythmus. Damit hat er die Lacher auf seiner Seite – was in dieser Stimmung kein Kunststück ist ...

Kommentar:
Ein bündiges Nein empfinden Japaner als äußerst unhöflich, da es niemandem einen Ausweg eröffnet. Auch eine Begründung wird innerlich nur anerkannt, wenn sie den guten Willen erkennen läßt. Das Angebot einer »Notlösung« ist daher stets besser als ein striktes Nein. Daher sollten Karaoke-Drückeberger **D** wählen. Darunter fallen auch Ersatz-Showprogramme wie das Vorsprechen eines Zungenbrechers à la »Fischers Fritz ...«, an dem sich das Publikum versuchen darf. Wichtig ist allein, *daß* Sie zur Unterhaltung der anderen beitragen. Ihr Engagement wird in jedem Fall begeistert gewürdigt.

Kulturspiel

Situation 8

Herr und Frau Fröhlich besuchen das befreundete Ehepaar Kanemitsu in Ôsaka. Ihr Gastgeschenk – feinziselierte Weingläser – haben sie nach langem Überlegen gewählt und hübsch verpackt. Frau Fröhlich kann es gar nicht erwarten, die freudig überraschten Gesichter der Kanemitsus zu sehen. Doch welch eine Enttäuschung! Frau Kanemitsu nimmt das Paket mit Dankesworten entgegen und legt es beiseite. Frau Fröhlich überlegt, ob und wie sie die Aufmerksamkeit auf ihr Geschenk lenken kann:

A Soll sie Frau Kanemitsu offen und herzlich auffordern, das Paket endlich zu öffnen?
B Soll sie erzählen, wieviele Geschäfte sie auf der Suche nach diesem Mitbringsel durchforstet hat, um so – Wink mit dem Zaunpfahl – das Auspacken zu provozieren?
C Soll sie ihr Geschenk scheinbar unbeachtet lassen und hoffen, daß sich Frau Kanemitsu bei nächster Gelegenheit bedankt?

Kommentar:
In Japan gilt das Auspacken von Geschenken in Anwesenheit des Gebers als Ausdruck von Gier und damit als grobe Unhöflichkeit. Beschenkte tun dies stets unter Ausschluß der »Öffentlichkeit«. (Vielleicht finden auch Sie Gefallen daran – immerhin entfällt so der Zwang, auch angesichts von Geschmacksverirrungen spontane Freude heucheln zu müssen.) Frau Fröhlich sollte sich also gedulden und das Auspacken vor ihren Augen nicht erzwingen. Ihr bleibt nichts übrig als Lösung **C**.

Kulturspiel

Situation 9

Student Alexander hat sich in eine japanische Studentin auf Europareise verliebt. Sie hat eine Zeitlang bei ihm gewohnt, aber dann mußte sie heimreisen. Beim Abschied sagte sie, er solle sie einmal in Japan besuchen.
Alexander will in den Weihnachtsferien erstmals nach Japan reisen. Er will »ihr« seinen Besuch nicht ankündigen, sondern sie überraschen. Er ist überzeugt, daß sie sich sehr freut, wenn er mit einem Male vor der Tür steht. Allerdings müßte »sie« dann auch zu Hause sein. Was tun?

A Er riskiert's und klingelt in freudiger Erwartung unangemeldet an ihrer Tür.
B Er fragt, ob sie zum anvisierten Zeitpunkt zu Hause sei, da er sie dann aus Deutschland anrufen wolle.
C Er schreibt, ein Freund reise im Dezember nach Japan und werde ihr ein Geschenk von ihm überbringen.

Kommentar:
Japaner lieben es gar nicht, überrumpelt zu werden. Sie wollen stets ein gefaßtes, lächelndes Gesicht vorzeigen – ein Anflug von Erstaunen wäre ihnen peinlich. Falls Alexander seinen Besuch tatsächlich nicht anmelden will, sollte er zumindest einen Freund ankündigen – selbst dann wäre die Überraschung gelungen. Im übrigen ist Weihnachten der ungünstigste Besuchstermin; um diese Zeit sind alle Japaner/innen mit den Vorbereitungen zum Neujahrsfest beschäftigt. Falls Alexander unbedingt »ins Haus fallen« will, sollte er vorbeugend Weg **C** einschlagen.

Kulturspiel

Situation 10

Herr Klein ist von Japanern zum Essen im Restaurant eingeladen. Während sich alle den kulinarischen Genüssen hingeben, macht sich bei ihm ein Kribbeln in der Nase bemerkbar. Immerhin hat er ein sauberes Taschentuch bei sich. Doch wie soll er es benutzen?

A Er schneuzt sich erleichtert und herzhaft in sein Taschentuch.
B Er steht auf und schneuzt sich in der Toilette.
C Er wendet sich ab und versucht, sich so unauffällig und geräuschlos wie möglich zu schneuzen.

Kommentar:
Bei uns ist das durchdringende Geräusch, das viele Männer – oft auch Frauen – beim Naseputzen von sich geben, nicht verpönt. Es wird »überhört«, während andere ebenso lautstarke Töne – z.B. Schlürfen und Rülpsen – Anstoß erregen. Japaner empfinden dieses »Trompeten« als etwa so ekelerregend wie wir Rotzen und Spucken auf der Straße. Daher sollte Herr Klein sich nach **B** und im Notfall zumindest nach **C** verhalten.

Stichwortverzeichnis

Abakus 238–239
Ablehnen siehe Nein
Abschließung (*sakoku*) 16, 50–57, 72, 118
Achtung siehe Respekt
Adel 53, 80, 208
Adoption 62, 85, 184, 205
Adressen 132–134, 218
Ästhetik 45, 104, 144, 260–261, 278–279, 282–284
Ahnenkult 86, 92–93, 113, 116, 118, 184, 196–200, 264
Ahorn 37–38, 43, 278
Ainu 303–305
Akita 299–300
Algen siehe *nori*
Alkohol 166, 172–173, 244–245, 294–295, 315
Alleinsein siehe Einsamkeit
Alter u. alte Menschen 50, 101, 110, 118, 120, 123, 128, 182–183, 186, 194–197, 200, 226, 308
Amaterasu (Sonnengöttin) 19, 33, 90, 96, 98, 114, 162
Amerikaner 55–56, 60–62, 93
Amerikanische Besatzung 56, 61–62
Amida Buddha (Amida Nyôrai) 96, 98
Anonymität 49, 258, 276
Anpassung siehe Konformität
Anrede 130–132, 144, 183–184, 218
Ansehen siehe Respekt
Aomori 298, 300, 303–305
Arbeitswelt 67, 170–171, 182, 189, 192–196, 202–203, 220–245
Arbeitszeit 224–225, 228, 238–239, 243, 283, 298, 307, 310–311
Architektur, traditionelle 28, 30, 34–36, 40–41, 44, 74, 104, 111–112, 117, 214, 257–262, 264–273
Architektur, moderne 28–29, 34–36, 214, 257–258, 261–264, 266–268, 271–273
Arhats 100
Ariyoshi, Sawako 196

Asahara, Shoko 122
Atami 40, 26
Auffallen 70, 226, 246–247
Aum-Sekte 122–12
Ausbildung 65, 118, 120–121, 186–192, 196, 221, 226, 230, 236
Ausgehen 241–243
Ausländer, farbige 56, 63
Ausländer, westliche 16, 46–63, 66, 118, 166
Autorität siehe Respekt

Bad u. Baden 157, 159, 165, 196, 257–258, 264, 266–269, 272, 284
Bambus 37–38, 309
Bars 157, 159, 218, 242, 289, 295, 315, 319
Bauern 53–54, 200–201, 208, 216
Beamte u. Behörden 250–253
Behinderte 118–120, 156
Benten (Benzaiten, Glücksgöttin) 110
Beppu 269
Bergsteigen 73–74
Beruf siehe Arbeitswelt
Besiedlung 18
Bestattung 86–88, 101, 116, 178, 197–198, 200, 230, 274
Betriebsausflüge 40, 165, 230
Betten 74, 270–272
Bezahlen 288–289, 290
Bishanon (Glücksgott) 110
Bitte, Bitten 149
Bodhidharma 95, 106
Bodhisattwas (*bosatsu*) 96–100, 111, 113
Bon-Fest 199, 298
Buddha, historischer) 93–98, 100, 112–113
Buddha-Figuren 96–100, 109, 111, 113, 116
Buddhas Geburtstag 298
Buddhismus 52, 70–71, 80, 82, 84, 8, 6–87, 93–106, 108, 110–118, 121–22, 128, 197, 199, 278, 294, 296, 298, 308
bunraku siehe Puppentheater
bushidô (Weg des Kriegers) 54, 179

Cafés 278, 309
chakopi 220–222

323

Stichwortverzeichnis

Chan–Buddhismus siehe Zen
chanoyu siehe Teezeremonie
Chiba 16
China u. Chinesen 15, 19, 49, 61, 63, 71, 93, 95, 97, 100–101, 112, 116
Chinesische Einflüsse 19, 71–72, 92–93, 95–97, 106, 108–110, 132, 134, 135, 139, 141, 141–144, 284, 298, 304, 307
Christentum 16, 50–52, 72, 84, 86, 88–89, 101, 118–122, 128
Chrysantheme 37–38
Comics 167, 211–212
Computerisierung 144

Daikoku 109
daimyô 53–54, 56
Dainichi Nyôrai (Rushana Butsu) 98
Dankbarkeit 128, 194
Danke u. Danken 149–150, 176
Daoismus 95, 108, 163
Daruma 106–108
Dejima 52
Deutsche u. deutschsprachige Ausländer ... 60–62
Deutsche Einflüsse 61–62, 67, 72–74, 76–78
Diskotheken 242
Diskretion 214
Diskrimierung 53, 56, 62–63, 65–66, 118–120, 222–223
Disziplin 70–71, 104, 168, 179, 186, 188, 190–191, 194, 202
Doi, Takeo 219
Dorfleben siehe Ländliches Leben

Ebisu 92, 110, 112–113
Echigo 44, 58
economic animal 227–229
Edo siehe Tokyo
Edo-Shôgunat 50
Effizienz 225–226
Egoismus 225, 239, 274
Ehe 64, 92, 119, 123, 156–157, 171, 183–184, 192, 194–196, 202–204, 214–215, 218, 219, 223, 225, 276
Einkaufen 278, 293, 312

Einkommen 226, 275, 308
Einladungen 170, 172–173, 200, 263, 266, 314, 318
Einsamkeit 120, 194
Einwanderungspolitik 62
Emanzipation 123, 153–154, 157, 184, 193, 202, 214, 218–220, 222–223
Endo, Shusako 74
Enoshima 110
Entschuldigen 44, 150–151, 177, 247, 252–253, 256, 318
Entspannung 158, 165–167, 172
Erdbeben 17, 27–33, 40, 179, 258–259
Erleuchtung 93–94, 96–97, 101–102
Erotik 210–214, 217
Erziehung 118, 121, 168–169, 172, 183–194, 203, 220, 246
Eßgewohnheiten 20, 38, 58, 64, 162, 277–292, 307–308, 311
Eßstäbchen 284–286, 290
eta 53

Fächer 42
Familie 62, 86, 119–120, 123, 179, 182–205, 222, 242, 246–247, 276
Farben 74–75, 111–112, 308
Fassade 70–71, 126, 154–156, 164, 168, 202, 210, 212
Feiertage, gesetzliche 298–299, 310
Fernsehen 29, 186, 210–211, 236, 241
Fest der alten Menschen (*keirô no hi*) 297
Fest der Volljährigkeit (*seijin no hi*) 297–298
Feste u. Feiern 37, 39, 199–201, 296–312
Festwagen 109, 302–306, 309
Feuer 28, 36, 179, 199
Film 54, 74, 211, 241
Firmenhymne 238
Fisch u. Meeresfrüchte 20, 58, 110, 116, 277–282, 286–288, 290–291
Fischerei 91, 110
Fleisch 20, 58–59, 277–280, 286–287, 291
Florenz, Karl 61
Fotografieren u. Filmen 46, 67, 117–118, 197, 296–297, 306

324

Stichwortverzeichnis

Franz Xaver, hl. (Francisco Xavier) 50, 57

Frauen u. Frauenrollen 38, 50, 64, 87, 89, 103, 116, 118, 120–121, 123, 128, 131–132, 147, 152–154, 156–157, 160–161, 171, 174, 176, 179, 182–183, 185–187, 190–196, 200–223, 225, 242–243, 262, 268–271, 276, 286, 307–308, 310, 314, 318

Freizeit 186, 195, 210, 238–243

Fremdenfeindlichkeit 56, 62–63, 250

Fremdwörter im Japanischen 71–78, 139–140

Fremdwörter, japanische im Deutschen 78–83

Freundschaft 64, 170–174, 179, 195, 198, 202, 313–314, 320

Friedhöfe 88, 101, 116, 197–198, 200, 230

Frühling 37–40, 43, 45

Frühlingsanfang (*shunbun no hi*) 298

Fuji 21–26, 44–45, 309

Fujiwara 53

Fukuoka 299–300

Fukurokuju (Glücksgott) 110

Fußball 240

futon 74, 263, 270–271, 273

Gärten 104, 115, 163, 264

gaijin siehe Ausländer, westliche

Gakko Bosatsu 100

Gastarbeiter 63

Geburtstag 296

Geduld 151, 158, 290

Gefühle äußern 71, 155, 160–161, 175–176, 211–212, 290

Gehorsam siehe Respekt

Geisha 54, 81–82, 157, 215–218, 271

Gemeinschaftsgefühl 20, 48, 85–86, 118, 126, 159, 178

Gemüse 277–279, 287, 291

genkan 30–31, 264–266

Genroku-Zeit 164

Genügsamkeit siehe Verzicht

Geographie 15, 17–19, 39, 45, 163

Geschäftsleben 105–106, 158–160, 166–167, 172–174, 222–223, 230, 236–238, 240, 311, 315–316, 318–319

Geschenke siehe Schenken

Geschichte 15–17, 19–21, 50–57, 62, 71–72

Geselligkeit 40, 158–159, 202, 225, 237, 243–245, 315, 319

Gesicht wahren u. verlieren 47, 49–50, 155, 230, 250–252, 316

Gespräche 144–152, 174, 183–184, 275

Gestik 176–177, 143

Gesundheit 42

Getränke 278, 280, 283–284, 289–290, 292–295

Gewalt 156, 189, 192, 211–213, 304

Gewitter 36, 179

Gion-Fest 298, 302–303

Gleichheit 146, 170, 221, 254

Glocken 112, 117

Glücksgötter 106, 108–110, 116

Glücksspiele 241

Glückwunschkarten 108, 308–309

Götter u. Geister 86–93, 107–116, 162, 180, 197–199, 296, 304, 307

Goldene Woche 167, 298

Golfsport 239–240

Gräber siehe Friedhöfe

Gratulieren 151

Grüßen 24, 26, 148–150, 266

Gruppenverhalten u. -bewußtsein 48, 50, 62, 67, 126, 179, 183, 186, 188, 207, 229–230, 237, 239, 244–247, 253, 274–275, 284

Händeklatschen 112, 116–117

Halbjapaner (*hafu*) 64, 66

haiku (Kurzgedicht) 37, 104

Hakata 303

Hakone 301

Hamamatsu 300

hanami siehe Kirschblüte

Handwerker 53–54, 105, 208–209

hara (»Bauch«) 160–161

harakiri 81, 237

Harmonie 147, 158, 160–164, 179, 244, 248

Haustiere 276

Hausschrein, -altar 32, 113, 196–200, 264

Hearn, Lafcadio 62

Heiraten 86–87, 101, 120–121, 155–156,

325

Stichwortverzeichnis

171, 178–179, 182, 194, 203–206, 215, 221–223, 230, 274

Heiratsvermittler 119, 155–156, 203–204

Heizung 41–42, 272–273

Herbst 37–38, 43, 45, 278, 302

Herbstanfang (*shûbun no hi*) 298

Hierarchie 144–149, 152, 162, 170–172, 183–184, 189, 194, 207, 216, 218, 220–223, 226, 228, 237, 244, 250, 253

Hilfsbereitschaft 25, 50, 126–129, 179–180, 230, 245, 253–254, 274

Hinayana-Buddhismus 95

Hinterjapan 18, 45

hiragana 139–141, 186

Hirohito (Kaiser) 298

Hirosaki 196, 300, 303–305

Hiroshige 45

Hiroshima 18, 47, 62, 132, 168, 301

Hitze 40–42, 258–259, 272, 274

Hoderi 91

Höflichkeit 47–48, 129–132, 145, 147–154, 173–174, 177, 253, 318–320

Hokkaidô 18, 20, 45, 277, 304

Hokusai 21, 45, 167

Holzschnittkunst 21, 45, 167

Homosexualität 213–214

Hônen 96

Honshû 18, 45, 88, 304

Hoori 91

Hostessen 157, 218

Hotei 108–109

Hotels 214–215, 269–270, 272, 277, 289, 293, 298

Humor 164–168, 290

Ignorieren 168–170, 173, 179, 186, 202

ikebana 242, 237, 262

Inari (Reisgott) 109, 112, 115

Indien u. indische Einflüsse 93–95, 97–98, 108, 110, 112

Individuum u. Individualismus 48, 53, 62, 86, 118, 179, 188, 229–231, 246, 274, 296–297

Itsukushima siehe Miyajima

Izanagi 33, 88–90, 119, 197

Izanami 88–90, 119, 197

Izu 28, 30

Izumo 90–92

Ja 173–174

Jahreszeiten 34, 37–45, 64, 162, 201, 278

Japaner im Ausland 64, 67–71, 125

Japanische Alpen 45, 277

Jesuiten 50, 118

Jimmu-Tennô 91

Jidai-Fest 302

Jizo (Bosatsu) 100, 199

Jôdo-Sekte 96, 105

Jôdo-Shinshu 96

Jugend 123, 189, 193–194, 203, 210, 225, 253, 312

Jurôjin (Glücksgott) 110

Justiz 246, 248–249

Kabuki 43, 55, 107, 213, 216, 242, 303, 309

Kälte 40–42, 272, 274

Kaffee 294–295

Kagura (-Tänze, -Spiele) 111, 308

Kaisertum 56, 91, 93, 95

Kalligraphie 104, 144

Kamakura 110, 301

kami 20, 92

kamikaze 20, 81

Kampfkünste 79, 105, 215

kanji 139–142, 144

Kannon (Bosatsu) 100

Kansai-Ebene 18

Kantô-Ebene 18, 28

Karaoke 79, 244, 319

Karate 79

Karpfen 298

Kastenlose 53

katakana 139–141, 165

Kaufleute 53–55, 105, 208, 216

Kawabata, Yasunari 35, 156

Kiefer 38, 107, 278, 309

kimochi 157–159, 165, 172–173

Kimono 58, 70, 74, 79–80, 82, 86, 208–210, 217–218, 237, 242, 271, 305

Stichwortverzeichnis

Kinder u. Kindheit 38, 45, 64–65, 128–129, 131–132, 168–169, 172, 182–194, 199–200, 202, 204–205, 210–212, 220, 242, 276, 284, 296–298

Kinder westlicher Besucher 45–46

Kindergarten 101, 118, 120, 141, 182, 186–187

Kino 211, 241

Kirschblüte 37–40, 43, 45, 292

Kleidung 22, 26, 28–29, 38, 41, 45, 58, 70, 79, 80, 86, 126, 154, 162, 186, 188, 198, 208–210, 216–218, 224, 226–227, 240, 269, 271, 273

Klima 18, 20, 40–45, 272

Klimaanlagen 42, 272–274

Klöster 102, 104–106, 116

Knabenfest (*kodomo no hi*) 297–298, 306

koan 102

Kôbe 18, 26, 28–30, 46, 197, 277

Kobo Daishi 96

Kochkunst 82, 277–293

Kojiki (»Geschichten aus alter Zeit«) 91, 95

kokoro (»Herz«) 160–161

Kokuzo Bosatsu 100

Komeitô 122

kombu (See-, Riementang) 20, 277, 282

Konformität 53, 70, 126, 164, 203–204, 207, 222, 224, 226, 229, 238, 246

Konfuzianismus 194, 246

Konsum 210, 228, 233–234, 310

Kontakte zu Japanern 45, 50, 56, 64, 68, 147, 158, 166, 170, 172–173, 238, 275, 288, 313–322

Kopieren (Imitieren) 230–233

Korea u. koreanische Einflüsse 15, 56, 61, 71, 93, 95, 134, 142

Koreaner 49, 62–63

Korruption 255–256

kotatsu (Heiztisch) 46, 272–273

Kranich 107, 110, 309

Krankheit 119–120, 156, 178, 196, 228, 230

Kreativität 164, 189, 230–233

Kriminalität 192, 254, 274

Kritik 158, 230, 244

Kumamoto 100

Kunst 21, 37, 43, 45, 54, 58, 73, 82, 92, 104, 231–232, 301

Kunsthandwerk 103–104, 154, 201, 231–232, 297, 302, 308–309, 312

Kurosawa, Akira 54

Kyôto 18, 56, 82, 98, 104, 132, 218, 298–303

Kyûshu 39, 52, 100, 303

Lachen u. Lächeln 26, 71, 154–155, 164–168, 175–176. 209, 254, 306, 310, 319

Lärm 170, 186, 224, 310

Landflucht 92, 183, 200

Landwirtschaft 19–20, 36, 91, 274, 277

Lehrer u. Meister 65, 188, 231–232, 308–309

Leistungsdruck siehe Streß

Lernen siehe Streß

Liebe 203, 206, 309–310, 321

Literatur 35, 37, 40, 44, 58–59, 61, 74, 91, 95, 104, 110, 143, 156, 167, 192, 196, 208, 210, 212, 219, 266

Lob 230, 253

Löwentänze 304, 306

Lokale 157, 242–243, 278, 286–290

Lotos 113

Love Hotels 214–215

Männer u. Männerrolle 38, 50, 89, 132, 147, 152–154, 160, 171, 174, 176, 179, 183–184, 192–196, 200–223, 242, 262, 268–269, 286

Märkte 303, 311–312

Mahayana-Buddhismus 95

maiko 82

Malerei 42, 45, 58, 60, 104, 167, 231–232

Matsumoto, Seichô 156

matsuri siehe Volksfeste

Medien 29, 34, 36, 39, 189, 211, 256

Meditation (siehe auch *zazen*) 93–94, 101–105, 294

Medizin 53, 73, 78

Meiji (Kaiser) 56

Meiji-Zeit 19, 56, 80, 121, 164, 218

Meinungsäußerung 125

mikoshi (tragbarer Schrein) 92, 115, 302, 304, 306

Mimik 175–176

Miroku Nyôrai 98

327

Stichwortverzeichnis

miso 82, 279

Missionare 16, 50–52, 57, 60, 72, 80, 118

Mitgefühl 66, 151, 245, 128

Miyajima 43, 300, 110–112

Mönche u. Priester 23, 71, 80, 86–87, 102, 104, 111, 113–114, 116–117, 197–199, 294, 302

mochi (Neujahrs-Reiskuchen) 307–308

momiji (Bewundern des Herbstlaubs) 43, 45, 292

Mongolen 20, 81

Monju Bosatsu 100

Monsun 18, 33

Morimura, Seiichi 192

Mütter u. Mutterrolle 190–194, 182–187, 219

Musik 61, 73, 110, 242, 304, 312

Mythologie 19, 33, 45, 66, 88–92, 95–96, 114, 119, 162, 197

Nachbarn 86–87, 169, 178–179, 214, 258, 263, 268, 274–275

Nachlässigkeit 126, 156, 197, 227

Nagahama 303

Nagano 43, 45

Nagasaki 18, 52, 62, 72, 301

nambanjin (»Barbaren aus dem Süden«) 57, 58, 136

Namen von Orten 78, 111, 132–134

Namen von Personen 62–63, 129–132, 116 197, 205, 318

Nara 98, 299–301

Nationalismus (siehe auch Zusammengehörig-keitsgefühl) 56, 61, 85, 93, 96, 228

Natur 15–45, 85, 88–89, 92, 162–163, 208, 212, 264, 276

Nebuta-**Fest** 298, 303–305

netsuke 107–108

Nein 173–174, 158, 177, 313, 318–319

Neugierde 274–275

Neujahr 45, 106, 108, 112, 114, 117, 298, 307–310, 321

Nichiren 96

Nichiren-Sekte 96

Niederländer 52–53, 72

Nihongi (»Annalen Japans«) 91, 95

Niigata 28

Nikkô 43, 300–301

Nikkô Bosatsu 100

Ninigi 91

Nirwana 87, 94, 96–97, 101

nisei (im Ausland aufgewachsene Japaner) 64, 65

Nordjapan 18, 39, 272, 303

nori (Meeresalgen) 20, 277, 281–282

Nô-**Theater** 105, 107–108, 111, 199, 213, 309

Nudeln 278, 280, 286

Obaku-Schule (buddhistische Sekte) 96

o-bentô 188, 291–291

Obrigkeit 249–252

Öffentliches Selbst (s. auch Fassade) 125, 164, 166, 168, 192, 194, 202, 212, 214, 240

Öffentlichkeit 106, 125, 128, 164–165, 168, 170, 175, 208, 211–215, 218–219, 223, 227, 247, 256, 320

Offenheit 125, 128, 158, 173, 237, 251, 275, 313, 315–316, 318–319

Ôkina 107–108

Okinawa 62

Okuninushi 109

okusan 131–132, 218–220

o-miyage siehe Souvenirs

Onogoro 88

Opfer 92–93, 113, 199–200, 285

Ordnungsliebe 162–164

Ôsaka 18–19, 132, 224, 299–300, 311

Ostjapan 18, 44

oyaku-domburi 286–287

Pagoden 112, 117

Pakistani 56, 63

Papierwedel, -streifen (*gohei*) 92, 114

Perry, Commodore 55

Pflanzen 37

Pflaumenblüte 37, 309

Philippinen u. Filipinos 15, 56, 63

Picknick 40, 292

Politik 52, 56, 60, 73, 93, 96, 106, 122, 218, 223, 255–256

328

Stichwortverzeichnis

Polizei 133–134, 253–255

Polo, Marco 50

Portugal u. portugiesische Einflüsse ... 16, 50, 57, 60, 72, 80, 118, 287

Postzustellung 60, 133–134, 275

Presse 29, 211

Prestige siehe Respekt

Privatbereich 170, 172, 176, 212–215, 218–220, 223, 259, 271, 274–275

Privates Selbst 125, 164, 212, 214

Prostitution 62–63, 82, 157, 214

Prüderie 212

Prüfungsstreß siehe Streß

Pünktlichkeit 34, 36, 151

Puppenfest (*hinamatsuri*) 37, 297–298, 306

Puppentheater 55, 107, 231–232, 302–303

Räucherstäbchen 114, 117

Rangordnung siehe Hierarchie

Rassismus 228

Recht, Gerechtigkeit u. Unrecht 54, 246–256

Regentüren (*amado*) 34–36, 260

Regenzeit u. Regen 18, 34, 36, 40–42, 259

Reinigungsriten 92, 114–115, 117

Reinlichkeit 156, 170, 268

Reis 19–20, 36, 60, 91–92, 109, 113, 115, 274, 277–78, 280–283, 286, 288, 290–292

Reisen in Japan 39–40, 45, 269, 301, 306

Reiseverhalten der Japaner 22–24, 26, 48, 64, 67–68, 126, 178, 201, 228, 230, 261, 270, 274, 291–292, 298

Religion (siehe auch Einzelstichworte) 16, 32, 50–52, 70–71, 84–124, 204, 296

Respekt 48, 54–55, 61–63, 65–66, 118, 126, 156, 158, 171, 183, 185, 188, 191–194, 196, 232, 244–245, 250–251, 254, 308

Restaurants 157, 239, 242–243, 265–266, 278–280, 282, 285–294, 309

Rikscha 82

Rissho Kôseikai 122

Roboter 233–234

rônin 54, 189

Rücksicht u. Rücksichtslosigkeit 48–50, 127–128, 186

Ryobu-Shintô 84, 98, 111–112

ryokan (traditionelle Herbergen) 269–270, 277–278

Sakaki-Baum 90, 92, 114

sake 82, 165, 199, 292, 294

Sambasô 106–108, 309

Samurai 40, 53–56, 80–82, 102, 104–105, 179, 210, 215–216, 218, 244, 256, 297–298, 302, 304–306

Sapporo 18, 45, 300

sarariman 157, 226–228, 240

satori siehe Erleuchtung

Seishi Bosatsu 100

Sei Shônagon 167

Sekten, buddhistische 70, 86–87, 95–96, 121–124, 197

Selbstbezeichnung 144–146, 148

Selbstverständnis der Japaner 56, 123–156, 239

Senzai 107

seppuku siehe *harakiri*

Sex 210–214, 215, 241

shabu-shabu 287

shichi-go-san .... (Fest) 296, 306

Shikoku 88

Shimoda 40

Shingon-Sekte 96

Shintô 16, 23, 66, 70, 84–87, 95–98, 108–119, 121, 184–185, 197–198, 247, 296, 298, 302

Shôgun u. Shôgunat 16, 50–53, 55–56, 80, 216

Shôtoku Taishi 96

Sicherheit 28–29, 34–36, 40, 123, 260, 274–275

Singles 204, 275–276

Sitzen 209–210, 257–258, 260, 262, 264

Skisport 45, 73, 240

Söhne 85, 184, 190, 193–194, 204–205

Sojasoße (*shôyu*) 280–281, 287, 290

Sôka Gakkai 96, 122

Sommer 18, 35, 37–42, 258–260, 263, 272, 278, 292–294, 302

Soto-Sekte 96

Souvenirs 68, 178, 201, 230, 292

329

Stichwortverzeichnis

Soziale Einrichtungen 118, 120, 196

Sozialleistungen 198, 230

Spanische Einflüsse 72, 118

Spaß (siehe auch Humor) 165, 288, 290, 306

Spenden 88, 118, 178, 198, 230, 274, 302

Spiel 186, 188, 191, 240–241

Sport 45, 73–74, 79, 154, 239–240

Sprache, englische 48, 50, 66, 72, 76

Sprache, japanische 48–49, 65–66, 71,–80, 134–139, 144–152, 160–161, 183–184, 212–213, 236–238

Sprichwörter 36, 40, 97, 110, 114, 155, 178–181, 229

Südjapan 18, 39, 43, 306

Sugimoto, Etsuko Inagaki 44, 58–59, 208

sukiyaki 287

Susanô (Windgott) 19, 33, 90–91, 162

sushi 280–282, 286, 288, 290

Suzuki, Takao 144–146

Swastika 114

Symbole 37–38, 40, 99, 107–110, 112–116, 298, 309–310

Scham 212, 246–247

Schande 70, 120, 289, 247

Schauspieler 53, 213–214

Scheidung 183, 195–196, 205, 220

Schellen 112, 117

Schenken 68, 154, 175–176, 178, 200, 204, 230, 274, 294, 296, 308–310, 320

Schildkröte 110, 309

Schnee 44, 18, 22, 44–45, 115, 259

Schönheitsideale 46, 208, 217

Schreine, shintôistische 88, 92, 110–118, 261, 296–297, 302, 306, 308

Schrift 71–72, 76, 78, 91, 95, 132, 137–144

Schüchternheit 48, 50, 67, 147

Schuhe 58, 64, 116, 197, 208–209, 262, 264–265, 317

Schuld 89, 246–249, 252–253, 256

Schule u. Schulsystem 38, 61, 64–65, 69, 118, 120, 141, 182, 187–190, 226, 232–233, 284, 291, 307, 310

Stadtleben 55, 200, 208, 257–258, 268, 276

Ständegesellschaft 53–55, 80, 216

Status siehe Hierarchie

Steinlaternen 114–115

Stempel 237–238

Sternenfest (*tanabata*) 298

Straßenfeste siehe Märkte

Streß 106, 172, 186–192, 194, 227–229

Strohsandalen 99

Strohseile 90, 114

Studium (siehe auch Universitäten) 189, 220–221

Tänze 87, 92, 111, 242, 302, 304, 306, 308, 312

Taifune 17–18, 20, 28, 33–36, 43, 81, 260

Takayama 109, 300–301, 304

Tanaka, Yasuo 210

Tanizaki, Junichirô 40, 110, 208, 266

tatami (Bodenmatte) 41, 74, 116, 180, 186, 196–197, 200, 257–262, 265, 270, 272, 276, 317

Taxis 42, 92, 133–134, 234, 236

Technik 29, 50–53, 55, 144, 233–236, 238

Tee 102–103, 288–290, 292–294

Teehaus 102, 216

Teezeremonie 82, 102–103, 105, 242, 293–294

Telefonieren 151–152, 174

Tempel, buddhistische 42, 69, 88, 99–101, 105, 111–118, 197–199, 261, 298, 308

tempura 286–287

Tendaikyô 96

Tennô siehe Kaisertum

Tenrikyô 122

Theater 42–43, 55, 81, 87, 107–108, 111, 199, 213, 216, 231–232, 242, 301–303

Tierkreis 110, 114

Tischsitten 150, 264, 268–270, 287, 289–290, 322

Tod 40, 86, 93–94, 105, 197–199, 230

tôfu 82, 279

Toiletten 264, 268–270

tokaidô 19

tokonoma (Schmucknische) 38, 261, 297

330

Stichwortverzeichnis

Tokugawa, Ieyasu 52

Tokugawa-Shôgunat 50, 216

Tokushima 301

Tokyo 18–19, 21–22, 25, 28, 30, 39, 44,
52–56, 61, 65, 109, 114, 120–123, 132, 210, 224,
242, 272, 299–300, 311–312

tonkatsu 280, 286

torii 23, 112

Totengedenkfeiern (*o-bon*) siehe *Bon*-Fest

Toyotomi, Hideyoshi 52

Trauer 176, 197–199

Trinkgeld 289–290

Trinkgewohnheiten 150–151, 157, 165–166,
292–295, 283, 292–295

Tsuki-yomi no mikoto (Mondgott) 90

tsunami (Flutwellen) 31–32

Udon 286

ukiyo 215–216

Uniformen 38, 186, 188, 238, 253

Universitäten 118, 120, 171, 187, 189, 191,
226, 236

Unsicherheit siehe Schüchternheit

Urlaub 64, 67, 225, 228, 239, 298, 307,
310–311, 318

Uzume (Göttin) 90, 92

Väter u. Vaterrolle 36, 184, 192–194

Valentinstag 309–310

Verabschieden 148–150

Verbeugen 152, 176, 221

Verfassung 93, 121

Verkehr 19, 34–35, 42, 75, 224, 254–255,
258, 310

Vermittler 250–252, 288

Verpacken 154, 320

Verpflichtung 128, 172, 180, 230, 274

Verspätung siehe Pünktlichkeit

Verständigung 133–134

Verzicht 123, 179–180, 191, 225, 228, 239

Vier Himmelskönige 100

Vietnamesen 62

Visitenkarten 130, 132, 146, 237–238

Volksfeste 39, 87, 92, 107, 114–116, 298–306

Vorderjapan 18

Vulkane u. Vulkanismus 17, 30, 36

Wasabi 288

Wasser (Trinkwasser) 115, 117, 289–290, 292

Weihnachten 121, 309–310, 321

Weissagung 114

Werbung 46, 75, 121, 310

Westjapan 18, 44

Westliche Einflüsse 15–16, 51–53,
58–59, 61–62, 67, 71–77, 118, 130, 277–278, 280,
283–286, 294, 309–312

Wiedergeburt 86, 94, 197

Winter 18, 34, 37–39, 41–42, 44–45, 258,
272, 292, 294, 311

Wirtschaft 52–53, 55, 67, 122–123, 218,
225, 228–230, 232, 235–236

Wissenschaft u. Forschung 50–51, 232–233

Wohnen 38, 40–42, 74, 120, 169, 180, 182,
186, 214–215, 226, 230, 233, 257–276, 313, 317

workoholic 227–229

Yakushi Nyôrai 98

yakitori 280, 311

yakuza 123

Yen 81

yin und *yang* 108, 162

Yokohama 18, 25, 29, 44, 311

Zazen (Zen-Meditation) 102

Zeit 67–68, 158, 225–226

Zeitrechnung 296, 309

Zen-Buddhismus 82, 95–96, 101–106, 115,
294

Zensur 211, 241

Zusammengehörigkeitsgefühl, nationales 16
48–49, 56, 62, 66, 85, 93, 118, 162

Zwanglosigkeit 243–245, 315

Zweiter Weltkrieg 16, 20, 28, 45, 56, 61–62,
66, 81, 105, 120, 164, 210, 228, 231, 235, 240, 257,
271

331

Persönliche Notizen

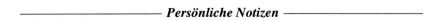

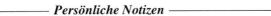

Persönliche Notizen